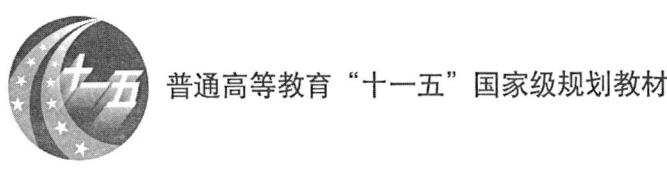

普通高等教育"十一五"国家级规划教材

现代审计学（第二版）

Modern Auditing

张龙平 李　璐 主编

北京大学出版社
PEKING UNIVERSITY PRESS

图书在版编目(CIP)数据

现代审计学/张龙平,李璐主编.—2版.—北京:北京大学出版社,2017.8
(21世纪经济与管理规划教材·会计学系列)
ISBN 978-7-301-28746-0

Ⅰ.①现… Ⅱ.①张…②李… Ⅲ.①审计学—高等学校—教材 Ⅳ.①F239.0

中国版本图书馆CIP数据核字(2017)第218458号

书　　　名	现代审计学(第二版)
	XIANDAI SHENJI XUE
著作责任者	张龙平　李　璐　主编
责 任 编 辑	任京雪　刘　京
标 准 书 号	ISBN 978-7-301-28746-0
出 版 发 行	北京大学出版社
地　　　址	北京市海淀区成府路205号　100871
网　　　址	http://www.pup.cn
电 子 信 箱	em@pup.cn　QQ:552063295
新 浪 微 博	@北京大学出版社　@北京大学出版社经管图书
电　　　话	邮购部62752015　发行部62750672　编辑部62752926
印 刷 者	北京虎彩文化传播有限公司
经 销 者	新华书店
	787毫米×1092毫米　16开本　25印张　578千字
	2012年5月第1版
	2017年8月第2版　2023年2月第5次印刷
印　　　数	9501—10000册
定　　　价	49.00元

未经许可,不得以任何方式复制或抄袭本书之部分或全部内容。
版权所有,侵权必究
举报电话:010-62752024　电子信箱:fd@pup.pku.edu.cn
图书如有印装质量问题,请与出版部联系,电话:010-62756370

丛书出版说明

  教材作为人才培养重要的一环,一直都是高等院校与大学出版社工作的重中之重。"21世纪经济与管理规划教材"是我社组织在经济与管理各领域颇具影响力的专家学者编写而成的,面向在校学生或有自学需求的社会读者;不仅涵盖经济与管理领域传统课程,还涵盖学科发展衍生的新兴课程;在吸收国内外同类最新教材优点的基础上,注重思想性、科学性、系统性,以及学生综合素质的培养,以帮助学生打下扎实的专业基础和掌握最新的学科前沿知识,满足高等院校培养高质量人才的需要。自出版以来,本系列教材被众多高等院校选用,得到了授课教师的广泛好评。

  随着信息技术的飞速进步,在线学习、翻转课堂等新的教学/学习模式不断涌现并日渐流行,终身学习的理念深入人心;而在教材以外,学生们还能从各种渠道获取纷繁复杂的信息。如何引导他们树立正确的世界观、人生观、价值观,是新时代给高等教育带来的一个重大挑战。为了适应这些变化,我们特对"21世纪经济与管理规划教材"进行了改版升级。

  首先,为深入贯彻落实习近平总书记关于教育的重要论述、全国教育大会精神以及中共中央办公厅、国务院办公厅《关于深化新时代学校思想政治理论课改革创新的若干意见》,我们按照国家教材委员会《全国大中小学教材建设规划(2019—2022年)》《习近平新时代中国特色社会主义思想进课程教材指南》和教育部《普通高等学校教材管理办法》《高等学校课程思政建设指导纲要》等文件精神,将课程思政内容融入教材,以坚持正确导向,强化价值引领,落实立德树人根本任务,立足中国实践,形成具有中国特色的教材体系。

  其次,响应国家积极组织构建信息技术与教育教学深度融合、多种介质综合运用、表现力丰富的高质量数字化教材体系的要求,本系列教材在形式上将不再局限于传统纸质教材,而是会根据学科特点,添加讲解重点难点的视频音频、检测学习效果的在线测评、扩展学习内容的延伸阅读、展示运算过程及结果的软件应用等数字资源,以增强教材的表现力和吸引力,有效服务线上教学、混合式教学等新型教学模式。

  为了使本系列教材具有持续的生命力,我们将积极与作者沟通,争取按学制周期对教材进行修订。您在使用本系列教材的过程中,如果发现任何问题或者有任何意见或建议,欢迎随时与我们联系(请发邮件至 em@pup.cn)。我们会将您的宝贵意见或建议及时反馈给作者,以便修订再版时进一步完善教材内容,更好地满足教师教学和学生学习的需要。

最后,感谢所有参与编写和为我们出谋划策提供帮助的专家学者,以及广大使用本系列教材的师生。希望本系列教材能够为我国高等院校经管专业教育贡献绵薄之力!

北京大学出版社
经济与管理图书事业部

21世纪经济与管理规划教材
会计学系列

第二版前言

习近平总书记指出,国有企业是中国特色社会主义的重要物质基础和政治基础,党的二十大报告强调要坚持和完善社会主义基本经济制度。企业审计工作要紧紧围绕这一定位,从推动筑牢社会主义基本经济制度根基角度出发,加强对国有企业资金资产安全的审计监督,促进产业布局优化和结构调整,推动国有资本更多投向关系国计民生、国家经济命脉的重要行业和关键领域。确保国有资产保值增值,促进提高公共资金、公共资产、公共资源绩效,防范国有资产流失,增强国有经济核心竞争力。

《现代审计学》是一本比较系统地介绍审计和其他鉴证业务的教材,主要阐述审计的基本理论和实务操作。它既适用于会计、财务管理等经济管理类专业本科生或研究生的审计课程,也可用作审计、会计等实务工作者的业务参考和有关资格考试的学习参考。

本书共有十八章,根据内容划分,可归为五大部分。第一部分是"审计环境"(第一章至第三章)。第一章首先介绍了中国注册会计师职业的发展历程,以及注册会计师职业和审计的重要概念,以期为读者理解注册会计师职业及其审计业务提供轮廓性的认识。第二章旨在说明注册会计师在执行业务时应当遵守的道德约束和法律规范。第三章详细讲解了注册会计师的执业准则框架及其构成。第二部分是"审计过程"(第四章至第九章)。第四章总括性地介绍了财务报表审计的基本原理和业务流程。第五章至第九章则是财务报表审计业务流程的具体展开,包括如何计划审计工作,如何设计和实施恰当的审计程序以获取充分、适当的审计证据,以及如何经济高效地进行风险评估和风险应对工作。第九章具体讲解了选取测试项目的方法,以及审计抽样在控制测试和实质性程序中的运用。第三部分是"审计过程在业务循环中的应用"(第十章至第十五章)。这些章节是第二部分的有关概念、方法在销售与收款循环、采购与付款循环、存货与仓储循环、筹资与投资循环以及现金余额审计中的具体应用。第十五章说明了在财务报表审计中需要予以特别考虑的事项,例如与舞弊相关的责任、对法律法规的考虑、对他人工作的利用等。第四部分是"终结审计和审计报告"(第十六章至第十七章)。第十六章介绍了终结审计阶段需要完成的各项工作,包括复核期后事项、考虑持续经营、获取书面声明、评价审计结果等。第十七章讨论了审计报告的基本要素以及不同类型审计意见报告的出具条件和格式要求等。第五部分是"其他鉴证业务"(第十八章)。该部分主要讨论除财务报表审计以外较为常见的三种鉴证业务：验资、财务报表审阅以及内部控制审计。

本书融入了2017年发布的《中国注册会计师执业准则》及相关指南涉及的最新审计概念和要求，力求与最新审计理论和实务同步。此外，本书的编写用语与最新的审计准则基本保持一致，所有注册会计师应当遵守的业务要求均采用"应当"这一情态动词表达，旨在与解释性指南和举例区分，以方便读者识别和学习。此外，鉴于信息技术在当今社会的广泛运用，本书特别增加了如何了解和评价自动化控制以及考虑电子商务对审计业务的影响等内容。

对本书的学习有助于读者全面系统地掌握审计的基本原理，详细具体地了解审计的实务操作；有助于读者从事审计的理论研究和实践探索，培养创造性思维，提升职业判断能力；还有助于社会公众进一步认识和理解注册会计师职业及其发展规律，促使其更好地服务于国家经济社会的健康快速发展。

本书由中南财经政法大学张龙平、李璐老师编写。各章的编写分工为：第一章至第九章由张龙平执笔，第十章至第十八章由李璐执笔。感谢华中师范大学吴琼老师在第二章的编写过程中提供的资料和帮助。本书在编写过程中还参考、借鉴了不少审计教材和文章的成果，在此，对其作者表示深深的感谢。

由于审计学的内容处于较大的变动状态，有一些问题仍需要做深入的探讨；加上时间和作者水平有限，本书难免存在缺点和错误。我们欢迎读者对本书的不足之处批评指正，以便日后修订。

编者

目 录

第一篇 审计环境

第一章 注册会计师职业与审计 …………………………………………(3)
  第一节 中国注册会计师职业的发展 …………………………………(4)
  第二节 注册会计师职业概述 …………………………………………(7)
  第三节 审计概述 ………………………………………………………(17)

第二章 注册会计师职业道德与法律责任 ……………………………(21)
  第一节 职业道德基本原则 ……………………………………………(22)
  第二节 职业道德概念框架 ……………………………………………(24)
  第三节 职业道德概念框架的运用 ……………………………………(28)
  第四节 审计业务对独立性的要求 ……………………………………(34)
  第五节 注册会计师法律责任 …………………………………………(52)

第三章 注册会计师执业准则 ……………………………………………(57)
  第一节 执业准则建设概述 ……………………………………………(58)
  第二节 鉴证业务基本准则 ……………………………………………(61)
  第三节 质量控制准则 …………………………………………………(67)

第二篇 审计过程

第四章 财务报表审计的基本原理 ………………………………………(79)
  第一节 财务报表审计的基本概念 ……………………………………(80)
  第二节 财务报表审计的前提条件 ……………………………………(84)
  第三节 财务报表审计的总体目标 ……………………………………(85)
  第四节 财务报表审计的基本要求 ……………………………………(87)
  第五节 财务报表审计的组织形式 ……………………………………(90)
  第六节 财务报表审计的业务流程 ……………………………………(92)

第五章　计划审计工作 …… (94)
第一节　计划审计工作概述 …… (95)
第二节　初步业务活动 …… (96)
第三节　计划活动 …… (98)
第四节　重要性 …… (103)
第五节　审计风险 …… (107)

第六章　审计证据和审计工作底稿 …… (111)
第一节　审计证据 …… (112)
第二节　审计工作底稿 …… (122)

第七章　风险评估 …… (126)
第一节　风险评估概述 …… (127)
第二节　风险评估程序和相关活动 …… (128)
第三节　了解被审计单位及其环境 …… (131)
第四节　了解被审计单位内部控制 …… (136)
第五节　识别和评估重大错报风险 …… (148)

第八章　风险应对 …… (151)
第一节　风险应对概述 …… (152)
第二节　总体应对措施 …… (152)
第三节　进一步审计程序 …… (153)
第四节　控制测试 …… (155)
第五节　实质性程序 …… (160)

第九章　审计抽样 …… (164)
第一节　选取测试项目方法概述 …… (165)
第二节　审计抽样的基本原理 …… (166)
第三节　控制测试中抽样技术的运用 …… (173)
第四节　实质性程序中抽样技术的运用 …… (179)

第三篇　审计过程在业务循环中的应用

第十章　销售与收款循环审计 …… (187)
第一节　销售与收款循环审计概述 …… (188)
第二节　内部控制的了解与测试 …… (194)
第三节　交易的实质性程序 …… (200)
第四节　应收账款的实质性程序 …… (202)

第十一章　采购与付款循环审计 …… (210)
第一节　采购与付款循环审计概述 …… (211)

第二节　内部控制的了解与测试 …………………………………… (216)
　　第三节　交易的实质性程序 ………………………………………… (219)
　　第四节　固定资产的实质性程序 …………………………………… (221)
　　第五节　应付账款的实质性程序 …………………………………… (225)

第十二章　存货与仓储循环审计 ………………………………………… (229)
　　第一节　存货与仓储循环审计概述 ………………………………… (230)
　　第二节　内部控制的了解与测试 …………………………………… (233)
　　第三节　交易的实质性程序 ………………………………………… (235)
　　第四节　存货的实质性程序 ………………………………………… (236)

第十三章　筹资与投资循环审计 ………………………………………… (243)
　　第一节　筹资与投资循环审计概述 ………………………………… (244)
　　第二节　内部控制的了解与测试 …………………………………… (248)
　　第三节　交易的实质性程序 ………………………………………… (249)
　　第四节　负债的实质性程序 ………………………………………… (251)
　　第五节　所有者权益的实质性程序 ………………………………… (253)
　　第六节　投资的实质性程序 ………………………………………… (257)

第十四章　现金余额审计 ………………………………………………… (261)
　　第一节　现金余额审计概述 ………………………………………… (262)
　　第二节　现金余额的实质性程序 …………………………………… (263)
　　第三节　现金挪用审计程序 ………………………………………… (269)

第十五章　财务报表审计中的特殊事项 ………………………………… (271)
　　第一节　财务报表审计中与舞弊相关的责任 ……………………… (272)
　　第二节　财务报表审计中对法律法规的考虑 ……………………… (280)
　　第三节　财务报表审计中对他人工作的利用 ……………………… (284)
　　第四节　对被审计单位使用服务机构的考虑 ……………………… (288)
　　第五节　对集团财务报表审计的特殊考虑 ………………………… (293)
　　第六节　电子商务对财务报表审计的影响 ………………………… (299)

第四篇　终结审计和审计报告

第十六章　终结审计 ……………………………………………………… (309)
　　第一节　终结审计概述 ……………………………………………… (310)
　　第二节　完成外勤工作 ……………………………………………… (310)
　　第三节　评价审计结果 ……………………………………………… (323)

第十七章　审计报告 ……………………………………………………… (327)
　　第一节　审计报告概述 ……………………………………………… (328)

第二节 审计报告要素 ·· (329)
第三节 在审计报告中沟通关键审计事项 ·························· (335)
第四节 非无保留意见 ·· (340)
第五节 强调事项段和其他事项段 ··································· (349)

第五篇 其他鉴证业务

第十八章 其他鉴证业务 ·· (355)
第一节 验资 ··· (356)
第二节 财务报表审阅 ·· (367)
第三节 内部控制审计 ·· (375)

参考文献 ·· (387)

第一篇 审计环境

21世纪经济与管理规划教材
会计学系列

第一章

注册会计师职业与审计

【学习目标】

1. 了解我国注册会计师职业发展的大致历程。
2. 了解会计师事务所的定义、组织形式以及注册会计师的业务范围。
3. 了解与注册会计师职业相关联的团体。
4. 了解审计的含义,以及审计的种类和人员。

第一节　中国注册会计师职业的发展

随着经济体制改革进程不断向前推进,我国的注册会计师事业得到了长足的发展,其在我国的经济体制改革中,发挥着重要的保障作用。总的来说,我国注册会计师职业的发展大致经历了四个阶段。

一、恢复重建阶段(1980—1991年)

注册会计师审计起源于企业所有权和经营权的分离,是市场经济发展到一定阶段的产物。我国注册会计师制度最早创建于1918年,但是在中华人民共和国成立初期,由于实行高度集中的计划经济,注册会计师行业发展一度中断。1978年党的十一届三中全会作出实行改革开放的历史性决策,我国经济社会发展进入"对外开放,对内搞活"的新时期。改革开放初期,我国经济社会基础薄弱,百业待兴,急需引进外资参与国内经济建设,三资企业因此纷纷涌现。按照国际通行做法,建立注册会计师独立审计制度,为三资企业提供验资、查账和清算等审计服务,成为我国改善投资环境、吸引外资的必要条件。

这一阶段经历了十年左右的时间。其间,国务院和财政部制定实施了一系列扶持和推进行业恢复重建的政策措施,行业从无到有逐渐发展起来。具体政策措施如下:

采用考核办法选拔注册会计师。重建注册会计师制度首先要解决执业人员的问题。由于注册会计师制度中断有近30年,我国没有这方面人才的积累,重新培养又需要一个过程。为应急需,国家采取考核的方式,从已取得会计师、高级会计师职称的财务会计人员中,考核选拔注册会计师。

以"挂靠"方式设立会计师事务所。对注册会计师所在的执业机构的性质,由于时代原因,认识不深,最初叫"会计顾问处",有较强的职能部门色彩,后改称"会计师事务所",但仍明确要由其上级主管单位发起设立,会计师事务所仍是挂靠单位的一个附属机构。

发布条例支持行业加快重建。为了明确注册会计师行业的地位、性质,加快行业重建的步伐,1986年7月国务院颁布《中华人民共和国注册会计师条例》(以下简称《注册会计师条例》)对注册会计师资格、会计师事务所设立,以及业务范围等作出了规定。

成立协会承担行业管理职能。1988年11月,财政部借鉴国际惯例成立中国注册会计师协会,随后各地方相继组建省级注册会计师协会。协会的成立迈开了行业管理的步伐,为行业全面恢复重建和发展提供了组织基础。

上述措施主要立足于恢复重建的现实需要,在执业人员、执业机构、立法保障和管理组织等四个方面,着力推进和加快恢复重建的步伐。至1991年前后,全国会计师事务所已有459家,批准注册会计师6 722人,承办了大量三资企业的纳税申报、查账、验资、外汇收支报表审查等业务,这对改善当时的投资环境,吸引境外投资,发挥了积极的促进作用。

二、规范发展阶段(1991—1998年)

1990年11月和1991年7月,上海证券交易所和深圳证券交易所相继成立,标志着我国资本市场初步形成,这对注册会计师行业的规范发展和执业人员的专业素质,提出了更为迫切的要求。为适应这一形势发展,加快改善行业队伍状况,科学选拔行业人才,1991年12月,我国首次举办了注册会计师全国统一考试。考试制度的建立,使得什么是注册会计师,如何成为注册会计师,有了明确的衡量标准和科学途径,有力规范了行业人才选拔和培养工作,为注册会计师专业化、规范化发展奠定了坚实的人才基础。

在这一阶段,不仅建立了行业人才选拔制度,还在制定行业执业标准、健全管理制度、整顿市场秩序等方面开展了大量的规范发展工作,推动着行业走上规范化、法制化的发展轨道,鲜明地体现了规范化发展的主题和特征。

建立注册会计师执业标准体系,规范执业行为。1991—1993年,中国注册会计师协会先后发布检查验证会计报表规则等7个执业规则,统一执业标准,规范注册会计师执业行为。在此基础上,1994年,财政部批准成立中国注册会计师独立审计准则组,参照国际惯例,着手研究制定中国独立审计准则,并先后制定实施了6批共计48个准则项目,基本形成包括独立审计基本准则、职业道德基本准则、质量控制基本准则、后续教育基本准则,以及具体准则在内的注册会计师独立审计准则框架体系,对规范注册会计师执行审计业务,提高执业质量和队伍素质,维护社会公众利益具有重要作用。

健全行业法制建设,规范行业管理。1993年10月31日,第八届全国人大四次会议通过《中华人民共和国注册会计师法》(以下简称《注册会计师法》),对注册会计师资格取得、会计师事务所设立、业务范围、执业准则、法律责任,以及注册会计师协会职责作出了系统规定,全面规范注册会计师行业的建设发展。

实现两会联合,规范社会审计市场。20世纪80年代末至90年代初,在社会审计市场同时存在着与注册会计师职能完全相同的另一支社会审计队伍——注册审计师。由于两支队伍分属不同的部门管理,资格准入标准、执业规范标准不一,1995年6月19日,中国注册会计师协会与中国注册审计师协会联合,组成了新的中国注册会计师协会,开创了统一法律规范、统一执业标准、统一监督管理的行业发展新局面。

开展清理整顿,规范执业秩序。1993年深圳原野、长城机电、海南中水三大案件的接连发生,反映出一些注册会计师职业道德不高、事务所分支机构管理混乱的弊病。针对这些问题,1993年对注册会计师和事务所资格,特别是分支机构进行了重点检查清理,撤销了一大批执业不规范、管理混乱的分支机构。1997年7月至1998年年底,根据国务院领导关于"做扎实工作,整顿会计师行业"的指示精神,注册会计师行业再次开展了清理整顿工作,规范了秩序,为行业进一步健康发展和改革创新打下了基础。

三、体制创新阶段(1998—2005年)

行业恢复重建时,事务所挂靠于党政企事业单位,作为事业单位管理。随着经济体制改革的深化,这种管理体制的弊病日益显现。比如,挂靠单位对事务所人、财、物进行管理,甚至直接干预注册会计师的执业行为,损害了注册会计师的独立性,也严重破坏了市场公平竞争的秩序。

为消除事务所挂靠体制的弊端,1998—1999年年底,在财政部领导下,注册会计师行业全面开展并完成了会计师事务所脱钩改制工作,会计师事务所实现了与挂靠单位在"人事、财务、业务、名称"四个方面的彻底脱钩,改制成为以注册会计师为主体发起设立的自我约束、自我发展、自主经营、自担风险的真正意义上的市场中介组织。

1998年事务所脱钩改制标志着行业发展进入体制创新阶段。在此后的几年时间里,体制创新成为行业发展的主旋律。

实现行业运行机制和管理体制创新。中国注册会计师协会把自律管理体制归纳为三个方面:以理事会和常务理事会为核心的决策组织体系;以会员为中心的完整的行业管理和服务职能;以秘书处为主体的协会执行体系。在各方面的推动和努力下,注册会计师行业管理组织体系、运行决策机制取得了重大进步,行业管理水平不断提高。

实现行业监管机制创新。逐步构建起包括注册会计师年检制度、上市公司年报监管和业务报备制度、谈话提醒制度、事务所执业质量检查制度、惩戒制度等在内的行业监管体系。

四、国际发展阶段(2005年以来)

2005年注册会计师行业确立了以国际化为导向的行业发展战略路线图,行业发展进入国际化发展的全新阶段。该阶段行业发展的三大战略为:

以培养国际化人才为重点,全面实施行业人才战略。2005年,中国注册会计师协会制定实施了我国市场中介组织第一个系统化的行业人才战略——《关于加强行业人才培养工作的指导意见》,并在此基础上发布实施了《中国注册会计师胜任能力指南》,对行业人才的教育、选拔和培养工作作出了全面规划和指导。

以实现国际趋同为目标,深入推进准则国际趋同战略。2006年2月正式发布48项审计准则,建立起一套适应市场经济发展要求、顺应国际趋同大势的新审计准则体系,实现了我国审计准则与国际准则的趋同。为了实现全面持续的国际趋同,与国际会计师联合会的明晰项目相适应,财政部与中国注册会计师协会又于2010年11月1日联合发布了全新38项审计准则,并于2012年1月1日起全面施行。

以事务所走出去为标志,大力推进事务所做大做强战略。2007年6月,中国注册会计师协会发布和实施了《关于推动事务所做大做强的意见》《事务所内部治理指南》,全面启动事务所做大做强战略,大力发展培育能够为大型企业和企业集团提供综合服务的事务所,以及能够服务于我国企业"走出去"战略,提供跨国经营综合服务的国际化事务所。2007年12月,国务院九部委联合发布了《关于支持会计师事务所扩大服务出口的若干意见》,支持有条件的事务所积极走出去,建立国际化服务网络,树立国际化品牌,服务我国企业"走出去"战略。在行业做大做强战略的指导下,国内大型事务所展开了强强联合和走向国际的步伐,在设立境外执业机构、开拓境外业务方面取得了初步成果。

纵观这三十余年,我国注册会计师职业发展迅速,取得了令人瞩目的成就:

(1)从1980年12月23日《关于成立会计顾问处的暂行规定》的出台,到1994年1月1日《中华人民共和国注册会计师法》的正式实施,以及2014年的最新修订。

(2)从1980年没有执业规则,到目前已形成含《中国注册会计师执业准则》的系统的职业规范体系。

(3)从1981年1月1日我国第一家会计师事务所的成立,到2016年年底,全国约有

8 460家会计师事务所。

（4）从1980年没有注册会计师，到2016年年底全国有22.5万名注册会计师，其中，注册会计师103 081人，非执业注册会计师121 987人。

（5）从1980年没有注册会计师业务收入，发展到1987年收入为2 000万元，1988年为4 000万元，1989年已达10 502万元，1993年业务收入将近4个亿，2000年业务收入近100亿元，2011年业务收入达440亿元，2016年业务收入超过700亿元。

（6）从人们对注册会计师职业不知或知之甚少，到全社会对注册会计师事业的广泛关注。据统计，2016年注册会计师全国统一考试专业阶段考试全国共有92.4万余名考生报名，综合阶段考试有23 966名考生报名，累计报考科次达到246.3万余科次。

（7）从仅为三资企业提供查账验资业务，到为上市公司、集团公司、国内企业等全社会各方面提供审计、审阅、验资、清算、税务咨询、资产评估、管理咨询、代理记账等多种服务。

（8）从最开始的国内业务，发展到目前大量本土化会计师事务所开始"走出去"，积极参与国际会计行业事务，国际竞争力大幅提升。

现代经济一个最大的特点，就是世界市场的形成和资本的国际化。世界正走向中国，中国也终将走向世界。这一世界范围经济广泛交流的发展趋势，对我国的注册会计师职业提出了更严峻的挑战。我们只有在过去成绩的基础上，不懈努力，切实抓好职业管理，切实提高服务质量，才能使我国的注册会计师真正走向世界，实现行业做大做强和国际化发展的战略目标。

第二节　注册会计师职业概述

一、注册会计师的考试和注册

（一）注册会计师的考试

注册会计师职业肩负着维护社会经济秩序正常运转的重要职责，因此对每一个从业人员的职业道德水准和专业胜任能力都有很高的要求。为了确保每个进入注册会计师行业的从业人员都能够具备本行业所要求的资格条件，注册会计师资格考试制度应运而生，并成为选拔职业优秀人才的重要机制。

根据《注册会计师法》及有关考试办法的规定，具有大专或大专以上学历，或者具有会计、统计、审计、经济中级或中级以上技术职称的中国公民，可以申请参加全国注册会计师统一考试。为进一步强化对注册会计师专业胜任能力的培养要求，从2009年起，注册会计师考试科目被划分为专业阶段考试和综合阶段考试。专业阶段考试主要测试考生是否具备注册会计师执业所需要的专业知识，是否掌握基本技能和职业道德要求。在原先考试制度5个科目的基础上，专业阶段考试设会计、审计、财务成本管理、公司战略与风险管理、经济法、税法6个科目。考生在通过专业阶段考试的全部科目后，才能参加综合阶段考试。综合阶段考试设职业能力综合测试1个科目，旨在测试考生是否具备在注册会计师执业环境中运用专业知识，保持职业价值观、职业态度与职业道德，有效解决实务问题的能力。此外,2012年注册会计师考试的专业阶段和综合阶段已实行计算机化考试,即考生在计算机终端获取试题、作答并提交答案。

(二) 注册会计师的注册

根据《注册会计师法》的规定,参加注册会计师全国统一考试成绩合格,并从事审计业务工作两年以上的,可以向省、自治区、直辖市注册会计师协会申请注册。省级注册会计师协会负责注册会计师的审批,受理的注册会计师协会应当批准符合法律规定条件的申请人的注册,并报财政部备案。

除有规定的不予注册的情形外,受理申请注册的省级注册会计师协会应当准予注册。不予注册的情形有:① 不具有完全民事行为能力的;② 因受刑事处罚,自刑罚执行完毕之日起至申请注册之日止不满五年的;③ 因在财务、会计、审计、企业管理或者其他经济管理工作中犯有严重错误受行政处罚、撤职以上处分,自处罚、处分决定之日起至申请注册之日止不满二年的;④ 受吊销注册会计师证书的处罚,自处罚决定之日起至申请注册之日止不满五年的;⑤ 国务院财政部门规定的其他不予注册的情形的。

在通过全国统考并完成注册以后,注册会计师还需要不断更新自己的专业知识和技能。继续教育是注册会计师为保持和提高其专业胜任能力与执业水平,掌握和运用相关新知识、新技能、新法规所进行的学习和研究,贯穿于注册会计师的整个执业生涯。注册会计师继续教育每两年为一个考核周期,即从起始年度的1月1日起至次年的12月31日止。在每个考核周期内接受的继续教育时间累计不得少于80个学时,且任何一年均不得少于30个学时。其中,有关职业道德的培训,每个周期不得少于4个学时。

二、会计师事务所及其组织形式

(一) 会计师事务所

根据1993年颁布的《注册会计师法》,会计师事务所是指依法设立并承办会计师业务的机构。它是由具有一定会计审计专业水平、经考核取得证书的会计师组成的、受当事人委托承办有关鉴证、相关服务等方面业务的营利性组织,在遵守《注册会计师法》及相关法律法规的前提下,按照市场化规则运作,提供独立、客观的专业性服务。

(二) 网络事务所

在当前经济全球化、资讯全球化的背景下,越来越多的会计师事务所选择在更广泛的区域范围或者世界范围内设立办公分所,构建关系密切的经营网络。为了指导这些日益兴起的网络事务所顺利开展各项业务、提高注册会计师服务质量,我国2010年修订出台的《质量控制准则第5101号——会计师事务所对执行财务报表审计和审阅、其他鉴证和相关业务实施的质量控制》中,首次明确提出了网络事务所的概念并予以界定。

网络事务所是指属于某一网络的会计师事务所或实体。所谓网络,是指由多个实体组成,旨在通过合作实现下列一个或多个目的的联合体:① 共享收益或分担成本;② 共享所有权、控制权或管理权;③ 共享统一的质量控制政策和程序;④ 共享同一经营战略;⑤ 使用同一品牌;⑥ 共享重要的专业资源。

理解网络和网络事务所的定义,进而判断某一联合体是否形成网络,需要注意以下几个方面:第一,某一联合体是否形成网络取决于具体情况,而不取决于会计师事务所或实体是否在法律上各自独立。第二,在判断一个联合体是否形成网络时,注册会计师应当从理性第三方的角度进行判断。第三,联合体应当以合作为目的。第四,网络事务所的形式不仅限于会计师事务所,也可以是诸如评估事务所或律师事务所等其他实体形式。

(三)会计师事务所的组织形式

1. 独资会计师事务所

独资会计师事务所(Proprietorship)是由具有注册会计师执业资格的个人独立开业,承担无限责任。这种组织形式的优点是比较灵活,适合小型企业对注册会计师服务的需求。但近些年来,由于诉讼风险的增加,这种组织形式较少被采用。

2. 普通合伙会计师事务所

普通合伙会计师事务所(General Partnership)是由两位或两位以上合伙人组成的合伙组织。合伙人以各自的财产对事务所的债务承担无限连带责任。这种组织形式的优点是,在风险共担、利益共享的驱动下,促使事务所提高执业质量、提高控制风险的能力。但是缺点在于,整个会计师事务所可能因个别合伙人的过失或舞弊行为而受到牵连,甚至是倒闭。由于其他所有制形式能够提供法律许可的法律责任保护,这种组织形式已不再流行。

3. 有限责任公司会计师事务所

有限责任公司会计师事务所(Limited Liability Company)是由注册会计师认购会计师事务所股份,并以其所认购股份对会计师事务所承担有限责任。会计师事务所以其全部资产对债务承担有限责任。它的优点是,可以通过公司制形式迅速聚集一批注册会计师,组成大型会计师事务所,承办大型业务。缺点是,降低了风险责任对执业行为的高度制约,弱化了注册会计师的个人责任。

4. 有限责任合伙会计师事务所

有限责任合伙会计师事务所(Limited Liability Partnership)是由一至多名合伙人共同所有。有限责任合伙会计师事务所的合伙人对因其自身原因导致的合伙事务所的债务、个人行为及受其监督的其他人的行为负责,不对由其他合伙人或不受其监督的员工因过失承担个人法律责任。这种组织形式融合了普通合伙和有限责任公司的优点,但又摒弃了它们的不足。目前国际"四大"会计师事务所基本采用这种组织形式。

在我国,这种组织形式按照《中华人民共和国公司法》(以下简称《公司法》)的规定称为特殊普通合伙制。根据我国《公司法》的规定,特殊普通合伙制是普通合伙制的一种特殊形式,适用于以专业知识和专门技能为客户提供有偿服务的专业服务机构,主要是指会计师事务所和律师事务所。在"特殊的普通合伙制企业中,一个合伙人或者数个合伙人在执业活动中因故意或者重大过失造成合伙企业债务的,应当承担无限责任或者无限连带责任,其他合伙人以其在合伙企业中的财产份额为限承担责任;合伙人在执业活动中非因故意或者重大过失造成的合伙企业债务以及合伙企业的其他债务,由全体合伙人承担无限连带责任"。从本质上讲,这种组织形式类似于上述的有限责任合伙制。

与普通合伙制相比,特殊普通合伙制是一个重大进步,其最大的变化和优势是实现了

合伙人法律责任的适度分离,避免了无过错合伙人为其他合伙人的违法行为或重大过失"买单";与有限责任制相比,特殊普通合伙制更为注重质量控制和责任约束,打破了股东人数 50 人的限制,并且有效地解决了"双重纳税"问题。

三、注册会计师的业务范围

注册会计师提供的专业服务分为两大类,即鉴证业务和相关服务。

(一)鉴证业务

按照鉴证业务的对象进行区分,鉴证业务包括针对历史财务信息的审计和审阅业务,以及针对非历史财务信息的其他鉴证业务。

1. 审计业务

现行《注册会计师法》第十四条指出,注册会计师执行的审计业务包括:审查企业财务报表,出具审计报告;验证企业资本,出具验资报告;办理企业合并、分立、清算事宜中的审计业务,出具有关的报告;法律、行政法规规定的其他审计业务。下面对这些业务分别予以介绍。

(1)财务报表审计

会计师事务所提供的主要审计服务是财务报表审计。财务报表审计属于法定专营业务,是指相关法律、法规明确规定只有注册会计师才能承办的业务,非注册会计师不得承办。这种审计的目的是,通过取得和评价某企业历史财务信息的证据,以便对该企业管理层和治理层在这些报表中所作的各种认定是否按照既定的标准公允反映表示意见。目前在我国,财务报表审计也是注册会计师提供的最重要服务。

(2)验资

验资是指注册会计师依法接受委托,对被审验单位注册资本的实收情况或注册资本及实收资本的变更情况进行审验,并出具验资报告。验资是注册会计师的法定业务,也是一种受托业务。注册会计师必须接受委托人的委托,由其所在会计师事务所与委托人签订业务约定书,方可执行验资业务。验资业务的目的是提高被审验单位的注册资本实收情况或注册资本及实收资本变更情况的可信赖程度,满足公司登记机关登记注册资本和实收资本及被审验单位向出资者签发出资证明的需要。注册会计师完成审验工作后,应对被审验单位注册资本的实收情况或注册资本及实收资本的变更情况发表审验意见,出具验资报告。

(3)企业合并、分立、清算事宜中的审计业务

企业在合并、分立或终止清算时,应当分别编制合并、分立财务报表及清算财务报表。为了增强财务报表使用者对这些报表的信赖程度,企业需要委托注册会计师对其编报的财务报表进行审计。在对财务报表进行审计时,注册会计师同样应当检查形成财务报表的所有会计资料及其反映的经济业务,并关注企业合并、分立及清算过程中出现的特定事项。办理企业合并、分立及清算事宜中的审计业务后出具的相应的审计报告同样具有法定证明效力,注册会计师及其所在的会计师事务所应当承担相应的法律责任。

(4)其他审计业务

在实际工作中,注册会计师还可根据国家法律、行政法规的规定接受委托,实施一些

特殊目的的审计业务。例如,针对按照特殊目的编制基础编制的财务报表的审计、针对单一财务报表和财务报表特定要素的审计、针对简要财务报表的审计、非经常性损益明细表专项审计、经济责任审计、保险公司舞弊专项审计等。这些审计业务最终也需要出具审计报告,且报告具有法定证明效力,注册会计师及其所在的会计师事务所对此需要承担相应的法律责任。

2. 审阅业务

对历史财务信息进行鉴证,除审计外,还有审阅。相对于审计而言,审阅的成本较低。为了降低成本,小企业可能聘请注册会计师对年度财务报表进行审阅。此外,有些国家的证券监管机构可能要求上市公司聘请注册会计师对中期财务报表进行审阅,以提高中期财务报表中披露信息的可信赖程度,或者提高年报中披露的中期财务信息的可信赖程度。

财务报表审阅的目标,是注册会计师在实施审阅程序的基础上,说明是否注意到某些事项,使其相信财务报表没有按照适用的财务报表编制基础编制,未能在所有重大方面公允反映被审阅单位的财务状况、经营成果和现金流量。在财务报表审阅业务中,要求注册会计师将审阅风险降至该业务环境下可接受的水平(高于财务报表审计中可接受的低水平),对审阅后的财务报表提供低于高水平的保证即有限保证,在审阅报告中对财务报表采用消极方式提出结论。

财务报表审阅属于注册会计师的法定专营业务,审阅报告具有法定证明效力(弱于审计报告)。

3. 其他鉴证业务

其他鉴证业务是指注册会计师执行的历史财务信息审计和审阅以外的鉴证业务。具体包括:预测性财务信息审核、内部控制审计、系统鉴证、企业社会责任审计、企业节能减排报告鉴证业务、尽职调查等。注册会计师执行其他鉴证业务,应当遵守鉴证业务基本准则、其他鉴证业务准则以及中国注册会计师职业道德守则。

(二)相关服务

1. 对财务信息执行商定程序

对财务信息执行商定程序的目标是注册会计师对特定财务数据、单一财务报表或整套财务报表等财务信息执行与特定主体商定的具有审计性质的程序,并就执行的商定程序及其结果出具报告。这种业务的前提是注册会计师与特定主体协商需要执行哪些程序,以达到某一特定的目的。与审计业务的明显差别是,审计中执行的程序是由注册会计师按照审计准则的要求和职业判断确定的,为实现审计目标,注册会计师可以使用各种审计程序。而商定程序业务中执行的程序,是由注册会计师与特定主体协商确定的。注册会计师执行商定程序业务,仅报告执行的商定程序及其结果,并不提出鉴证结论。报告使用者自行对注册会计师执行的商定程序及其结果作出评价,并根据注册会计师的工作得出自己的结论。

2. 会计服务

注册会计师提供的会计服务中,最常见的是代编财务信息。代编财务信息是指注册会计师运用会计而非审计的专业知识和技能,代客户编制一套完整或非完整的财务报表,或代为收集、分类和汇总其他财务信息。注册会计师执行代编业务使用的程序并不旨在、也不能对财务信息提出任何鉴证结论。

除代编财务信息外，注册会计师提供的会计服务还包括对会计政策的选择和运用提供建议、担任常年会计顾问等。会计服务不是注册会计师的法定专营业务。

3. 税务服务

目前，为个人和企业提供税务代理服务，已成为许多会计师事务所的一项重要业务。为了保证这种服务的质量，有的会计师事务所直接雇用精通税务的注册会计师，而绝大多数会计师事务所专门配备税务专家，甚至还单独设立税务服务部门。税务服务包括代客户申报所得税、编制税务计划和不动产计划，以及代客户到有关政府机关处理税务问题等。

4. 管理咨询

管理咨询服务是指注册会计师为客户提供管理建议与技术协助，以帮助客户改善其经营能力和资源利用，并实现预定的目标。在提供管理咨询服务时，注册会计师扮演的是一个外部企业专家顾问的角色。因此，注册会计师不能替管理层作任何管理决策。在很多较大的事务所都设立了单独的管理咨询部门。在今天，管理咨询服务所得到的收入，已成为很多会计师事务所总收入中重要的且日益增长的一个组成部分。

四、注册会计师职业的相关团体

会计师事务所及其注册会计师和其他从业人员，只是注册会计师职业的一个组成部分，注册会计师职业还包括职业内部团体以及对该职业有直接影响的其他外部团体。表1-1列示了我国和美国注册会计师职业的相关团体。

表 1-1　注册会计师职业的相关团体

相关团体	中国	美国
注册会计师职业的内部团体	中国注册会计师协会	美国注册会计师协会
	省级注册会计师协会	州注册会计师公会
	财政主管机关（财政部和财政厅）	州会计局
直接影响该职业的外部团体	财政部会计司及会计准则委员会	财务会计准则委员会
	中国证券监督管理委员会	美国证券交易委员会
	审计署	政府责任总署
	国家税务总局	国内税务局

（一）注册会计师职业的内部团体

1. 中国注册会计师协会

中国注册会计师协会（Chinese Institute of Certified Public Accountants）是经政府批准成立的全国性注册会计师职业组织。一方面，它对会计师事务所和注册会计师进行自我教育和自我管理；另一方面，它又是联系政府机关和注册会计师的桥梁和纽带。国际会计职业的历史经验表明,注册会计师事业要有较大程度的发展和提高,必须有一个强有力的具有权威性的协会组织。

中国注册会计师协会是财政部领导下的全国性协会,成立于1988年。它对外作为一个独立的社会团体,对内协助财政机关管理全国的注册会计师和会计师事务所。它在拟定会计师事务所管理制度和注册会计师准则、组织注册会计师业务培训和考试考核等方面的工作,大大推动了我国注册会计师事业的发展。

(1) 宗旨和职责。

中国注册会计师协会的宗旨是服务、监督、管理、协调。为注册会计师及会计师事务所服务,为社会主义市场经济服务;监督注册会计师和会计师事务所执业质量、职业道德;依法管理注册会计师行业;协调行业内、外部关系,维护注册会计师和会计师事务所的合法权益。

中国注册会计师协会的主要职责包括下列方面:负责办理注册会计师注册、会计师事务所设立有关事宜,监督、管理其执业情况;审批和管理中国注册会计师协会会员;拟定注册会计师执业准则、规则,并对执行情况进行监督和检查;组织和推动全国注册会计师培训工作;组织实施注册会计师全国统一考试;依法办理审批及监督、管理境外会计师事务所和人员在中国境内开展业务的有关事项;组织业务交流,开展理论研究,协调行业内、外部关系,维护会员的合法权益;开展国际交流活动;指导省、自治区、直辖市注册会计师协会工作;办理国家法律、行政法规规定和国家机关委托或授权的其他有关工作。

(2) 会员。

中国注册会计师协会的会员有个人会员和团体会员两种。个人会员又分执业会员和非执业会员、名誉会员。不论是个人会员还是团体会员,入会都必须履行申请和登记手续。注册会计师退出会计师事务所不再执业时,要缴还注册会计师证书;缴还后,虽然已不再是注册会计师,但可以申请继续保留其会员资格。

协会的会员享有一定的权利和义务。其权利有:享有协会的选举权和被选举权、参加协会举办的各种学习和研究交流活动、监督协会工作及财务收支等。其义务有:遵守协会章程、缴纳会费、提交有关资料、承担协会委托的工作等。不履行义务的,理事会可以劝其退出或予以除名。

(3) 权力机构和常设办事机构。

协会最高权力机构是全国会员代表大会,凡重大事项,必须经会员代表大会讨论决定。全国会员代表大会每三年举行一次,必要时,可以提前或推迟召开。其代表采用选举、协商和特邀的办法产生。

协会的常设办事机构由秘书长、副秘书长(若干人)及必要数量的专职人员组成。办事机构部门的分设,由秘书长提请常务理事会讨论后,报财政部批准。

全国协会现已设置了考试部、专业标准部、培训部、监管部、注册部等部门,协会定期出版会刊《中国注册会计师》杂志。

在美国,全国性的注册会计师职业组织是美国注册会计师协会(American Institute of Certified Public Accountants)。该协会的会员都是自愿参加的。美国注册会计师协会对会员提供广泛的服务,包括实务准则、质量控制准则、职业道德规范、职业继续教育和其他会计及审计技术帮助。美国注册会计师协会发行三种刊物,即《会计杂志》《税务咨询》和《注册会计师通讯》。美国注册会计师协会设置了很多职能部门,在这些部门中,与审计业务关系最直接的包括审计准则部、会计师事务所部、质量复核部和职业道德部等。

2. 省级注册会计师协会

根据《中国注册会计师协会章程》的规定,只要有20名以上注册会计师和2个以上会计师事务所的省、自治区、直辖市,都可以组织成立地区注册会计师协会。地区注册会计师协会受当地财政厅(局)领导,其章程、职权、组织形式和工作方式等,由当地会员代表大会或会员大会讨论通过后,报请财政厅(局)批准确定。地方协会成立后,为全国协会的地方组织。可见,我国对省级注册会计师协会实行的是双重领导体制。

在美国,各州的注册会计师组成了州注册会计师公会(State Societies of Certified Public Accountants)。州注册会计师公会的会员同美国注册会计师协会会员一样,都是自愿参加的。有很多注册会计师既是美国注册会计师协会的会员,也是州注册会计师公会的会员。州注册会计师公会通过少数专职人员和由其会员组成的委员会来开展工作。各州注册会计师公会也有与美国注册会计师协会类似的职业道德规范。虽然州注册会计师公会是自治的,但他们也常和其他州注册会计师公会以及美国注册会计师协会在一些有共同利益的领域,比如职业继续教育和职业道德规范等方面进行合作。

3. 财政主管机关

注册会计师独立、公正、客观的性质决定了会计师事务所必然是一个独立的社会民间组织。它既不是政府机构,也不是政府某一部门的附属机构。虽然会计师事务所处于超然独立的地位,但并不排除主管机关或授权的政府机关对它进行管理与监督。

对会计师事务所的管理,世界各国都有相应的规定。根据主管部门的不同,大致可分为三种类型:

第一类,由财政部主管。比如日本、新加坡、印度尼西亚、西班牙、秘鲁、韩国、马来西亚、伊朗、新西兰等。

第二类,由有关综合经济管理部门(商务部或经济部)管理。比如英国、丹麦、德国、瑞士、挪威、科威特等。

第三类,由政府授权会计职业团体进行管理。这种管理形式有两种情况:一种是由中央政府和地方政府授权给会计职业团体进行管理,比如美国、澳大利亚、菲律宾、巴拿马、哥伦比亚等;另一种是由有关政府部门授权给会计职业团体进行管理,比如法国、加拿大、荷兰、印度、墨西哥、阿根廷等。

根据国际惯例和我国的传统做法,以及会计工作由财政部门统管的原则,现行《注册会计师法》规定,设立会计师事务所,由国务院财政部门或省、自治区、直辖市人民政府财政部门批准。注册会计师和会计师事务所的管理机关,在全国为财政部,在各地区为省、自治区、直辖市财政厅(局)。其中,批准成立的财政机关,称为主管的财政机关。

(1) 对注册会计师的管理。

财政机关对注册会计师的管理主要表现为对其执业资格的管理:注册会计师资格的获取,须由主管的财政机关批准同意;注册会计师的资格证书,由财政部统一印制和管理;注册会计师承办业务,须按有关规定办理,并接受主管财政机关的监督和业务指导;注册会计师退出所属会计师事务所,应报请主管财政机关批准,并缴还其注册会计师证书。

此外,注册会计师在执业中违反工作规则造成不良后果的,主管财政机关还可以根据具体情况分别给予警告、罚款、暂停执行业务或吊销注册会计师证书等类别的处分。对于确实不称职的注册会计师,原批准注册的财政机关有权撤销注册,并收回其注册会计师证书。

(2) 对会计师事务所的管理。

会计师事务所的成立首先必须经主管财政机关批准。其承办业务的收费标准,也必须由省财政厅(局)会同同级有关部门制定。在日常工作中,会计师事务所还应定期向主管的财政机关报告业务开展、经济收入和人员变动情况。对一些重要事项,应及时向主管财政机关报告。这些重要事项包括:章程的修改;主要负责人、注册会计师的变动;重要的内部工作制度、管理制度、财务制度和人员培训制度;年度工作计划、总结和年度财务收支的报告;注册会计师违反工作规则的重大事项。

主管财政机关一般定期检查会计师事务所对国家法律、行政法规和工作规则的遵守情况,以及业务工作制度的执行情况。会计师事务所如违反规定,主管的财政机关可以根据情节轻重,分别给予警告、罚款、停业整顿、责令解散等处分。

在美国,政府直接授权注册会计师协会进行高度的职业自我服务和自我管理。因此,美国的财政部对美国注册会计师协会不存在领导关系。但是,各州的会计局(State Boards of Accountancy)对本州注册会计师职业负有法定的管理职责。

美国共有 54 个会计局。州会计局通常由 5—7 名注册会计师和至少一位通常由政府指派的人员组成。一般配有一名专职行政秘书和少数(3—5 名)工作人员。各州会计局负责执行本州制定的会计法令,比如颁发注册会计师执照的条件、职业道德规范,以及在绝大多数情况下强制职业继续教育的要求等。州会计局也积极制定旨在保证审计工作质量的各种强制性计划。州会计局的主要职能在于核发、更新、中止和吊销注册会计师执照。州会计局的工作独立于美国注册会计师协会和州注册会计师公会。

(二) 直接影响注册会计师职业的外部团体

1. 会计准则制定机构

在我国,财政部会计司及会计准则委员会,负责组织研究和制定我国的会计准则。它们所制定的准则是我国注册会计师判断客户财务报表是否公允反映的主要依据。在美国,主要负责会计准则制定的权威机构是财务会计准则委员会(Financial Accounting Standards Board),属于民间机构,而我国财政部会计司及会计准则委员会则是政府部门和所属机构。

2. 证券监督管理委员会

为了加强证券市场的管理和证券法规的制定,我国国务院于 1992 年 12 月 17 日发布《关于进一步加强证券市场宏观管理的通知》,正式决定成立国务院证券委员会和中国证券监督管理委员会。同时规定,财政部归口管理注册会计师和会计师事务所,对其从事与证券、期货业务有关的会计事务的资格由证监会审定。随后,又于 1993 年 4 月 22 日发布

《股票发行与交易管理暂行条例》,于1993年8月2日发布《企业债券管理条例》,对发行股票和债券的公司必须由注册会计师进行审计作出了明文规定,并规定了发行证券公司信息披露的一些特殊要求。原《股票发行与交易管理暂行条例》还规定了对违规规定的注册会计师和会计师事务所的处罚办法。2011年,我国证券业务会计师事务所共54家,约占全国会计师事务所总数的0.8%。

美国证券交易委员会(Securities and Exchange Commission)是1934年根据《证券交易法》设立的一个联邦政府机构。根据该法,委员会有权对证券在交易所和柜台的公开发行和交易进行管制。该法案还规定,委员会有权为其管辖范围内的公司制定一般公认会计原则。从过去的情况来看,在绝大多数情况下,美国证监会都是将这个权力授给民间机构。委员会承认财务会计准则委员会发布的公告构成一般公认会计原则的一部分。但在有些情况下,委员会提出的披露要求,远远超过了一般公认会计原则的规定。委员会发布了四类与会计有关的公告,为公司和它们的独立审计人员编制委员会所需的报告资料提供了工作指南。具体包括:规则S-X,委员会的主要会计规定;规则S-K,统一披露规定;财务报告发布(Financial Reporting Release),对现有规则或规定的修订或发布新的规则;会计公告(Staff Accounting Bulletins),旨在指导有关会计交易和事项的处理。这些公告中,几乎包括了1933年和1934年相关证券法律规定的所有披露要求。

在美国,证券交易委员会对审计乃至整个注册会计师职业都有相当大的影响力。在它所制定的法规中,包含注册会计师独立性的条件和报告准则。这些规定基本上与美国注册会计师协会所颁布的准则相同。委员会有权对违反其规定的注册会计师采取惩罚措施。

3. 审计署

在我国,最高权力的政府审计机关是审计署,它负责对各级政府审计工作提供指导和进行监督。它所颁布的政府审计准则,注册会计师在受托审计政府单位时必须遵守。

在美国,负责管理全国政府审计工作的机构是政府责任总署(Government Accountability Office)。该机构由美国总审计长领导,不属于任何党派。美国政府责任总署通过发布政府审计准则,对注册会计师职业产生直接影响。由于整本准则的小册子封面为黄色,人们通常称之为"黄皮书准则"。美国注册会计师为政府单位执行审计时,必须遵守这些准则和美国注册会计协会制定的实务准则。

4. 国家税务总局

在我国,最高权力的税务管理机关是国家税务总局。注册会计师在提供税务服务时,还必须遵守它们所颁布的有关规定,否则也将受到惩处。

在美国,财政部下属的一个机构——国内税务局(Internal Revenue Service),负责联邦税法的管理和实行。在国内税务局所发布的规定中,对注册会计师提供税务服务影响最大的是国内税务局第230号通告《国内税务局管理律师或代理机构实务规则》。注册会计师若违反这些规则,将受到国内税务局给予的罚款和其他处罚。

第三节 审计概述

首先介绍美国会计学会(American Accounting Association)对审计的权威定义,然后说明审计和审计人员的种类。本书的内容主要围绕独立审计人员实施的财务报表审计展开。

一、审计的定义

美国会计学会基本审计概念委员会对审计的定义很有代表性。该委员会将审计定义为:"审计是指对有关经济活动和经济事项的认定,客观地获取和评价证据,以确定这些认定符合既定标准的程度,并传达结果给利害关系人的一个系统过程。"

上述定义有几点值得特别说明:

(1)"有关经济活动和经济事项的认定",是指对某个人或某个企业所作出的表达。这些认定构成了审计的对象。认定包含在财务报表、内部经营报告或所得税申报表之中。

(2)"客观地获取和评价证据",意味着审计是对所作认定的依据进行审查,并公正评价其审查结果,绝不能因支持或反对作出认定的个人(或企业),而出现偏差或带有任何偏见。

(3)"符合程度",是指审计人员确认认定同既定标准的接近程度。这种符合程度既可用数量表示(比如备用金的短缺金额),也可从性质方面表达(比如财务报表的公允反映)。

(4)"既定标准",是指判断认定时所使用的标准。这些标准既可能是立法机关制定的特殊规则,或管理层制定的预算或其他绩效衡量标准,也可能是权威团体发布的公认会计准则。

(5)"传达结果",意味着审计人员是用书面报告来指出认定和既定标准的符合程度并且传递审计结果的。传达审计结果可提高由另一方所作出的认定的可信性。

(6)"利害关系人",是指所有使用或依赖审计报告的个人。对一个企业来说,审计利害关系人通常包括股东、管理层、债权人、政府机构和一般社会公众。

(7)"一个系统过程",意味着审计是由一系列合理、有结构且有组织的步骤或程序组成的。

二、审计的种类

按照审计的内容和目的分类,可以将审计分为财务报表审计、合规性审计、经营审计三类。

(一)财务报表审计

财务报表审计是指对某个单位编制的财务报表获取和评价证据,以便对这些报表是否按照既定标准(通常指公认会计准则)公允反映表示意见。这类审计通常由被审计单位委托外部审计人员来执行。财务报表审计的结果要向广泛的使用者(如股东、债权人、主管机关和社会公众等)公布。上市公司的财务报表审计,对于保障一个国家证券市场的健康运作是非常重要的。有关财务报表审计的基本原理，详见本书第四章。

（二）合规性审计

合规性审计亦称遵循性审计，是指对某个单位的财务或经营活动收集和评价证据，以确定其是否按照特定的条件、规则或规定来执行。这种审计的既定标准可能有很多来源。比如，管理层可能事先制定了很多内部控制的程序，如每天必须将收到的所有现金如数存入银行，公司支票必须经过两个人签署等。另外，管理层还可能制定有关加班、参加养老金或处理利害冲突的政策（或规则）。管理层制定这些标准的目的是遵循和落实它们，因此，很多公司对这些标准的遵守情况执行合规性审计。这种审计通常由公司内部审计人员执行。再比如，某项债券合同，可能要求企业保持某一特定的流动比率，并在发行债券期间定期提留款项，形成偿债基金。为了检查这一约定的实际执行情况，也需要开展合规性审计。

（三）经营审计

经营审计是指对某个单位的经营活动是否达到特定的目标，收集证据和评价证据。这类审计有时也称为绩效审计或管理审计。在经营审计中，审计人员需要对特定经营活动进行客观的观察和全面的分析。经营审计的范围既可能是整个组织，也可能是该组织的某一特定部分。

经营审计可能由管理层或某个第三方提出要求而进行。谁要求执行经营审计，审计的结果就需要向谁报告。

表1-2比较分析了财务报表审计、合规性审计与经营审计之间的主要区别。需要说明的是，后两种审计为了说明的方便，只是列举了一部分认定的例子，而不是这两种审计认定的全部。

表 1-2 三种审计的举例

审计种类	认定的性质	既定标准	符合程度	审计报告的主要使用者
财务报表审计	企业财务报表	会计准则	公允程度	股东、债权人、主管机关和社会公众
合规性审计	企业的所得税申报资料	有关所得税税务法规	遵循程度	政府税务部门
经营审计	完工部门的质量控制	管理人员制定的质量控制标准	接近程度	管理层

三、审计的人员

对经济活动或事项等进行审计的人员，通常可分为独立审计人员、内部审计人员以及政府审计人员三大类。

（一）独立审计人员

独立审计人员是指为客户提供专业审计服务的注册会计师或会计师事务所的成员。由于他们受过良好的教育和训练，并且拥有足够的经验，因此，独立审计人员有资格执行上述各种审计业务。独立审计人员的客户包括各种营利性企业、非营利组织、政府机构和个人。

同医生、律师等职业一样,独立审计人员也是采取收费的方式来提供服务。独立审计人员在会计师事务所的作用,同律师在律师事务所的作用有很多相类似的地方,但也存在一个重要的区别:即审计人员在执行审计和报告审计结果的全过程中,必须与客户保持独立;而律师在提供法律服务时,则不独立,他应当竭力为客户辩护。

审计的独立性包括"形式"和"实质"两个方面的考虑。审计人员如果能够做到对被审计的客户不带任何偏见,并且对那些依赖审计结果的人也保持客观的态度,则可以认为他是独立的。本书第二章将对独立性作进一步的说明。

绝大多数独立审计人员都取得了注册会计师执业证书。通常情况下,必须通过注册会计师资格考试,并具备一定的审计实务经历,才能取得注册会计师执业证书。

（二）内部审计人员

内部审计人员是指由组织自己雇佣、担任该组织内部审计职责的职员。由于这类审计人员在某组织的内部独立进行评价活动,所以,人们把这类活动称为内部审计。内部审计的目标是协助管理层,使其能够有效地履行管理职责。

内部审计的范围涉及组织每一个阶段的活动。内部审计人员主要进行合规性审计和经营审计。但是内部审计人员的工作,也可能对独立审计人员进行的财务报表审计工作起辅助支持作用,这点将在本书第十五章予以说明。

内部审计与注册会计师审计都是现代审计体系的组成部分,其联系主要体现在两者都是对被审计单位经济事项进行有关方面的审计,并且注册会计师审计具体执行的深度和广度,可能取决于被审计单位内部审计的质量。另外,内部审计部门为了改进工作,也经常要求注册会计师提供管理咨询服务。因此,两者的联系是多方面的。但是,由于两者与被审计单位的关系不同,又存在很大的差别。

第一,在审计的独立性上,内部审计机构受本部门、本单位的直接领导,独立性受到一定的限制,其独立性只是相对于本部门、本单位其他职能部门而言的;而注册会计师审计则是由与被审计单位完全无关的第三者进行的审计,具有较强的独立性。

第二,在审计方式上,内部审计是根据本单位、本部门经营管理的需要安排进行的,而注册会计师审计则是受托进行的。

第三,在审计程序上,内部审计的大部分工作是按照部门分工进行的,查看账表只是其中的一小部分工作;注册会计师审计则是对财务报表项目进行系统审查,财务报表是其主要审计对象。

第四,在审计职责上,内部审计只对本部门、本单位负责,其审计质量基本上与外界无直接关系;注册会计师审计不仅对被审计单位负责,还要对社会负责,其审计质量对财务信息使用者有直接的影响。

第五,在审计作用上,内部审计的结论只能作为本部门、本单位改善管理的参考,对外不起鉴证作用,并向外界保密;而注册会计师的审计结论要对外公开,对外发挥鉴证作用。

由上可知,内部审计是企业内部的一种管理控制活动,注册会计师审计则是为整个社会服务。因此,注册会计师肩负的责任,比内部审计人员的责任要大得多、严得多。

(三)政府审计人员

政府审计人员是指各级审计机关的审计人员,实施政府审计的各项工作。

政府审计和注册会计师审计,相对审计的客体而言,都属于外部审计;但两者在现代审计组织体系中,各自独立、各司其职,在较多方面有严格的区别。

第一,在审计对象上,政府审计以各级政府的财政收支情况及公共资金的收支、运用情况为主;注册会计师审计以财务报表审计为主。

第二,在审计监督的性质上,政府审计属于行政性监督,既有审查权,又有处理权;注册会计师审计属于社会监督,只有审查权,而无处理权。

第三,在审计方式上,政府审计具有强制性;注册会计师审计具有自愿性,被审计单位与会计师事务所之间是双向自愿选择的关系,即被审计单位可以在众多的会计师事务所之间选择委托的对象,而会计师事务所也可以根据被审计单位情况和自身条件自主决定是否接受委托。

第四,在实施审计的手段上,政府审计使用强制性的行政手段无偿进行;注册会计师审计使用经济手段有偿服务,因此,注册会计师对其审计结果的错误将承担经济、法律等方面的责任。

上述审计、审计人员的种类及其相互之间的关系如表1-3所示。

表1-3 审计的种类与审计人员的种类

审计人员的种类	审计的种类		
	财务报表审计	合规性审计	经营审计
独立审计人员	√	√	√
内部审计人员		√	√
政府审计人员	√	√	√

第二章

注册会计师职业道德与法律责任

【学习目标】

1. 掌握注册会计师职业道德基本原则。
2. 理解注册会计师职业道德概念框架的含义,并能运用概念框架分析解决问题。
3. 掌握如何识别、评价和应对专业服务委托、利益冲突、应客户要求提供第二次意见、收费、专业服务营销、礼品和款待、保管客户资产等情形可能产生的不利影响。
4. 理解独立性概念框架的内涵,并能运用独立性概念框架分析解决问题。
5. 理解和掌握审计等鉴证业务对独立性的要求。
6. 了解注册会计师法律责任的成因以及规避措施。

第一节 职业道德基本原则

注册会计师职业道德建设对于规范注册会计师道德行为,提高职业水平和维护良好的职业形象具有重要意义。为了规范中国注册会计师职业行为,提高职业道德标准,维护职业形象,中国注册会计师协会制定了《中国注册会计师职业道德守则》(以下简称"职业道德守则")。本章共分四节,第一节介绍职业道德基本原则,第二、三节介绍职业道德概念框架及其运用,第四节重点说明审计等鉴证业务对独立性的要求,第五节简述注册会计师的法律责任。

注册会计师应当遵守的职业道德基本原则包括诚信、独立性、客观和公正、专业胜任能力和应有的关注、保密、良好职业行为等。

一、诚信

诚信是公众信任的源泉,是公众认可和依赖注册会计师所提供服务的关键因素。诚信原则要求注册会计师建立内在的精神和价值,从而形成外在的声誉和资源。因此,注册会计师应当在所有的职业活动中,保持正直、诚实和守信。正直要求公正无私、刚直坦率;诚实要求内心与言行一致,不虚假;守信要求遵守信约和诺言,不虚伪欺诈。

诚信原则的总体要求包括两点。第一,如果认为业务报告、申报资料或其他信息含有严重虚假或误导性的陈述,含有缺少充分依据的陈述或信息,或者存在遗漏或含糊其辞的信息,注册会计师不得与这些有问题的信息发生牵连。第二,如果注意到已与有问题的信息发生牵连,应当采取措施消除牵连。如果对鉴证业务中有问题的信息出具了恰当的非标准业务报告,可以不视为违反这一规定。

二、独立性

独立性是指不依附外力,且不受外界束缚。注册会计师的独立性,一方面要求注册会计师不得主动去依附外力,另一方面要求当外力对注册会计师施加控制或影响时,注册会计师应当能够抵御而不受束缚。

就鉴证业务的注册会计师、责任方和预期使用者三方而言,责任方处于信息优势地位,而预期使用者处于信息劣势地位。责任方可能基于信息优势而选择"道德伤害"行为,损害预期使用者的利益。注册会计师对鉴证对象信息进行鉴证并提供合理保证,以增强预期使用者对鉴证对象信息的信任程度,成为降低预期使用者与责任方代理成本的一项制度安排。这里能够实现制度安排目的的基础,就是注册会计师应当独立于责任方与预期使用者,发表客观和公正的鉴证意见。因此,就鉴证业务而言,独立性是注册会计师行业的立业之本。

注册会计师并非执行所有业务都必须保持独立性。注册会计师提供的专业服务种类有很多,许多非鉴证服务以客户为唯一受益人,例如内部审计服务、会计服务、招聘服务等。在提供这些服务时,注册会计师不需承担向第三方报告的责任,因而也不需遵循独立性原则。

三、客观和公正

客观是指一个事物不受主观思想或意识影响而独立存在的性质,能保持其真实性,与主观性相对应。公正是指公平正直,没有偏私。

注册会计师的职业判断是一个认识客观事物的过程。主观认识客观事物,应当尊重事实,尽量接近事实和真相,在观察和收集的各种证据的基础上进行职业判断。因此,客观和公正原则要求注册会计师公正处事、实事求是,不得由于偏见、利益冲突或他人的不当影响而损害自己的职业判断。

四、专业胜任能力和应有的关注

注册会计师应当具备专业胜任能力,并保持应有的关注,才能保证向客户提供一定质量的服务。

(一)专业胜任能力

注册会计师作为专业人士,必须具备能够胜任工作要求的专业能力。专业胜任能力是指注册会计师具有足够的专业知识、职业技能和职业经验,能够在实务工作环境中按照设定的标准,经济、有效地完成工作任务。如果注册会计师在缺乏足够的知识、技能和经验的情况下提供专业服务,就好比不具备相应技能的医师给病人开刀手术一样,不仅对客户和公众极不负责任,而且构成了欺诈。

专业胜任能力可以分为两个独立阶段。第一,专业胜任能力的获取。专业知识应当经过长期的专业学习或培训获取。职业技能和职业经验必须通过参与职业活动逐步积累。注册会计师在执业前必须获取专业胜任能力。在从事审计业务工作中,会计师事务所应当安排有经验的人员给予指导和监督,促进职业技能和职业经验的累积。第二,专业胜任能力的保持。法律、技术和实务处于不断发展的过程中,注册会计师原来获取的专业胜任能力可能不能满足当前专业服务的要求。因此,在取得执业资格后,注册会计师应当持续了解并掌握当前法律、技术和实务的发展变化,将专业知识和技能始终保持在应有的水平,确保为客户提供具有专业水准的服务。注册会计师在职业生涯中需要不断学习和实践,接受继续教育,不断进行知识更新和提高技能,以保持专业胜任能力。

(二)应有的关注

注册会计师应当保持应有的关注,遵守执业准则和职业道德规范的要求,勤勉尽责,认真、全面、及时地完成工作任务。

应有的关注是指注册会计师对其所提供服务承担的勤勉尽责的义务。应有的关注原则,要求注册会计师在履行专业职责时严格遵守执业准则和职业道德规范的要求,具备专业胜任能力,具有一丝不苟的责任感并保持应有的谨慎态度,对客户和社会公众尽职尽责,勤勉地发挥自己的专业特长,认真、全面、及时地完成工作任务。具体到审计服务而言,注册会计师应当以勤勉尽责的态度执行审计业务,保持职业怀疑态度,运用其专业知识、技能和经验,收集和客观评价审计证据。

同时,注册会计师应当采取适当措施,确保在其领导下工作的人员得到应有的培训和督导。在必要时,注册会计师应当使客户以及业务报告的其他使用者了解专业服务的固有限制。

五、保密

注册会计师应当对因职业关系或商业关系获知的涉密信息保密。保密原则有两层要求:首先,不得未经客户授权或法律法规允许,向会计师事务所以外的第三方披露其所获知的涉密信息;其次,不得利用所获知的涉密信息为自己或第三方谋取利益。

注册会计师保密的范围比较广,包括:对以前客户的涉密信息保密;对当前客户的涉密信息保密;对拟接受的客户或拟受雇的工作单位向其披露的涉密信息保密;对所在会计师事务所的涉密信息保密。涉密信息不等于所有信息。有些信息,例如客户已经对外发布的盈利预测信息,不属于涉密信息,注册会计师不承担保密责任。注册会计师对涉密信息承担保密责任。注册会计师在职业活动中获知的涉密信息与积累的经验需要区分开来。注册会计师不得披露涉密信息,但可以运用积累的经验。

注册会计师在社会交往中也应当履行保密义务,警惕无意中泄密的可能性,特别是警惕无意中向近亲属或关系密切的人员泄密的可能性。注册会计师除自身应遵守保密原则外,还应当采取措施,确保下级员工以及提供建议和帮助的人员履行保密义务。

职业道德守则专门规定了允许披露涉密信息的情形。这些情形包括:法律法规允许披露,并取得客户的授权;根据法律法规的要求,为法律诉讼、仲裁准备文件或提供证据,以及向监管机构报告所发现的违法行为;法律法规允许的情况下,在法律诉讼、仲裁中维护自己的合法权益;接受注册会计师协会或监管机构的执业质量检查,答复其询问和调查;法律法规、执业准则和职业道德规范规定的其他情形。

另外,"对外披露"是对会计师事务所以外的第三方披露,如果注册会计师是向其上级报告审计问题,或向会计师事务所内部寻求对会计处理或审计准则运用的支持,则并未违反保密原则。

六、良好职业行为

职业声誉对注册会计师行业的良性发展具有重大意义,注册会计师行业需要弘扬诚信为本、操守为重、坚持准则的职业风尚,要求注册会计师在职业活动中维护职业形象,推动独立、客观、公正的执业精神深入人心,不断提升行业的诚信度和公信力。

注册会计师应当遵守相关法律法规,避免发生任何损害职业声誉的行为。注册会计师在向公众传递信息以及推介自己和工作时,应当客观、真实、得体,不得损害职业形象。

注册会计师应当诚实、实事求是,禁止夸大宣传提供的服务、拥有的资质或获得的经验;禁止贬低或无根据地比较其他注册会计师的工作等行为。

第二节 职业道德概念框架

一、职业道德概念框架的内涵

职业道德概念框架为注册会计师提供了解决问题的思路和方法,以识别、评价和应对可能对职业道德基本原则产生不利影响的各种情形,以维护职业道德基本原则不受损害。

这一思路和方法包括以下步骤,具体的分析思路如图 2-1 所示。

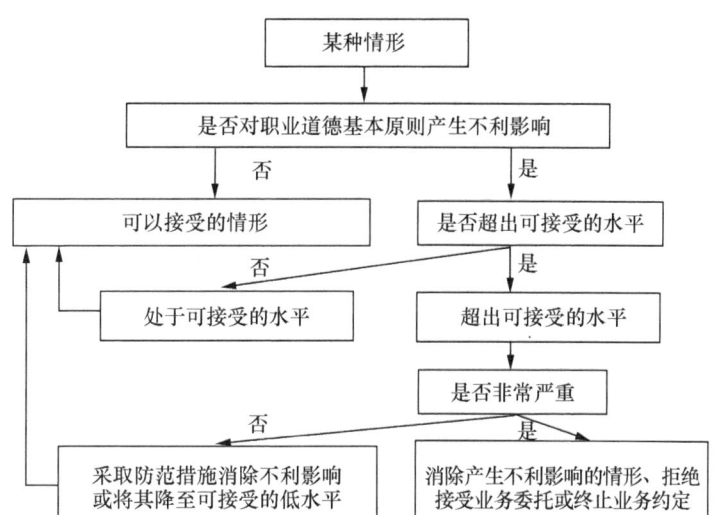

图 2-1　职业道德概念框架分析思路

首先,注册会计师应当识别对职业道德基本原则产生不利影响的情形;然后,注册会计师应当评价不利影响的严重程度,评价应当从性质和数量两个方面予以考虑;最后,注册会计师应当根据不利影响的严重程度予以应对。如果不利影响未超出可接受的水平,则可以接受该情形。如果不利影响超出了可接受的水平,且通过防范措施能够消除不利影响或将其降至可接受的低水平,则应当采取防范措施。如果不利影响非常严重,导致没有防范措施能够消除不利影响或将其降至可接受的低水平,则应当拒绝接受业务委托或终止业务约定。

注册会计师在运用职业道德概念框架时,应当运用职业判断。需要注意的是,有些情形在性质上非常重大,不论数量多少,都将产生非常严重的不利影响,导致没有防范措施能够消除不利影响或将其降至可接受的低水平,则应当拒绝接受业务委托或终止业务约定。例如,审计项目组成员的配偶直接持有审计客户的股票,属于直接经济利益,该经济利益不论数量多少,都将对审计项目组成员的独立性产生非常重大的不利影响,审计项目组成员不得持有该经济利益。

二、对遵循职业道德基本原则产生不利影响的因素

注册会计师可能因自身利益、自我评价、过度推介、密切关系或外在压力对其职业道德基本原则产生不利影响。注册会计师应当根据一定的因素识别和评价各种不利影响产生的情形。

(一)自身利益导致不利影响的情形

如果经济利益或其他利益对注册会计师的判断或行为产生了不当影响,将对职业道德基本原则产生不利影响。经济利益或其他利益的形式有很多,具体情形详见本章的第三、四节。

(二) 自我评价导致不利影响的情形

如果注册会计师对其 (或其所在会计师事务所) 以往的判断或服务的结果作出评价,并将这一评价作为提供当前服务时作出判断的依据,将因自我评价产生不利影响。因自我评价产生不利影响的情形可以划分为两大类。第一类,注册会计师向同一客户提供两项或两项以上服务。例如,会计师事务所在对客户提供财务系统的设计或操作服务后,又对系统的运行有效性出具鉴证报告;会计师事务所为客户编制原始数据,这些数据构成鉴证业务的对象;会计师事务所为鉴证客户提供直接影响鉴证对象信息的其他服务。第二类,鉴证业务项目组成员曾经担任鉴证客户的董事、高级管理人员等职务,在鉴证业务中可能自己评价自己的工作。例如,鉴证业务项目组成员担任或最近曾担任客户的董事或高级管理人员;鉴证业务项目组成员目前或最近曾受雇于客户,并且所处职位能够对鉴证对象信息施加重大影响。

(三) 过度推介导致不利影响的情形

如果注册会计师过度推介客户的某种立场或意见,以致其客观和公正立场受到损害,将因过度推介产生不利影响。会计师事务所推介审计客户的股份、在审计客户与第三方发生诉讼或纠纷时注册会计师担任该客户的辩护人,可能因过度推介导致不利影响。

(四) 密切关系导致不利影响的情形

如果注册会计师与客户存在长期或紧密的关系,因而过于倾向他们的利益或认可他们的工作,将因密切关系产生不利影响。客户的某些人员与注册会计师存在近亲属、师生、同学等关系,或由于长期往来形成较好的私人关系,可能使注册会计师过于倾向他们的利益或认可他们的工作,从而损害客观和公正等职业道德基本原则。例如,审计项目组成员的哥哥担任审计客户的首席财务官,这种兄弟关系可能对审计项目组成员的独立性产生不利影响。又如,会计师事务所的某一注册会计师担任某审计客户的项目合伙人五年以上,该注册会计师可能与审计客户的某些人员因长期业务来往而产生密切关系,对注册会计师的独立性产生不利影响。近亲属包括主要近亲属和其他近亲属。主要近亲属是指配偶、父母或子女。其他近亲属是指兄弟姐妹、祖父母、外祖父母、孙子女、外孙子女。审计项目组成员或会计师事务所的其他人员的近亲属可能对注册会计师的职业判断产生不当影响,所以职业道德守则将这些近亲属的某些情形纳入了规范的范围。主要近亲属与其他近亲属相比,在经济上存在更紧密的依赖关系,更能对注册会计师的判断和行为产生影响。因此,在许多规定中,对主要近亲属的要求高于其他近亲属,在理解职业道德守则时需要注意差别。

(五) 外在压力导致不利影响的情形

如果注册会计师受到实际的压力或感受到压力 (包括对注册会计师施加不当影响的意图) 而妨碍其客观行事,将产生外在压力威胁。压力可能来自客户,也可能来自会计师事务所;可能是实际的,也可能是感受到的。职业道德守则列举的情形包括:会计师事务所受到客户解除业务关系的威胁;审计客户表示,如果会计师事务所不同意对某项交易的会计处理,则不再委托其承办拟议中的非鉴证业务;客户威胁将起诉会计师事务所;会计师事务所受到降低收费的影响而不恰当地缩小工作范围;由于客户员工对所讨论的事项更具有专长,注册会计师面临服从其判断的压力;会计师事务所合伙人告知注册会计师,除非同意审计客户不恰当的会计处理,否则将影响晋升。

三、应对不利影响的防范措施

在识别和评价对职业道德基本原则产生的不利影响后,注册会计师应当运用判断(从理性且掌握充分信息的第三方的角度),根据不利影响的严重程度,确定如何应对超出可接受水平的不利影响。如果能够通过采取防范措施消除不利影响或将其降至可接受的低水平,注册会计师可以采取这些防范措施。如果不利影响非常严重,导致没有防范措施能够消除或将其降至可接受的低水平,注册会计师应当终止业务约定或拒绝接受业务委托。

(一)法律法规和职业规范规定的防范措施

法律法规和职业规范规定的防范措施包括:取得注册会计师资格必需的教育、培训和经验要求;持续的职业发展要求;公司治理方面的规定;执业准则和职业道德规范的要求;监管机构或注册会计师协会的监控和惩戒程序;由依法授权的第三方对注册会计师编制的业务报告、申报资料或其他信息进行外部复核等。

《注册会计师法》等多项法律法规和职业规范都为注册会计师提供了相关的防范措施。在遵循职业道德基本原则时,注册会计师需要结合各项法律法规和职业规范的具体要求,以应对可能对职业道德基本原则产生不利影响的各种情形。

(二)具体工作中采取的防范措施

具体工作中采取的防范措施包括会计师事务所层面的防范措施和具体业务层面的防范措施。

1. 会计师事务所层面的防范措施

会计师事务所需要建立有关政策和程序以维护职业道德基本原则。例如,项目合伙人常年审计项目定期轮换制度、注册会计师定期签署独立性声明制度等。政策和程序中的具体规定可视会计师事务所的情况确定。

2. 具体业务层面的防范措施

具体业务层面的防范措施是针对具体业务提出的防范措施。例如,对已执行的非鉴证业务,由未参与该业务的注册会计师进行复核,或在必要时提供建议;向客户审计委员会、监管机构或注册会计师协会咨询;与客户治理层讨论有关的职业道德问题;由其他会计师事务所执行或重新执行部分业务;轮换鉴证业务项目组合伙人和高级员工。

某种情形在具体业务层面可能存在多种防范措施予以应对。在提供的具体业务中,注册会计师需要根据产生不利影响的具体情形选择应当采取的防范措施。选择的防范措施要求能够消除不利影响或将不利影响降至可接受的低水平。

(三)客户的防范措施

除以上两大类别的防范措施以外,客户的防范措施也能够降低对职业道德基本原则产生的不利影响。例如,某上市公司聘请会计师事务所的决定可由董事会会议提议,后报股东大会批准,并且会计师事务所的聘用决定需要经三分之二独立董事的同意,方可提交股东大会。这一防范措施将降低会计师事务所因管理层外在压力产生的不利影响。

注册会计师可以考虑依赖客户的防范措施。但需要注意的是,仅依赖客户的防范措施不可能将不利影响降至可接受的低水平。因此,注册会计师应当在必要时采取防范措施,而非仅依赖客户的防范措施。

第三节 职业道德概念框架的运用

注册会计师提供的专业服务类型有很多,包括审计和审阅服务、其他鉴证服务和非鉴证服务。不论提供何种专业服务,注册会计师都应当对可能对职业道德基本原则产生不利影响的各种情形保持警惕,运用职业道德概念框架识别、评价和应对不利影响,从而使职业道德基本原则不受损害。本节主要阐述注册会计师遇到或可能遇到的,包括专业服务委托、利益冲突等在内的各种情形和关系,为注册会计师识别、评价和应对不利影响提供指导。

一、专业服务委托

对注册会计师专业服务委托方面的具体要求包括接受客户关系、承接业务和客户变更委托三大方面。专业服务委托是提供专业服务的起点,如果在专业服务委托时忽视了某些因素对职业道德基本原则产生的不利影响,没有采取相应的防范措施,那么对整个服务的影响将不言自明。

(一) 接受客户关系

在接受客户关系前,注册会计师应当确定接受客户关系是否会对职业道德基本原则产生不利影响。注册会计师应当考虑客户的主要股东、关键管理人员和治理层是否诚信,以及客户是否涉及非法活动(如洗钱)或存在可疑的财务报告问题等。

注册会计师应当评价客户存在的问题产生的不利影响的严重程度,并在必要时采取防范措施消除不利影响或将其降至可接受的低水平。防范措施主要包括:对客户及其主要股东、关键管理人员、治理层和负责经营活动的人员进行了解;要求客户对完善公司治理结构或内部控制作出承诺。如果不能将客户存在的问题产生的不利影响降至可接受的低水平,注册会计师应当拒绝接受客户关系。

如果向同一客户连续提供专业服务,注册会计师应当定期评价继续保持客户关系是否适当。

(二) 承接业务

注册会计师应当遵循专业胜任能力和应有的关注原则,仅向客户提供能够胜任的专业服务。在承接某一客户业务前,注册会计师应当确定承接该业务是否对职业道德基本原则产生不利影响。

如果项目组不具备或不能获得执行业务所必需的胜任能力,将对专业胜任能力和应有的关注原则产生不利影响。注册会计师应当评价不利影响的严重程度,并在必要时采取防范措施消除不利影响或将其降至可接受的低水平。

当聘用专家工作时,注册会计师应当考虑专家的声望、专长及其可获得的资源,以及适用的执业准则和职业道德规范等因素,以确定专家的工作结果是否值得依赖。注册会计师可以通过以前与专家的交往或向他人咨询获得相关信息。

(三) 客户变更委托

如果应客户要求或考虑以投标方式接替前任注册会计师,注册会计师应当从专业角度或其他方面确定是否承接该业务。如果注册会计师在了解所有相关情况前就承接了业务,则可能对专业胜任能力和应有的关注原则产生不利影响。注册会计师应当评价不利影响的严重程度。

由于客户变更委托的表面理由可能并未完全反映事实真相,根据业务性质,注册会计师可能需要与前任注册会计师直接沟通,核实与变更委托相关的事实和情况,以确定是否适宜承接该业务。

注册会计师应当在必要时采取防范措施,消除因客户变更委托产生的不利影响或将其降至可接受的低水平。防范措施主要包括:当应邀投标时,在投标书中说明,在承接业务前需要与前任注册会计师沟通,以了解是否存在不应接受委托的理由;要求前任注册会计师提供已知悉的相关事实或情况,即前任注册会计师认为,后任注册会计师在作出承接业务的决定前,需要了解的事实或情况;从其他渠道获取必要的信息。如果采取的防范措施不能消除不利影响或将其降至可接受的低水平,注册会计师不得承接该业务。

此外,应客户的要求在前任注册会计师工作的基础上提供进一步的服务可能缺乏完整信息,可能对专业胜任能力和应有的关注原则产生不利影响。注册会计师应当评价由此产生的不利影响的严重程度,并在必要时采取防范措施。可以采取的防范措施主要包括将拟承担的工作告知前任注册会计师,提请其提供相关信息,以便恰当地完成该项工作。

需要强调的是,不论是前任注册会计师还是后任注册会计师,在沟通前都必须征得客户的同意。前任注册会计师应当遵循保密原则,在提供信息时,应当实事求是,清晰明了。如果后任注册会计师不能与前任注册会计师沟通,则应当采取其他措施获取相关信息,例如,通过询问第三方或调查客户的高级管理人员、治理层的背景等方式获取信息。

二、利益冲突

会计师事务所与客户之间、客户与客户之间可能存在利益冲突,存在此类利益冲突可能对职业道德基本原则产生不利影响。注册会计师应当识别、评价和应对这些利益冲突产生的不利影响。

利益冲突可分为三种情形,每种情形需要采取不同的防范措施。

第一,会计师事务所的商业利益或业务活动可能与客户存在利益冲突。例如会计师事务所的网络所提供管理咨询服务,而审计客户也提供管理咨询服务,两者可能竞标同一家管理咨询客户,或在某一区域里存在竞争关系。如果出现此类情形,将对会计师所事务所的客观和公正原则产生不利影响,注册会计师应当告知客户,并在征得客户同意的情况下执行业务。

第二,会计师事务所为两个或两个以上的客户提供服务,客户之间可能存在利益冲突或者对某一事项或交易存在争议。例如,会计师事务所的两个客户正处于诉讼中。此类情形可能对会计师事务所的客观和公正原则产生不利影响。会计师事务所可能因职业关系等获知客户的某些信息,存在利益冲突的客户可能要求会计师事务所提供相关信息或在争议中倾向其利益,或者会计师事务所自身可能失去客观公正的立场。因此,如果为存在利益冲突的两个或两个以上的客户提供服务,注册会计师应当告知所有已知相关方,并在征得他们同意的情况下执行业务。

第三,会计师事务所为某一特定行业或领域中的两个或两个以上的客户提供服务(例如中国移动和中国联通),客户之间可能存在利益冲突。由于客户间存在直接的竞争关系,在信息保密等方面比对其他客户有更严格的要求。因此,为某一特定行业或领域中的两个或两个以上的客户提供专业服务也会对注册会计师的职业道德基本原则产生不利影响。在这种情况下,注册会计师应当告知客户,并在征得他们同意的情况下执行业务。在实际业务活动中往往是客户主动要求会计师事务所不能为其竞争对手提供服务。如果客户不同意注册会计师为存在利益冲突的其他客户提供服务,注册会计师应当终止为其中一方或多方提供服务。

除以上针对各种情形采取的防范措施外,注册会计师还应当采取其他防范措施,以消除不利影响或将其降至可接受的低水平。例如,分派不同的项目组为相关客户提供服务;实施必要的保密程序,防止未经授权接触信息;要求会计师事务所的合伙人和员工签订保密协议;由未参与执行相关业务的高级员工定期复核防范措施的执行情况。

如果采取的防范措施不能消除不利影响或将其降至可接受的低水平,注册会计师应当拒绝承接某一特定业务,或者解除一个或多个存在冲突的业务约定。

三、应客户要求提供第二次意见

在某些情况下,客户运用会计准则对特定交易或事项进行处理,其注册会计师已经对该处理发表了意见,而客户可能与其注册会计师有不同看法,或者客户推断其注册会计师不同意该处理。这时,客户可能邀请其他会计师事务所的注册会计师对该处理发表意见。其他会计师事务所的注册会计师对特定交易或事项进行的处理发表的意见即为第二次意见。对第二次意见的理解的具体过程如图2-2所示。

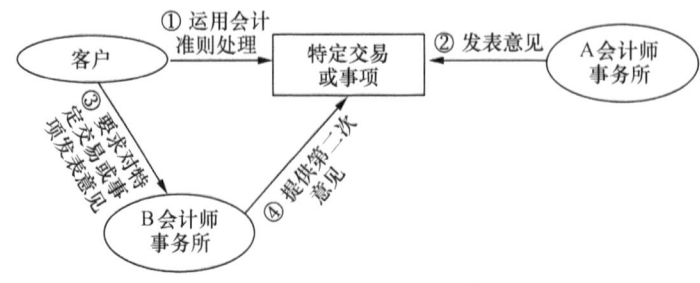

图2-2 第二次意见的图解

例如,A会计师事务所的注册会计师认为某公司对应收账款计提的坏账准备过低,要求其进行调整。该公司邀请B会计师事务所的注册会计师对应收账款坏账计提发表意见。这里,B会计师事务所就是应客户要求提供第二次意见。如果B会计师事务所提出意见,认为客户的应收账款坏账准备计提充分,则该公司可能以 B 会计师事务所的意见为"筹码"与 A 会计师事务所的注册会计师进行沟通,要求其同意该公司的这一会计处理。

这里需要注意两点。第一,提供第二次意见往往不是对整套财务报表发表意见,而是对客户特定交易或事项的处理发表意见。第二,客户寻求第二次意见与客户变更委托是有差别的。对于后者,客户需要和现任注册会计师解除委托,而聘请新的会计师事务所。而前者,客户不需要与现任注册会计师解除委托,仅向其他会计师事务所寻求对客户会计处理的意见。

应客户要求提供第二次意见,客户提供的信息可能并不完整,或第二次意见不是以前任注册会计师所获得的信息为基础,或依据的证据不充分,因此可能对专业胜任能力和应有的关注原则产生不利影响。注册会计师需要识别、评价和应对这些不利影响。

应客户要求提供第二次意见的防范措施主要有三个。第一,与前任注册会计师沟通。第二,在与客户的沟通中说明注册会计师发表专业意见的局限性。第三,注册会计师向前任注册会计师提供第二次意见的副本,使前任注册会计师了解提供的第二次意见。

如果客户不允许与前任注册会计师沟通,注册会计师应当在考虑所有情况后决定是否适宜提供第二次意见。

四、收费

(一)收费报价

当开始专业服务的谈判时,注册会计师将以其认为适当的任何收费水平报价。注册会计师的报价可能比其他注册会计师低,这一事实本身并非不道德。然而,压低报价可能对职业道德基本原则产生不利影响。过低的收费既不能支撑会计师事务所按照必要审计程序执行审计业务的成本,也难以支撑行业合理的工资水平,以致在此价格上可能难以按照适用的执业准则执行业务,将对专业胜任能力和应有的关注原则产生不利影响。

在专业服务得到良好的计划、监督及管理的前提下,收费通常以每一专业人员适当的小时收费标准或日收费标准为基础计算。当然,确定收费需要考虑许多因素,包括提供专业服务所需的知识和技能、专业人员的水平和经验、所需花费的时间和各种直接或间接的成本,以及所需承担的责任等。

如果收费对职业道德基本原则产生了不利影响,注册会计师应当根据收费报价水平和所提供的相应服务来评价其严重程度,并采取防范措施。收费报价水平需要与所提供的服务相匹配。如果报价水平远低于所提供的服务,将对专业胜任能力和应有的关注原则产生不利影响。

低价竞争被认为是行业混乱的一个重要原因。因此,如果收费报价明显低于前任注册会计师或其他会计师事务所的相应报价,会计师事务所应当确保两条:第一,在提供专业服务时,遵守执业准则和职业道德规范的要求,使工作质量不受损害;第二,客户了解专业服务的范围和收费基础。

(二)或有收费

或有收费是指收费与否或收费多少取决于交易的结果或所执行工作的结果。

按照提供的服务是否属于鉴证服务,可以将或有收费的要求分为三个层次:第一,对鉴证客户提供的鉴证服务不得按照或有收费方式收费,法律法规允许的除外。第二,对鉴证客户提供的非鉴证服务按照或有收费方式收费可能产生不利影响,需要根据具体的情况识别、评价和应对其产生的不利影响。第三,对非鉴证客户提供的非鉴证服务按照或有收费方式收费也可能产生不利影响,需要根据具体的情况识别、评价和应对其产生的不利影响。

注册会计师应当评价或有收费产生不利影响的严重程度,并在必要时采取防范措施消除不利影响或将其降至可接受的低水平。评价时考虑的因素包括:业务的性质、可能的收费金额区间、确定收费的基础、是否由独立第三方复核交易和提供服务的结果。可以采取的防范措施主要包括:预先就收费的基础与客户达成书面协议;向预期的报告使用者披露注册会计师所执行的工作,以及收费的基础;实施质量控制政策和程序;由独立第三方复核注册会计师已执行的工作。

(三) 介绍费和佣金

在某些情况下,注册会计师可能收到与客户相关的介绍费或佣金。例如,注册会计师可能收到第三方(如软件销售方)的与向客户推销商品有关的佣金。注册会计师收取与客户相关的介绍费或佣金,将因自身利益而对注册会计师的客观和公正原则以及专业胜任能力和应有的关注原则产生不利影响。这种不利影响非常严重,导致没有防范措施能够消除不利影响或将其降至可接受的低水平。因此,注册会计师不得收取与客户相关的介绍费或佣金。

注册会计师也可能为了获得某一客户而支付介绍费。支付介绍费也因自身利益而对注册会计师的客观和公正原则以及专业胜任能力和应有的关注原则产生不利影响。这种不利影响非常严重,导致没有防范措施能够消除不利影响或将其降至可接受的低水平。因此,注册会计师也不得向客户或第三方支付业务介绍费。

五、专业服务营销

注册会计师招揽客户时可能需要运用广告或其他营销方式进行专业服务营销。专业服务营销可能对注册会计师的职业道德基本原则产生不利影响。注册会计师的服务质量及能力无法通过广告内容加以评价,夸大宣传可能招揽到其不能胜任的业务,广告可能导致同行之间的不正当竞争。因此,通过广告或其他营销方式招揽业务可能因自身利益等对客观和公正原则及专业胜任能力和应有的关注原则产生不利影响。在向公众传递信息时,注册会计师应当维护职业声誉,做到客观、真实、得体。

职业道德守则规定,注册会计师可以进行专业服务营销,但必须对专业服务营销进行限制,消除其带来的不利影响,维护注册会计师行业的职业声誉。第一,专业服务营销时禁止某些行为。例如,不得夸大宣传提供的服务、拥有的资质或获得的经验;不得贬低或无根据地比较其他注册会计师的工作;不得暗示有能力影响有关主管部门、监管机构或类似机构;不得作出其他欺骗性的或可能导致误解的声明。第二,招揽业务时禁止某些行为。例如,不得采用强迫、欺诈、利诱或骚扰等方式招揽业务;不得对其能力进行广告宣传以招揽业务,但可以利用媒体刊登设立、合并、分立、名称变更和招聘员工等信息。

六、礼品和款待

客户可能向注册会计师或其近亲属提供礼品或款待。接受客户的礼品或款待,可能因自身利益或密切关系而对客观和公正原则产生不利影响。此外,这种行为有可能被公开从而因外在压力对客观和公正原则产生不利影响。

注册会计师不得向客户索取、收受委托合同约定以外的酬金或其他财物,或者利用执行业务之便,谋取其他不正当的利益。

注册会计师应当评价接受款待产生的不利影响的严重程度,并在必要时采取防范措施消除威胁或将其降至可接受的低水平。如果礼品或款待的价值和影响微小,属于业务中的正常往来,没有影响决策或获取信息的特定意图,则对职业道德基本原则产生的不利影响并未超出可接受的水平。如果款待超出业务活动中的正常往来,导致没有防范措施能够消除不利影响或将其降至可接受的低水平,则注册会计师应当拒绝接受。

七、保管客户资产

保管客户资产可能对注册会计师的职业道德基本原则产生不利影响,尤其是对客观和公正原则及良好职业行为原则产生不利影响。除非法律法规允许或要求,注册会计师不得提供保管客户资产的服务。注册会计师保管客户资产,应当履行相应的法定义务。

注册会计师如果保管客户资金或其他资产,应当将客户资金或其他资产与其个人或会计师事务所的资产分开,仅按照预定用途使用客户资金或其他资产,随时准备向相关人员报告资产状况及产生的收入、红利或利得,并且遵守所有与保管资产和履行报告义务相关的法律法规。

如果某项业务涉及保管客户资金或其他资产,注册会计师应当根据有关接受与保持客户关系和具体业务政策的要求,适当询问资产的来源,并考虑应当履行的法定义务。如果客户资金或其他资产来源于非法活动(如洗钱),注册会计师不得提供保管资产服务,并应当向法律顾问征询进一步的意见。

八、对客观和公正原则的要求

在提供专业服务时,注册会计师可能因自身利益、密切关系、自我评价等原因而不能保持客观和公正的立场。例如,注册会计师在客户中拥有经济利益(例如持有客户的股票),与客户的董事、高级管理人员或特定员工存在家庭或私人关系(例如注册会计师的配偶在客户中担任董事),可能对客观和公正原则产生不利影响。注册会计师应当根据业务的具体情形和注册会计师执行工作的性质等因素识别、评价产生的不利影响,并在必要时采取防范措施消除不利影响或将其降至可接受的低水平,以维护注册会计师的客观和公正原则。注册会计师可以采取的防范措施主要包括:退出项目组,实施督导程序,终止产生不利影响的经济利益或商业关系,与会计师事务所内部较高级别的管理人员讨论有关事项,与客户治理层讨论有关事项。如果防范措施不能消除不利影响或将其降至可接受的低水平,注册会计师应当拒绝接受业务委托或终止业务。

注册会计师提供的所有专业服务都必须遵循客观和公正原则。对鉴证服务而言,独立于鉴证客户是客观和公正原则的内在要求。注册会计师如果不独立于鉴证客户则不能维护客观和公正原则。对非鉴证服务而言,非鉴证客户可能是服务的唯一受益人,注册会计师不独立于非鉴证客户也可以保持客观和公正的立场。因此,独立性仅针对鉴证服务而言,提供非鉴证服务不需要遵守独立性要求。在鉴证服务中,与其他鉴证业务的独立性要求相比,审计和审阅业务对独立性的要求更严格。

第四节　审计业务对独立性的要求

本节旨在讨论注册会计师执行审计业务时的独立性要求,以及注册会计师如何运用职业道德概念框架,以达到和保持独立性。本节所称审计、审计项目组、审计业务、审计客户和审计报告,也包括审阅、审阅项目组、审阅业务、审阅客户和审阅报告。对注册会计师执行审计、审阅业务时的独立性要求,基本适用于其他鉴证业务。

一、基本要求

(一) 独立性概念框架

1. 独立性的内涵

独立性包括实质上的独立性和形式上的独立性。实质上的独立性是一种内心状态,使得注册会计师在提出结论时不受损害职业判断的因素影响,诚信行事,遵循客观和公正原则,保持职业怀疑态度。形式上的独立性是一种外在表现,使得一个理性且掌握充分信息的第三方,在权衡所有相关事实和情况后,认为会计师事务所或审计项目组成员没有损害诚信原则、客观和公正原则或职业怀疑态度。

注册会计师执行审计和审阅业务以及其他鉴证业务时,应当同时保持实质上的独立性和形式上的独立性。注册会计师只有做到实质上的独立,才能真正保持客观和公正的立场。但是实质上的独立性难以衡量,因此,注册会计师还应当保持形式上的独立性。

如果注册会计师无意中违背了形式上的独立性,需要具体分析。例如,审计项目组某成员在上海工作,其在北京的妹妹购买了审计客户的股票,而该成员并不知悉这一情况。如果该成员不知悉这一情况,则这一情形在实质上不会对该成员的职业判断产生不当影响。如果会计师事务所具有相关政策和程序,能够立即纠正发现的违规情况,并采取必要的措施消除不利影响或将其降至可接受的低水平,通常不被视为损害独立性。

2. 独立性概念框架

独立性概念框架和职业道德概念框架一样,是分析解决问题的思路和方法,帮助注册会计师识别、评价和应对可能对独立性产生的不利影响。首先,注册会计师应当识别对独立性产生不利影响的情形。然后,评价不利影响的严重程度,从性质和数量两个方面予以考虑。最后,在必要时采取防范措施消除不利影响或将其降至可接受的低水平。如果不利影响非常严重,导致没有防范措施消除不利影响或将其降至可接受的低水平,注册会计师应当消除产生不利影响的情形,或者拒绝接受审计业务委托或终止审计业务。在运用独立性概念框架时,注册会计师应当运用职业判断。

在确定是否接受或保持某项业务,或者某一特定人员能否作为审计项目组成员时,会计师事务所应当识别和评价各种对独立性产生不利影响的情形。

如果不利影响超出可接受的水平,在确定是否接受某项业务或某一特定人员能否作为审计项目组成员时,会计师事务所应当确定能否采取防范措施以消除不利影响或将其降至可接受的低水平。

在确定是否保持某项业务时,会计师事务所应当确定现有的防范措施是否仍然有效;如果无效,是否需要采取其他防范措施或者终止业务。

在执行业务过程中,如果注意到对独立性产生不利影响的新情况,会计师事务所应当运用独立性概念框架评价不利影响的严重程度。

(二)网络与网络事务所

网络内部的会计师事务所之间可能因为自身利益、自我评价等原因而对执行审计业务的会计师事务所的独立性产生不利影响。因此,除会计师事务所、审计项目组成员应当与审计客户保持独立外,网络事务所也应当与审计客户保持独立。大多数对会计师事务所的要求对网络事务所同样适用。网络和网络事务所的定义,在本书的第一章已有介绍。

(三)公众利益实体

如果审计客户属于公众利益实体,其财务报表将影响大量和广泛的利益相关者,因此,这对属于公众利益实体的审计客户的审计业务提出了更严格的要求。例如,与审计客户发生雇佣关系或与审计客户长期存在业务关系时,都对注册会计师的独立性提出了更严格的要求。

公众利益实体包括上市公司、法律法规界定的公众利益实体、法律法规规定按照上市公司审计独立性的要求接受审计的实体。

如果其他实体也拥有数量众多且分布广泛的利益相关者,注册会计师也应当考虑是否将其作为公众利益实体,适用更严格的独立性要求。需要考虑的因素包括实体业务的性质(例如金融业务)、实体的规模、员工的数量。

(四)关联实体

关联实体是指与客户存在下列任一关系的实体:

(1)能够对客户施加直接或间接控制的实体,并且客户对该实体重要;

(2)在客户内拥有直接经济利益的实体,并且该实体对客户具有重大影响,在客户内的利益对该实体重要;

(3)受到客户直接或间接控制的实体;

(4)客户(或受到客户直接或间接控制的实体)拥有其直接经济利益的实体,并且客户能够对该实体施加重大影响,在实体内的经济利益对客户(或受到客户直接或间接控制的实体)重要;

(5)与客户处于同一控制下的实体("姐妹实体"),并且该姐妹实体和客户对其控制方均重要。

在具体的业务中,注册会计师不仅应当与审计客户保持独立,还应当与其关联实体保持独立。

审计客户的关联实体的范围因审计客户是否为上市公司而不同。如果审计客户是上市公司,其关联实体包括上述五类关联实体;如果审计客户不是上市公司,其关联实体仅包括其直接或间接控制的关联实体。可见,对上市公司审计的独立性要求更严格。

需要注意的是,在某些情况下,虽然审计客户不是上市公司,但如果认为其存在的关系或情形涉及其他关联实体,且与评价会计师事务所独立性相关,则审计项目组在识别、评价对独立性的不利影响以及采取防范措施时,应当将其他关联实体包括在内。

(五) 治理层

治理层是指对被审计单位战略方向以及管理层履行经营管理责任负有监督责任的人员或组织。治理层的责任包括对财务报告过程的监督。在某些被审计单位,治理层可能包括管理层,如治理层中负有经营管理责任的人员,或业主兼经理。

注册会计师应当根据职业判断,定期就可能影响独立性的关系和其他事项与治理层沟通。对于因外在压力和密切关系产生的不利影响,这种沟通尤其有效。会计师事务所可以制定政策和程序,要求注册会计师定期与治理层沟通。

(六) 工作记录

注册会计师在对是否遵循独立性要求形成结论时需要运用职业判断。工作记录可以提供注册会计师职业判断的证据。

虽然缺少工作记录并不能推定会计师事务所没有考虑特定事项,也不能确定其缺乏独立性,但是工作记录还是能够在会计师事务所的自我辩护中提供证据。因此,注册会计师应当记录遵守独立性要求的情况,包括记录形成的结论,以及为形成结论而讨论的主要内容。

如果需要采取防范措施将某种不利影响降至可接受的低水平,注册会计师应当记录该不利影响的性质,以及将其降至可接受的低水平所采取的防范措施。

如果需要对某种不利影响进行大量分析才能确定是否有必要采取防范措施,而注册会计师认为由于不利影响未超出可接受的水平不需要采取防范措施,则注册会计师应当记录不利影响的性质以及得出不需采取防范措施结论的理由。

(七) 业务期间

注册会计师应当在业务期间和财务报表涵盖的期间独立于审计客户。

业务期间自审计项目组开始执行审计业务之日起,至出具审计报告之日止。如果审计业务具有连续性,业务期间结束日应以其中一方通知解除业务关系或出具最终审计报告两者日期孰晚为准。

在财务报表涵盖的期间或之后,接受审计委托之前,会计师事务所可能与审计客户存在经济利益或商业关系,会计师事务所应当确定这些因素是否对独立性产生不利影响。

在财务报表涵盖的期间或之后,审计项目组开始执行审计业务之前,如果会计师事务所向审计客户提供了非鉴证服务,会计师事务所也应当确定这些因素是否对独立性产生不利影响。如果非鉴证服务是在审计期间不允许提供的,会计师事务所应当评价不利影响的严重程度。如果不利影响超出可接受的水平,但能够消除或降至可接受的低水平,则会计师事务所只有在采取防范措施消除不利影响或将其降至可接受的低水平的情况下,才能接受审计业务。如果不利影响非常严重,导致没有防范措施能够消除不利影响或将其降至可接受的低水平,则不能接受审计业务。

可以采取的防范措施主要包括:不允许提供非鉴证服务的人员担任审计项目组成员;必要时由其他注册会计师复核审计和非鉴证工作;由其他会计师事务所评价非鉴证服务的结果,或由其他会计师事务所重新执行非鉴证服务,并且所执行工作的范围能够使其承担责任。

(八)合并与收购

如果由于合并或收购,某一实体成为审计客户的关联实体,会计师事务所应当识别和评价其以往和目前与该关联实体存在的利益或关系,并在考虑可能的防范措施后确定是否影响独立性,以及在合并或收购生效日后能否继续执行审计业务。

会计师事务所应当在合并或收购生效日前采取必要措施以终止目前存在的利益或关系。

如果在合并或收购生效日前不能终止目前存在的利益或关系,会计师事务所应当评价产生的不利影响。不利影响的严重程度取决于下列因素:① 与关联实体存在的利益或关系的性质和重要程度;② 审计客户与该关联实体之间关系的性质和重要程度,例如,关联实体是审计客户的子公司还是母公司;③ 合理终止该利益或关系需要的时间。会计师事务所应当与治理层讨论在合并或收购生效日前不能终止利益或关系的原因,以及对由此产生的不利影响的严重程度的评价结果。

如果治理层要求会计师事务所继续执行审计业务,会计师事务所只有在同时满足下列条件时,才能同意这一要求:① 在合并或收购生效日起的六个月内,尽快终止目前存在的利益或关系;② 存在利益或关系的人员既不得作为审计项目组成员,也不得负责项目质量控制复核;③ 拟采取适当的过渡性措施,并就此与治理层讨论。拟采取的适当过渡性措施主要包括:① 必要时由审计项目组以外的注册会计师复核审计或非鉴证工作;② 由其他会计师事务所再次执行项目质量控制复核;③ 由其他会计师事务所评价非鉴证业务的结果,或由其他会计师事务所重新执行该非鉴证业务,并且所执行工作的范围能够使其承担责任。

(九)其他方面的考虑

注册会计师可能无意中违反职业道德守则的规定。如果会计师事务所具有维护独立性的适当质量控制政策和程序,能够立即纠正发现的违规情况,并采取必要的措施消除不利影响或将其降至可接受的低水平,通常不被视为损害独立性。会计师事务所应当决定是否就该情况与治理层讨论。

二、经济利益

经济利益是指因持有某一实体的股权、债券和其他证券以及其他债务性的工具而拥有的利益,包括为取得这种利益享有的权利和承担的义务。经济利益是对注册会计师独立性造成威胁的最常见情形。

(一)经济利益的种类

经济利益可以分为直接经济利益和间接经济利益。确定经济利益是直接还是间接的,取决于受益人是否能够控制投资工具或具有影响投资决策的能力。

第一,直接经济利益是指下列经济利益:① 个人或实体直接拥有并控制的经济利益(包括授权他人管理的经济利益);② 个人或实体通过投资工具拥有的经济利益,并且有能力控制这些投资工具,或影响其投资决策。

第二,间接经济利益是指个人或实体通过投资工具拥有的经济利益,但没有能力控制这些投资工具,或影响其投资决策。

例如,会计师事务所的审计项目组成员李某持有甲基金(投资工具)10万元。甲基金总规模为10亿元,其中2%的资金购买了审计客户乙公司的股票,即持有乙公司2 000万元的股票。因此,李某通过投资工具拥有审计客户2 000元(100 000×2%)股票的经济利益。判断李某拥有的经济利益是直接还是间接的,关键是看李某是否能够控制甲基金或具有影响其投资决策的能力,而不是李某是否能够控制审计客户乙公司或具有影响其投资决策的能力。李某持有甲基金10万元,不能控制甲基金也不具有影响其投资决策的能力,因此属于间接经济利益。

(二)对经济利益产生的不利影响的评价和应对

会计师事务所和审计项目组成员可以根据拥有经济利益人员的角色、经济利益是直接还是间接以及经济利益的重要性等因素识别和评价不利影响存在与否及其严重程度。

第一,如果某一经济利益产生的不利影响未超出可接受的水平,则可以拥有该经济利益。例如,审计项目组成员的其他近亲属通过中间工具间接持有审计客户的股票,而且持有份额非常小,对其他近亲属不重要,通常产生的不利影响未超出可接受的水平。审计项目组成员的其他近亲属可以持有该非重大的间接经济利益。

第二,如果某一经济利益产生的不利影响超出可接受的水平,但能够通过防范措施消除不利影响或将其降至可接受的低水平,则应当采取防范措施予以应对。可供选择的防范措施包括:尽快处置全部经济利益,或处置全部直接经济利益并处置足够数量的间接经济利益,以使剩余经济利益不再重大;由审计项目组以外的注册会计师复核审计项目组成员已执行的工作;将审计项目组成员调离审计项目组;不允许审计项目组成员参与有关审计业务的任何重大决策。例如,审计项目组成员的其他近亲属在审计客户中拥有直接经济利益或重大间接经济利益,通过采取防范措施通常能够将不利影响降至可接受的低水平。

第三,如果某一经济利益产生的不利影响非常严重,则不得拥有该经济利益。例如,会计师事务所、审计项目组成员或其主要近亲属在审计客户中拥有直接经济利益或重大间接经济利益,将对独立性产生非常严重的不利影响,导致没有防范措施能够消除不利影响或将其降至可接受的低水平。因此,会计师事务所、审计项目组成员或其主要近亲属不得在审计客户中拥有此类经济利益。

三、贷款和担保

贷款和担保是一种利益。会计师事务所、审计项目组成员或其主要近亲属从审计客户取得贷款或获得贷款担保,或者反过来,向审计客户提供贷款或为其提供担保,将使会计师事务所、审计项目组成员或其主要近亲属在审计客户中拥有利益。与经济利益一样,拥有此类利益可能因自身利益而对独立性产生不利影响,会计师事务所和审计项目组成员应当识别、评价和应对产生的不利影响。

根据审计客户类型、是否按照正常的程序条款和条件提供贷款或担保等情形的不同,产生的不利影响的严重程度各不相同,应对方法也不相同。

(一)从审计客户取得贷款或获得贷款担保

1. 银行或类似金融机构的审计客户

会计师事务所、审计项目组成员或其主要近亲属从银行或类似金融机构的审计客户取得贷款,或获得贷款担保,如果贷款和担保不是按照正常的程序、条款和条件提供,将因自身利益产生非常严重的不利影响,导致没有防范措施能够将其降至可接受的低水平。因此,会计师事务所、审计项目组成员或其主要近亲属不得接受此类贷款或担保。

会计师事务所从银行或类似金融机构的审计客户取得贷款,或获得贷款担保,如果贷款或担保按照正常的程序、条款和条件提供,产生的不利影响可能超出可接受的水平。会计师事务所可以通过采取防范措施将不利影响降至可接受的低水平。

审计项目组成员或其主要近亲属从银行或类似金融机构的审计客户取得贷款,或获得贷款担保,如果贷款或担保按照正常的程序、条款和条件提供,则不会对独立性产生不利影响。例如,住房抵押贷款、低于担保品价值的抵押贷款是按照银行的正常程序、条款和条件提供的,则不会对审计项目组成员的独立性产生不利影响。

2. 不属于银行或类似金融机构的审计客户

会计师事务所、审计项目组成员或其主要近亲属从不属于银行或类似金融机构的审计客户取得贷款,或获得贷款担保,将因自身利益产生非常严重的不利影响,导致没有防范措施能够将其降至可接受的低水平。因此,会计师事务所、审计项目组成员或其主要近亲属不得接受此类贷款或担保。

(二)向审计客户提供贷款或为其提供担保

会计师事务所、审计项目组成员或其主要近亲属向审计客户提供贷款或为其提供担保,将因自身利益产生非常严重的不利影响,导致没有防范措施能够将其降至可接受的低水平。因此,会计师事务所、审计项目组成员或其主要近亲属不得向审计客户提供此类贷款或为其提供担保。

(三)在银行或类似机构等审计客户开立存款或交易账户

会计师事务所、审计项目组成员或其主要近亲属在银行或类似金融机构等审计客户开立存款或交易账户,如果账户按照正常的商业条件开立,则不会对独立性产生不利影响。

四、商业关系

商业关系是指公司(或个人)与另一公司(或个人)之间,存在商务关系或共同的经济利益。如果会计师事务所、审计项目组成员或其主要近亲属与审计客户或其高级管理人员存在密切的商业关系,可能因自身利益或外在压力而对会计师事务所、审计项目组成员的独立性产生不利影响。

（一）商业关系产生不利影响的情形

产生不利影响的商业关系主要包括：

（1）在与客户或其控股股东、董事、高级管理人员共同开办的企业中拥有经济利益；

（2）按照协议，将会计师事务所的产品或服务与客户的产品或服务结合在一起，并以双方名义捆绑销售；

（3）按照协议，会计师事务所销售或推广客户的产品或服务，或者客户销售或推广会计师事务所的产品或服务。

（二）对商业关系产生的不利影响的评价和应对

如果会计师事务所与审计客户或其高级管理人员存在此类商业关系，将对独立性产生严重的不利影响。因此，会计师事务所不得介入此类商业关系。如果存在此类商业关系，应当予以终止。

如果此类商业关系涉及审计项目组成员，产生的不利影响只能通过将该成员调离审计项目组才能降至可接受的低水平。

如果审计项目组成员的主要近亲属与审计客户或其高级管理人员存在此类商业关系，注册会计师应当评价不利影响的严重程度，并在必要时采取防范措施消除不利影响或将其降至可接受的低水平。

（三）不会产生不利影响的商业关系

在某些情况下，如果满足严格的条件，某些商业关系不会对独立性产生不利影响。

1. 共同在股东人数有限的实体中拥有经济利益

如果会计师事务所、审计项目组成员或其主要近亲属，在某一股东人数有限的实体中拥有经济利益，审计客户或其高级管理人员也在该实体中拥有经济利益，当同时满足以下三个条件时，这种商业关系不会对独立性产生不利影响：第一，这种商业关系对于会计师事务所、审计项目组成员或其主要近亲属及审计客户均不重要；第二，该经济利益对一个或几个投资者并不重大；第三，该经济利益不能使一个或几个投资者控制该实体。

2. 按照正常的商业程序向审计客户购买商品或服务且交易公平

如果会计师事务所、审计项目组成员或其主要近亲属向审计客户购买商品或服务，如果按照正常的商业程序公平交易，通常不会对独立性产生不利影响。

然而，如果交易性质特殊或金额较大，将因自身利益产生不利影响。注册会计师应当评价不利影响的严重程度，并在必要时采取防范措施，例如取消交易或降低交易规模，将相关审计项目组成员调离审计项目组等，以此消除不利影响或将其降至可接受的低水平。

五、家庭和私人关系

会计师事务所的人员与审计客户的人员存在家庭或私人关系，可能对独立性产生不利影响，应当根据不利影响的严重程度予以应对。

（一）家庭和私人关系产生不利影响的情形

会计师事务所的人员与审计客户的人员存在家庭或私人关系时，可以按照与会计事务所人员的关系分为以下四种情形。

1. 审计项目组成员的主要近亲属

如果审计项目组成员的主要近亲属是审计客户的董事、高级管理人员或特定员工,或在业务期间或财务报表涵盖的期间曾担任上述职务,将产生不利影响,且将不利影响降至可接受的低水平的防范措施只有将该成员调离审计项目组。

2. 审计项目组成员的其他近亲属

如果审计项目组的其他近亲属在审计客户中担任董事、高级管理人员或特定员工,将对独立性产生不利影响。

3. 其他与审计项目组成员存在密切关系的人员

如果审计客户的董事、高级管理人员或特定员工与审计项目组成员存在家庭关系以外的密切关系,也将对审计项目组成员的独立性产生不利影响。除了近亲属有可能对审计项目组成员的独立性产生影响,其他的亲属、师长、战友、同学、同事、同乡等都有可能对审计项目组成员的独立性产生影响。职业道德守则难以列举各种与审计项目组成员存在密切关系的人员,因此,这里尤其需要运用独立性概念框架识别可能对独立性产生不利影响的家庭或私人关系。

4. 审计项目组以外的合伙人或员工

审计项目组以外的合伙人或员工与审计客户的董事、高级管理人员或特定员工存在家庭或私人关系,也有可能对独立性产生不利影响。

(二)对家庭和私人关系产生的不利影响的评价和应对

决定不利影响存在与否及其严重程度的因素主要有:审计项目组成员在审计项目组中的角色,与审计项目组成员存在家庭或私人关系的人员在审计客户中的职位,会计师事务所人员与审计客户中存在家庭或私人关系的人员之间关系的密切程度。

如果是审计项目组以外的合伙人或员工拥有此类关系,则需要进一步判断合伙人或员工与审计项目组之间的相互影响以及合伙人或员工在会计师事务所中的角色。在此基础上评价不利影响的严重程度。

在家庭或私人关系产生不利影响的情形中,审计项目组成员的主要近亲属在审计客户中担任董事、高级管理人员或特定员工产生的不利影响最严重,只有将其调离审计项目组才能将不利影响降至可接受的低水平。

如果审计项目组成员的其他近亲属在审计客户中担任董事、高级管理人员或特定员工,应当评价产生的不利影响的严重程度,并在必要时采取防范措施将其降至可接受的低水平。可供选择的防范措施包括将该成员调离审计项目组,合理安排审计项目组成员的职责,使该成员的工作不涉及其他近亲属的职责范围。

如果审计项目组成员与审计客户的董事、高级管理人员或特定员工存在密切的私人关系,或审计项目组以外的合伙人或员工担任董事、高级管理人员或特定员工,则拥有密切关系的人员和知悉此类关系的合伙人或员工,应当按照会计师事务所的政策和程序进行咨询。针对审计项目组以外的合伙人或员工拥有此类关系采取的防范措施主要包括:合理安排该合伙人或员工的职责,以减少对审计项目组可能产生的影响;由审计项目组以外的注册会计师复核已执行的相关审计工作。

(三) 其他方面的考虑

如果审计项目组成员或审计项目组以外的合伙人或员工对与其存在家庭或私人关系的人员在审计客户中任职并不知情,则这种家庭或私人关系并不会对与该审计业务相关的职业判断产生不当影响,不会对实质上的独立性产生不利影响。

因此,无意中违反职业道德守则有关经济利益的规定,如果同时满足严格的条件,则不被视为损害独立性。需要满足的条件包括:会计师事务所已经制定政策和程序,要求所有专业人员在其近亲属或与其存在私人关系的员工因工作变动而违反规定时,立即向会计师事务所报告;审计项目组成员因其主要近亲属成为审计客户的董事、高级管理人员或特定员工而无意中违反规定时,将该成员调离审计项目组;会计师事务所在必要时已采取其他防范措施将剩余不利影响降至可接受的低水平。防范措施主要包括由审计项目组以外的注册会计师复核该成员已执行的工作,不允许该成员参与任何有关该业务的重大决策等。

会计师事务所应当确定是否就该事项与治理层讨论。

六、与审计客户发生雇佣关系

(一) 会计师事务所人员在审计客户处任职

如果审计客户的董事、高级管理人员或特定员工曾经是会计师事务所的合伙人或审计项目组成员,由于这些前任合伙人或前任审计项目组成员与会计师事务所的审计项目组成员曾经共事,甚至可能是现任审计项目组成员的上级,则可能因密切关系或外在压力产生不利影响。

如果审计项目组成员知道自己在未来的某一时间可能加入审计客户,则对未来的雇佣单位可能难以保持客观和公正的立场。

1. 一般规定

(1) 审计项目组前任成员或会计师事务所前任合伙人加入审计客户,担任董事、高级管理人员或特定员工,将对独立性产生不利影响。

此类情形产生的不利影响的严重程度,主要取决于前任合伙人或前任成员是否与会计师事务所保持重要交往。

如果保持重要交往,将产生非常严重的不利影响,导致没有防范措施能够将其降至可接受的低水平。只有前任合伙人或前任成员无权从会计师事务所获取报酬或福利(除非报酬或福利是按照预先确定的固定金额支付的,并且未付金额对会计师事务所不重要),且未继续参与并在外界看来未继续参与会计师事务所的经营活动或专业活动,否则将视为损害独立性。

如果没有重要交往,则不利影响存在与否及其严重程度应当根据具体情况进行识别和评价,并在必要时采取防范措施。前任成员或前任合伙人在审计客户中的职位、在其工作中与审计项目组交往的程度、离开会计师事务所的时间长短、以前在审计项目组或会计师事务所中的角色(例如,前任成员或前任合伙人是否负责与客户治理层或管理层保持定期联系)等因素将决定不利影响存在与否及其严重程度。会计师事务所可以采取的措施包括：修改审计计划；向审计项目组分派经验更丰富的人员；由审计项目组以外的注册会计师复核前任审计项目组成员已执行的工作。

(2) 会计师事务所的前任合伙人加入某一实体，而该实体随后成为会计师事务所的审计客户，将对独立性产生不利影响。

当前任合伙人加入某实体时该实体并非审计客户，但该实体随后成为审计客户，前任合伙人与会计师事务所之间可能仍存在一定的联系，使得该前任合伙人对会计师事务所、审计项目组成员的独立性产生不利影响。因此，会计师事务所应当识别、评价和应对此类不利影响。

(3) 审计项目组成员在执行审计业务时知道自己在未来某一时间将要或可能加入审计客户，将对独立性产生不利影响。

审计项目组成员对未来可能的雇佣单位难以保持客观和公正原则，将对其独立性产生不利影响。会计师事务所应当制定政策与程序，要求审计项目组成员在与审计客户协商受雇于该客户时向会计师事务所报告。在接到报告后，会计师事务所应当评价不利影响的严重程度，并在必要时采取防范措施消除不利影响或将其降至可接受的低水平。

2. 属于公众利益实体的审计客户

公众利益实体涉及众多的利益相关人，其财务信息使用者可能根据财务报表作出经济决策。因此，针对关键审计合伙人、高级合伙人等离职，应当对其加入审计客户提出"冷冻期"的要求。

(1) 关键审计合伙人。

关键审计合伙人是指项目合伙人、实施项目质量控制复核的负责人，以及审计项目组中负责对财务报表审计所涉及的重大事项作出关键决策或判断的其他审计合伙人。其他审计合伙人还可能包括负责审计重要子公司或分支机构的项目合伙人。关键审计合伙人往往在审计项目组中或会计师事务所中处于较高职位，是审计项目组成员的直接上级或上级，因此，即使该合伙人离职，仍可能通过密切关系或外在压力对审计业务产生不利影响。

如果某一关键审计合伙人加入属于公众利益实体的审计客户，担任董事、高级管理人员或特定员工，则需要等待12个月的冷冻期。也就是要求该合伙人不再担任关键审计合伙人后，该公众利益实体发布了已审计财务报表，其涵盖期间不少于12个月，并且该合伙人不是该财务报表的审计项目组成员，否则独立性将视为受到损害。

(2) 高级合伙人。

高级合伙人包括主任会计师、所长、管理合伙人、首席执行官或同等职位的人员，这类合伙人在会计师事务所中所处的职位非常高，能够对审计项目组产生外在压力。因此，职业道德守则要求，高级合伙人加入属于公众利益实体的审计客户，担任董事、高级管理人员或特定员工，除非离职已超过12个月，否则视为损害独立性。

(3) 因企业合并的原因导致在审计客户处任职。

如果由于企业合并的原因，会计师事务所前任关键审计合伙人加入某一实体担任董事、高级管理人员或特定员工，在同时满足以下四个条件时，可以不被视为损害独立性。

这四个条件是：第一，当前任关键审计合伙人接受该职务时，并未预料到会发生企业合并；第二，前任关键审计合伙人在会计师事务所中应得的报酬或福利都已全额支付（除非报酬或福利是按照预先确定的固定金额支付的，并且未付金额对会计师事务所不重要）；第三，前任关键审计合伙人未继续参与，或在外界看来未参与会计师事务所的经营活动或专业活动；第四，已就前任关键审计合伙人在审计客户中的职位与治理层讨论。

（二）临时借出员工

会计师事务所的人员往往在会计、审计、内部控制等方面具有专长。审计客户可能向会计师事务所借调员工，为审计客户提供各种服务。

临时借调员工，可能因自我评价对独立性产生不利影响。只有在满足一定条件时，会计师事务所才能借调员工。借调员工的三个条件是：第一，只能短期借调员工；第二，借调员工不得提供职业道德守则禁止的非鉴证服务；第三，不得承担审计客户的管理层职责。同时，审计客户有责任对借调员工的活动进行指导和监督。

即使满足前面三个条件，临时借调员工仍然可能因自我评价产生不利影响，即会计师事务所借调员工的工作结果可能成为鉴证对象。因此，会计师事务所应当评价不利影响的严重程度，并在必要时采取防范措施消除不利影响或将其降至可接受的低水平。可供选择的防范措施包括：对借出员工的工作进行额外复核；合理安排审计项目组成员的职责，使借出员工不对其在借调期间执行的工作进行审计；不安排借出员工作为审计项目组成员。例如，临时借调的员工负责为审计客户编制纳税申报表，会计师事务所可以不将其安排作为审计项目组成员，如果安排其作为审计项目组成员，则需要合理安排其工作，使其不涉及纳税事项的审计工作。

（三）最近曾任审计客户的董事、高级管理人员或特定员工

如果审计客户的董事、高级管理人员或特定员工加入会计师事务所，成为审计项目组成员，则可能对独立性产生不利影响。因为这些人员最近在审计客户任职，可能对会计记录或被审计财务报表施加影响，或者与审计客户的雇员以前存在同事关系，所以可能因自身利益、自我评价或密切关系产生不利影响。

按照审计项目组成员曾在审计客户任职的期间，可以将产生不利影响的情形分为两类：

第一，如果在被审计财务报表涵盖的期间曾担任董事、高级管理人员或特定员工，将产生非常严重的不利影响，导致没有防范措施能够消除或将其降至可接受的低水平。因此，会计师事务所不得将此类人员分派到审计项目组。

第二，如果在被审计财务报表涵盖的期间之前曾担任董事、高级管理人员或特定员工，则不利影响存在与否及其严重程度需要根据具体情况分析。审计项目组成员在审计客户中曾担任的职务、离开审计客户的时间长短、在审计项目组中的角色等，都将影响其严重程度。注册会计师应当识别、评价和应对产生的不利影响。

（四）兼任审计客户的董事或高级管理人员

如果会计师事务所的合伙人或员工兼任审计客户的董事或高级管理人员，将因自我评价和自身利益产生非常严重的不利影响，导致没有防范措施能够将其降至可接受的低

水平。因此,会计师事务所的合伙人或员工不得兼任审计客户的董事或高级管理人员。

七、与审计客户长期存在业务关系

如果会计师事务所长期委派同一合伙人或高级员工执行某一客户的审计业务,该合伙人或高级员工的薪酬或业绩评价可能受到该客户审计业务的影响,并且该合伙人或高级员工可能与审计客户产生密切关系,这些因素将对独立性产生不利影响。

(一)一般规定

会计师事务所长期委派同一名合伙人或高级员工执行某一客户的审计业务,将因密切关系和自身利益产生不利影响。不利影响的严重程度的影响因素主要包括:该人员加入审计项目组的时间长短、该人员在审计项目组中的角色、会计师事务所的组织结构、审计业务的性质、客户的管理团队是否发生变动、客户的会计和报告问题的性质或复杂程度是否发生变化。

会计师事务所应当评价因密切关系和自身利益产生的不利影响的严重程度,并在必要时采取防范措施消除不利影响或将其降至可接受的低水平。可以采取的防范措施包括将合伙人或高级员工轮换出审计项目组,由审计项目组以外的注册会计师复核该人员的工作,定期对审计业务实施独立的质量控制复核。

(二)属于公众利益实体的审计客户

1. 执行审计业务的关键审计合伙人

对关键审计合伙人的要求有两点。首先,执行审计业务的关键审计合伙人的任职时间不得超过5年。其次,在任期结束后的两年内,该关键审计合伙人不得再次成为该客户的审计项目组成员或关键审计合伙人。在此期间,该关键合伙人也不得有下列行为:参与该客户的审计业务;为该客户的审计业务实施质量控制复核;就有关技术或行业特定问题、交易或事项向项目组或该客户提供咨询;以其他方式直接影响业务结果。

在极其特殊的情况下,会计师事务所可能无法按时轮换关键审计合伙人。此时只有在满足三个条件的情况下,该关键审计合伙人在审计项目组的时限可以延长一年。这三个条件是:法律法规允许;关键审计合伙人的连任对审计质量特别重要;通过采取防范措施能够消除不利影响或将其降至可接受的低水平。

5年轮换是针对公众利益实体而制定的,如果某一注册会计师担任审计客户的关键审计合伙人时,该审计客户还不属于公众利益实体,后来转变成公众利益实体,则该关键审计合伙人的轮换时间需要具体分析。

第一,如果审计客户是首次公开发行证券的公司,关键审计合伙人可以继续提供服务的期限不超过两个完整的会计年度。

第二,如果审计客户不是首次公开发行证券的公司,在审计客户成为公众利益实体之前关键审计合伙人已为审计客户服务的时间为 N 年。如果 N 小于等于3年,则关键审计合伙人可以继续提供服务的时间为 $5-N$ 年。如果 N 大于等于4年,则关键审计合伙人可以继续提供服务的时间为2年。

2. 执行审计业务的其他合伙人

执行审计业务的其他合伙人与属于公众利益实体的审计客户存在长期业务关系,产生的不利影响可能低于执行审计业务的关键审计合伙人。因此,需要根据该合伙人与审计客户存在业务关系时间的长短、在审计项目组中的角色、与客户治理层和管理层交往的性质、频率和范围等因素评价不利影响的严重程度。可以采取的防范措施包括:将该合伙人轮换出审计项目组,或终止其与审计客户的业务关系;定期对审计业务实施独立的质量控制复核。

八、为审计客户提供非鉴证服务

为审计客户提供非鉴证服务,服务的内容可能涉及管理层职责,服务的结果可能涉及鉴证对象信息,服务的收费可能影响注册会计师的利益。因此,为审计客户提供非鉴证服务,将因自我评价、自身利益和过度推介等对独立性产生不利影响。

提供的非鉴证服务有许多种类,不可能全部列举。注册会计师应当根据独立性概念框架予以识别、评价和应对。

(一) 识别和评价非鉴证服务产生的不利影响

向审计客户提供非鉴证服务,产生的不利影响可以根据以下几点进行识别和评价。

1. 是否承担管理层职责

管理层按照对利益相关者最有利的方式行使多项管理职能。管理层负有领导和指挥的职责,如针对人力资源、财务资源、有形或无形资源的取得、配置和控制作出重大决策。如果承担审计客户的管理层职责,将产生非常严重的不利影响,因此,注册会计师提供非鉴证服务时不得承担管理层职责。

会计师事务所应当根据具体情况确定某项活动是否属于管理层职责。如果一项活动涉及重大判断和决策、评价服务的结果、对工作承担责任等,则可能被视为管理层职责。例如,制定政策和战略方针,指导员工的行动并对其行动负责,对交易进行授权,确定采纳会计师事务所或其他第三方提出的建议,负责按照适用的会计准则编制财务报表,负责设计实施和维护内部控制等通常被视为管理层职责。

相反,如果会计师事务所代客户从事日常和行政性的事务或不重要的活动,通常不被视为代行管理层职责。例如,执行一项已由管理层授权的非重要交易,跟踪法定申报资料规定的提交日期,并告知审计客户这些日期,向管理层提供意见和建议以协助管理层履行职责等活动。

会计师事务所不得提供涉及审计客户管理层职责的非鉴证服务。在向审计客户提供非鉴证服务时,为了避免承担管理层职责的风险,会计师事务所应当确保由管理层的成员负责作出重大判断和决策,评价服务的结果,并对依据服务结果采取的行动负责。

2. 是否对被审计财务报表产生重大影响

会计师事务所提供的非鉴证服务可能对被审计财务报表产生影响。例如,编制会计记录或财务报表、提供评估服务、提供税务服务、提供信息技术系统服务等。在识别和应对向审计客户提供非鉴证服务产生的不利影响时,需要评价该服务对被审计财务报表产生的影响。如果服务结果对被审计财务报表产生重大影响,将对独立性产生非常严重的不利影响,会计师事务所不得提供此类服务。如果服务结果对被审计财务报表产生影响,但没有直接影响且间接影响并不重大,则通常不对独立性产生影响。

3. 是否属于公众利益实体

公众利益实体涉及的利益相关者众多,影响范围很大。因此,如果审计客户属于公众利益实体,在某些方面将适用更严格的要求。在编制会计记录和财务报表、评估服务、税务服务、内部审计服务、信息技术系统服务和招聘服务部分,针对属于公众利益实体的审计客户,职业道德守则单独对会计师事务所提出不得进行的活动。也就是说,当审计客户不属于公众利益实体时会计师事务所可以提供非鉴证服务,当审计客户属于公众利益实体时可能不能提供。因此,在识别和应对向审计客户提供非鉴证服务产生的不利影响时,需要区分审计客户是否属于公众利益实体。例如,针对税务服务,职业道德守则要求不得为属于公众利益实体的审计客户计算当期所得税或递延所得税负债(或资产),以用于编制对被审计财务报表具有重大影响的会计分录。

4. 具体非鉴证服务的形式和特点

针对具体的非鉴证服务,评价不利影响的严重程度还需要结合具体服务的形式和特点。例如,评估服务需要判断评估事项的固有主观性,编制纳税申报表的税务服务需要判断是否得到税务机关的预先认可。

(二)应对非鉴证服务产生的不利影响

会计师事务所应当根据非鉴证服务不利影响的严重程度予以应对。

如果向审计客户提供非鉴证服务产生的不利影响低于可接受的水平,则可以提供该非鉴证服务。

如果向审计客户提供非鉴证服务产生的不利影响超出可接受的水平,并且采取防范措施能够消除不利影响或将其降至可接受的低水平,则有必要采取相应的防范措施。可以采取的防范措施主要包括:由审计项目组以外的专业人士提供非鉴证服务,由其他的专业人员复核审计工作或非鉴证服务工作,向相关专业人员咨询。如果审计项目组成员提供了非鉴证服务,则由审计项目组以外的合伙人或高级管理人员复核。当然,对于具体的非鉴证服务,可以采取的防范措施还要结合服务的具体形式和特点。例如,针对税务服务,可以采取的防范措施还包括取得税务机关的预先认可。

如果向审计客户提供非鉴证服务产生的不利影响非常严重,则会计师事务所不得提供此类非鉴证服务。

如果出现紧急或极其特殊的情况,审计客户无法作出其他安排,经相关监管机构同意,会计师事务所可以在某些情况下向审计客户提供职业道德守则不允许提供的相关服务。此时,会计师事务所只能安排审计项目组以外的专业人员在短期内一次性提供,并就此事项与审计客户治理层讨论。

九、收费

对审计客户的收费可能在收费结构、逾期收费和或有收费三个方面因自身利益或外在压力等对独立性产生不利影响,会计师事务所应当识别和评价不利影响,并在必要时采取防范措施。

（一）收费结构

如果会计师事务所向某一审计客户收取的费用比重很大,则可能对该审计客户产生依赖,或者担心可能失去该审计客户,由此将因自身利益或外在压力产生不利影响。

1. 计算收费比重

如果对某一审计客户的全部收费分别占会计师事务所、某一合伙人或某一分部从所有客户收取的费用总额的比重很大,则可能因自身利益或外在压力对会计师事务所、合伙人或分所产生不利影响。收费比重的公式如下：

$$收费比重 = \frac{对某一审计客户收取的全部费用}{对所有客户收取的费用总额}$$

需要注意,这里的计算公式中分子的收费金额不仅仅指审计客户,还包括审计客户的关联实体。如果审计客户是上市公司,则审计客户包括五类关联实体;如果审计客户是非上市公司,则审计客户仅包括直接或间接控制的关联公司。

2. 评价收费结构产生的不利影响

评价因收费结构产生的不利影响,需要考虑的因素包括：会计师事务所的业务类型以及收入结构、会计师事务所成立时间的长短、审计客户对会计师事务所或合伙人或分部是否重要、合伙人或分部合伙人的报酬对审计客户收费的依赖程度等。

3. 应对收费结构产生的不利影响

会计师事务所应当评价收费结构产生的不利影响的严重程度,并在必要时采取防范措施消除不利影响或将其降至可接受的低水平。可以采取的防范措施主要包括：降低对审计客户的依赖程度,实施外部或独立的质量控制复核,就关键的审计判断向第三方咨询,由审计项目组以外的注册会计师复核已执行的工作或在必要时提出建议。

4. 属于公众利益实体的审计客户

对属于公众利益实体的审计客户,针对收费比重过高提出加强复核的要求。

(1) 如果会计师事务所连续两年从某一属于公众利益实体的审计客户及其关联实体收取的全部费用,占其从所有客户收取的费用总额的比重超过15%,则会计师事务所应当向审计客户治理层披露这一事实,并讨论在"发表审计意见前复核"和"发表审计意见后复核"中选择何种防范措施,以将不利影响降至可接受的低水平。"发表审计意见前"是指对第二年度财务报表发表审计意见之前;"发表审计意见后"是指对第二年度财务报表发表审计意见之后、对第三年度财务报表发表审计意见之前。这里的复核是指由其他会计师事务所对审计业务再次实施项目质量控制复核。这两种复核中,"发表审计意见前复核"能提前做到监督控制,因此更有利于降低不利影响。

(2) 如果上述收费比例明显超过15%,且"发表审计意见后复核"不能将不利影响降至可接受的低水平,则会计师事务所应当采取"发表审计意见前复核"。

(3) 如果两年后每年上述的收费比例继续超过15%,会计师事务所的应对措施和连续两年超过15%一样,则应当向审计客户治理层披露这一事实,并讨论选择何种防范措施。如果收费比例明显超过15%,且"发表审计意见后复核"不能将不利影响降至可接受的低水平,则会计师事务所应当采取"发表审计意见前复核"。

（二）逾期收费

如果审计客户长期未支付应付的审计费用,可能因自身利益产生不利影响。

会计师事务所通常要求在出具审计报告前付清上一年度的审计费用。如果在审计报告出具后审计客户仍未支付该费用,会计师事务所应当评价不利影响存在与否及其严重程度,并在必要时采取防范措施消除不利影响或将其降至可接受的低水平。可以采取的防范措施包括由未参与执行审计业务的注册会计师提供建议,或复核已执行的工作等。

会计师事务所还应当确定逾期收费是否可能被视同向客户贷款,并根据逾期收费的重要程度确定是否继续执行审计业务。

（三）或有收费

或有收费是指收费与否或收费多少取决于交易的结果或所执行工作的结果。如果一项收费是由法院或政府有关部门规定的,则该项收费不被视为或有收费。

会计师事务所在提供审计服务时,以直接或间接形式取得或有收费,将因自身利益产生非常严重的不利影响,导致没有防范措施能够将其降至可接受的低水平。会计师事务所不得采用这种收费安排。

会计师事务所在向审计客户提供非鉴证服务时,如果出现下列三种情况之一,将因自身利益产生非常严重的不利影响,导致没有防范措施能够将其降至可接受的低水平,会计师事务所不得采用这种收费安排。第一种情况是,非鉴证服务的或有收费由对财务报表发表审计意见的会计师事务所取得,并且对其影响重大或预期影响重大。第二种情况是,网络事务所参与大部分审计工作,非鉴证服务的或有收费由该网络事务所取得,并且对其影响重大或预期影响重大。第三种情况是,非鉴证服务的结果以及由此收取的费用金额,取决于未来或当期与财务报表重大金额审计相关的判断。

在向审计客户提供非鉴证服务时,如果会计师事务所采用其他形式的或有收费安排,不利影响存在与否及其严重程度主要取决于下列因素:可能的收费金额区间;是否由适当的权威方确定有关事项的结果,并且该结果作为或有收费的基础;非鉴证服务的性质;事项或交易对财务报表的影响。

会计师事务所应当评价不利影响的严重程度,并在必要时采取防范措施消除不利影响或将其降至可接受的低水平。防范措施主要包括:由审计项目组以外的注册会计师复核相关审计工作,或在必要时提供建议;由审计项目组以外的专业人员提供非鉴证服务。

十、影响独立性的其他事项

（一）薪酬和业绩评价政策

如果某一审计项目组成员的薪酬或业绩评价与其向审计客户推销的非鉴证服务挂钩,将因自身利益产生不利影响。

推销非鉴证服务的因素在审计项目组成员薪酬或业绩评价中占的比重越大,产生的不利影响的严重程度将越大。因推销获得薪酬或业绩评价的审计项目组成员在审计项目组中的角色越重要,产生的不利影响的严重程度越大。如果推销非鉴证服务的业绩影响审计项目组成员的晋升,产生的不利影响的严重程度也很大。会计师事务所可以根据上

述因素或其他因素评价不利影响的严重程度。

会计师事务所可采取的防范措施主要包括：修改推销非鉴证服务的审计项目组成员的薪酬计划或业绩评价程序；将推销非鉴证服务的审计项目组成员调离审计项目组；由审计项目组以外的注册会计师复核该成员已执行的工作。

如果推销非鉴证服务的是关键审计合伙人，推销与其薪酬或业绩评价直接挂钩，将产生非常严重的不利影响。因此，关键审计合伙人的薪酬和业绩评价不得与其向审计客户推销的非鉴证服务直接挂钩。

（二）礼品和款待

接受审计客户的礼品和款待产生的不利影响，会计师事务所需要区别对待。

会计师事务所或审计项目组成员接受审计客户的礼品，将产生非常严重的不利影响，导致没有防范措施能够将其降至可接受的低水平。会计师事务所和审计项目组成员不得接受审计客户的礼品。

会计师事务所或审计项目组成员接受审计客户的款待，应当根据不利影响的严重程度予以应对。如果款待的金额很小，影响甚微，则可以接受。另外，还可以通过判断款待是否属于业务活动的正常往来来评价不利影响的严重程度。例如，在审计项目启动、审计项目组进场时，审计客户请审计项目组成员吃饭，让双方需要配合的人员相互认识，如果款待标准不是很高，可以判断属于正常往来，则可以接受。相反，如果款待超出了业务活动的正常往来，则会计师事务所和审计项目组成员应当拒绝接受。

（三）诉讼或诉讼威胁

如果会计师事务所或审计项目组成员与审计客户发生诉讼或很有可能发生诉讼，则会计师事务所或审计项目组成员的利益可能受到影响，或者客户可能对会计师事务所或审计项目组成员施加压力。因此，诉讼或诉讼威胁将因自身利益和外在压力对审计项目组成员的独立、客观立场产生不利影响。另外，诉讼或诉讼威胁将使客户管理层与会计师事务所或审计项目组成员处于对立地位，从而影响管理层提供信息的意愿。因此，会计师事务所或审计项目组成员根据充分、适当的信息进行的职业判断将受到损害。

会计师事务所应当评价不利影响的严重程度，并在必要时采取防范措施消除不利影响或将其降至可接受的低水平。不利影响的严重程度主要取决于诉讼的重要性和诉讼是否与前期审计业务相关。

会计师事务所可以采取的防范措施主要包括：如果诉讼涉及某一审计项目组成员，将该成员调离审计项目组；由审计项目组以外的专业人员复核其已执行的工作。如果这些防范措施不能将不利影响降至可接受的低水平，则会计师事务所应当拒绝接受审计业务委托，或解除审计业务约定。

（四）含有使用和分发限制条款的报告

对于按照特殊目的编制基础编制的财务报表审计，会计师事务所可能出具含有使用和分发限制条款的报告。例如，审计客户编制的财务报表是应债权人的要求按照收付实现制编制的，审计报告中将专门说明仅供审计客户和其债权人使用，不得用于其他目的。

不论是按照通用目的编制基础编制的财务报表审计，还是按照特殊目的编制基础编制的财务报表审计,职业道德守则的所有规定都适用。然而,在某些情况下,对于按照特殊目的编制基础编制的财务报表审计,可以对独立性的要求作出变通。

1. 变通的条件

只有满足下列条件时,会计师事务所才能根据职业道德守则的规定对独立性的要求作出变通。

第一,审计旨在就财务报表是否在所有重大方面按照适用的财务报告编制基础编制发表审计意见,并且审计报告中含有对其使用和分发限制的条款。

第二,审计报告的预期使用者已经了解报告的目的以及审计报告的使用和分发限制,并且明确同意变通独立性要求。

第三,会计师事务所应当就审计业务适用的独立性要求与预期使用者沟通。如果在确定业务约定条款时并未特别明确具体的预期使用者,则应当通过其代表告知适用的独立性要求。

这里需要注意预期使用者参与确定会计师事务所提供服务的性质和范围。预期使用者可以是直接参与,也可以由其授权的代表参与。预期使用者的参与具有两点作用:第一,加强会计师事务所与预期使用者就独立性事项的沟通;第二,使得会计师事务所获得预期使用者对变通独立性要求的认可。

另外,对于法定财务报表审计业务不得变通独立性要求。

2. 变通的内容

职业道德守则中有关独立性要求的范围很广,例如会计师事务所包括网络事务所,审计客户包括关联实体。如果审计报告的使用和分发受到限制,在满足变通条件时,职业道德守则允许会计师事务所在某些方面缩小范围或降低要求。

(1) 公众利益实体

职业道德守则在"与审计客户发生雇佣关系""与审计客户长期存在业务关系""向审计客户提供非鉴证服务"和"收费"等部分都对属于公众利益实体的审计客户的情形提出了更严格的要求,例如关键审计合伙人轮换的要求。在变通时,会计师事务所可以不执行这些特别规定。

(2) 关联实体

职业道德守则强调,审计客户包括关联实体。尤其是在审计客户是上市公司的情况下,审计客户包括所有关联实体,而非上市公司的审计客户包括其直接或间接控制的关联实体。因此,职业道德守则中有关独立于审计客户的要求,包括独立于审计客户的关联实体。例如,职业道德守则要求会计师事务所不得持有审计客户的直接经济利益,包括不得持有其关联实体的直接经济利益。在变通时,职业道德守则提及的审计客户不包括其关联实体。

运用独立性概念框架评价和应对不利影响时,要求根据情形具体分析,而不能将所有关联实体排除在外。如果审计项目组成员知悉或有理由相信,涉及客户某一关联实体的情形与评价会计师事务所的独立性相关,则审计项目组在识别和评价对独立性产生的不利影响以及采取适当防范措施时,应当将该关联实体一并考虑。

(3) 网络与网络事务所

职业道德守则规定,除非另有说明,职业道德守则所称会计师事务所包括网络事务所。职业道德守则对会计师事务所提出的要求，也是对网络事务所提出的要求。

与关联实体一样，变通规定并未将所有网络事务所排除在外。如果会计师事务所知悉或有理由相信，某一网络事务所的利益或关系会对独立性产生不利影响，在评价不利影响时，应将该网络事务所一并考虑。

（4）经济利益、贷款和担保、密切的商业关系以及家庭和私人关系

职业道德守则在经济利益、贷款和担保、密切的商业关系以及家庭和私人关系方面对众多的人员提出了要求，包括会计师事务所的各类人员以及这些人员的近亲属和关系密切的人员。在变通时，相关规定仅适用于项目组成员及其近亲属。

当然，如果存在会计师事务所的某些人员，其自身利益或密切关系对独立性产生不利影响，则会计师事务所应当评价和应对这些不利影响。这些人员通常是和项目组以及审计业务有某种程度联系的人员。会计师事务所应当运用独立性概念框架进行识别、评价和应对。

3. 特殊的情形

如果对同一审计客户既出具含有使用和分发限制条款的审计报告，又出具未含使用和分发限制条款的审计报告，由于对出具未含使用和分发限制条款的审计报告是不得变通的，所以，针对这个审计客户，会计师事务所不得变通独立性要求。

如果对同一审计客户既出具含有使用和分发限制条款的审计报告，又提供非鉴证服务，则同样也是为审计客户提供非鉴证服务。因此，涉及的非鉴证服务部分的要求不得作出变通，应当遵守职业道德守则的规定。同时对满足变通条件而允许对审计业务部分作出变通的，这里也可以作出变通。

第五节　注册会计师法律责任

一、注册会计师法律责任的现状

任何一种职业，在任何一个国家，为了切实保证职业服务的质量和水平，都很强调专业人员的法律责任，也大都订立了相应的法律责任条款。与其他职业相比，注册会计师职业所负的法律责任更加重大。比如，律师和医生发生过失的话，受害人往往只是患者或少数委托人，而注册会计师发生过失则可能使成千上万的人受到连累，蒙受损失。因为依赖和利用管理层编制的财务报表和注册会计师审计意见，作为决策依据的人们，不仅包括现有的，还包括潜在的投资者、债权人、消费者、雇员、政府有关部门等所有关心企业的人士。西方注册会计师职业界有句谚语，"社会公众是注册会计师的唯一委托人"，这恰当地表明了注册会计师对社会公众负责的显著特性。

纵观历史，公共会计职业界审计失败的次数相对于所执行的审计总数而言，是相当少的。但自20世纪60年代中期以来，世界各国控告注册会计师的诉讼案件急剧增加，有人称注册会计师已面临"诉讼爆炸"的时代。造成诉讼爆炸的原因有很多，其主要原因有两个。

首先，审计期望差距的存在。已审计财务报表的使用者对注册会计师责任的了解正在增加，但使用者同注册会计师职业之间仍存在较大的期望差距。已审计财务报表的使用者总是期望注册会计师具有充分胜任审计工作的技术和能力，并具备独立、公正和客观

的态度;查找并披露所有无意和故意的重要错报;防止公布易产生误导的财务报表即"欺诈性财务报告"。此外,使用者还期望注册会计师向其及时通告企业可能难以持续经营的有关情况。如果使用者认为未达到自己期望的标准,则往往会控告注册会计师。很多使用者通常将经营失败同审计失败混为一谈。

其次,"深口袋"责任概念的影响。社会日益赞同受害方应向有能力赔偿的另外一方提出诉讼,而不问被告方错在哪里。这就是通常所说的"深口袋"责任概念。注册会计师越来越明显地被看作是被审计单位的担保人,而非独立、客观的审计者和报告者。

当然,造成诉讼爆炸的原因还有很多,例如注册会计师在商业领域的参与日渐拓展,社会公众自我保护的意识逐步增强,有关法律允许采用集体诉讼等。因此,注册会计师应当深入了解法律责任的认定,进一步约束自身行为以提供高质量的服务,同时采用更加全面的防范措施以避免法律诉讼。

二、注册会计师法律责任的成因

如果不是注册会计师方面的原因给被审计单位或第三者带来损失,则注册会计师不用承担法律责任。注册会计师可能承担法律责任的原因包括违约、过失和欺诈。

（一）违约

所谓违约,是指合同的一方或几方未能达到合同条款的要求。当违约给他人带来损失时,注册会计师应负违约责任。比如,会计师事务所在商定的期间内,未能提交纳税申报表或违反了与被审计单位订立的保密协议等。

（二）过失

所谓过失,是指在一定条件下,缺少应具有的合理的谨慎。评价注册会计师的过失,是以其他合格注册会计师在相同条件下可做到的谨慎为标准的。当过失给他人造成损害时,注册会计师应负过失责任。通常过失按其程度不同分为普通过失和重大过失。

普通过失通常是指没有保持职业上应有的合理的谨慎。对于注册会计师而言,是指没有完全遵循执业准则的要求执业。比如,对特定项目未取得必要的审计证据的情况可视为普通过失。

重大过失是指连起码的职业谨慎都未保持,对业务或事务不加考虑,满不在乎。对于注册会计师而言,则是指根本没有遵循执业准则或没有按执业准则的要求执业。比如,审计业务不以审计准则为依据,可视为重大过失。

另外,还有一种过失叫"共同过失",即对他人过失,受害方自己未能保持合理的谨慎因而蒙受损失。比如,被审计单位未能向注册会计师提供编制纳税申报表所必要的信息,后来又控告注册会计师未能妥当地编制纳税申报表,这种情况可能使法院判定被审计单位有共同过失。

运用"重要性"和"内部控制"这两个概念有助于区分注册会计师的普通过失和重大过失。首先,如果财务报表中存在重大错报事项,注册会计师运用标准审计程序通常应予以发现,但因工作疏忽而未能将重大错报事项查出来,就很有可能在法律诉讼中被解释为重大过失。如果财务报表有多处错报事项,每一处都不算重大,但综合起来对财务报表的影响却较大,也就是说财务报表作为一个整体可能严重失实,在这种情况下,法院一般认为注册会计师具有普通过失,而非重大过失,因为标准审计程序发现每处较小错报事项的概率也较小。其次,注册会计师对财务报表项目实施的实质性程序是以内部控制的了解与评价为基础的。如果内部控制不健全,注册会计师应当调整实质性程序的性质、时间安排和范围,这样,一般都能够合理确信发现由此产生的报表重大错报;否则,就具有重大过失的性质。相反的情况是,内部控制本身非常健全,但由于职工串通舞弊,导致设计良好的内部控制失效。由于注册会计师查出这种错报事项的可能性相对较小,所以一般会认为注册会计师没有过失或只具有普通过失。

(三)欺诈

欺诈又称注册会计师舞弊,是指以欺骗或坑害他人为目的的故意错误行为。作案具有不良动机是欺诈的重要特征,也是欺诈与普通过失和重大过失的主要区别之一。对于注册会计师而言,欺诈就是为了达到欺骗他人的目的,明知客户财务报表有重大错报,却作伪证,出具无保留意见的审计报告。

与欺诈相关的另一个概念是"推定欺诈"。推定欺诈是指虽无故意欺诈或坑害他人的动机,但却存在极端或异常的过失。推定欺诈和重大过失这两个概念的界限往往很难界定,在美国有的法院曾将注册会计师重大过失解释为推定欺诈,特别是近年来一些法院放宽了"欺诈"一词的范围,使得推定欺诈和欺诈在法律上成为等效概念。这样,就进一步加大了具有重大过失的注册会计师的法律责任。

图 2-3 有助于理解在何种条件下,注册会计师可能会被判断为没有过失、普通过失、重大过失或欺诈。

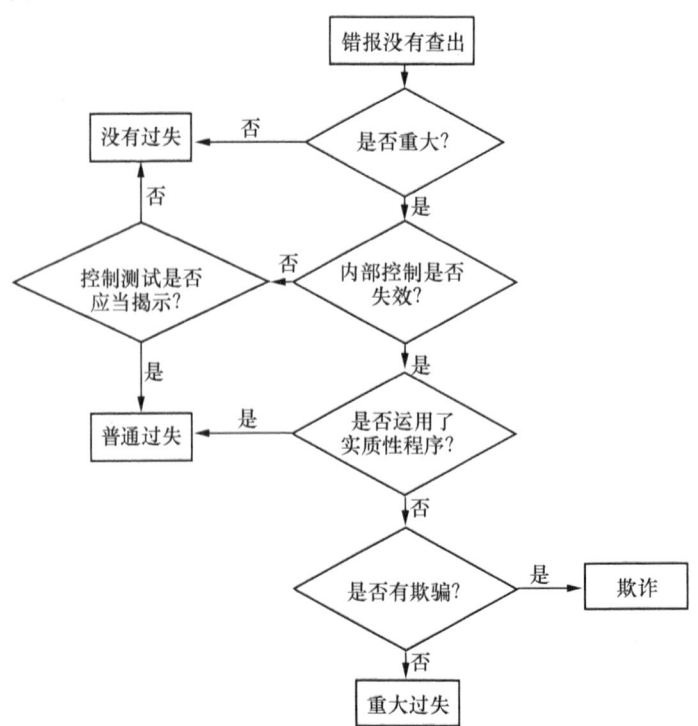

图 2-3 注册会计师过失、欺诈责任界定参考图

三、注册会计师法律责任的种类

注册会计师因违约、过失或欺诈给被审计单位或其他利害关系人造成损失的,按照有关法规,可能被判负行政责任、民事责任或刑事责任。这三种责任可单处,也可并处。行政处罚对注册会计师个人而言,包括警告、暂停执业、吊销注册会计师证书;对会计师事务所而言,包括警告、没收违法所得、罚款、暂停执业、撤销等。民事责任主要是指赔偿受害人损失。刑事责任主要是指按照有关法律程序判处一定的徒刑。一般来说,违约和过失可能使注册会计师负行政责任和民事责任,欺诈可能会使注册会计师负民事责任和刑事责任。

四、注册会计师避免法律责任的对策

注册会计师及其所在的会计师事务所可以采取的避免法律责任的对策包括但不限于下列内容:

(1) 遵守执业准则和职业道德守则。只要注册会计师严格遵守各项执业准则和职业道德守则的要求,执业时保持认真与谨慎,一般不会发生过失,至少不会发生重大过失。因此,注册会计师一定要理解、掌握执业准则和职业道德守则的要求,并在执业时严格遵守。会计师事务所也应切实加强本所从业人员的执业准则教育和职业道德教育。

(2) 建立健全会计师事务所质量控制制度。质量控制是会计师事务所各项管理工作的核心和关键。因此,会计师事务所应当建立健全一套严密、科学的质量控制制度,形成良好的内部文化,实现会计师事务所的质量控制目标。

(3) 与正直的客户打交道。客户如果对其顾客、职工、政府部门和其他方面没有正直的品格,则出现法律纠纷的可能性比较大。因此,会计师事务所在接受委托之前,应当采取必要的措施,比如与前任注册会计师联系等,获得对委托单位的基本了解,以评价其诚信度。一旦发现管理层缺乏正直的品格,不可信任,就应尽量拒绝接受委托。

(4) 招聘合格的人员,并对他们进行适当的培训和监督指导。对于大多数审计项目来说,相当多的工作是由缺乏经验的助理人员来完成的,会计师事务所就要承担较大的风险。因此,必须严格控制助理人员录用的条件,还要对他们进行有效的培训,在工作过程中注册会计师要对他们进行适当的监督和指导。

(5) 就业务约定条款达成一致意见,取得管理层书面声明。这是确定注册会计师和委托单位责任的两个重要文件,不论执行何种业务,都要在执业之前与委托单位就业务约定条款达成一致意见,明确业务的性质、范围和双方的责、权、利,这样才能在发生法律诉讼时,将一切口舌争辩减至最低程度。

(6) 深入了解委托单位的情况。在很多案件中,注册会计师之所以未能发现错误,一个重要原因就是他们不了解客户所在行业的情况以及客户业务的性质。会计是经济活动的综合反映,不熟悉客户的经济业务和生产经营实务,仅局限于有关的会计资料,就可能发现不了某些错误。

(7) 对陷入财务困境的客户要尤为警惕。绝大部分涉及注册会计师的诉讼案,都集中在宣告破产的审计客户。周转不灵或面临破产的公司的股东或债权人总想为他们的损

失寻找替罪羊。因此,对已陷入财务困境的客户要特别注意。

(8) 投保充分的责任险。在西方国家,投保充分的责任险是会计师事务所一项极为重要的保护措施,尽管保险不能避免可能受到的法律诉讼,但能防止或减少诉讼失败时会计师事务所的财务损失。

(9) 聘请熟悉注册会计师法律的律师。在执业过程中,注册会计师应同本所的律师详细讨论所有潜在的危险情况,并仔细考虑律师建议。一旦发生法律诉讼,也要请有经验的律师参与诉讼。

第三章

注册会计师执业准则

【学习目标】

1. 了解我国注册会计师执业准则的建设情况。
2. 掌握鉴证业务的定义、分类、目标和业务承接条件。
3. 理解鉴证业务的基本要素,包括三方关系、鉴证对象、标准、证据和鉴证报告。
4. 理解质量控制的重要性,以及质量控制准则与业务准则的联系与区别。
5. 了解会计师事务所质量控制制度的六要素及其相关的质量控制政策和程序。

第一节 执业准则建设概述

一、注册会计师执业准则的建设阶段

审计准则是注册会计师执业准则的重要组成部分。审计准则作为规范注册会计师执行审计业务的权威性标准,对提高注册会计师执业质量,降低审计风险,维护社会公众利益具有重要作用,其建设大致经历了三个阶段。

一是制定执业规则阶段(1991—1993年)。中国注册会计师协会成立后,非常重视执业规则的建设。从1991—1993年,先后发布了《注册会计师检查验证会计报表规则(试行)》等7个执业规则。这些执业规则对我国注册会计师行业走向正规化、法制化和专业化起到了积极作用。

二是建立准则体系阶段(1994—2004年)。1993年10月31日,第八届全国人民代表大会常务委员会第四次会议通过了《注册会计师法》,规定中国注册会计师协会依法拟订执业准则、规则,报国务院财政部门批准后施行。经财政部批准同意,中国注册会计师协会自1994年5月开始起草审计准则。到2004年,中国注册会计师协会先后分6批制定了审计准则,共计48个项目。

三是完善与提高阶段(2005年至今)。随着审计准则体系的基本建立,制定工作逐渐转向完善审计准则体系与提高准则质量并重。自2005年以来,中国注册会计师协会在起草新准则的同时,根据审计环境的变化、国际审计准则的最新发展和注册会计师执业的需要,有计划、有步骤地修订了已颁布的准则。

审计准则以及准则体系的基本建立,有效地适应了注册会计师执业的需要。审计准则已经成为注册会计师执业的必备指导、衡量注册会计师执业质量的依据、审计理论研究的重要推动力量。审计准则还是有关部门执法、判断注册会计师执业对错的依据。从最近几年出台的文件来看,在涉及注册会计师审计商业银行、非银行金融机构、大型国有企业、上市公司等主体时,都强调要遵守审计准则,并在调查和处罚违规事件时将审计准则作为衡量的尺度。公安、检察、法院等部门在处理涉及会计师事务所和注册会计师审计业务的案件时,也将审计准则作为重要的法规依据。

二、注册会计师执业准则的国际趋同

当今世界,各国的相互依存度日益加深,全球经济已经成为一个有机互动的整体。世界上主要的资本市场都在积极探讨并努力实现向一套全球公认的审计准则的趋同。国际会计师联合会以及国际监管组织,包括巴塞尔银行监管委员会、金融稳定论坛、证券委员会国际组织等,也都在强调全球资本市场需要高质量的、统一的准则,并提出各国审计准则应与国际审计准则趋同。

(一)基本原则和具体措施

我国审计准则国际趋同的基本原则是,按照我国市场经济的发展进程,顺应经济全球化和国际审计标准趋同的大趋势,着力完善我国审计准则体系,加快实现与国际准则的趋同。

我国审计准则国际趋同的具体措施是尽力趋同、允许差异和积极创新。如果某项国际准则的基本原则和方法能够适合我国的实际情况,则应借鉴该项国际准则。如果某项国际准则的基本原则和方法不适合我国的实际情况,则应根据我国的实际情况提出自己的解决方案,并提请国际审计准则制定机构在制定相关准则时予以考虑。准则体例、格式也要符合我国法律的规范性要求,文字表述要体现我国文化传统和语言习惯。此外,要在准则体系和内容上有所创新。根据审计业务的内在逻辑关系,制定出内容完整、结构合理的准则体系;在准则内容上,对于我国特有的一些业务,应根据我国的实际情况提出自己的解决方案。

(二)国际趋同的最新进展

国际审计与鉴证准则理事会(International Auditing and Assurance Standards Board)一直致力于推进国际审计准则的明晰项目。明晰项目(Clarity Project)旨在澄清对注册会计师的工作要求,提高准则理解和执行的一致性。2008年12月8日至11日,该理事会在布鲁塞尔召开会议,批准了最后3项明晰项目准则,标志着明晰项目的全部完成。

随着国际审计准则明晰项目的完成,为吸收借鉴国际审计准则明晰项目成果,保持准则的持续全面趋同,2009年年初,中国审计准则委员会启动了审计准则的修订工作。新修订的现行审计准则于2010年10月31日在中国审计准则委员会上正式通过,并于2011年1月1日起施行。

此次修订共涉及38项审计准则,吸收借鉴了国际审计准则的最新成果,并充分考虑了我国审计实务中面临的一些新的需要解决的问题。此次修订的特点主要体现在以下几个方面:

1. 优化准则编写体例

经过修订,每项准则基本都包含总则、定义、目标、要求、附则五个章节,增强了准则的可阅读性。总则部分包括准则的目的、适用范围、本准则与其他准则的关系、规范内容、对注册会计师和其他事项的特定要求。定义部分用于解释准则中包含的术语。目标部分规定了注册会计师执行准则应实现的目标。要求部分指出了注册会计师在审计过程中应当考虑的事项和实施的程序。附则部分规定了准则的生效时间。

2. 规定准则执行目标

每一项准则都明确规定了注册会计师执行该准则时应实现的目标以及与这些目标相关的义务。例如,《中国注册会计师审计准则第1201号——计划审计工作》规定,"注册会计师的目标是,计划审计工作,以使审计工作以有效的方式得到执行"。

3. 明晰准则执行要求

用简单易懂的语言明确提出要求。每一项准则以单独一部分规定了注册会计师为实现准则规定的目标所应达到的要求。例如,《中国注册会计师审计准则第1201号——计划审计工作》的要求部分,包括初步业务活动、计划活动、审计工作底稿等内容。而且,现行准则中所有的约束性要求,都采用"应当"这一情态动词进行表达,与解释及指南等内容相区分,更加明晰。

4. 调整准则内容结构

调整准则结构以提高准则整体的可读性和可理解性。为避免将目标和核心要求淹没在冗长的准则中,将原准则中的解释性说明资料、举例等内容放入了应用指南;删除了准则间的重复内容,强调对小型被审计单位和公共部门审计的特殊考虑,并沿用了平实的语言风格。

结合近年来全球注册会计师职业界新出现的审计案件以及执业服务的最新发展,此次修订还对原准则体系作出了重大调整和修改。新增了《中国注册会计师审计准则第1152号——向治理层和管理层通报内部控制缺陷》,并且对《中国注册会计师审计准则第1101号——注册会计师的总体目标和审计工作的基本要求》《中国注册会计师审计准则第1221号——计划和执行审计工作时的重要性》等16项原准则进行了重大修订。

此外,为了提高注册会计师审计报告的信息含量,满足资本市场改革与发展对高质量会计信息的需求,保持我国审计准则与国际准则的持续全面趋同,2016年中国注册会计师协会拟订了《中国注册会计师审计准则第1504号——在审计报告中沟通关键审计事项》等12项准则及指南,以区分不同的适用对象,自2017年1月1日起分批执行。

三、注册会计师执业准则的框架体系

注册会计师执业准则受中国注册会计师职业道德守则的统御,包括注册会计师业务准则和会计师事务所质量控制准则两个部分。其中,注册会计师业务准则又分为鉴证业务准则和相关服务准则。我国注册会计师执业准则的框架体系如图3-1所示。

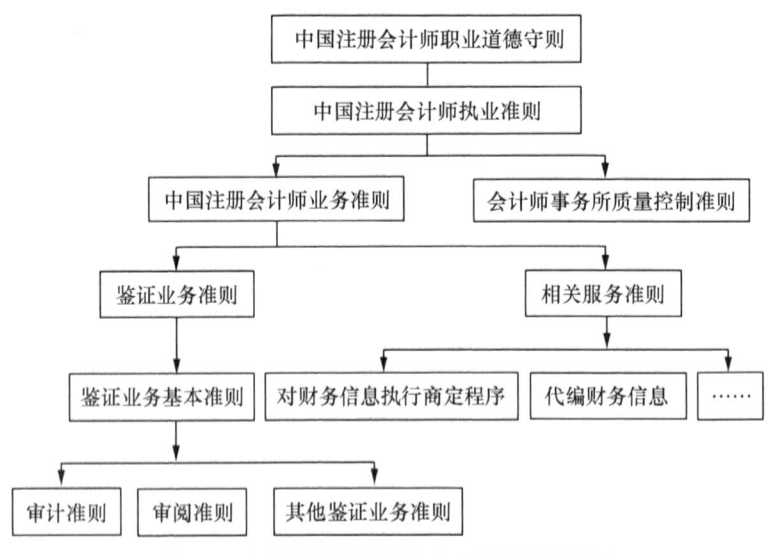

图3-1 中国注册会计师执业准则的框架体系

第二节 鉴证业务基本准则

一、鉴证业务的定义

(一) 鉴证业务

鉴证业务是指注册会计师对鉴证对象信息提出结论,以增强除责任方之外的预期使用者对鉴证对象信息的信任程度的业务。

上述定义可从以下几个方面加以理解:

(1) 鉴证业务的用户是"预期使用者",即鉴证业务可以用来有效地满足预期使用者的需求。

(2) 鉴证业务的目的是改善信息的质量或内涵,增强除责任方之外的预期使用者对鉴证对象信息的信任程度,即以适当保证或提高鉴证对象信息的质量为主要目的,而不涉及为如何利用信息提供建议。

(3) 鉴证业务的基础是独立性和专业性,通常由具备专业胜任能力和独立性的注册会计师来执行,注册会计师应当独立于责任方和预期使用者。

(4) 鉴证业务的"产品"是鉴证结论,注册会计师应当对鉴证对象信息提出结论,该结论应当以书面报告的形式予以传达。

(二) 鉴证对象信息

在上述鉴证业务的定义中,所谓鉴证对象信息,是指按照标准对鉴证对象进行评价和计量的结果。如责任方按照会计准则和相关会计制度(标准)对其财务状况、经营成果和现金流量(鉴证对象)进行确认、计量和列报而形成的财务报表(鉴证对象信息)。对内部控制有效性的认定(鉴证对象信息)是将评估内部控制有效性的框架(标准),例如美国"COSO 的内部控制:整合框架"或"企业风险管理:整合框架"、企业内部控制基本规范,应用到内部控制过程(鉴证对象)而形成的信息。

鉴证对象信息应当恰当反映既定标准运用于鉴证对象的情况。如果没有按照既定标准恰当反映鉴证对象的情况,鉴证对象信息可能存在错报,而且可能存在重大错报。例如,某企业的财务报表未能按照会计准则和相关会计制度的要求在所有重大方面公允反映其财务状况、经营成果和现金流量,则鉴证对象信息就可能存在错报,而且可能是重大错报。

二、鉴证业务的分类

根据鉴证对象信息是否以责任方认定的形式为预期使用者所获取,鉴证业务分为基于责任方认定的业务和直接报告业务。

(一) 基于责任方认定的业务

在基于责任方认定的业务中,责任方对鉴证对象进行评价或计量,鉴证对象信息以责任方认定的形式为预期使用者获取。例如,在财务报表审计业务中,被审计单位管理层

（责任方）对财务状况、经营成果和现金流量（鉴证对象）进行确认、计量和列报（评价或计量）而形成的财务报表（鉴证对象信息）即为责任方的认定，该财务报表可为预期使用者获取，注册会计师针对财务报表出具审计报告。这种业务属于基于责任方认定的业务。

（二）直接报告业务

在直接报告业务中，注册会计师直接对鉴证对象进行评价或计量，或者从责任方获取对鉴证对象评价或计量的认定，而该认定无法为预期使用者获取，预期使用者只能通过阅读鉴证报告获取鉴证对象信息。例如，在内部控制审计业务中，注册会计师可能无法从管理层（责任方）获取其对内部控制有效性的评价报告（责任方认定），或虽然注册会计师能够获取该报告，但预期使用者无法获取该报告，注册会计师直接对内部控制的有效性（鉴证对象）进行评价并出具审计报告，预期使用者只能通过阅读该审计报告获得内部控制有效性的信息（鉴证对象信息）。这种业务属于直接报告业务。

基于责任方认定的业务和直接报告业务的区别主要表现在四个方面：预期使用者获取鉴证对象信息的方式不同，注册会计师提出结论的对象不同，责任方的责任不同以及鉴证报告的内容和格式不同。表 3-1 说明了两种鉴证业务的差异。

表 3-1　基于责任方认定的业务和直接报告业务的差异对比说明

业务类型 区别	基于责任方认定的业务	直接报告业务
预期使用者获取鉴证对象信息的方式	直接获取鉴证对象信息（责任方认定），不一定要通过阅读鉴证报告	仅能通过阅读鉴证报告获取
结论的对象	责任方认定或鉴证对象	鉴证对象
责任方的责任	对鉴证对象信息负责，同时可能对鉴证对象负责	仅对鉴证对象负责
鉴证报告的内容和格式	引言段通常会提供责任方认定的相关信息，进而说明其所执行的鉴证程序并提出鉴证结论	直接说明鉴证对象、执行的鉴证程序并提出鉴证结论

三、鉴证业务的目标

鉴证业务的目标是旨在提高预期使用者对鉴证对象信息的信任程度。鉴证业务的保证程度分为合理保证和有限保证，合理保证的保证水平要高于有限保证的保证水平。

（一）合理保证

合理保证的鉴证业务的目标是注册会计师将鉴证业务风险降至该业务环境下可接受的低水平，以此作为以积极方式提出结论的基础。例如，在历史财务信息审计中，要求注册会计师将审计风险降至该业务环境下可接受的低水平，对审计后的历史财务信息提供高水平保证（合理保证），在审计报告中对历史财务信息采用积极方式提出结论。这种业务属于合理保证的鉴证业务。

（二）有限保证

有限保证的鉴证业务的目标是注册会计师将鉴证业务风险降至该业务环境下可接受

的水平,以此作为以消极方式提出结论的基础。例如,在历史财务信息审阅中,要求注册会计师将审阅风险降至该业务环境下可接受的水平(高于历史财务信息审计中可接受的低水平),对审阅后的历史财务信息提供低于高水平的保证(有限保证),在审阅报告中对历史财务信息采用消极方式提出结论。这种业务属于有限保证的鉴证业务。

合理保证的鉴证业务和有限保证的鉴证业务,在目标、证据收集程序、所需证据数量和质量、鉴证业务风险、鉴证对象信息的可信性以及提出结论的方式等方面都存在差异。

四、鉴证业务的要素

(一) 三方关系

鉴证业务涉及的三方关系人包括注册会计师、责任方和预期使用者。责任方与预期使用者可能是同一方,也可能不是同一方。

1. 注册会计师

注册会计师是指取得注册会计师证书并在会计师事务所执业的人员,有时也指其所在的会计师事务所。

如果鉴证业务涉及的特殊知识和技能超出了注册会计师的能力,注册会计师可以利用专家协助执行鉴证业务。在这种情况下,注册会计师应当确信包括专家在内的项目组整体已具备执行该项鉴证业务所需的知识和技能,并充分参与该项鉴证业务和了解专家所承担的工作。

2. 责任方

对责任方的认定与所执行鉴证业务的类型有关。

在直接报告业务中,责任方是指对鉴证对象负责的组织或人员。例如,在系统鉴证业务中,注册会计师直接对系统的有效性进行评价并出具鉴证报告,该业务的鉴证对象是被鉴证单位系统的有效性,责任方是对该系统负责的组织或人员,即被鉴证单位的管理层。

在基于责任方认定的业务中,责任方是指对鉴证对象信息负责并可能同时对鉴证对象负责的组织或人员。例如,企业聘请注册会计师对企业管理层编制的持续经营报告进行鉴证。在该业务中,鉴证对象信息为持续经营报告,由该企业的管理层负责,企业管理层为责任方。该业务的鉴证对象为企业的持续经营状况,它同样由企业的管理层负责。

责任方可能是鉴证业务的委托人,也可能不是委托人。

注册会计师通常提请责任方提供书面声明,表明责任方已按照既定标准对鉴证对象进行评价或计量,无论该声明是否能为预期使用者获取。在直接报告业务中,当委托人与责任方不是同一方时,注册会计师可能无法获取此类书面声明。

3. 预期使用者

预期使用者是指预期使用鉴证报告的组织或人员。责任方可能是预期使用者,但不是唯一的预期使用者。

注册会计师可能无法识别使用鉴证报告的所有组织和人员,尤其是在各种可能的预期使用者对鉴证对象存在不同的利益需求时。注册会计师应当根据法律法规的规定或与委托人签订的协议识别预期使用者。

在可行的情况下,鉴证报告的收件人应当明确为所有的预期使用者。但在实务中往往很难做到。原因很简单,有时鉴证报告并不向某些特定组织或人员提供,但这些组织或人员也有可能使用鉴证报告。例如,注册会计师为上市公司提供财务报表审计服务,其审计报告的收件人为"××股份有限公司全体股东",但除股东之外,公司债权人、证券监管机构等显然也是预期使用者。

另外,在可行的情况下,注册会计师还应当提请预期使用者或其代表,与注册会计师和责任方(如果委托人与责任方不是同一方,还包括委托人)共同确定鉴证业务的约定条款。当鉴证业务服务于特定的使用者,或具有特定目的时,注册会计师应当考虑在鉴证报告中注明该报告的特定使用者或特定目的,以对报告的用途加以限定。

(二) 鉴证对象

1. 鉴证对象与鉴证对象信息的形式

鉴证对象与鉴证对象信息具有多种形式,主要包括:

(1) 当鉴证对象为财务业绩或状况时(如历史或预测的财务状况、经营成果和现金流量),鉴证对象信息是财务报表;

(2) 当鉴证对象为非财务业绩或状况时(如企业的运营情况),鉴证对象信息可能是反映效率或效果的关键指标;

(3) 当鉴证对象为物理特征时(如设备的生产能力),鉴证对象信息可能是有关鉴证对象物理特征的说明文件;

(4) 当鉴证对象为某种系统和过程时(如企业的内部控制或信息技术系统),鉴证对象信息可能是关于其有效性的认定;

(5) 当鉴证对象为一种行为时(如遵守法律法规的情况),鉴证对象信息可能是对法律法规遵守情况或执行效果的声明。

2. 适当的鉴证对象应当具备的条件

鉴证对象是否适当是注册会计师能否将一项业务作为鉴证业务予以承接的前提条件。适当的鉴证对象应当同时具备下列条件:

(1) 鉴证对象可以识别;

(2) 不同的组织或人员对鉴证对象按照既定标准进行评价或计量的结果合理一致;

(3) 注册会计师能够收集与鉴证对象有关的信息,获取充分、适当的证据,以支持其提出适当的鉴证结论。

不适当的鉴证对象可能会误导预期使用者。如果注册会计师在承接业务后发现鉴证对象不适当,应当视其重大与广泛程度,出具保留结论或否定结论的报告。不适当的鉴证对象还可能造成工作范围受到限制。如果注册会计师在承接业务后发现鉴证对象不适当,应当视工作范围受到限制的重大与广泛程度,出具保留结论或无法提出结论的报告。

在某些情况下,注册会计师可能因为鉴证对象不适当而考虑解除业务约定。

(三) 标准

标准是指用于评价或计量鉴证对象的基准,当涉及列报时,还包括列报的基准(列报包括披露)。标准既可以是正式的规定,如编制财务报表所使用的会计准则和相关会计制度;也可以是非正式的规定,如单位内部制定的行为准则或确定的绩效水平。

1. 适当的标准应当具备的特征

标准是鉴证业务中不可或缺的一项要素。运用职业判断对鉴证对象作出评价或计量,离不开适当的标准。适当的标准应当具备下列所有特征:

(1) 相关性。相关的标准有助于得出结论,便于预期使用者作出决策。

(2) 完整性。完整的标准不应忽略业务环境中可能影响得出结论的相关因素,当涉及列报时,还包括列报的基准。

(3) 可靠性。可靠的标准能够使能力相近的注册会计师在相似的业务环境中,对鉴证对象作出合理一致的评价或计量。

(4) 中立性。中立的标准有助于得出无偏向的结论。

(5) 可理解性。可理解的标准有助于得出清晰、易于理解、不会产生重大歧义的结论。

注册会计师基于自身的预期、判断和个人经验对鉴证对象进行的评价和计量,不构成适当的标准。

注册会计师应当考虑运用于具体业务的标准是否具备上述特征,以评价该标准对此项业务的适用性。在具体鉴证业务中,注册会计师在评价标准各项特征的相对重要程度时,需要运用职业判断。

2. 预期使用者获取标准的方式

鉴证业务的标准不仅应当适当,还应当能够为预期使用者获取,以使预期使用者了解鉴证对象的评价或计量过程。标准可以通过下列方式供预期使用者获取:

(1) 公开发布;

(2) 在陈述鉴证对象信息时以明确的方式表述;

(3) 在鉴证报告中以明确的方式表述;

(4) 常识理解,如计量时间的标准是小时或分钟。

如果确定的标准仅能为特定的预期使用者获取,或仅与特定目的相关,如行业协会发布的标准可能仅能为本行业内部的预期使用者获取,合同条款仅能为合同双方获取,且仅适用于合同约定事项,在这种情况下,鉴证报告的使用也应限于这些特定的预期使用者或特定目的。

(四) 证据

注册会计师从事鉴证业务,提出鉴证结论,必须以充分、适当的证据为基础。充分性和适当性是对证据的数量和质量的衡量,注册会计师在收集、评价和利用证据的过程中,应当考虑其重要性、鉴证业务的风险、可获取证据的数量和质量,以及证据收集程序的性质、时间安排和范围,并保持应有的职业怀疑态度。

(五) 鉴证报告

注册会计师应当出具含有鉴证结论的书面报告,该鉴证结论应当说明注册会计师就鉴证对象信息获取的保证。在出具鉴证报告的过程中,注册会计师应当考虑其他报告责任,包括在适当时与治理层沟通。

1. 鉴证结论的两种表述形式

在基于责任方认定的业务中,注册会计师的鉴证结论可以采用下列两种表述形式:

(1) 明确提及责任方认定,如"我们认为,责任方作出的'根据××标准,内部控制在所有重大方面是有效的'这一认定是公允的"。

(2) 直接提及鉴证对象和标准,如"我们认为,根据××标准,内部控制在所有重大方面是有效的"。

在直接报告业务中,注册会计师应当明确提及鉴证对象和标准。

2. 提出鉴证结论的两种方式

提出鉴证结论的方式有两种:积极方式和消极方式。它们分别适用于合理保证的鉴证业务和有限保证的鉴证业务。区分两种鉴证结论的提出方式,有助于向预期使用者传达不同业务的保证程度存在差异这一事实,以积极方式提出结论提供的保证水平高于以消极方式提出结论提供的保证水平。

在合理保证的鉴证业务中,注册会计师应当以积极方式提出结论,如"我们认为,根据××标准,内部控制在所有重大方面是有效的"或"我们认为,责任方作出的'根据××标准,内部控制在所有重大方面是有效的'这一认定是公允的"。

在有限保证的鉴证业务中,注册会计师应当以消极方式提出结论,如"基于本报告所述的工作,我们没有注意到任何事项使我们相信,根据××标准,××系统在任何重大方面是无效的"或"基于本报告所述的工作,我们没有注意到任何事项使我们相信,责任方作出的'根据××标准,××系统在所有重大方面是有效的'这一认定是不公允的"。

3. 注册会计师姓名的使用

当注册会计师针对鉴证对象信息出具报告,或同意将其姓名与鉴证对象联系在一起时,则注册会计师与该鉴证对象发生了关联。

如果获知他人不恰当地将其姓名与鉴证对象相关联,注册会计师应当要求停止这种行为,并考虑采取其他必要的措施,包括将不恰当使用注册会计师姓名这一情况告知所有已知的使用者或征询法律意见。

五、鉴证业务的承接

(一) 承接鉴证业务的条件

在接受委托前,注册会计师应当初步了解业务环境。业务环境包括业务约定事项、鉴证对象特征、使用的标准、预期使用者的需求、责任方及其环境的相关特征,以及可能对鉴证业务产生重大影响的事项、交易、条件和惯例等其他事项。

在初步了解业务环境后,只有认为符合独立性和专业胜任能力等相关职业道德规范的要求,并且拟承接的业务具备下列所有特征时,注册会计师才能将其作为鉴证业务予以承接:

(1) 鉴证对象适当;

(2) 使用的标准适当且预期使用者能够获取该标准;

(3) 注册会计师能够获取充分、适当的证据以支持其结论;

（4）注册会计师的结论以书面报告形式表述，且表述形式与所提供的保证程度相适应；

（5）该业务具有合理的目的。如果鉴证业务的工作范围受到重大限制，或者委托人试图将注册会计师的名字和鉴证对象不适当地联系在一起，则该项业务可能不具有合理的目的。

当拟承接的业务不具备上述鉴证业务的所有特征，不能将其作为鉴证业务予以承接时，注册会计师可以提请委托人将其作为非鉴证业务（如商定程序、代编财务信息、管理咨询、税务咨询等相关服务业务），以满足预期使用者的需要。

（二）标准不适当时的处理

如果拟承接的鉴证业务所采用的标准不适当，则注册会计师一般应当拒绝承接该项业务。但这并不是绝对的。如果某项鉴证业务采用的标准不适当，但满足下列条件之一时，则注册会计师可以考虑将其作为一项新的鉴证业务：

（1）委托人能够确认鉴证对象的某个方面适用于所采用的标准，注册会计师可以针对该方面执行鉴证业务，但在鉴证报告中应当说明该报告的内容并非针对鉴证对象整体。例如，鉴证对象是企业的运营情况（包括企业的内部控制），对运营情况的评价缺乏相关的标准，但可以确信的是，评价企业内部控制情况可以以权威的内部控制规范作为标准。

（2）能够选择或设计适用于鉴证对象的其他标准。例如，鉴证对象是某一都市报的运营情况，其本身可能缺乏相关的评价标准。在这种情况下，注册会计师可以选择将报纸发行总量、所在城市每百户平均订阅量，以及报纸的广告收入等行业协会发布的有关报社效率或效果的关键指标作为标准。

（三）已承接鉴证业务的变更

对已承接的鉴证业务，如果没有合理理由，注册会计师不应将该项业务变更为非鉴证业务，或将合理保证的鉴证业务变更为有限保证的鉴证业务。

当业务环境的变化影响到预期使用者的需求，或预期使用者对该项业务的性质存在误解时，注册会计师可以应委托人的要求，考虑同意变更该项业务。如果发生变更，注册会计师不应忽视变更前获取的证据。此外，注册会计师还需考虑变更业务对法律责任或业务约定条款的影响。如果变更业务引起业务约定条款的变更，注册会计师应当与委托人就新条款达成一致意见。

第三节 质量控制准则

一、质量控制准则概述

质量控制是会计师事务所为了确保执业质量符合注册会计师业务准则的要求而对审计等各项业务活动或行为进行有计划的监督、综合与协调的一种活动或行为。

质量控制对于会计师事务所和注册会计师而言都是至关重要的。首先，质量控制是保证业务准则得到遵守和落实的重要手段。没有质量控制，业务准则的运用只能流于形式，无法达到预期目的。其次，质量控制是会计师事务所管理活动的重要组成部分，也是会计师事务所内部控制的核心。最后,质量控制是会计师事务所生存和发展的基本条件,是整个注册会计师职业赢得社会信任的重要措施。也就是说,质量控制的好坏不仅关系着会计师事务所的存亡,还影响到整个注册会计师职业的存亡。业务质量是注册会计师的生命,业务质量控制则是生命之源。

在现行的执业准则体系中,有两项准则专门针对质量控制进行了规范,分别是《质量控制准则第5101号——会计师事务所对执行财务报表审计和审阅、其他鉴证和相关服务业务实施的质量控制》和《中国注册会计师审计准则第1121号——对财务报表审计实施的质量控制》。前者从会计师事务所层面进行了规范,适用于包括财务报表审计在内的各项业务;后者从执行审计项目的合伙人层面进行了规范,仅适用于财务报表审计业务。这两项准则联系紧密,前者是后者的制定依据。

二、质量控制准则的目标

会计师事务所的目标是建立并保持质量控制制度,以合理保证:① 会计师事务所及其人员遵守职业准则和适用的法律法规;② 会计师事务所和项目合伙人出具适合具体情况的报告。

项目合伙人是指会计师事务所中负责某项业务及其执行,并代表会计师事务所在出具的报告上签字的合伙人。如果项目合伙人以外的其他注册会计师在报告上签字,质量控制准则对项目合伙人作出的规定也适用于该签字注册会计师。

三、质量控制准则的要求

(一)质量控制制度

会计师事务所应当建立并保持质量控制制度。质量控制制度包括针对下列要素而制定的政策和程序:① 对业务质量承担的领导责任;② 相关职业道德要求;③ 客户关系和具体业务的接受与保持;④ 人力资源;⑤ 业务执行;⑥ 监控。

会计师事务所应当将质量控制政策和程序形成书面文件,并传达到全体人员。此外,会计师事务所还应当对质量控制制度形成适当的工作记录,以对质量控制制度的每项要素的运行情况提供证据。

(二)对业务质量承担的领导责任

1. 明确承担责任的主体

会计师事务所应当制定质量控制政策和程序,要求会计师事务所主任会计师或同等职位的人员对质量控制制度承担最终责任。

2. 培育重视质量的内部文化

会计师事务所应当制定政策和程序,培育以质量为导向的内部文化。

会计师事务所领导层及其作出的示范对会计师事务所的内部文化有重大影响。培育以质量为导向的内部文化,取决于会计师事务所各级管理层通过清晰、一致及经常的行动和信息,强调质量控制政策和程序的重要性以及质量控制目标。具体来说,会计师事务所可以通过培训、研讨班、会议、正式或非正式的对话、职责说明书、新闻通讯或简要备忘录等形式传达这些行动和信息,并将其体现在会计师事务所的内部文件、培训资料以及对合伙人及员工的评价程序中,以支持和强化质量对会计师事务所的重要性以及如何切实实现高质量的认识。

会计师事务所领导层还需要认识到,经营策略的实现不应以牺牲业务质量为代价,这对于培育以质量为导向的内部文化尤其重要。具体措施包括:针对会计师事务所人员制定有关业绩评价、薪酬和晋升的政策和程序(包括激励制度),以表明质量至上的理念;合理确定管理责任,以避免重商业利益轻业务质量;投入足够的资源制定和执行质量控制政策和程序,并形成相关文件记录。

3. 分配质量控制制度的运作责任

会计师事务所应当制定政策和程序,使受会计师事务所主任会计师或同等职位的人员委派负责质量控制制度运作的人员具有充分、适当的经验和能力以及必要的权限以履行其责任。

(三) 相关职业道德要求

1. 总体要求

会计师事务所应当制定政策和程序,以合理保证会计师事务所及其人员遵守相关职业道德要求。

《中国注册会计师职业道德守则第 1 号——职业道德基本原则》和《中国注册会计师职业道德守则第 2 号——职业道德概念框架》规定了与注册会计师执行财务报表审计相关的职业道德基本原则,并提供了遵循这些原则的概念框架。注册会计师需要遵循的基本原则包括:诚信、独立性、客观和公正、专业胜任能力和应有的关注、保密以及良好职业行为。

2. 独立性的保持

在相关职业道德要求中,独立性尤为重要。因此会计师事务所应当制定政策和程序,以合理保证会计师事务所及其人员和其他受独立性要求约束的人员(包括网络事务所的人员),保持相关职业道德要求规定的独立性。

这些政策和程序应当使会计师事务所能够:

(1) 向会计师事务所人员以及其他受独立性要求约束的人员传达独立性要求;

(2) 识别和评价对独立性产生不利影响的情形,并采取适当的行动消除这些不利影响;或通过采取防范措施将其降至可接受的低水平;或如果认为适当,在法律法规允许的情况下解除业务约定。

旨在保持相关职业道德要求规定的独立性的政策和程序,具体包括:

(1) 项目合伙人向会计师事务所提供与客户委托业务相关的信息(包括服务范围),以使会计师事务所能够评价这些信息对保持独立性的总体影响;

(2) 会计师事务所人员立即向会计师事务所报告对独立性产生不利影响的情形,以便会计师事务所采取适当行动;

(3) 会计师事务所收集相关信息,并向适当人员传达。传达所收集的相关信息的目的有三个:一是会计师事务所及其人员能够容易确定是否满足独立性要求;二是会计师事务所能够保持和更新与独立性相关的记录;三是会计师事务所能够针对识别出的、超出可接受水平的对独立性产生的不利影响,采取适当行动。

此外,会计师事务所还应当每年至少一次向所有需要按照相关职业道德要求保持独立性的人员获取其遵守独立性政策和程序的书面确认函。

3. 密切关系产生的不利影响的应对

在实务中,会计师事务所可能长期委派同一名合伙人或高级员工执行某一客户的鉴证业务,导致因密切关系产生不利影响。

针对因密切关系产生的不利影响,会计师事务所应当制定下列政策和程序:

(1) 明确标准,以确定长期委派同一名合伙人或高级员工执行某项鉴证业务时,是否需要采取防范措施,将因密切关系产生的不利影响降至可接受的低水平;

(2) 对所有上市实体财务报表审计业务,按照相关职业道德要求和法律法规的规定,在规定期限届满时轮换项目合伙人、项目质量控制复核人员,以及受轮换要求约束的其他人员。

(四)客户关系和具体业务的接受与保持

1. 总体要求

会计师事务所应当制定有关客户关系和具体业务接受与保持的政策和程序,以合理保证只有在下列情况下,才能接受或保持客户关系和具体业务:

(1) 能够胜任该项业务,并具有执行该项业务必要的素质、时间和资源;

(2) 能够遵守相关职业道德要求;

(3) 已考虑客户的诚信,没有信息表明客户缺乏诚信。

为确保在满足上述条件的前提下接受与保持客户关系和具体业务,会计师事务所应当制定和实施的质量控制政策和程序包括:

(1) 在接受新客户的业务前,或者决定是否保持现有业务和考虑接受现有客户的新业务时,会计师事务所应根据具体情况获取必要信息;

(2) 在接受新客户或现有客户的新业务时,如果识别出潜在的利益冲突,会计师事务所应确定接受该业务是否适当;

(3) 当识别出问题而又决定接受或保持客户关系或具体业务时,会计师事务所应记录问题是如何得到解决的。

2. 接受业务后获知信息的特殊情形

如果在接受业务后获知某项信息,而该信息若在接受业务前获知,可能导致会计师事务所拒绝接受业务,则会计师事务所应当针对这种情况制定保持具体业务和客户关系的政策和程序。

制定这些政策和程序时应当考虑下列方面:

(1) 适用于这种情况的职业责任和法律责任,包括是否要求会计师事务所向委托人报告或在某些情况下向监管机构报告;

(2) 解除业务约定或同时解除业务约定和客户关系的可能性。

（五）人力资源

1. 总体要求

与会计师事务所人力资源政策和程序相关的人事问题主要包括招聘、业绩评价、人员的素质和胜任能力、职业发展、晋升、薪酬、人员需求预测等。

围绕上述内容，会计师事务所应当制定政策和程序，合理保证拥有足够的具有必要素质和专业胜任能力并遵守相关职业道德要求的人员，以使会计师事务所能够按照职业准则和适用的法律法规的规定执行业务，会计师事务所和项目合伙人能够出具适合具体情况的报告。

2. 项目组的委派

项目组包括执行该项业务的合伙人和其他成员。

会计师事务所应当对每项业务委派至少一名项目合伙人，并制定政策和程序，明确下列要求：

（1）将项目合伙人的身份和作用告知客户管理层和治理层的关键成员；

（2）项目合伙人具有履行职责所要求的适当的胜任能力、必要素质和权限；

（3）清楚界定项目合伙人的职责，并告知该项目合伙人。

在其他成员方面，会计师事务所应当制定政策和程序，委派具有必要胜任能力和素质的适当人员，以便按照职业准则和适用的法律法规的规定执行业务，会计师事务所和项目合伙人能够出具适合具体情况的报告。

（六）业务执行

1. 总体要求

会计师事务所应当制定政策和程序，以合理保证按照职业准则和适用的法律法规的规定执行业务，使会计师事务所和项目合伙人能够出具适合具体情况的报告。

2. 指导、监督与复核

指导是为了确保业务执行质量的一致性。会计师事务所通常使用书面或电子手册、软件工具、标准化底稿以及行业和特定业务对象的指南性材料等方式，通过质量控制政策和程序，保持业务执行质量的一致性。这些文件或工具针对的事项可能包括：

（1）如何将业务情况简要告知项目组，使其了解工作目标；

（2）保证适用的执业准则得以遵守的过程；

（3）业务监督、员工培训和辅导的过程；

（4）对已执行的工作、作出的重大判断以及拟出具报告的形式进行复核的方法；

（5）对已执行的工作及其复核的时间和范围作出适当记录；

（6）保证所有的政策和程序是合时宜的。

适当的团队工作和培训有助于经验较少的项目组成员清楚了解所分派工作的目标。

在业务执行过程中，对业务的监督包括下列方面：

（1）跟进审计业务的进程；

（2）考虑项目组各成员的胜任能力和素质，包括是否有足够的时间执行审计工作，是否理解工作指令，是否按照计划的方案执行审计工作；

(3) 解决在业务执行过程中出现的重大问题,考虑其重要程度并适当修改原计划的方案;

(4) 识别业务执行过程中需要咨询的事项,或需要由经验较丰富的项目组成员考虑的事项。

会计师事务所在安排复核工作时,应当由项目组内经验较多的人员复核经验较少的人员的工作。会计师事务所应当根据这一原则,确定有关复核责任的政策和程序。在业务执行过程中,复核需要考虑下列问题:

(1) 是否已按照职业准则和适用的法律法规的规定执行工作;

(2) 重大事项是否已提请进一步考虑;

(3) 相关事项是否已进行适当咨询,由此形成的结论是否已得到记录和执行;

(4) 是否需要修改已执行工作的性质、时间安排和范围;

(5) 已执行的工作是否支持形成的结论,并得以适当记录;

(6) 已获取的证据是否充分、适当以支持报告;

(7) 业务程序的目标是否已实现。

3. 咨询

咨询包括与会计师事务所内部或外部具有专门知识的人员,在适当专业层次上进行的讨论。

会计师事务所应当制定政策和程序,以合理保证:

(1) 就疑难问题或争议事项进行适当咨询;

(2) 能够获取充分的资源进行适当咨询;

(3) 咨询的性质和范围以及咨询形成的结论得以记录,并经过咨询者和被咨询者的认可;

(4) 咨询形成的结论得到执行。

由于缺乏适当的内部资源需要向外部咨询时,会计师事务所可以利用其他机构提供的咨询服务,包括其他会计师事务所、职业团体和监管机构、提供相关质量控制服务的商业机构。会计师事务所接受这些机构提供的咨询服务之前,需要考虑外部咨询提供者的胜任能力和素质,以确定外部咨询提供者能否胜任这项工作。

4. 项目质量控制复核

项目质量控制复核是指在报告日或报告日之前,项目质量控制复核人员对项目组作出的重大判断和在编制报告时得出的结论进行客观评价的过程。项目质量控制复核适用于上市实体财务报表审计,以及会计师事务所确定需要实施项目质量控制复核的其他业务。

会计师事务所应当制定政策和程序,要求对特定业务实施项目质量控制复核,以客观评价项目组作出的重大判断以及在编制报告时得出的结论。这些政策和程序应当包括下列要求:① 要求对所有上市实体财务报表审计实施项目质量控制复核;② 明确标准,据此评价所有其他的历史财务信息审计和审阅、其他鉴证和相关服务业务,以确定是否应当实施项目质量控制复核;③ 对所有符合标准的业务实施项目质量控制复核。

(1) 需要实施项目质量控制复核的标准

在确定除上市实体财务报表审计以外的其他业务是否需要实施项目质量控制复核时，会计师事务所依据的标准主要包括：① 业务的性质，包括涉及公众利益的程度；② 在某项业务或某类业务中识别出的异常情况或风险；③ 法律法规是否要求实施项目质量控制复核。

(2) 项目质量控制复核的性质、时间安排和范围

项目质量控制复核人员应当客观地评价项目组作出的重大判断以及在编制审计报告时得出的结论。评价工作应当涉及下列内容：① 与项目合伙人讨论重大事项；② 复核财务报表和拟出具的审计报告；③ 复核选取的与项目组作出的重大判断和得出的结论相关的审计工作底稿；④ 评价在编制审计报告时得出的结论，并考虑拟出具审计报告的恰当性。

只有完成项目质量控制复核，才能签署业务报告。然而，项目质量控制复核形成的工作底稿可以在报告日后完成。在业务过程的适当阶段及时实施项目质量控制复核，可以使重大事项在报告日或报告日之前得到迅速、满意的解决。

项目质量控制复核的范围可能取决于业务的复杂程度、客户是否为上市实体以及出具不恰当报告的风险等因素。实施项目质量控制复核并不能减轻项目合伙人的责任。

(3) 上市实体财务报表审计的项目质量控制复核

针对上市实体财务报表审计，会计师事务所应当制定政策和程序，要求实施的项目质量控制复核包括对下列事项的考虑：① 项目组就具体业务对会计师事务所独立性作出的评价；② 项目组是否已就涉及意见分歧的事项，或者其他疑难问题或争议事项进行适当咨询，以及咨询得出的结论；③ 选取的用于复核的业务工作底稿，是否能够反映项目组针对重大判断执行的工作，以及是否支持得出的结论。

(4) 项目质量控制复核人员的资格标准

项目质量控制复核人员是指项目组成员以外的，具有足够、适当的经验和权限，对项目组作出的重大判断和在编制审计报告时得出的结论进行客观评价的合伙人、会计师事务所其他人员、具有适当资格的外部人员或由这类人员组成的小组。

会计师事务所应当制定政策和程序，解决项目质量控制复核人员的委派问题，明确项目质量控制复核人员的资格要求，包括：① 履行职责需要的技术资格，以及必要的经验和权限；② 在不损害其客观性的前提下，项目质量控制复核人员能够提供业务咨询的程度。

此外，会计师事务所还应当制定政策和程序，以使项目质量控制复核人员保持客观性。在项目质量控制复核人员客观实施复核的能力可能受到损害时，会计师事务所应当替换该项目质量控制复核人员。

(5) 项目质量控制复核的记录

会计师事务所应当制定有关项目质量控制复核记录的政策和程序，要求记录：① 会计师事务所有关项目质量控制复核的政策所要求的程序已得到实施；② 项目质量控制复核在报告日或报告日之前已完成；③ 复核人员没有发现任何尚未解决的事项，使其认为项目组作出的重大判断和得出的结论不适当。

5. 意见分歧

会计师事务所应当制定政策和程序,以处理和解决项目组内部、项目组与被咨询者之间以及项目合伙人与项目质量控制复核人员之间的意见分歧。

有关意见分歧的政策和程序应当要求:

(1) 得出的结论已得到记录和执行;

(2) 只有问题得到解决,才可以签署业务报告。

解决意见分歧的程序可能包括向其他会计师事务所、职业团体或监管机构咨询。

6. 业务工作底稿

会计师事务所应当制定政策和程序,以使项目组在出具业务报告后及时完成最终业务档案的归整工作。对历史财务信息审计和审阅业务、其他鉴证业务,业务工作底稿的归档期限为业务报告日后六十天内。

有关业务工作底稿的质量控制政策和程序的要求包括:

(1) 安全保管业务工作底稿并对业务工作底稿保密;

(2) 保证业务工作底稿的完整性;

(3) 便于使用和检索业务工作底稿。

会计师事务所应当制定政策和程序,以使业务工作底稿的保存期限满足会计师事务所的需要和法律法规的规定。对历史财务信息审计和审阅业务、其他鉴证业务,会计师事务所应当自业务报告日起对业务工作底稿至少保存十年。如果组成部分业务报告日早于集团业务报告日,会计师事务所应当自集团业务报告日起对组成部分业务工作底稿至少保存十年。

(七) 监控

1. 总体要求

监控是指对会计师事务所质量控制制度进行持续考虑和评价的过程,包括定期选取已完成的业务进行检查,以使会计师事务所能够合理保证与质量控制制度相关的政策和程序具有相关性和适当性,并正在有效运行。

监控工作具体包括:

(1) 持续考虑和评价会计师事务所质量控制制度;

(2) 要求委派一个或多个合伙人,或会计师事务所内部具有充分、适当的经验和权限的其他人员负责监控过程;

(3) 要求执行业务或实施项目质量控制复核的人员不得参与该项业务的检查工作。

在持续考虑和评价质量控制制度时,会计师事务所应当周期性地选取已完成的业务进行检查(周期最长不得超过三年),并且在每个周期内,对每个项目合伙人,至少检查一项已完成的业务。

2. 监控结果的处理

(1) 评价注意到的缺陷

会计师事务所应当评价在监控过程中注意到的缺陷的影响,并确定缺陷是否属于下列情况之一:① 该缺陷并不必然表明会计师事务所的质量控制制度不足以合理保证会计师事务所遵守职业准则和适用的法律法规的规定,以及会计师事务所和项目合伙人出具适合具体情况的报告;② 该缺陷是系统性的、反复出现的或其他需要及时纠正的重大缺陷。

(2) 采取补救措施

针对注意到的缺陷,建议采取的适当补救措施应当包括:① 采取与某项业务或某个人员相关的适当补救措施;② 将发现的缺陷告知负责培训和职业发展的人员;③ 改进质量控制政策和程序;④ 对违反会计师事务所政策和程序的人员,尤其是对反复违规的人员实施惩戒。

最后,会计师事务所应当将实施监控程序注意到的缺陷以及建议采取的适当补救措施,告知相关项目合伙人及其他适当人员。

3. 监控结果的通报

会计师事务所应当每年至少一次将质量控制制度的监控结果,向项目合伙人以及会计师事务所内部的其他适当人员通报。这种通报应当足以使会计师事务所及其相关人员能够在其职责范围内及时采取适当的行动。

通报的信息应当包括:

(1) 对已实施的监控程序的描述;

(2) 实施监控程序得出的结论;

(3) 如果相关,对系统性的、反复出现的缺陷或其他需要及时纠正的重大缺陷的描述。

如果网络内部的会计师事务所在共同的监控政策和程序下运行,并且这些会计师事务所信赖该监控制度,为了使网络内部的项目合伙人能够信赖网络内部实施监控程序的结果,会计师事务所的政策和程序应当要求:

(1) 每年至少一次就监控过程的总体范围、程度和结果,向网络事务所的适当人员通报;

(2) 立即将识别出的质量控制制度缺陷,向相关网络事务所的适当人员通报,以便使其采取必要的行动。

4. 投诉和指控的应对

投诉和指控(不包括那些明显草率的)可能源自会计师事务所内部或外部。会计师事务所人员、客户或其他第三方都有可能提出投诉和指控。投诉和指控可能提交项目组成员或会计师事务所的其他人员。

会计师事务所应当制定政策和程序,以合理保证能够适当处理下列事项:

(1) 投诉和指控会计师事务所执行的工作未能遵守职业准则和适用的法律法规的规定;

(2) 指控未能遵守会计师事务所质量控制制度。

作为应对投诉和指控工作的一部分,会计师事务所应当建立清晰的投诉和指控渠道,以使会计师事务所人员能够没有顾虑地提出关心的问题。

如果在调查投诉和指控的过程中识别出会计师事务所质量控制政策和程序在设计或运行方面存在缺陷,或存在违反质量控制制度的情况,会计师事务所应当采取有关缺陷补救的适当行动。

此外,会计师事务所还应当制定政策和程序,以记录投诉、指控及其应对情况。

第二篇 审计过程

21世纪经济与管理规划教材

会计学系列

第四章

财务报表审计的基本原理

【学习目标】

1. 了解财务报表的编制,以及财务报表审计的原因、作用和固有限制。
2. 理解财务报表审计的前提条件。
3. 理解财务报表审计的总体目标。
4. 理解财务报表审计的基本要求。
5. 了解财务报表审计的组织形式和业务流程。

第一节 财务报表审计的基本概念

一、财务报表的编制

在财务报表审计中,注册会计师应当就财务报表是否在所有重大方面按照适用的财务报告编制基础编制发表审计意见。在学习如何执行财务报表审计之前,首先需要理解"财务报表"以及"适用的财务报告编制基础"的概念。

(一)财务报表

财务报表是指依据某一财务报告编制基础对被审计单位历史财务信息作出的结构性表述,包括相关附注,旨在反映某一时点的经济资源或义务或者某一时期经济资源或义务的变化。相关附注通常包括重要会计政策概要和其他解释性信息。财务报表通常是指整套财务报表,有时也指单一财务报表。整套财务报表的构成应当根据适用的财务报告编制基础的规定确定。历史财务信息是指以财务术语表述的某一特定实体的信息,这些信息主要来自特定实体的会计系统,反映了过去一段时间内发生的经济事项,或者过去某一时点的经济状况或情况。

(二)适用的财务报告编制基础

财务报告编制基础分为通用目的编制基础和特殊目的编制基础。

通用目的编制基础是指旨在满足广大财务报表使用者共同的财务信息需求的财务报告编制基础,主要是指会计准则和会计制度。

特殊目的编制基础是指旨在满足财务报表特定使用者对财务信息需求的财务报告编制基础,包括计税核算基础、监管机构的报告要求和合同约定等。

适用的财务报告编制基础是指法律法规要求采用的财务报告编制基础;或者管理层和治理层(如适用)在编制财务报表时,就被审计单位性质和财务报表目标而言,采用的可接受的财务报告编制基础。所以,适用的财务报告编制基础既可能是通用目的编制基础,也可能是特殊目的编制基础。

通常情况下,适用的财务报告编制基础是指会计准则(财务报告准则)和法律法规的规定。此外,其他文件可能对如何应用适用的财务报告编制基础提供指引。在这种情况下,适用的财务报告编制基础可能还包括下列文件:

(1)与会计事项相关的法律法规、司法判决和职业道德要求;

(2)准则制定机构发布的具有不同权威性的会计解释;

(3)准则制定机构针对新出现的会计问题发布的具有不同权威性的意见;

(4)得到广泛认可和普遍使用的一般惯例或行业惯例。

如果会计准则与提供指引的文件存在冲突,或者构成财务报告编制基础的文件之间存在冲突,以具有最高权威性的文件为准。

适用的财务报告编制基础的规定决定了财务报表的格式和内容。尽管财务报告编制基础可能并没有对所有交易或事项的处理或披露作出具体规定,但通常包含具有普遍适用性的一般原则,这些原则可作为制定和运用会计政策的基础,从而使制定的会计政策与财务报告编制基础中的规定所依据的概念相一致。

适用的财务报告编制基础的规定也决定了整套财务报表的构成。就许多财务报告编制基础而言,财务报表旨在提供有关被审计单位财务状况、经营成果和现金流量的信息。对于这些财务报告编制基础,整套财务报表通常包括资产负债表、利润表、现金流量表、所有者权益(或股东权益)变动表和相关附注。对于另外一些财务报告编制基础而言,单一财务报表和相关附注也可能构成整套财务报表。例如,国际公共部门会计准则理事会发布的《国际公共部门会计准则——基于现金基础会计的财务报告》指出,如果一个公共部门实体依据该准则编制财务报表,则主要的财务报表是现金收支情况表。再如,某些单一财务报表(可能包括相关附注)也可能构成整套财务报表,包括资产负债表、利润表或经营状况表、留存收益表、现金流量表,不包括所有者权益的资产和负债表、所有者权益变动表、收入和费用表以及产品线经营状况表等。

二、财务报表审计的原因与作用

(一)财务报表审计的原因

众所周知,对决策有用的财务信息必须具有相关性和可靠性两大基本质量特征。财务报表使用者期望独立注册会计师的报告能够保证客户的会计信息符合这两项质量要求。财务报表需要独立审计主要有四方面原因,包括利益冲突、重大性、复杂性和间接性。对报表使用者来说,这些情况加在一起就会形成"信息风险"。注册会计师对财务报表进行独立审计,可为使用者降低这种信息风险。所谓信息风险,是指财务报表不正确、不完整或出现偏差的可能性。

(1)利益冲突。财务报表使用者同报告单位之间利益可能并不一致。很多使用者不仅担心他们自己同客户管理层之间存在实际或潜在的利益冲突,还担心管理层提供的财务报表及相关附注可能被有意或无意地歪曲。因此,使用者期望外部独立专家对这些资料不受利益冲突的影响提供合理保证。

财务报表使用者之间也可能存在利益冲突。比如,股东可能喜欢丰厚的股利政策,而债权人却可能不喜欢发放股利。为了使报表能够为每个预期使用者信赖,报表资料必须保持中立,也就是说,它们不应该对某些利益团体有利,而对其他利益团体不利。在这种情况下,财务报表使用者也期望独立注册会计师平等考虑各利益集团的需求。

(2)重大性。财务报表是使用者作出决策的重要信息来源,在某些情况下,还是唯一的信息来源。使用者在作出重大投资及其他决策时,总是期望财务报表尽可能地包含相关资料。这种需求可从证券管理部门强制规定其管辖的公司须作广泛的信息披露看出。报表的使用者期望独立注册会计师能够确保财务报表在所有重大方面按照适用的财务报告编制基础编制,并包含一个有理性和有知识的使用者所需要的信息披露。

(3)复杂性。随着经济的发展,会计核算的内容和编制财务报表的过程变得越来越复杂,比如,每股收益、租赁及退休金的会计处理和报告,就是其中的一些例子。会计核算的内容变得越来越复杂,无疑增加了产生误解的风险和无意出错的可能性。不少报表使用者发现,要评价报表质量越来越困难,甚至可能无法作出评价。因此,他们期望独立注册会计师的报告能为所取得信息的质量提供一定的保证。

（4）间接性。绝大多数报表使用者大都远离客户，这种地域的限制使得使用者不可能接触到编制财务报表所用的会计记录，即使可以获得会计记录并对其进行审查，也往往由于时间和成本的限制，使得使用者无法对会计记录进行有意义的审查。这种间接性使得使用者无法直接评价报表的质量。在这种情况下，使用者有两种选择：一是相信这些会计资料的质量；二是依赖第三者对财务报表进行鉴证。就包括在已发布的年度报告中的财务报表而言，使用者显然更喜欢第二种方式。

（二）财务报表审计的作用

财务报表审计的作用主要体现在以下几个方面：

（1）增加公司财务报表的可信赖程度，而可信赖程度的增加又能给公司带来经济利益。在美国，像 GE 和 IBM 这样的大公司每年都愿意花费上千万美元的审计费用，来维持进入资金市场的权利和满足联邦安全法的有关要求。相反，一些小公司要求实施财务报表审计则通常是为了获得银行贷款或更有利的借款条件。由于经审计的财务报表降低了信息风险，所以，潜在的债权人可能会提供较低的利率，而潜在的投资者则可能愿意接受较低的投资报酬率。总之，经审计的财务报表极大地增强了公司财务报表的可信赖程度。

（2）能够对管理层及员工的工作效率和诚实品行产生有利的影响。由于员工知道将进行独立审计，所以会尽量减少会计处理中的错误，并减少盗用资产的可能性。类似的，注册会计师参与公司的财务报告过程，对管理层也可起到一定的约束作用。管理层的财务报表认定将被验证，这一事实使管理层认识到，应当更加真实、坦白地表达财务报表上的信息。

（3）能够直接给审计客户的管理层带来利益。根据审计的结果，独立注册会计师能够为改进审计客户的控制和提高经营效率提出建议。对于中小型企业来说，这种管理建议特别有价值。

（4）帮助维护金融市场的正常秩序。尽管经审计的财务报表对公司的证券市场价格一般没什么影响，已审报表从性质上看基本属于历史信息，很少包括投资者所需要的新信息，但这种经审计的报表通过遏制或阻止不正确信息的传播，有助于保证金融市场的稳定性。

需要说明的是，财务报表审计是在假设财务数据可以验证的前提下进行的。所谓可验证性，是指两个或多个合格的人员各自在独立审查数据之后，能够得出相似的结论。可验证性主要关系到鉴证该数据的审计证据的可获得性。

三、财务报表审计与会计的关系

编制财务报表的会计处理过程和财务报表审计，在方法和目标上都存在较大的差别。

会计处理方法包括确认对该公司有影响的事项和交易。一旦确认，就必须在会计记录中对这些项目加以计量、记录、分类和汇总。这一处理过程的结果是，编制和发布财务报表以及其他种类的财务报告。因此，会计显然是富有创造性的过程。通常情况下，由公司的职员直接负责本公司的会计处理。

财务报表审计包括取得和评价与管理层财务报表有关的证据。审计工作的最终成果是签发审计报告,对客户的财务报表是否按照适用的财务报告编制基础编制发表意见。审计并不创造新的会计信息,而是增加财务报表的可信赖程度。在财务报告过程中,会计和审计的关系如图4-1所示。

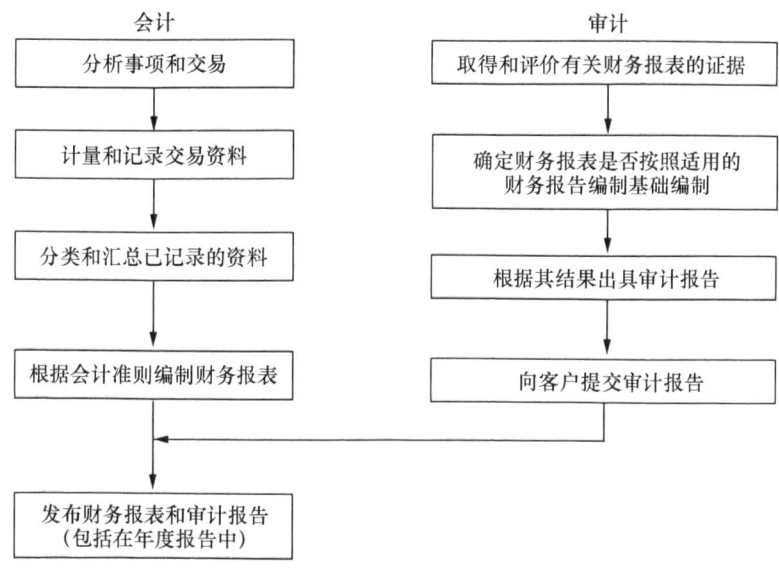

图 4-1 会计与审计的关系

四、财务报表审计的固有限制

社会公众不应期望注册会计师将审计风险降至为零,事实上注册会计师也不可能将审计风险降至为零,无法对财务报表不存在重大错报获取绝对保证。这是因为财务报表审计存在固有限制,导致注册会计师据以得出结论和形成审计意见的大多数审计证据是说服性而非结论性的。审计的固有限制源于三个方面:

(1)财务报告的性质。管理层编制财务报表,需要根据被审计单位的事实和情况运用适用的财务报告编制基础的规定,并在这一过程中作出判断。此外,许多财务报表项目涉及主观决策、评估或存在一定程度的不确定性,并且可能存在一系列可接受的解释或判断。因此,某些财务报表项目的金额本身就存在一定的变动幅度,这种变动幅度不能通过实施追加的审计程序来消除。例如,某些会计估计通常如此。

(2)审计程序的性质。注册会计师获取审计证据的能力受到实务和法律上的限制。例如,管理层或其他人员可能有意或无意地不提供与财务报表编制相关的或注册会计师要求的全部信息。即使实施了旨在保证获取所有相关信息的审计程序,注册会计师也不能保证信息的完整性。再如舞弊,特别是涉及高级管理人员的舞弊或串谋舞弊,可能是精心策划和蓄意隐瞒的。在这种情况下,用以收集审计证据的审计程序对于发现舞弊来说可能是无效的。而且,审计不是对涉嫌违法行为的官方调查,注册会计师没有被授予特定的法律权力(如调查权),而这种权力对调查可能是必要的。

（3）在合理的时间内以合理的成本完成审计的需要。注册会计师经常需要在获取信息的可靠性和成本之间进行权衡。为了在合理的时间内以合理的成本对财务报表形成审计意见，注册会计师需要恰当计划审计工作，将审计资源投向最可能存在重大错报风险的领域，并且综合运用测试以及其他方法检查总体中的错报。

正是由于上述固有限制的存在，注册会计师据以得出结论和形成审计意见的大多数审计证据是说服性而非结论性的。财务报表审计只能提供合理保证，不能提供绝对保证。

第二节 财务报表审计的前提条件

审计的前提条件是指管理层在编制财务报表时采用可接受的财务报告编制基础，以及管理层对注册会计师执行审计工作的前提的认同。

为了确定审计的前提条件是否存在，注册会计师应当确定管理层在编制财务报表时采用的财务报告编制基础是否可接受，并且就管理层认可并理解其责任与管理层达成一致意见。下面就这两个方面的工作进行介绍。

一、确定财务报告编制基础是可接受的

本书第三章的第二节已经讲过，承接鉴证业务的条件之一是评价标准适当，且能够为预期使用者获取。适当的标准使得注册会计师能够运用职业判断对鉴证对象作出合理一致的评价或计量。就财务报表审计而言，适用的财务报告编制基础为注册会计师提供了用以审计财务报表的标准。

在确定编制财务报表所采用的财务报告编制基础是否可接受时，注册会计师需要考虑下列相关因素：

（1）被审计单位的性质（例如，被审计单位是商业企业、公共部门实体还是非营利组织）；

（2）财务报表的目的（例如，编制财务报表是用于满足广大财务报表使用者共同的财务信息需求，还是用于满足财务报表特定使用者的财务信息需求）；

（3）财务报表的性质（例如，财务报表是整套财务报表还是单一财务报表）；

（4）法律法规是否规定了适用的财务报告编制基础。

如果确定被审计单位在编制财务报表时采用的财务报告编制基础是不可接受的，注册会计师不应承接拟议的审计业务。

二、管理层认同注册会计师执行审计工作的前提

财务报表是由被审计单位管理层在治理层的监督下编制的。管理层和治理层（如适用）认可与财务报表相关的责任，是注册会计师执行审计工作的前提，构成了注册会计师按照审计准则的规定执行审计工作的基础。

管理层是指对被审计单位经营活动的执行负有经营管理责任的人员。在某些被审计单位，管理层包括部分或全部的治理层成员，如治理层中负有经营管理责任的人员，或者参与日常经营管理的业主。

治理层是指对被审计单位战略方向以及管理层履行经营管理责任负有监督责任的人员或组织。治理层的责任包括对财务报告过程的监督。在某些被审计单位，治理层可能包括管理层，如治理层中负有经营管理责任的人员，或业主兼经理。

具体来说，管理层和治理层（如适用）认可的与财务报表相关的责任包括：

(1) 按照适用的财务报告编制基础编制财务报表，并使其实现公允反映（如适用）；

(2) 设计、执行和维护必要的内部控制，以使财务报表不存在由于舞弊或错误导致的重大错报；

(3) 向注册会计师提供必要的工作条件，包括允许注册会计师接触与编制财务报表相关的所有信息（如记录、文件和其他事项），向注册会计师提供审计所需的其他信息，允许注册会计师在获取审计证据时不受限制地接触其认为必要的内部人员和其他相关人员。

如果注册会计师未能与被审计单位就上述责任达成一致意见，注册会计师不应承接拟议的审计业务。

需要说明的是，管理层或治理层的责任并不因为财务报表审计而减轻。此外，审计意见也不是对被审计单位未来生存能力或管理层经营效率、效果提供的保证。

第三节 财务报表审计的总体目标

一、审计总体目标的演变

审计目标是在一定历史环境下，人们通过审计实践活动所期望达到的境地或最终结果。注册会计师审计的发展主要经历了详细审计、资产负债表审计和财务报表审计三个阶段。审计总体目标也随之有所变化。

在详细审计阶段，注册会计师通过对被审计单位一定时期内会计记录的逐笔审查，判定有无技术错误和舞弊行为。查错防弊是此阶段的审计目标。

在资产负债表审计阶段，注册会计师通过对被审计单位一定时期内资产负债表所有项目余额的真实性、可靠性进行审查，判断其财务状况和偿债能力。在此阶段，审计目标是对历史财务信息进行鉴证，查错防弊这一目标依然存在，但已退居第二位，审计的功能从防护性发展为公证性。

在财务报表审计阶段，注册会计师判定被审计单位一定时期内的财务报表是否公允地反映其财务状况、经营成果和现金流量，并在出具审计报告的同时，提出改进经营管理的意见。在此阶段，审计目标不再局限于查错防弊和历史财务信息公证，而是向管理领域有所深入和发展。此阶段的审计工作已经比较有规律，且形成了一套较完整的理论和方法。

二、财务报表审计的总体目标

(一) 总体目标的内容

在执行财务报表审计工作时，注册会计师的总体目标是：

（1）对财务报表整体是否不存在由于舞弊或错误导致的重大错报获取合理保证，使得注册会计师能够对财务报表是否在所有重大方面按照适用的财务报告编制基础编制发表审计意见；

（2）按照审计准则的规定，根据审计结果对财务报表出具审计报告，并与管理层和治理层沟通。

财务报表审计的总体目标对注册会计师的审计工作具有导向性作用，决定了注册会计师财务报表审计的责任范围，直接影响到注册会计师计划和实施审计程序的性质、时间安排和范围。例如，根据总体目标可知，按照审计准则的规定执行审计业务、对财务报表整体是否不存在由于舞弊或错误导致的重大错报获取合理保证进而发表审计意见，就是注册会计师的责任。因此，在执行审计业务时，注册会计师只需要关注与财务报表编制和审计有关的内部控制，以及可能影响财务报表的违反法律法规的行为等。

（二）基于总体目标恰当运用每项审计准则规定的目标

1. 总体要求

第三章已经介绍，在现行的审计准则体系中，每项审计准则均包含一个或多个目标，这些目标将审计准则的要求与注册会计师的总体目标联系起来。每项审计准则规定的目标的作用在于，使注册会计师关注每项审计准则预期实现的结果。这些目标足够具体，可以帮助注册会计师：

（1）理解所需完成的工作，以及在必要时为完成这些工作使用的恰当手段；

（2）确定在审计业务的具体情况下是否需要完成更多的工作以实现目标。

因此，为了实现总体目标，在计划和实施审计工作时，注册会计师应当运用相关审计准则规定的目标，将每项审计准则规定的目标与总体目标联系起来进行理解。在运用每项准则规定的目标时，注册会计师应当认真考虑各项审计准则之间的相互关系，以采取下列措施：

（1）为了实现审计准则规定的目标，确定是否有必要实施除审计准则规定以外的其他审计程序；

（2）评价是否已获取充分、适当的审计证据。

2. 考虑各项审计准则之间的相互关系

在运用每项审计准则规定的目标时，注册会计师需要考虑各项审计准则之间的相互关系。

这是因为，审计准则在某些情况下规范了注册会计师的一般责任，而在另外一些情况下，则规范了如何在具体方面履行这些责任。例如，《中国注册会计师审计准则第1101号——注册会计师的总体目标和审计工作的基本要求》要求注册会计师保持职业怀疑，这一点在计划和执行审计工作的所有方面都是必要的，但并未在每项审计准则中作重复要求。在更具体的层次上，《中国注册会计师审计准则第1211号——通过了解被审计单位及其环境识别和评估重大错报风险》和《中国注册会计师审计准则第1231号——针对评估的重大错报风险采取的应对措施》分别对与注册会计师识别和评估重大错报风险，以及设计和实施进一步审计程序以应对这些评估风险的责任相关的目标和要求作出了规定，而这些目标和要求适用于整个审计过程。对审计的具体方面作出规范的某一审计准则

(如《中国注册会计师审计准则第1321号——审计会计估计(包括公允价值会计估计)和相关披露》),可能对如何将其他审计准则(如前述第1211号审计准则和第1231号审计准则)规定的目标和要求,应用于该准则规范的内容作进一步扩展,但不是对其他准则的重复。因此,在实现该准则(如前述第1321号审计准则)中表述的目标时,注册会计师需要同时考虑其他相关准则的目标和要求。

3. 运用审计准则规定的目标以决定是否追加实施审计程序

审计准则的要求旨在使注册会计师能够实现审计准则规定的目标,进而实现注册会计师的总体目标。因此,注册会计师恰当执行审计准则的要求,预期会为其实现目标提供充分的基础。然而,由于各项审计业务的具体情况存在很大差异,并且审计准则不可能预想到所有的情况,注册会计师有责任确定必要的审计程序,以满足审计准则规定的目标进而实现财务报表审计的总体目标。

4. 运用审计准则规定的目标以评价是否已获取充分、适当的审计证据

在总体目标的指导下,注册会计师需要运用审计准则规定的目标以评价是否已获取充分、适当的审计证据。如果根据评价的结果认为没有获取充分、适当的审计证据,则注册会计师可以采取下列一项或多项措施:

(1)评价通过遵守其他审计准则是否已经获取或将会获取进一步的相关审计证据;

(2)在执行一项或多项审计准则的要求时,扩大审计工作的范围;

(3)实施注册会计师根据具体情况认为必要的其他程序。

如果上述措施在具体情况下均不可行或无法实施,注册会计师将无法获取充分、适当的审计证据。在这种情况下,审计准则要求注册会计师确定对审计报告或完成该项业务的能力的影响。

5. 不能实现审计准则规定的目标的情形

如果不能实现相关审计准则规定的目标,注册会计师应当评价这是否使其不能实现总体目标。如果不能实现总体目标,注册会计师应当按照审计准则的规定出具非无保留意见的审计报告,或者在法律法规允许的情况下解除业务约定。

不能实现相关审计准则规定的目标构成了重大事项,注册会计师应当按照《中国注册会计师审计准则第1131号——审计工作底稿》的规定予以记录。

第四节 财务报表审计的基本要求

一、与财务报表审计相关的职业道德要求

注册会计师应当遵守与财务报表审计相关的职业道德要求,包括遵守有关独立性的要求。相关的职业道德要求通常是指职业道德守则中与财务报表审计相关的规定。

《中国注册会计师职业道德守则第1号——职业道德基本原则》和《中国注册会计师职业道德守则第2号——职业道德概念框架》规定了与注册会计师执行财务报表审计相关的职业道德基本原则,并提供了应用这些原则的概念框架。根据职业道德守则,注册会计师应当遵循的基本原则包括:诚信、独立性、客观和公正、专业胜任能力和应有的

关注、保密和良好职业行为。有关职业道德守则的具体要求及其运用,请详见本书第二章。

二、职业怀疑

职业怀疑是指注册会计师执行审计业务的一种态度,包括采取质疑的思维方式,对可能表明由于错误或舞弊导致错报的迹象保持警觉,以及对审计证据进行审慎评价。在计划和实施审计工作时,注册会计师应当保持职业怀疑,认识到可能存在导致财务报表发生重大错报的情形。

具体来说,注册会计师需要对下列情形保持警觉:

(1) 存在相互矛盾的审计证据;

(2) 引起对作为审计证据的文件记录和对询问的答复的可靠性产生怀疑的信息;

(3) 表明可能存在舞弊的情况;

(4) 表明需要实施除审计准则规定外的其他审计程序的情形。

职业怀疑对于审慎评价审计证据是必要的。审慎评价审计证据包括质疑相互矛盾的审计证据、文件记录和对询问的答复,以及从管理层和治理层获得的其他信息的可靠性。

除非存在相反的理由,注册会计师可以将文件和记录视为真实的。尽管如此,注册会计师仍需考虑用作审计证据的文件记录的可靠性。在怀疑信息的可靠性或存在舞弊迹象时(例如,在审计过程中识别出的情况使注册会计师认为文件可能是伪造的或文件中的某些条款可能已被篡改),审计准则要求注册会计师作出进一步调查,并确定需要修改哪些审计程序或实施哪些追加的审计程序以解决疑问。

注册会计师可以考虑过去对管理层和治理层诚实、正直形成的看法。然而,即使注册会计师认为管理层和治理层是诚实、正直的,也不能降低保持职业怀疑的要求,不允许在获取合理保证的过程中满足于说服力不足的审计证据。

三、职业判断

职业判断是指在审计准则、会计准则和职业道德要求的框架下,注册会计师作出适合审计业务具体情况的、有根据的行动决策时,对相关知识、技能和经验的综合运用。职业判断对于适当地执行审计工作是必不可少的。其理由是,如果没有将相关的知识和经验运用于具体的事实和情况,就不可能理解关于职业道德要求和审计准则的规定,并在整个审计过程中作出有根据的决策。

在计划和实施审计工作时,注册会计师应当运用职业判断。当注册会计师作出下列决策时,尤其需要运用职业判断:

(1) 确定重要性和评估审计风险;

(2) 为满足审计准则的要求和收集审计证据的需要,确定所需实施的审计程序的性质、时间安排和范围;

(3) 为实现审计准则规定的目标和注册会计师的总体目标,评价是否已获取充分、适当的审计证据以及是否还需执行更多的工作;

(4) 评价管理层在应用适用的财务报告编制基础时作出的判断;

(5)根据已获取的审计证据得出结论,如评价管理层在编制财务报表时作出的估计的合理性。

注册会计师需要在整个审计过程中运用职业判断,并作出适当记录。对此,审计准则要求注册会计师编制的审计工作底稿,应当使未曾接触该项审计工作的有经验的专业人士了解在对重大事项得出结论时作出的重大职业判断。如果有关决策不被该业务的具体事实和情况所支持或者缺乏充分、适当的审计证据,则职业判断并不能成为作出决策的正当理由。

四、审计证据和审计风险

审计证据是指注册会计师为了得出审计结论和形成审计意见而使用的信息。审计证据包括构成财务报表基础的会计记录所含有的信息和其他信息。审计风险是指当财务报表存在重大错报时,注册会计师发表不恰当审计意见的风险。

为了获取合理保证,注册会计师应当获取充分、适当的审计证据,以将审计风险降至可接受的低水平,使其能够得出合理的结论,作为形成审计意见的基础。

有关审计证据与审计风险的具体内容,请详见本书第六章和第五章。

五、按照审计准则的规定执行审计工作

(一)遵守相关要求

注册会计师应当遵守与审计工作相关的所有审计准则。如果某项审计准则有效且所适用的情形存在,则该项审计准则与审计工作相关。

当出现下列两种情形时,某项审计准则与注册会计师审计工作无关,注册会计师可以不遵守该项审计准则的要求。

第一种情形是,某项审计准则的全部内容与具体审计工作不相关。例如,如果被审计单位没有内部审计机构或人员,《中国注册会计师审计准则第1411号——利用内部审计人员的工作》的所有内容与具体审计工作不相关。

第二种情形是,由于审计准则的某些要求存在适用条件,而该条件并不存在,导致审计准则的这些要求不适用。要求的适用条件既可能是明确的,也可能是隐含的。例如,如果审计范围受到限制,对注册会计师发表非无保留意见的要求,即为条件明确的要求;对注册会计师向治理层通报审计过程中识别出的值得关注的内部控制缺陷的要求,取决于是否存在识别出值得关注的内部控制缺陷,即为条件隐含的要求。

(二)对要求的偏离

在极其特殊的情况下,注册会计师可能认为有必要偏离某项审计准则的相关要求。在这种情况下,注册会计师应当实施替代审计程序以实现相关要求的目的。需要强调的是,只有当相关要求的内容是实施某项特定审计程序,而该程序无法在具体审计环境下有效地实现要求的目的时,注册会计师才能偏离该项要求。

如果认为有必要偏离某项审计准则的相关要求,注册会计师应当在审计工作底稿中进行详细的记录,具体内容请详见本书第六章。

第五节　财务报表审计的组织形式

明确财务报表审计的总体目标以后,注册会计师还应知晓对整个财务报表如何有效地组织实施审计。本节主要介绍交易循环法在现代审计中的运用。

一、循环法的基本概念

财务报表审计的组织方式大致有两种:一是对报表的每个账户余额单独进行审计,此法称为账户法。此法下对审计工作的"分块"通常使工作效率低下,因为此法将紧密联系的相关账户(例如存货和产品销售成本)人为分割开,从而造成整个审计工作的脱节和重复。二是将财务报表分成几大块进行审计,即把紧密联系的交易类别和账户余额归入同一块中,此法称为循环法。例如,销售、销售退回、收现以及坏账冲销是导致应收账款增减的四种交易,把这四种交易和应收账款划入"销售与收款循环"进行审计。循环法不仅使审计工作更便于管理,而且有助于更好地对审计小组的不同成员分派任务。通过考察交易被记录于各种记账凭证乃至汇总到总账和财务报表的方式,可以发现使用循环法具有逻辑合理性。图 4-2 列示了某些交易的会计处理过程。实际上,循环法是将记录于不同记账凭证中的交易同这些交易所影响的账户余额合并起来考虑,以更有效地安排审计工作。

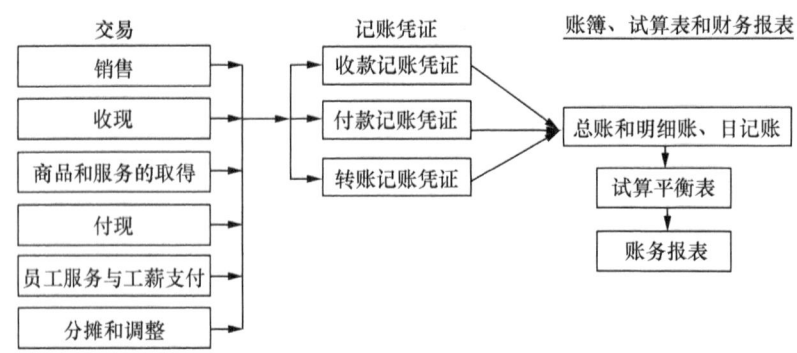

图 4-2　交易从记账凭证至财务报表的信息流程

二、循环的划分及其相互关系

不同行业的企业经营性质不同,因此可将其财务报表分为不同的循环,即使是同一企业,不同注册会计师也可能有不同的循环划分方法。假定某公司是制造性企业,注册会计师可以将其财务报表划分为四个循环,即销售与收款循环、采购与付款循环、存货与仓储循环和筹资与投资循环,如表 4-1 所示。

第四章 财务报表审计的基本原理

表 4-1 企业循环划分表

循环	各循环包括的记账凭证的主要种类	各循环包括的账户项目举例	
		资产负债表项目	利润表项目
销售与收款循环	收款、转账	应收票据、应收账款、长期应收款、预收账款、应交税费	营业收入、营业税金及附加、销售费用
采购与付款循环	付款、转账	预付账款、固定资产、在建工程、工程物资、固定资产清理、无形资产、研发支出、应付账款、应付票据、长期应付款	管理费用
存货与仓储循环	付款、转账	存货(包括材料采购或在途物资、原材料、材料成本差异、库存商品、发出商品、商品进销差价、委托加工物资、委托代销商品、受托代销商品、周转材料、生产成本、制造费用、劳务成本、存货跌价准备、受托代销商品款等)、应付职工薪酬	营业成本
筹资与投资循环	收款、付款、转账	交易性金融资产、应收利息、应收股利、其他应收款、可供出售金融资产、持有至到期投资、长期股权投资、投资性房地产、递延所得税资产、短期借款、交易性金融负债、应付利息、应付股利、其他应付款、长期借款、应付债券、专项应付款、预计负债、递延所得税负债、实收资本(或股本)、资本公积、盈余公积、未分配利润	财务费用、资产减值损失、公允价值变动损益、投资收益、营业外收入、营业外支出、所得税费用

各循环之间的流转关系如图 4-3 所示。本书第十章至第十三章将详细介绍各循环的审计。

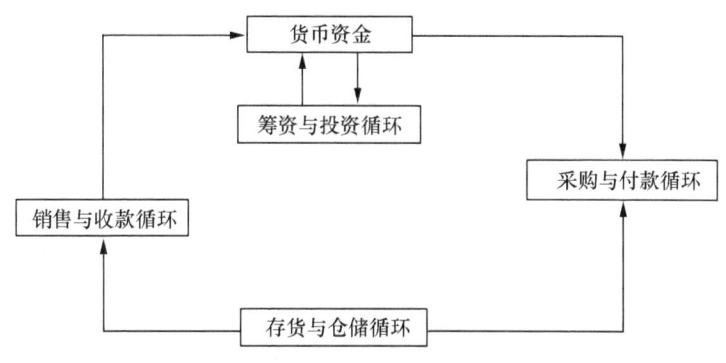

图 4-3 各交易循环之间的关系

在循环法下,注册会计师审计各个循环时,最有效的方法是在审计循环中各类交易及相关账户期末余额的基础上,合并形成对某类交易及相关账户余额的保证水平。比如,资产负债表中"应收账款"项目属销售与收款循环,审计时应分别测试影响该账户的四类交易即销售、收现、销售退回折让、坏账冲销等交易,以及该账户的期末余额。图 4-4 以应收账款为例说明了账户余额同影响余额的交易间的关系。

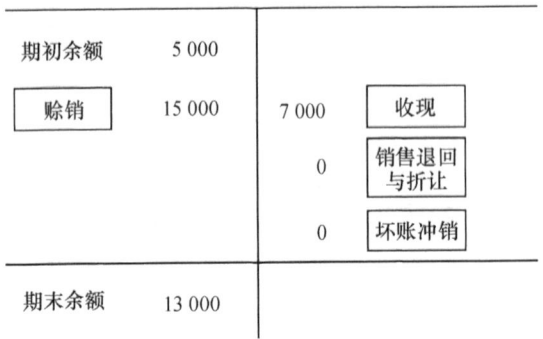

图4-4 账户余额与相关交易的关系

第六节 财务报表审计的业务流程

在财务报表审计中,审计业务的流程大致可分为以下几个阶段。

一、接受业务委托

会计师事务所应当按照执业准则的规定,谨慎决定是否接受或保持某客户关系和具体审计业务。在接受委托前,注册会计师应当初步了解审计业务环境,包括业务约定事项、审计对象特征、使用的标准、预期使用者的需求、责任方及其环境的相关特征,以及可能对审计业务产生重大影响的事项、交易、条件和惯例等其他事项。

只有在确定审计的前提条件存在,并且已经就审计业务约定条款与被审计单位达成一致意见后,注册会计师才能承接或保持该项审计业务。

如果是连续审计,注册会计师应当根据具体情况评估是否需要对审计业务约定条款作出修改,以及是否需要提醒被审计单位注意现有条款。

有关接受业务委托阶段注册会计师的具体工作,请详见本书的第五章。

二、计划审计工作

计划审计工作就是为了确定成本合理的有效审计方式。计划审计工作包括针对审计业务制定总体审计策略和制订具体审计计划。在计划审计工作阶段,注册会计师还应当初步确定计划和执行审计工作时的重要性,以及可接受的审计风险水平。

计划审计工作不是审计业务的一个孤立阶段,而是一个持续的、不断修正的过程,贯穿于整个审计过程的始终。

有关计划审计工作阶段注册会计师的具体工作,请详见本书的第五章。

三、风险评估

了解被审计单位及其环境有助于注册会计师理解整个审计过程中所获取信息的含义。不同行业的不同单位经营的特点终将反映到财务报表上,如不了解被审计单位的不同经营特点,就谈不上以应有的职业谨慎态度执行审计。《中国注册会计师审计准则第

1211号——通过了解被审计单位及其环境识别和评估重大错报风险》规定,在每次审计中,注册会计师都应当实施风险评估程序,以此作为评估财务报表层次和认定层次重大错报风险的基础。具体来说,风险评估程序包括询问、分析程序、观察和检查等。注册会计师应当通过实施风险评估程序和相关活动,以了解被审计单位及其环境(包括内部控制)。

了解被审计单位及其环境实际上是一个连续和动态地收集、更新与分析信息的过程,贯穿于整个审计过程的始终。注册会计师应当运用职业判断确定需要了解被审计单位及其环境的程度。

有关风险评估阶段注册会计师的具体工作,请详见本书的第七章。

四、风险应对

在风险应对阶段,针对评估的财务报表层次重大错报风险,注册会计师应当设计和实施总体应对措施。针对评估的认定层次重大错报风险,注册会计师应当设计和实施进一步的审计程序,包括控制测试和实质性程序。实质性程序包括实质性分析程序和细节测试,是每次审计业务都必须执行的,而控制测试却不是。

有关风险应对阶段注册会计师的具体工作,请详见本书的第八章。

五、终结审计和审计报告

终结审计阶段的任务包括两个方面:一是完成外勤工作;二是评价审计结果。在完成外勤工作中,注册会计师需要复核期后事项,考虑被审计单位的持续经营能力,获取书面声明,并对财务报表实施分析程序作最终的总体性检查。在评价审计结果时,注册会计师需要评价审计过程中识别出的错报,对财务报表形成审计意见,并对审计工作底稿进行最终的复核。最后,注册会计师需要编写审计报告发表审计意见。

有关终结审计和审计报告阶段注册会计师的具体工作,请详见本书的第十六章和第十七章。

21世纪经济与管理规划教材
会计学系列

第五章

计划审计工作

【学习目标】

1. 了解计划审计工作的作用、时间安排和参与人员。
2. 理解初步业务活动的工作内容。
3. 掌握总体审计策略和具体审计计划的编制。
4. 掌握重要性概念及其具体应用。
5. 掌握审计风险概念及其具体应用。

第一节 计划审计工作概述

凡事预则立,不预则废。在财务报表审计中,注册会计师必须计划审计工作,以使审计工作以有效的方式得到执行。为了规范注册会计师计划财务报表审计工作,财政部出台了《中国注册会计师审计准则第1201号——计划审计工作》。在计划审计工作时,注册会计师需要确定两大关键影响因素:一是重要性;二是审计风险。本章共分五节,第一节至第三节介绍计划审计工作的内容和要求,第四节讲解重要性概念及其运用,第五节讲解审计风险概念及其运用。

一、计划审计工作的重要作用

充分的计划审计工作有利于注册会计师执行财务报表审计工作,具体包括:有助于注册会计师适当关注重要的审计领域;有助于注册会计师及时发现和解决潜在的问题;有助于注册会计师恰当地组织和管理审计业务,以有效率和效果的方式执行审计业务;有助于选择具备必要的专业素质和胜任能力的项目组成员应对预期的风险,并有助于向项目组成员分派适当的工作;有助于指导和监督项目组成员并复核其工作;在适用的情况下,有助于协调组成部分注册会计师和专家的工作。

二、计划审计工作的时间安排

计划审计工作并非审计业务的一个孤立阶段,而是一个持续的、不断修正的过程。

在连续审计业务中,计划审计工作通常于上期审计工作结束后不久或伴随着上期审计工作的完成就开始了,直至本期审计工作结束。

三、计划审计工作的参与人员

项目合伙人和项目组其他关键成员应当参与计划审计工作,包括参与项目组成员的讨论。因为这些人员拥有丰富的经验和有见地的见解,有助于提高计划过程的效率和效果。

在实践中,注册会计师有时候可能决定与管理层讨论审计计划的要素,从而使审计业务更易于执行和管理(如协调某些计划的审计程序与被审计单位员工的工作)。虽然这种讨论经常发生,但制定总体审计策略和具体审计计划仍然是注册会计师的责任。当与管理层讨论计划事项时,注册会计师需要保持职业谨慎,以防止审计工作有效性受到损害。例如,注册会计师与管理层讨论详细的审计程序的性质和时间安排就是不恰当的,这可能导致这些审计程序易于被管理者预见,从而损害审计工作的有效性。

第二节 初步业务活动

一、初步业务活动的作用

在本期审计业务开始时开展初步业务活动,有助于注册会计师识别和评价可能对计划和执行审计工作产生负面影响的事项或情况。

具体来说,初步业务活动的作用体现在三个方面:第一,确保具备执行业务所需要的独立性和专业胜任能力;第二,确保不存在因管理层诚信问题而影响注册会计师保持该项业务意愿的情况;第三,确保与被审计单位之间不存在对业务约定条款的误解。

二、初步业务活动的内容

注册会计师应当在本期审计业务开始时开展下列初步业务活动:

(1) 按照《中国注册会计师审计准则第1121号——对财务报表审计实施的质量控制》的规定,针对保持客户关系和具体审计业务,实施相应的质量控制程序;

(2) 按照《中国注册会计师审计准则第1121号——对财务报表审计实施的质量控制》的规定,评价遵守相关职业道德要求(包括独立性要求)的情况;

(3) 按照《中国注册会计师审计准则第1111号——就审计业务约定条款达成一致意见》的规定,就业务约定条款与被审计单位达成一致意见。

下面就这三方面的初步业务活动进行介绍。

(一)实施保持客户关系和具体审计业务的质量控制程序

《中国注册会计师审计准则第1121号——对财务报表审计实施的质量控制》要求,项目合伙人应当确信,有关客户关系和审计业务的接受与保持的质量控制程序已得到遵守,并确定得出的有关结论是恰当的。

客户关系和审计业务接受与保持的质量控制程序的具体内容,请详见本书第三章的第三节,这里不再赘述。

(二)评价遵守相关职业道德要求的情况

《中国注册会计师审计准则第1121号——对财务报表审计实施的质量控制》要求,项目合伙人应当对项目组成员违反相关职业道德要求的迹象保持警觉,并且就适用于审计业务的独立性要求的遵守情况形成结论。

在形成结论时,项目合伙人应当:

(1) 从会计师事务所或网络事务所获取相关信息,以识别、评价对独立性产生不利影响的情形;

(2) 评价识别出的有关违反会计师事务所独立性政策和程序的信息,以确定其是否对审计业务的独立性产生不利影响;

(3) 采取适当的行动,运用防范措施以消除对独立性的不利影响或将其降至可接受的低水平,或在必要时解除审计业务约定(除非法律法规禁止);对未能解决的事项,项目合伙人应当立即向会计师事务所报告,以便采取适当的行动。

值得注意的是,注册会计师对保持客户关系和遵守相关职业道德要求(包括独立性要求)的考虑,随着审计业务中条件和情况的变化,贯穿于审计业务的全过程。例如,在现场审计过程中,如果注册会计师发现财务报表存在舞弊,因而对管理层、治理层的胜任能力或诚信产生了极大疑虑,注册会计师需要针对这一新情况,考虑并在必要时重新实施相应的质量控制程序,以决定是否继续保持该项业务及其客户关系。

另外,在连续审计业务中,有关客户关系和相关职业道德要求的初步业务活动,通常在上期审计工作结束后不久或伴随着上期审计工作的完成就开始了。

(三)就业务约定条款与被审计单位达成一致意见

注册会计师应当就审计业务约定条款与管理层或治理层(如适用)达成一致意见。

1. 审计业务约定条款的格式和内容

注册会计师应当将达成一致意见的审计业务约定条款记录于审计业务约定书或其他适当形式的书面协议中。审计业务约定条款应当包括下列主要内容:

(1)财务报表审计的目标与范围;
(2)注册会计师的责任;
(3)管理层的责任;
(4)指出用于编制财务报表所适用的财务报告编制基础;
(5)提及注册会计师拟出具的审计报告的预期形式和内容,以及在特定情况下对出具的审计报告可能不同于预期形式和内容的说明。

2. 连续审计的情形

对于连续审计,注册会计师应当评估具体情况是否要求对审计业务约定条款作出修改,以及是否需要提醒被审计单位注意现有的条款。

注册会计师无须每期都致送新的审计业务约定书或其他书面协议。然而,下列因素可能导致注册会计师修改审计业务约定条款或提醒被审计单位注意现有的业务约定条款:

(1)有迹象表明被审计单位误解审计目标和范围;
(2)需要修改约定条款或增加特别条款;
(3)被审计单位高级管理人员近期发生变动;
(4)被审计单位所有权发生重大变动;
(5)被审计单位业务的性质或规模发生重大变动;
(6)法律法规的规定发生变化;
(7)编制财务报表采用的财务报告编制基础发生变更;
(8)其他报告要求发生变化。

3. 审计业务约定条款的变更

(1)总体要求。

在缺乏合理理由的情况下,注册会计师不应同意变更审计业务约定条款。

注册会计师需要判断变更的理由是否合理。由于环境条件变化导致对审计服务的需要产生影响,或对原来要求的审计业务性质存在误解,可以认为是被审计单位要求变更的合理理由。相反,如果有迹象表明,变更业务约定条款的要求与错误的、不完整的或不令人满意的信息有关,则该变更不能认为是合理的。

如果同意变更审计业务约定条款,注册会计师应当与管理层就新的业务约定条款达成一致意见,并记录于业务约定书或其他适当形式的书面协议中。

如果注册会计师不同意变更审计业务约定条款,而管理层又不允许继续执行原审计业务,注册会计师应当:① 在适用的法律法规允许的情况下,解除审计业务约定;② 确定是否有约定义务或其他义务向治理层、所有者或监管机构等报告该事项。

(2) 变更为保证程度较低的业务的特殊情形。

在完成审计业务前,如果被要求将审计业务变更为保证程度较低的业务,注册会计师应当确定是否存在合理的理由。例如,如果注册会计师不能就应收款项获取充分、适当的审计证据,而被审计单位要求将审计业务变更为审阅业务,以避免注册会计师发表保留意见或无法表示意见,则该变更是不合理的。

如果认为合理,则截至变更日已执行的审计工作可能与变更后的业务相关,相应的,注册会计师需要执行的工作和出具的报告会适用于变更后的业务。为避免引起报告使用者的误解,对相关服务业务出具的报告不应提及原审计业务,也不应提及在原审计业务中已执行的程序。只有将审计业务变更为执行商定程序业务,注册会计师才可以在报告中提及已执行的程序。

第三节 计划活动

计划审计工作包括对审计业务制定总体审计策略和具体审计计划。

一、总体审计策略

(一) 总体审计策略的作用和目的

总体审计策略是注册会计师对财务报表审计作出的总体、全局性的计划安排,旨在确定审计工作的范围、时间安排和方向,以及指导具体审计计划的制订。

具体来讲,制定总体审计策略的过程有助于注册会计师确定下列事项(当然这些事项的确定还有待风险评估的完成):

(1) 向具体审计领域调配的资源,包括向高风险领域分派有相当经验的项目组成员,就复杂的事项利用专家的工作等;

(2) 向具体审计领域分配资源的多少,包括分派到重要地点进行存货监盘的项目组成员的人数,在集团审计中复核组成部分注册会计师工作的范围,向高风险领域分配的审计时间预算等;

(3) 何时调配这些资源,包括是在期中审计阶段还是在关键的截止日期调配资源等;

(4) 如何管理、指导和监督这些资源,包括预期何时召开项目组预备会和总结会,预期项目组合伙人和经理如何进行复核(是现场复核还是非现场复核),是否需要实施项目质量控制复核等。

(二) 总体审计策略的制定要求

注册会计师在制定总体审计策略时,应当完成下列工作:

(1) 确定审计业务的特征,以界定审计范围;

(2) 明确审计业务的报告目标,以计划审计的时间安排和所需沟通的性质;

(3) 根据职业判断,考虑用以指导项目组工作方向的重要因素;

(4) 考虑初步业务活动的结果,并考虑项目合伙人对被审计单位执行其他业务时获得的经验是否与审计业务相关(如适用);

(5) 确定执行业务所需资源的性质、时间安排和范围。

(三) 总体审计策略的内容要素

下面是注册会计师在制定总体策略时可能考虑的事项的示例。

1. 业务的特点

(1) 编制拟审计财务信息所依据的财务报告编制基础,包括是否需要将财务信息调整至按照其他财务报告编制基础编制;

(2) 特定行业的报告要求,如某些行业监管机构要求提交的报告;

(3) 预期审计工作涵盖的范围,包括应涵盖的组成部分的数量及所在地点;

(4) 母公司和集团组成部分之间存在的控制关系的性质,以确定如何编制合并财务报表;

(5) 由组成部分注册会计师审计的组成部分的范围;

(6) 拟审计的经营分部的性质,包括是否需要具备专门的知识;

(7) 外币折算,包括外币交易的会计处理、外币财务报表的折算和相关信息的披露;

(8) 除为合并目的执行的审计工作外,对个别财务报表进行法定审计的需求;

(9) 内部审计工作的可获得性及注册会计师拟信赖内部审计工作的程度;

(10) 被审计单位使用服务机构的情况,以及注册会计师如何取得有关服务机构内部控制设计和运行有效性的证据;

(11) 对利用在以前审计工作中获取的审计证据(如获取的与风险评估程序和控制测试相关的审计证据)的预期;

(12) 信息技术对审计程序的影响,包括数据的可获得性和对使用计算机辅助审计技术的预期;

(13) 协调审计工作与中期财务信息审阅的预期涵盖范围和时间安排,以及中期审阅所获取的信息对审计工作的影响;

(14) 与被审计单位人员的时间协调和相关数据的可获得性。

2. 报告目标、审计的时间安排和沟通的性质

(1) 被审计单位对外报告的时间表,包括中间阶段和最终阶段;

(2) 与管理层和治理层进行会谈,讨论审计工作的性质、时间安排和范围;

(3) 与管理层和治理层讨论注册会计师拟出具的报告的类型和时间安排以及沟通的其他事项(口头或书面沟通),包括审计报告、管理建议书和向治理层通报的其他事项;

(4) 与管理层讨论预期就整个审计业务中对审计工作的进展进行的沟通;

(5) 与组成部分注册会计师沟通拟出具的报告的类型和时间安排,以及与组成部分审计相关的其他事项;

(6) 项目组成员之间沟通的预期的性质和时间安排,包括项目组会议的性质和时间

安排,以及复核已执行工作的时间安排;

(7) 预期是否需要和第三方进行其他沟通,包括与审计相关的法定或约定的报告责任。

3. 重要因素、初步业务活动和从其他业务获得的经验

(1) 按照《中国注册会计师审计准则第1221号——计划和执行审计工作时的重要性》的规定确定重要性;

(2) 初步识别可能存在较高重大错报风险的领域;

(3) 评估的财务报表层次的重大错报风险对指导、监督和复核的影响;

(4) 就项目组成员在收集和评价审计证据过程中保持质疑的思维方式和职业怀疑的必要性,向项目组成员进行强调所采用的方式;

(5) 以前审计中对内部控制运行有效性评价的结果,包括识别出的缺陷的性质和应对措施;

(6) 与会计师事务所内部向被审计单位提供其他服务的人员讨论可能对审计产生影响的事项;

(7) 有关管理层对设计、执行和维护健全的内部控制重视程度的证据,包括有关这些控制得以适当记录的证据;

(8) 交易量规模,以确定注册会计师信赖内部控制是否使审计工作更有效率;

(9) 被审计单位全体人员对内部控制对于业务成功运行的重要性的认识;

(10) 影响被审计单位的重大业务发展变化,包括信息技术和业务流程的变化,关键管理人员的变化,以及收购、兼并和处置;

(11) 重大的行业发展情况,如行业法规和报告要求的变化;

(12) 财务报告编制基础的重大变化,如适用的会计准则的变化;

(13) 其他相关的重大变化,如影响被审计单位的法律环境的变化。

4. 资源的性质、时间安排和范围

(1) 项目组成员(在必要时包括项目质量控制复核人员)的选择以及对项目组成员审计工作的分派,包括向可能存在较高重大错报风险的领域分派具备适当经验的人员;

(2) 项目预算,包括为可能存在较高重大错报风险的领域预留适当的工作时间。

上述事项并非与每项审计业务都相关,实践中总体审计策略的内容可能也不限于此。

二、具体审计计划

在编制总体审计策略以后,注册会计师应当针对各审计项目设计具体审计计划。

具体审计计划应当包括下列内容:

(1) 按照《中国注册会计师审计准则第1211号——通过了解被审计单位及其环境识别和评估重大错报风险》的规定,计划实施的风险评估程序的性质、时间安排和范围;

(2) 按照《中国注册会计师审计准则第1231号——针对评估的重大错报风险采取的应对措施》的规定,在认定层次计划实施的进一步审计程序的性质、时间安排和范围;

(3) 根据审计准则的规定,计划应当实施的其他审计程序。

对于具体审计计划,在实际工作中,一般是以编制审计程序表的方式体现的。为便于助

理人员根据审计程序表开展工作,在审计程序表中除列示程序性质外,还可列出程序的实施时间安排、范围(样本量)以及选取测试项目的方法等。典型的审计程序表如表5-1所示。

表5-1 审计程序表

××公司　　　　　　　　　　　　　　　　　总页次_____　索引号_____
×年×月×日　　　　　　　　　　　　　　　编制人_____　日　期_____
××账户　　　　　　　　　　　　　　　　　复核人_____　日　期_____

审计目标:
1.
2.
3.

步骤	审计程序	执行人	日期	工作底稿索引
1				
2				
3				
4				
5				
6				

三、其他相关问题

(一)总体审计策略与具体审计计划的关系

从时间上看,总体审计策略确定以后,注册会计师就可以针对总体审计策略中的各个事项制订具体审计计划,并考虑通过有效利用审计资源实现审计目标。

但是,总体审计策略与具体审计计划之间不是孤立、间断的关系,而是紧密联系、互为影响的,对其中一项的修改可能导致对另一项的相应修改。

(二)审计过程中对计划的修改

由于未预期事项的存在、条件的变化或通过实施审计程序获取审计证据等原因,注册会计师可能需要基于修正后的风险评估结果,对总体审计策略和具体审计计划,以及相应的原计划的进一步审计程序的性质、时间安排和范围作出修改。当注册会计师之后注意到的信息与计划审计工作时获知的信息存在重大差异时(如注册会计师通过实施实质性程序获取的审计证据可能与实施控制测试获取的审计证据相矛盾),就可能发生这种情况。

因此,在审计过程中,注册会计师应当在必要时对总体审计策略和具体审计计划作出更新和修改。正如本章第一节所讲,计划审计工作是一个持续的、不断修正的过程。

(三)指导、监督与复核的计划

审计准则规定,注册会计师应当制订计划,确定对项目组成员的指导和监督,以及对其工作的复核的性质、时间安排和范围。这就是说,为了进一步确保财务报表审计的质量,现行审计准则将质量控制的政策和程序前移到了初始计划阶段,要求在业务执行伊始就要考虑指导、监督与复核的质量控制问题。

当然,对项目组成员的指导、监督以及复核的性质、时间安排不是固定的,需要注册会计师根据被审计单位的规模和复杂程度、审计领域和评估的重大错报风险、执行工作的项目组成员的专业素质和胜任能力等因素,运用专业判断灵活确定。有关指导、监督和复核的质量控制问题,请详见本书第三章的第三节。

（四）有关计划审计工作的记录

注册会计师应当就总体审计策略、具体审计计划,以及在审计过程中对总体审计策略或具体审计计划的重大修改及其理由,形成审计工作底稿。

将总体审计策略形成审计工作底稿,有助于注册会计师记录其作出的关键决策,这些关键决策是恰当计划审计工作以及与项目组沟通重大事项的依据。例如,注册会计师可能采用备忘录的形式记录总体审计策略,包括对审计工作的总体范围、时间安排及执行作出的关键决策。

将具体审计计划形成审计工作底稿,有助于注册会计师记录其计划实施的审计程序（包括风险评估程序和进一步审计程序）的性质、时间安排和范围,证明其已经恰当的计划了审计程序。

将总体审计策略和具体审计计划的重大修改形成审计工作底稿,有助于反映注册会计师作出这些重大修改的理由,以及审计工作最终采用的总体审计策略和具体审计计划,并表明注册会计师对审计过程中遇到的重大变化作出了恰当的回应。

（五）首次审计业务的补充考虑

无论是首次审计业务还是连续审计业务,计划审计工作的目的都是相同的。但是,对于首次审计业务,注册会计师通常缺乏在计划连续业务时可借鉴的前期经验,因而可能需要扩展计划活动。

对于首次审计业务,在制订总体审计策略和具体审计计划时,注册会计师可能考虑的补充事项包括:

(1) 除非法律法规另有规定,对与前任注册会计师的沟通作出安排,如查阅前任注册会计师的工作底稿;

(2) 与管理层讨论有关首次接受审计委托的重大问题（包括对适用会计准则或审计准则的应用）,并就这些重大问题与治理层进行沟通,以及这些重大问题对总体审计策略和具体审计计划的影响;

(3) 为针对期初余额获取充分、适当的审计证据而需要实施的审计程序;

(4) 会计师事务所质量控制制度规定的在首次审计业务中需要实施的其他程序。例如,会计师事务所的质量控制制度可能规定,对首次审计业务应由其他合伙人或高级别人员在重要审计程序开始前复核总体审计策略或在出具报告前对审计报告进行复核。

第四节 重要性

重要性对财务报表审计业务具有广泛的影响。在计划和执行审计工作、评价审计过程中识别出的错报时,注册会计师都需要运用重要性概念。

一、对重要性概念的理解

财务报告编制基础通常从编制和列报财务报表方面定义重要性概念。不同的财务报告编制基础运用的解释术语各有不同,但通常而言,重要性概念可从下列方面进行理解:

(1)如果合理预期错报(包括漏报)单独或汇总起来可能影响财务报表使用者依据财务报表作出的经济决策,则通常认为错报是重大的;

(2)对重要性的判断是根据具体环境作出的,并受错报的金额或性质的影响,或受两者共同作用的影响;

(3)判断某事项对财务报表使用者是否重大,是在考虑财务报表使用者整体共同的财务信息需求的基础上作出的。由于不同财务报表使用者对财务信息的需求可能差异很大,所以不考虑错报对个别财务报表使用者可能产生的影响。

适用的财务报告编制基础对重要性概念的规定,为注册会计师在审计工作中确定重要性提供了参考依据。如果适用的财务报告编制基础没有对重要性概念作出规定,注册会计师可以依据上述三点理解并确定审计重要性。

下面是对重要性概念理解的进一步阐述。

(一)有关财务报表使用者的假设

由上可知,重要性的确定,是注册会计师基于对财务报表使用者对财务信息需求的认识,而作出的职业判断。所以,对财务报表使用者的合理认识,就是重要性决策正确与否的关键。

审计准则指出,就审计而言,注册会计师针对财务报表使用者作出下列假设是合理的:

(1)拥有经营、经济活动和会计方面的适当知识,并有意愿认真研究财务报表中的信息;

(2)理解财务报表是在运用重要性水平的基础上编制、列报和审计的;

(3)认可建立在对估计和判断的应用以及对未来事项的考虑的基础上的会计计量具有固有的不确定性;

(4)依据财务报表中的信息作出合理的经济决策。

(二)对重要性金额和性质的考虑

重要性判断是从性质和数量(金额)两方面来考虑的。一般而言,金额越高的错报越严重。然而,某项错报从数量方面看可能并不重要,但从其性质方面考虑,却可能是重要的。例如,涉及舞弊与违法行为的错报;可能引起合同义务的错报;影响收益趋势的错报;不期望出现的错报;从本期考虑虽不重要,但对未来某些期间有重大影响的错报等。因此，注册会计师在评价未更正错报对财务报表的影响时，不仅要考虑错报金额的大小，还要考虑错报的性质以及错报发生的特定环境。

需要注意的是，尽管审计人员应该警惕那些在性质方面重要的错报，但是，设计审计程序来发现它们通常却并不可行。注册会计师只能在终结审计阶段评价未更正错报对财务报表的影响时，既要考虑错报金额的大小，同时也要考虑错报的性质以及错报发生的特定环境。

（三）重要性的运用阶段和目的

在审计计划阶段，注册会计师需要运用重要性概念。目的共有三个：一是帮助注册会计师确定风险评估程序的性质、时间安排和范围；二是帮助注册会计师识别和评估重大错报风险；三是帮助注册会计师确定进一步审计程序的性质、时间安排和范围。

在终结审计阶段，注册会计师也需要运用重要性概念。目的是评价识别出的错报对审计的影响，以及未更正错报对财务报表和审计意见的影响。

接下来将介绍这两个阶段运用重要性概念的相关要求。

二、计划审计工作时对重要性的确定

在审计计划阶段制定总体审计策略时，注册会计师应当确定两个层次的重要性：一是财务报表整体的重要性；二是特定类别交易、账户余额或披露的重要性。

（一）财务报表整体的重要性

由于审计的总体目标是对财务报表整体是否不存在重大错报发表意见，因此注册会计师必须确定财务报表整体的重要性。

确定财务报表整体的重要性需要运用职业判断。通常先选定一个基准，再乘以某百分比作为财务报表整体的重要性。

1. 基准的确定

在选择基准时，需要考虑的因素包括：① 财务报表要素（如资产、负债、所有者权益、收入和费用）；② 是否存在特定会计主体的财务报表使用者特别关注的项目（如为了评价财务业绩，使用者可能更关注利润、收入或净资产）；③ 被审计单位的性质、所处的生命周期阶段，以及所处的行业和经济环境；④ 被审计单位的所有权结构和融资方式（例如，如果被审计单位仅通过债务而非权益进行融资，财务报表使用者可能更关注资产及资产的索偿权，而非被审计单位的收益）；⑤ 基准的相对波动性。

适当的基准取决于被审计单位的具体情况，包括各类报告收益（如税前利润、营业收入、毛利和费用总额），以及所有者权益或净资产。对于以营利为目的的实体，通常以经常性业务的税前利润为基准。如果经常性业务的税前利润不稳定，选用其他基准可能更加合适，如毛利或营业收入。

就选定的基准而言，相关的财务数据通常包括前期财务成果和财务状况、本期最新的财务成果和财务状况、本期的预算和预测结果。当然，本期最新的财务成果和财务状况、本期的预算和预测结果需要根据被审计单位情况的重大变化（如重大的企业并购）和被审计单位所处行业和经济环境情况的相关变化等作出调整。例如，当按照经常性业务税前利润的一定百分比确定被审计单位财务报表整体的重要性时，如果被审计单位本年度税前利润因情况变化出现意外增加或减少,注册会计师可能认为按照近几年经常性业务的平均税前利润确定财务报表整体的重要性更加合适。

此外,重要性还与注册会计师出具审计报告的财务报表相关。如果财务报表涵盖期间超过或少于12个月(如被审计单位是新成立的或变更财务报告期间),则重要性与涵盖该期间的财务报表相关,也需要进行相应的调整。

2. 百分比的确定

为选定的基准确定百分比也需要运用职业判断。百分比和选定的基准之间存在一定的联系,如经常性业务的税前利润对应的百分比通常比营业收入对应的百分比要高。例如,对以营利为目的的制造行业实体,注册会计师可能认为经常性业务的税前利润的5%是适当的;而对非营利组织,注册会计师可能认为总收入或费用总额的1%是适当的。百分比无论是高一些还是低一些,只要符合具体情况,都是适当的。

目前,无论是会计准则还是审计准则都没有明确规定重要性的量化标准。以下是实务中用来判断重要性的一些指南,例如税前净利润的5%—10%(净利润较小时用10%,净利润较大时用5%)、总资产的0.5%—1%、权益的1%、总收入的0.5%—1%等。

需要说明的是,如果同一时期各财务报表的重要性水平各不相同,注册会计师应取其最低者作为财务报表整体层次的重要性,这样最符合谨慎性原则。

(二) 特定类别交易、账户余额或披露的重要性

由于被审计单位可能存在一个或多个特定类别的交易、账户余额或披露,其发生的错报金额虽然低于财务报表整体的重要性,但合理预期可能影响财务报表使用者依据财务报表作出的经济决策,所以注册会计师还应当确定适用于这些交易、账户余额或披露的一个或多个重要性水平。

在确定特定类别交易、账户余额或披露的重要性时,既可以采用分配的方法,也可以采用不分配的方法,视各会计师事务所情况和具体业务而定。

下列因素可能表明存在一个或多个特定类别的交易、账户余额或披露,其发生的错报金额虽然低于财务报表整体的重要性,但合理预期将影响财务报表使用者依据财务报表作出的经济决策:

(1) 法律法规或适用的财务报告编制基础是否影响财务报表使用者对特定项目(如关联方交易、管理层和治理层的薪酬)计量或披露的预期;

(2) 与被审计单位所处行业相关的关键性披露(如制药企业的研究与开发成本);

(3) 财务报表使用者是否特别关注财务报表中单独披露的业务的特定方面(如新收购的业务)。

在根据被审计单位的特定情况考虑是否存在上述交易、账户余额或披露时,注册会计师可能发现了解治理层和管理层的看法和预期是有用的。

(三) 实际执行的重要性

仅为发现单项重大错报而计划审计工作将忽视这样一个事实,即单项非重大错报的汇总数可能导致财务报表出现重大错报,更不用说还没有考虑可能存在的未发现错报。因此,《中国注册会计师审计准则第1221号——计划和执行审计工作时的重要性》新增了

"实际执行的重要性"概念。

实际执行的重要性是指注册会计师确定的低于财务报表整体的重要性的一个或多个金额,旨在将未更正和未发现错报的汇总数超过财务报表整体的重要性的可能性降至适当的低水平。如果适用,实际执行的重要性还指注册会计师确定的低于特定类别的交易、账户余额或披露的重要性水平的一个或多个金额。

因此,实际执行的重要性也包括两个层次:一是财务报表整体的实际执行的重要性。确定财务报表整体的实际执行的重要性(根据定义可能是一个或多个金额),旨在将财务报表中未更正和未发现错报的汇总数超过财务报表整体的重要性的可能性降至适当的低水平。二是特定类别交易、账户余额或披露的实际执行的重要性。确定特定类别交易、账户余额或披露的实际执行的重要性,旨在将这些交易、账户余额或披露中未更正与未发现错报的汇总数超过这些交易、账户余额或披露的重要性水平的可能性降至适当的低水平。

确定实际执行的重要性并非简单机械的计算,需要注册会计师运用职业判断,并考虑下列因素的影响:

(1) 对被审计单位的了解(这些了解在实施风险评估程序的过程中得到更新);
(2) 前期审计工作中识别出的错报的性质和范围;
(3) 根据前期识别出的错报对本期错报作出的预期。

(四) 审计过程中对重要性的修改

随着审计工作的推进,注册会计师可能认为需要在审计计划阶段之后对重要性进行修改。可能的原因有很多,例如:审计过程中情况发生重大变化(如被审计单位决定处置某重要组成部分);获取了新的信息;通过实施进一步审计程序,注册会计师对被审计单位及其经营情况的了解发生了变化。

如果在审计过程中获知了某项信息,而该信息可能导致注册会计师确定与原来不同的财务报表整体重要性或者特定类别的交易、账户余额或披露的一个或多个重要性水平(如适用),则注册会计师应当予以修改。

此外,如果认为运用低于最初确定的财务报表整体的重要性和特定类别的交易、账户余额或披露的一个或多个重要性水平(如适用)是适当的,则注册会计师应当确定是否有必要修改实际执行的重要性,并确定进一步审计程序的性质、时间安排和范围是否仍然适当。

三、终结审计工作时对重要性的考虑

在终结审计阶段,注册会计师需要运用重要性概念,旨在评价识别出的错报对审计的影响,以及未更正的错报对财务报表和审计意见的影响。

在终结审计阶段运用重要性概念时需要注意以下两点:

(1) 评价审计结果时所运用的重要性水平可能不同于编制审计计划时确定的重要性水平。这可能是因为环境的变化,或者是因为注册会计师对被审计单位了解程度的增加。例如,注册会计师在会计期间结束前编制审计计划,只能根据预测的财务状况和经营成果来确定重要性水平。如果实际的财务状况和经营成果大不相同,则注册会计师所评估的重要性水平也必须加以改变。此外,注册会计师在编制审计计划时,可能有意地规定重要性水平低于将用于评价审计结果的重要性水平,这样通常可以减少错报未被发现的可能性,并给注册会计师提供一个安全边际。

(2) 如果评价审计结果时所运用的重要性水平大大低于编制审计计划时确定的重要性水平,则注册会计师应当重新评估所执行的审计程序是否充分。因为,原来较高的重要性水平,意味着所需执行的审计程序和所需收集的审计证据相对较少;而现在,评价审计结果时所运用的重要性水平比原来的有所降低,这就要求执行更多的审计程序,收集更多的审计证据。

第五节 审计风险

在审计计划阶段,注册会计师必须考虑审计风险。所谓审计风险,是指财务报表存在重大错报时注册会计师发表不恰当审计意见的可能性。审计风险不包括财务报表不存在重大错报,而注册会计师发表的意见认为财务报表存在重大错报的风险。这种风险通常可以忽略不计。此外,审计风险是一个与审计过程相关的技术术语,并不是指注册会计师的业务风险,如因诉讼、负面宣传或其他与财务报表审计相关的事项而导致损失的可能性。

审计风险取决于重大错报风险和检查风险。前者是注册会计师不能控制的,只能对其进行评估,后者是注册会计师可以控制的。为了将审计风险保持在一个可接受的低水平,注册会计师只能设法降低检查风险。

一、重大错报风险

重大错报风险是指财务报表在审计前存在重大错报的可能性。重大错报风险可能存在于两个层次。

(一) 财务报表层次的重大错报风险

财务报表层次的重大错报风险是指与财务报表整体广泛相关,潜在地影响多项认定的风险。

财务报表层次的重大错报风险很可能源于控制环境存在缺陷。例如,管理层缺乏胜任能力等缺陷可能对财务报表具有广泛性的影响,需要注册会计师采取总体应对措施。

(二) 各类交易、账户余额和披露认定层次的重大错报风险

认定层次的重大错报风险是指与各类交易、账户余额和披露相关的认定发生重大错报的可能性。评估认定层次重大错报风险的目的,是确定所需实施的进一步审计程序的性质、时间安排和范围以获取充分、适当的审计证据。这种证据使注册会计师能够在审计风险处于可接受的低水平时对财务报表发表意见。

认定层次的重大错报风险由固有风险和控制风险两部分组成。固有风险和控制风险是被审计单位的风险,独立于财务报表审计而存在,注册会计师只能予以评估。

1. 固有风险

固有风险是指在考虑相关的内部控制之前,某类交易、账户余额或披露的某一认定易

于发生错报(该错报单独或连同其他错报可能是重大的)的可能性。

某些类别的交易、账户余额和披露及其认定的固有风险较高。例如,复杂的计算比简单的计算更有可能出错,受重大计量不确定性影响的会计估计发生错报的可能性较大。外部因素引起的经营风险也可能影响固有风险。例如,技术进步可能导致某项产品陈旧,进而导致存货易于发生高估错报。被审计单位及其环境中的某些因素还可能与多个甚至所有类别的交易、账户余额和披露有关,进而影响多个认定的固有风险。例如,维持经营的流动资金匮乏,被审计单位处于夕阳行业等。

2. 控制风险

控制风险是指某类交易、账户余额或披露的某一认定发生错报,该错报单独或连同其他错报可能是重大的,但没有被内部控制及时防止或发现并纠正的可能性。

控制风险取决于内部控制设计、执行和维护的有效性。然而,由于内部控制的固有限制,无论内部控制的设计和运行如何有效,也只能降低而非消除财务报表的重大错报风险。内部控制的固有限制包括诸如人为差错的可能性,因串通舞弊或管理层不适当地凌驾于控制之上而使内部控制被规避的可能性。因此,控制风险始终存在。

需要说明的是,审计准则通常不单独提及固有风险和控制风险,而仅提及重大错报风险(即两者综合评估的结果)。然而,注册会计师可以根据其偏好的审计技术或方法以及实务的考虑,单独或综合评估固有风险和控制风险。重大错报风险的评估结果可以用定量术语(如百分比)或非定量术语表达。无论采用哪种方式,作出适当的风险评估,要比评估所采用的具体方法更加重要。

二、检查风险

检查风险是指如果存在某一错报,该错报单独或连同其他错报可能是重大的,注册会计师为将审计风险降至可接受的低水平而实施程序后没有发现这种错报的风险。

检查风险是审计程序的有效性和审计人员运用审计程序的有效性的函数。与重大错报风险不同,注册会计师可以通过提升审计程序及其执行的有效性,来降低检查风险,从而将审计风险保持在一个可接受的低水平。

下列措施有助于提高审计程序及其执行的有效性,降低注册会计师选取不适当的审计程序、错误执行适当的审计程序或错误解释审计结果的可能性:

(1) 制订恰当的计划;
(2) 为项目组分派合适的人员;
(3) 保持职业怀疑;
(4) 监督和复核已执行的审计工作。

本书第四章的第一节讲过,财务报表审计存在固有限制。因此,检查风险始终存在,只能降低而无法消除。

三、审计风险组成要素之间的关系

审计风险的各组成要素,既可以用量化术语(如百分比)表示,也可以用非量化术语(如最低、低、中、高、最高)表示。不论风险要素如何表示,要确定检查风险的计划可接受水平就必须清楚地了解审计风险模型的意义及其所反映的关系。

（一）审计风险模型

审计风险模型将审计风险的各组成要素之间的关系表示如下：

$$AR = RMM \times DR$$

或者，

$$AR = IR \times CR \times DR（认定层次）$$

AR 代表审计风险，RMM 代表重大错报风险，DR 代表检查风险，IR 代表固有风险，CR 代表控制风险。现举例说明该模型的使用，假设注册会计师对某项认定（比如存货的计价和分摊认定）作了如下的风险估计：

$$IR = 60\%$$
$$CR = 50\%$$

进一步假设注册会计师要求总审计风险为 3%。运用风险模型可计算出检查风险，如下所示：

$$\begin{aligned} DR &= AR/(IR \times CR) \\ &= 0.03/(0.6 \times 0.5) \\ &= 10\% \end{aligned}$$

（二）风险要素矩阵

将上述审计风险模型用非量化的方式表述，可以得到风险要素矩阵，如表 5-2 所示。该矩阵和审计风险模型一样，揭示了检查风险与固有风险和控制风险的反向变动关系。从矩阵中不难看出，如果固有风险估计为高水平，控制风险估计为中等水平，则检查风险的可接受水平就为低。需要说明的是，表 5-2 列示的风险矩阵是假设审计风险限制在某一低水平。如果把审计风险限制在其他水平，则可能得出其他矩阵结果。

表 5-2 风险要素矩阵

（审计风险保持低水平）

IR 水平	CR 估计水平			
	最高	高	中	低
	DR 可接受水平			
最高	最低	很低	低	低
高	很低	低	低	中
中	低	低	中	高
低	低	中	高	最高

四、审计风险、重要性和审计证据之间的关系

审计风险和重要性都是影响注册会计师判断审计证据充分性的因素。审计风险与审计证据之间是反向变动关系。对特定客户来说，可接受的审计风险越低，所需审计证据的数量就越多。重要性和审计证据之间是反向变动关系。可容忍错报的金额越低，越需要注册会计师开展更加细致的工作，收集更为充分的证据。

重要性与审计风险之间也是反向变动关系。重要性水平越高,审计风险越低;反之亦然。注册会计师应保持应有的职业谨慎,合理确定重要性水平。在确定拟实施的审计程序后,如果注册会计师决定接受更低的重要性水平,审计风险将增加,注册会计师应选用以下方法控制审计风险至可接受水平:一是扩大控制测试范围或追加控制测试程序,以降低对控制风险的初步判断水平;二是修改计划实施的实质性程序的性质、时间安排和范围,以将检查风险降至可接受的低水平。需要说明的是,注册会计师不能通过人为不合理地调高重要性水平,来降低审计风险。因为重要性是依据重要性概念中所述的判断标准确定的,而不是由主观期望的审计风险水平决定的。

审计风险、重要性、审计证据三者中任意两者间的反向关系如图 5-1 所示。

图 5-1　审计风险、重要性和审计证据的相互关系

第六章

审计证据和审计工作底稿

【学习目标】

1. 理解财务报表认定的含义、分类及其具体内容。
2. 理解审计证据的含义和构成。
3. 掌握收集审计证据的要求,包括判断审计证据可靠性的标准。
4. 掌握收集审计证据的程序及其应用分类。
5. 掌握审计工作底稿的概念、作用、编制要求以及归档要求。

第一节　审计证据

要实现审计目标，必须收集和评价审计证据。注册会计师形成任何审计结论和意见都必须以合理的证据为基础，否则，审计报告就不可信赖。因此，审计证据是财务报表审计的一个核心概念。为了规范注册会计师在财务报表审计中确定审计证据的构成，明确注册会计师设计和实施审计程序以获取充分、适当的审计证据的责任，财政部发布了《中国注册会计师审计准则第1301号——审计证据》。注册会计师应当按照该准则的要求，做好审计证据的获取和整理分析工作。

在讨论审计证据之前，首先介绍财务报表认定的概念。因为，在审计实务中，注册会计师通常是针对每项财务报表认定设计、实施审计程序进而获取审计证据的。

一、财务报表认定

认定是指管理层在财务报表中作出的明确或隐含的表达，注册会计师将其用于考虑可能发生的不同类型的潜在错报。认定与特定审计目标密切相关，注册会计师的基本职责就是验证被审计单位管理层对其财务报表的各项认定是否恰当。

在声明财务报表按照适用的财务报告编制基础编制时，管理层应对财务报表各种要素及相关披露的确认、计量、列报与披露作出明确或隐含的认定。例如，A公司的资产负债表报告存货如下：

流动资产：
　　存货　　1 000 000

管理层在资产负债表中这样报告存货项目，意味着他们作出了以下两项明示性的认定：① 存货是存在的；② 存货的正确余额是 1 000 000 元。

同时，管理层也作出了以下三项暗示性的认定：① 所有应报告的存货，均已包括在内；② 所有被报告的存货都归公司所有；③ 存货的使用不受任何限制。最后一项暗示性认定是根据存货被列为资产负债表中的流动资产项目并且报表附注里没作任何说明得来的。假如这些认定中的任何一项报告有误，那么财务报表就有可能存在重大错报。

实际上，管理层对财务报表中所有资产、负债、所有者权益、收入、费用等组成要素都作了与上述情形相类似的认定。注册会计师的审计工作就是要验证管理层的认定是否恰当。具体来说，认定包括三大类，分别是与所审计期间各类交易和事项相关的认定、与期末账户余额相关的认定、与列报和披露相关的认定。

（一）与所审计期间各类交易和事项相关的认定

注册会计师把所审计期间各类交易和事项运用的认定通常分为下列类别：

（1）发生。即记录的交易和事项已发生，且与被审计单位有关。例如，如果没有发生销售交易，但在销售日记账中记录了一笔销售，则该认定存在错报。

发生认定所要解决的问题是管理层是否把那些不曾发生的项目列入财务报表，通常与财务报表组成要素的高估错报有关。

(2)完整性。即所有应当记录的交易和事项均已记录。例如,如果发生了销售交易,但没有在销售明细账和总账中记录,则该认定存在错报。

发生和完整性两者强调的是相反的关注点。发生认定可能出现潜在的高估错报,而完整性认定可能出现潜在的低估错报。

(3)准确性。即与交易和事项有关的金额及其他数据已恰当记录。例如,如果在销售交易中,发出商品的数量与账单上的数量不符,或是开账单时使用了错误的销售价格,或是账单中的乘积或加总有误,则该认定存在错报。

(4)截止。即交易和事项已记录于正确的会计期间。例如,如果本期交易推到下期,或下期交易提到本期,均显示该认定存在错报。

(5)分类。即交易和事项已记录于恰当的账户。例如,如果将现销记录为赊销,将出售经营性固定资产所得的收入记录为营业收入,则该认定存在错报。

(二)与期末账户余额相关的认定

注册会计师把期末账户余额运用的认定通常分为下列类别:

(1)存在。即记录的资产、负债和所有者权益是存在的。例如,如果不存在某顾客的应收账款,在应收账款明细表中却列入了对该顾客的应收账款,则该认定存在错报。

(2)权利和义务。即记录的资产由被审计单位拥有或控制,记录的负债是被审计单位应当履行的偿还义务。例如,将他人寄售的商品列入被审计单位的存货中,将不属于被审计单位的债务记入账内,都表明权利和义务认定出现错报。

(3)完整性。即所有应当记录的资产、负债和所有者权益均已记录。例如,如果存在某顾客的应收账款,在应收账款明细表中却没有列入对该顾客的应收账款,则该认定存在错报。

(4)计价和分摊。即资产、负债和所有者权益以恰当的金额包括在财务报表中,与之相关的计价或分摊调整已恰当记录。例如,固定资产的累计折旧计提错误,则该认定存在错报。

(三)与列报和披露相关的认定

前两类认定的正确只是为列报和披露正确打下了必要的基础,而财务报表有可能因被审计单位误解会计准则有关披露的规定、故意不遵守或者舞弊而产生错报,另外,还可能因被审计单位没有遵守一些专门的披露要求而产生错报。因此,注册会计师还应当对各类交易、账户余额及相关事项在财务报表中列报和披露的正确性实施审计。

注册会计师把列报和披露运用的认定通常分为下列类别:

(1)发生以及权利和义务。即披露的交易、事项和其他情况已发生,且与被审计单位有关。例如,复核董事会会议记录中是否记载了固定资产抵押等事项,询问管理层固定资产是否被抵押,即是对披露的权利和义务认定的运用。如果存在抵押固定资产则需要在财务报表中披露,说明其权利受到限制。

(2)完整性。即所有应当包括在财务报表中的披露均已包括。例如,检查关联方和关联交易,以验证其在财务报表中是否得到充分披露,即是对列报和披露的完整性认定的运用。

(3)分类和可理解性。即财务信息已被恰当地列报和描述,且披露内容表述清楚。例如,检查存货的主要类别是否已披露,是否将一年内到期的长期负债列为流动负债,即是对列报和披露的分类和可理解性认定的运用。

(4)准确性和计价。即财务信息和其他信息已公允披露,且金额恰当。例如,检查财务报表附注是否分别对原材料、在产品和产成品等存货成本核算方法作了恰当说明,即是对列报和披露的准确性和计价认定的运用。

二、审计证据的定义

审计证据是指注册会计师为了得出审计结论和形成审计意见而使用的信息。审计证据同科学实验证据和法律证据是有区别的,前者是说服性的,而后者是结论性的。

在审计实务中,通常是针对每项财务报表认定来获取证据。有关某项认定(如存货的存在)的审计证据,不得用于代替有关另一项认定(如计价)应获取的审计证据。有些情况下,某项测试可为多项认定提供审计证据。比如,应收账款的函证可为应收账款的存在和计价提供审计证据。可见,不同的程序可提供不同的审计证据,而不同的审计证据可用来证实不同的财务报表认定。

三、审计证据的构成

审计证据包括构成财务报表基础的会计记录所含有的信息和其他信息。会计记录,是指初始会计分录形成的记录和支持性记录。例如,支票、电子资金转账记录、发票和合同;总分类账、明细分类账、会计分录以及对财务报表予以调整但未在账簿中反映的其他分录;支持成本分配、计算、调节和披露的手工计算表和电子数据表。其他信息是指除会计记录之外为实现财务报表审计总体目标注册会计师所收集的其他证据信息。这两类证据事项与审计证据准则规定的关系如图6-1所示。

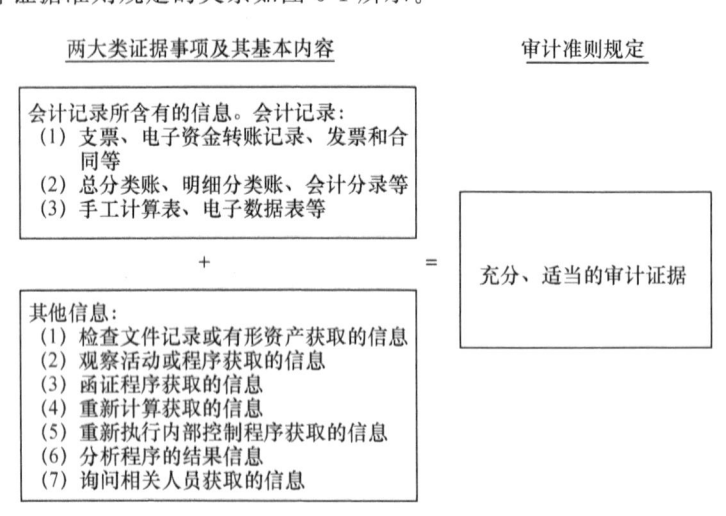

图6-1 两类证据与审计证据准则规定的关系

按照审计准则的规定,注册会计师进行审计时必须收集这两类证据。第一类证据事项必不可少,因为它们是被审计单位编制财务报表的基础,但其可能并不可靠,注册会计师还有必要从被审计单位内外部获取会计记录可靠性的佐证信息。因此,其他信息是注册会计师在审计过程中需要花费大力气去收集的证据。

四、收集审计证据的要求

注册会计师应当根据具体情况,设计和实施恰当的审计程序,以获取充分、适当的审计证据。充分性和适当性是审计证据的两大特性,也是收集审计证据的两项基本要求。

（一）审计证据的充分性

审计证据的充分性是对审计证据数量的衡量。注册会计师需要获取的审计证据的数量受其对重大错报风险评估的影响,并且受到审计证据质量的影响。

客观公正的审计结论必须建立在有足够数量的审计证据的基础之上。但这并不意味着注册会计师获取的审计证据越多越好,而是要求注册会计师在收集满意证据以确保审计目标实现与最经济有效地从事审计工作两者之间,找到一个较好的平衡点。

注册会计师在判断审计证据的充分性时,至少需要考虑下列四个因素:

1. 重要性与风险

重要性与风险是决定所需获取的审计证据数量的主要因素。通常,审计项目越重要,所需收集的证据数量就越多。因此,审计财务报表中重要的项目要比审计不重要的项目需要更多的证据。比如,A公司的存货是一个重要项目,因此,验证存货相关认定所需要的证据数量,比验证预付费用相关认定所需要的证据数量要多。

审计项目风险越大,所需收集的证据数量就越多。因此,审计易发生错报的项目所需的证据,比审计不易发生错报的项目所需的证据要多。比如,存货估价出现错报的风险,往往高于对一块厂房用地作估价所产生错报的风险,因此,对存货估价应收集更多的证据。

2. 总体规模与特征

在现代审计中,对很多财务报表项目都采用抽样的方法来收集证据。通常,抽样的总体规模越大,所需证据的数量就越多。这里的总体规模是指包括在总体中的项目数量,比如,赊销交易数、应收账款明细账数量或者账户余额的金额等。

总体特征是指总体中各组成项目的同质性或变异性。注册会计师对不同质的总体可能比对同质的总体需要更大的样本量和更多的佐证信息。注册会计师可以用统计基础和非统计基础来完成抽样。关于审计抽样,将在本书第九章作详细介绍。

3. 审计证据的适当性

审计证据的充分性与适当性密切相关,审计证据的数量会受到适当性的影响。一般而言,审计证据的相关与可靠程度越高,所需审计证据的数量就越少;反之,所需审计证据的数量就越多。

4. 经济因素

经济问题虽然不是影响证据充分性的重要因素,但却必须加以考虑。由于审计工作受到经济限制,注册会计师必须以合理的时间和合理的成本取得充分的证据,因此,注册会计师常常面临一种选择,那就是增加时间和成本能否给审计证据的数量和质量带来相当的效益。如果注册会计师增加时间和成本之后,并没有带来相应的效益,就应考虑采取更有效的审计程序来收集证据。

但是,为了保证得出的审计结论、形成的审计意见是恰当的,注册会计师不能将获取审计证据的成本高低和难易程度作为减少不可替代审计程序的理由。例如,在某些情况下,存货监盘是证实货存在认定的不可替代的审计程序,注册会计师就不得以检查成本高和难以实施为由而不执行该程序。

(二)审计证据的适当性

审计证据的适当性是对审计证据质量的衡量,即审计证据在支持审计意见所依据的结论方面具有的相关性和可靠性。相关性是指审计证据应与审计目标相关联,可靠性是指审计证据应能如实地反映客观事实。

审计证据的可靠性受其来源和性质的影响,并取决于获取审计证据的具体环境。判断审计证据可靠性的一般原则包括:

(1)从被审计单位外部独立来源获取的审计证据比从其他来源获取的审计证据更可靠;

(2)相关控制有效时内部生成的审计证据比控制薄弱时内部生成的审计证据更可靠;

(3)直接获取的审计证据比间接获取或推论得出的审计证据更可靠;

(4)以文件记录形式(包括纸质、电子或其他介质)存在的审计证据比口头形式的审计证据更可靠;

(5)从原件获取的审计证据比从复印、传真或通过拍摄、数字化及其他方式转化成电子形式的文件获取的审计证据更可靠。

通常情况下,注册会计师以函证方式直接从被询证者获取的审计证据,比被审计单位内部生成的审计证据更可靠。通过函证等方式从独立来源获取的相互印证的信息,可以提高注册会计师从会计记录或管理层书面声明中获取的审计证据的保证水平。

五、收集审计证据的程序

(一)审计程序的内容

审计程序是注册会计师用以获取审计证据而使用的方法和技术。在选择审计程序时,必须考虑两个基本问题:一是审计程序的有效性,即选择的审计程序要能够有效地证实某特定审计目标;二是审计程序的经济性,即执行这些程序所需的成本要合理。

收集审计证据可能使用的审计程序有七种,分别是检查、观察、函证、重新计算、重新执行、分析程序和询问。

1. 检查

检查是指注册会计师对被审计单位内部或外部生成的,以纸质、电子或其他介质形式存在的记录和文件进行审查,或对资产进行实物审查。由定义可知,按照检查的对象进行区分,检查程序包括两类:一是对记录或文件的书面检查;二是对有形资产的实物检查。

(1)检查记录或文件。

检查记录或文件可提供可靠程度不同的审计证据,其可靠性取决于记录或文件的来源和性质。外部记录或文件通常被认为比内部记录或文件更可靠,因为外部凭证经被审计单位的客户出具,又经被审计单位认可,表明交易双方对凭证上记录的信息和条款能够达成一致意见。另外,某些外部凭证的编制过程非常谨慎,通常由律师或其他有资格的专家进行复核,因而具有较高的可靠性,如土地使用权证、保险单、契约和合同等文件。

有时候某些记录或文件是表明一项资产存在的直接审计证据,如属于金融工具的股票或债券,但检查此类记录或文件并不一定能够提供有关所有权或计价的审计证据。

在实务中,按照检查文件资料的方向不同,该程序具体表现为核证或者追查。

核证程序的步骤是:首先选出会计记录中的分录;再检查该分录所依据的凭证文件,以确定已记录交易的适当性和真实性。核证时,测试的方向是从会计记录到凭证文件。注册会计师广泛运用核证程序来检查会计记录是否存在高估,因此核证程序是获取有关存在或发生认定的审计证据的重要程序。

追查程序的步骤是:首先选出交易执行时所产生的凭证文件;再确定凭证文件所反映的交易事项是否被适当地记录在会计账簿(日记账及分类账)上。追查测试的方向与核证正好相反,是从凭证文件到会计记录。注册会计师运用追查法可有效地检查会计记录是否存在低估,因此追查是获取有关完整性认定的审计证据的重要程序。如果客户使用事前连续编号的凭证文件,则运用该程序将会收到更好的效果。

表 6-1 列示了核证与追查两种程序之间的区别。

表 6-1 核证程序与追查程序的区别

程序	测试方向	相关的认定
核证	分类账→记账凭证→原始凭证	存在或发生
追查	原始凭证→记账凭证→分类账	完整性

(2)检查有形资产。

检查有形资产可以为资产的存在认定提供可靠的审计证据,但不一定能够为权利和义务认定或者准确性认定等提供可靠的审计证据。对个别存货项目进行的检查,可与存货监盘一同实施。

2. 观察

观察是指注册会计师查看相关人员正在从事的活动或实施的程序。观察程序常用于对生产经营管理、财产物资保管、内部控制的遵守执行、资源的利用、劳动记录及纪律等情况的考察。比如观察现金的保管、凭单的编制,以及由客户进行的存货盘点等。

观察可以提供执行有关过程或程序的审计证据,但观察所提供的审计证据仅限于观察发生的时点,而且被观察人员的行为可能因被观察而受到影响,这也会使观察提供的审计证据的证明力有所削弱。观察与检查的重大区别在于,检查是针对书面凭证和实物资产而言的,而观察则是针对某项活动(包括活动人员、手续及活动过程)。

3. 函证

函证是指注册会计师直接从第三方(被询证者)获取书面答复以作为审计证据的过程,书面答复可以采用纸质、电子或其他介质等形式。函证通常可以为验证特定账户余额的认定提供相关证据,但也可以用于证实其他认定。例如,注册会计师可能要求对被审计

单位与第三方之间的协议和交易条款进行函证。注册会计师可能在询证函中询问协议是否作过修改，如果作过修改，则要求被询证者提供相关的详细信息。此外，函证程序还可以用于获取不存在某些情况的审计证据，如不存在可能影响被审计单位收入确认的"背后协议"。

函证是询问的方式之一，可使注册会计师直接从客户的外部独立来源取得较可靠的证明材料。采用函证方法时，函证内容应简明扼要，突出重点，便于对方答复。函证应由客户的有关负责人编写并签名，连同注册会计师写好并已贴足邮票的回函用信封一起寄出。回函应直接寄给会计师事务所。有关函证程序的具体要求和相关应用，请详见本书第十章的第四节。

4. 重新计算

重新计算是指注册会计师对记录或文件中的数据计算的准确性进行核对，可以手工方式或电子方式进行。在实务中，这一程序主要用于重新实施客户所作的计算和调节。比如，重新计算折旧金额、应计利息以及存货汇总表上单价乘以数量得出的总金额等。

5. 重新执行

重新执行是指注册会计师独立执行原本作为被审计单位内部控制组成部分的程序或控制。例如，注册会计师利用被审计单位的银行存款日记账和银行对账单，重新编制银行存款余额调节表，并与被审计单位编制的银行存款余额调节表进行比较。

6. 分析程序

分析程序是指注册会计师通过分析不同财务数据之间以及财务数据与非财务数据之间的内在关系，对财务信息作出评价。分析程序还包括在必要时对识别出的、与其他相关信息不一致或与预期值差异重大的波动或关系进行调查。

分析程序广泛运用于财务报表审计。在风险评估阶段，注册会计师实施分析程序，以了解被审计单位及其环境，识别重大错报风险领域。在风险应对阶段，注册会计师将分析程序用作实质性程序，以收集与各类交易、账户余额和披露相关的认定的审计证据。在终结审计阶段，注册会计师实施分析程序，以对财务报表进行总体复核。需要说明的是，分析程序在财务报表审计的风险评估和终结审计阶段都必须使用，而在风险应对阶段是可选择执行的。

本书的第七章、第八章和第十六章，将分别介绍分析程序在风险评估、风险应对和终结审计阶段的具体运用。

7. 询问

询问是指注册会计师以书面或口头方式，向被审计单位内部或外部的知情人员获取财务信息和非财务信息，并对答复进行评价的过程。作为其他审计程序的补充，询问广泛应用于整个审计过程。

一方面，知情人员对询问的答复可能为注册会计师提供尚未获悉的信息或佐证证据。另一方面，对询问的答复也可能提供与注册会计师已获取的其他信息存在重大差异的信息，例如，关于被审计单位管理层凌驾于控制之上的可能性的信息。在某些情况下，对询问的答复为注册会计师修改审计程序或实施追加的审计程序提供了基础。

尽管对通过询问获取的审计证据予以佐证通常特别重要，但在询问管理层意图时，获取的支持管理层意图的信息可能是有限的。在这种情况下,了解管理层过去所声称意图的实现情况,选择某项特别措施时声称的原因以及实施某项具体措施的能力,可以为佐证通过询问获取的证据提供相关信息。

针对某些事项,注册会计师可能认为有必要向管理层和治理层(如适用)获取书面声明,以证实对口头询问的答复。有关书面声明的获取,请详见本书第十六章的第二节。

(二)审计程序的分类

审计准则规定,注册会计师应当通过实施下列审计程序获取审计证据,以得出合理的审计结论,作为形成审计意见的基础:一是风险评估程序;二是进一步审计程序,包括控制测试和实质性程序。因此,对于上述七项审计程序,注册会计师可以根据具体情况,将其分别用于风险评估程序、控制测试或实质性程序。

1. 风险评估程序

审计准则规定,注册会计师应当通过了解被审计单位及其环境,识别和评估财务报表层次和认定层次的重大错报风险,从而为设计和实施针对评估的重大错报风险采取的应对措施提供基础。根据该要求,注册会计师需要实施一系列风险评估程序,包括询问管理层以及被审计单位内部其他人员、分析程序、观察和检查等。

了解被审计单位及其环境的风险评估程序是每次财务报表审计都必须执行的。

2. 控制测试

控制测试是指用于评价内部控制在防止或发现并纠正认定层次重大错报方面的运行有效性的审计程序。比如,假设控制程序规定"现金应每天如数送存银行",那么注册会计师可通过观察实际送存过程和检查有效的存款单据,测试该项控制的运行有效性。控制测试还包括向雇员询问控制程序的执行情况,以及由注册会计师重新执行某项控制程序。

值得注意的是,控制测试不是每次财务报表审计都必须执行的。

3. 实质性程序

实质性程序是指用于发现认定层次重大错报的审计程序。实质性程序包括两类:一是对各类交易、账户余额和披露的细节测试;二是实质性分析程序。

运用实质性程序可以获取证明管理层在财务报表上的各项认定是否正确的直接证据。因此,实质性程序是每次财务报表审计都必须执行的。

图 6-2 反映了七项审计程序的应用分类。

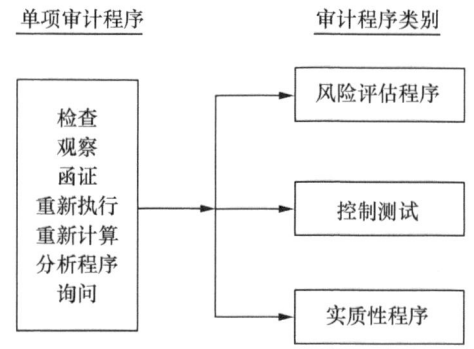

图 6-2 七项审计程序的应用分类

有关风险评估程序、控制测试和实质性程序的具体实施,将在随后的风险评估、风险应对两章中进行详解。

六、审计证据的评价

在评价审计证据是否充分、适当时,注册会计师可能遇到下列特殊情形,需要恰当地予以应对。

(一)用作审计证据的信息在编制时利用了管理层的专家的工作

管理层的专家是指在会计、审计以外的某一领域具有专长的个人或组织,其工作被管理层利用以协助编制财务报表。

财务报表的编制有时需要会计或审计领域以外的专长,例如保险精算、估值、工程设计数据等。被审计单位可能并不具备这些方面的专长,因而需要雇用或聘请这些领域的专家。当这种专长是必需的但被审计单位没有获得时,财务报表重大错报风险将大为增加。

如果用作审计证据的信息在编制时利用了管理层的专家的工作,则注册会计师应当考虑管理层的专家的工作对于实现注册会计师目的的重要性,并在必要的范围内实施下列程序:

1. 评价管理层的专家的胜任能力、专业素质和客观性

与评价管理层的专家的胜任能力、专业素质和客观性相关的事项,包括专家是否需要遵守技术标准、其他执业准则或行业要求(如职业团体或行业协会的职业道德守则和其他会员要求、特许机构提出的认证标准)以及法律法规的要求等。

在评价管理层的专家的客观性时,注册会计师可以与其讨论可能影响客观性的任何利益或关系(包括自我利益、过度推介、外在压力等)以及各种适用的防范措施,并评价这些防范措施是否适当。

2. 了解管理层的专家的工作

当管理层的专家是被审计单位的外部专家时,被审计单位通常采用约定书或者其他形式的合同与外部专家达成协议。在了解管理层的专家工作时,评价这些协议可以帮助注册会计师确定其工作是否适用于审计目的。

当管理层的专家是被审计单位的内部专家时,注册会计师获取必要了解的最恰当方式可能是向该专家以及管理层的其他人员进行询问。

3. 评价将管理层的专家的工作用作相关认定的审计证据的适当性

在评价将管理层的专家用作相关认定的审计证据的适当性时,注册会计师需要考虑的因素包括:

(1)该专家的发现和结论的相关性和合理性,与其他审计证据的一致性,以及是否在财务报表中恰当反映;

（2）如果该专家的工作涉及使用重要的假设和方法，这些假设和方法的相关性和合理性；

（3）如果该专家的工作涉及使用相当程度的原始数据，该原始数据的相关性、完整性和准确性。

（二）拟使用被审计单位生成的信息

如果在实施审计程序时使用被审计单位生成的信息，注册会计师应当就这些信息的准确性和完整性获取审计证据。例如，在审计收入项目时，注册会计师应当考虑价格信息的准确性以及销售量数据的完整性和准确性。

此外，注册会计师还应当评价拟使用的信息对于实现审计目的而言是否足够准确和详细。例如，管理层的业绩评价信息对于发现重大错报而言可能就是不够具体和精确的。

（三）审计证据之间存在不一致或对审计证据的可靠性存在疑虑

如果针对某项认定从不同来源获取的审计证据或获取的不同性质的审计证据能够相互印证，则与该项认定相关的审计证据具有更强的说服力。如果从不同来源获取的审计证据或获取的不同性质的审计证据不一致，则表明某项审计证据可能不可靠，注册会计师应当追加必要的审计程序。例如，如果注册会计师发函询证后证实委托加工材料已加工完成并返回被审计单位，而委托加工协议和询证函回函这两个不同来源的证据不一致，则委托加工材料是否真实存在受到质疑。这时，注册会计师应追加审计程序，以确认委托加工材料收回后是否未入库或被审计单位收回后予以销售而未入账。

总之，注册会计师应力求做到客观、谨慎和全面地评价证据。不管审计证据是支持还是否定财务报表认定，注册会计师都应对所有相关的证据事项予以考虑。

图 6-3 汇总说明了审计证据收集和评价的全过程及其对财务报表意见的影响。

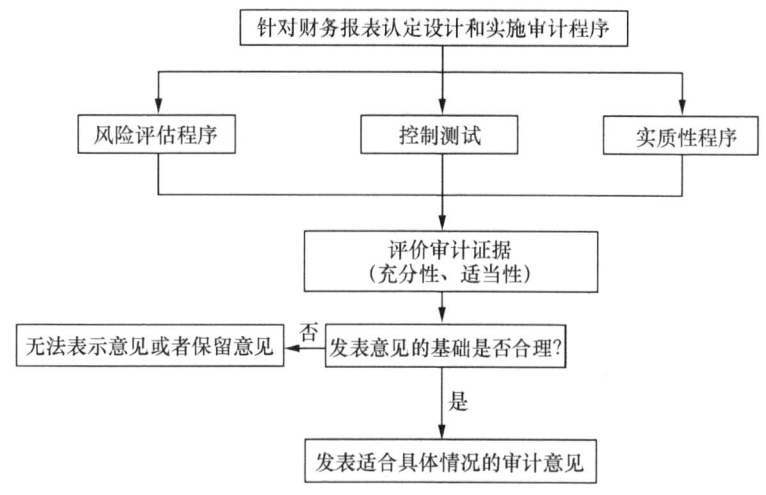

图 6-3　审计证据的收集与评价

第二节 审计工作底稿

一、审计工作底稿的概念和目的

审计工作底稿是指注册会计师对制订的审计计划、实施的审计程序、获取的相关审计证据,以及得出的审计结论作出的记录。可见,审计工作底稿应包括证明注册会计师进行了充分适当的审查和编制可靠妥当的审计报告所需的全部资料。

注册会计师编制审计工作底稿的最根本目的有两个:

第一,提供证据,作为注册会计师得出实现总体目标结论的基础。审计工作底稿是审计证据的载体,因而是形成审计结论、出具审计报告的基础。注册会计师只有通过编制、整理和分析审计工作底稿,才能够对财务报表整体是否不存在由于舞弊或错误导致的重大错报获取合理保证,进而对财务报表是否在所有重大方面按照适用的财务报告编制基础编制发表审计意见。

第二,提供证据,证明注册会计师按照审计准则和相关法律法规的规定计划和执行了审计工作。审计工作底稿能够直接、全面地体现注册会计师遵守审计准则的情况。比如,审计准则对注册会计师技术上的训练与精通、独立性、恪守应有的谨慎等提出了要求。审计工作底稿能够反映出注册会计师对审计准则的掌握情况,及其实施审计程序的能力。同样,审计工作底稿所记录的注册会计师的结论,能够说明他们的客观性和独立性。此外,审计工作底稿的完整性也能够证明注册会计师保持了应有的关注。

编制审计工作底稿还可以实现其他目的:有助于项目组计划和执行审计工作;有助于负责督导的项目组成员按照《中国注册会计师审计准则第1121号——对财务报表审计实施的质量控制》的规定,履行指导、监督与复核审计工作的责任;便于项目组说明其执行审计工作的情况;保留对未来审计工作持续产生重大影响的事项的记录;便于会计师事务所按照《质量控制准则第5101号——会计师事务所对执行财务报表审计和审阅、其他鉴证和相关服务业务实施的质量控制》的规定,实施质量控制复核与检查;便于监管机构和注册会计师协会根据相关法律法规或其他相关要求,对会计师事务所实施执业质量检查等。

二、审计工作底稿的形式和内容

(一)审计工作底稿的形式

审计工作底稿可以纸质、电子或其他介质形式存在。无论审计工作底稿以哪种形式存在,会计师事务所都需要针对审计工作底稿设计和实施适当的控制,以使审计工作底稿能够清晰地显示其生成、修改和复核的内容、时间以及人员。

编制审计工作底稿的文字应当使用中文。少数民族自治地区可以同时使用少数民族文字。我国境内的中外合作会计师事务所、国际会计公司成员所可以同时使用某种外国文字。会计师事务所执行涉外业务时可以同时使用某种外国文字。

(二) 审计工作底稿的内容

审计工作底稿通常包括总体审计策略、具体审计计划、分析表、问题备忘录、重大事项概要、询证函回函、管理层声明书、核对表、有关重大事项的往来信件(包括电子邮件),以及对被审计单位文件记录的摘要或复印件等。

审计工作底稿不需要包括已被取代的审计工作底稿的草稿或财务报表的草稿、反映不全面或初步思考的记录、存在印刷错误或其他错误而作废的文本,以及重复的文件记录等。由于这些草稿、错误的文本或重复的文件记录不直接构成审计结论和审计意见的支持性证据,所以,注册会计师通常无需保留这些记录。

另外,注册会计师可以通过口头解释的方式来解释或澄清审计工作底稿中包含的信息,但该口头解释本身不能为其执行的审计工作或得出的审计结论提供足够的支持。

三、审计工作底稿的编制要求

(一) 总体编制要求

在时间要求方面,注册会计师应当及时编制审计工作底稿,以便于在完成审计报告前,对获取的审计证据和得出的审计结论进行有效复核与评价。在审计工作完成后编制的审计工作底稿,可能不如在执行审计工作时编制的底稿准确。

在质量要求方面,注册会计师编制的审计工作底稿,应当使得未曾接触该项审计工作的有经验的专业人士清楚了解:

(1) 按照审计准则和相关法律法规的规定实施的审计程序的性质、时间安排和范围;

(2) 实施审计程序的结果和获取的审计证据;

(3) 审计中遇到的重大事项和由此得出的结论,以及在得出结论时作出的重大职业判断。

有经验的专业人士是指会计师事务所内部或外部的具有审计实务经验,并且能够合理了解下列方面的人士:审计过程;审计准则和相关法律法规的规定;被审计单位所处的经营环境;与被审计单位所处行业相关的会计和审计问题。

(二) 具体记录要求

1. 对审计程序性质、时间安排和范围的记录

在记录已实施审计程序的性质、时间安排和范围时,注册会计师应当记录:

(1) 测试的具体项目或事项的识别特征;

(2) 审计工作的执行人员及完成审计工作的日期;

(3) 审计工作的复核人员及复核的日期和范围。

记录具体项目或事项的识别特征是很重要的,这有助于反映项目组履行职责的情况,也有助于对例外事项或不符事项进行调查。识别特征因审计程序的性质以及测试的项目或事项的不同而不同。现举几个例子:在对被审计单位生成的订购单进行细节测试时,注册会计师可以以订购单的日期和其唯一的编号为测试订购单的识别特征;对于需要选取或符合既定总体内一定金额以上的所有项目的程序,注册会计师可以记录实施程序的范围并指明该总体(如银行存款日记账中一定金额以上的所有会计分录);对于需要询问被

审计单位中特定人员的程序,注册会计师可以以询问的时间、被询问人的姓名和岗位名称为识别特征;对于观察程序,注册会计师可以以观察的对象或观察过程、相关被观察人员及其各自的责任、观察的地点和时间为识别特征。

2. 对重大事项及相关重大职业判断的记录

判断某一事项是否属于重大事项,需要对具体事实和情况进行客观分析。重大事项通常包括:引起特别风险的事项;实施审计程序的结果表明财务报表可能存在重大错报的情形,或需要修正以前对重大错报风险的评估和针对这些风险拟采取的应对措施的情形;导致注册会计师难以实施必要的审计程序的情形;可能导致出具非标准审计报告的事项等。

如果发现重大事项,注册会计师需要与被审计单位的管理层、治理层和其他人员进行讨论,以了解该重大事项的性质。相应地,注册会计师应当将这些讨论记录下来,包括所讨论的重大事项的性质以及讨论的时间、地点和参加人员。如果识别出的信息与针对某重大事项得出的最终结论不一致,注册会计师应当记录如何处理该不一致的情况。

此外,当涉及重大事项和重大职业判断时,注册会计师需要编制与运用职业判断相关的审计工作底稿。例如:

(1) 如果审计准则规定注册会计师"应当考虑"某些信息或因素,并且这种考虑在特定业务情况下是重要的,记录注册会计师得出结论的理由;

(2) 记录注册会计师对某些方面主观判断的合理性(如某些重大会计估计的合理性)得出结论的基础;

(3) 如果注册会计师针对审计过程中识别出的导致其对某些文件记录的真实性产生怀疑的情况实施了进一步调查(如适当利用专家的工作或实施函证程序),记录注册会计师对这些文件记录真实性得出结论的基础。

注册会计师可以考虑编制重大事项概要,并将其作为审计工作底稿的组成部分。重大事项概要包括对审计过程中识别出的重大事项及其如何得到解决的记录,以及对提供相关信息的其他支持性审计工作底稿的交叉索引。重大事项概要有助于提高复核和检查审计工作底稿的效率和效果(尤其是大型、复杂的审计项目),有助于注册会计师全面考虑重大事项,还有助于注册会计师根据实施的审计程序和得出的审计结论,考虑是否存在注册会计师不能实现某项相关审计准则的目标,以至于妨碍实现财务报表审计总体目标的情况。

3. 对偏离审计准则相关要求的记录

在极其特殊的情况下,如果认为有必要偏离某项审计准则的相关要求,注册会计师应当记录实施的替代审计程序如何实现相关要求的目的以及偏离的原因。

本书第四章的第四节已经讲过,只有当相关要求的内容是实施某项特定审计程序,而该程序无法在具体审计环境下有效实现要求的目的时,注册会计师才能偏离该项要求。此时,注册会计师应当实施替代审计程序以实现相关要求的目的。

4. 对审计报告日后发生事项的记录

某些时候,注册会计师可能于审计报告日后获知一些在审计报告日已经存在的事实,而如果注册会计师在审计报告日获知该事实,可能导致财务报表需要作出修改或在审计报告中发表非无保留审计意见。

在这些例外情况下,如果在审计报告日后实施了新的或追加的审计程序,或者得出新的结论,注册会计师应当记录:遇到的例外情况;实施的新的或追加的审计程序、获取的审计证据、得出的结论,以及对审计报告的影响;对审计工作底稿作出相应变动的时间和人员,以及复核的时间和人员。

四、审计工作底稿的归档要求

(一)审计工作底稿的归档期限

注册会计师应当按照会计师事务所质量控制政策和程序的规定,及时将审计工作底稿归整为审计档案,并完成归整最终审计档案过程中的事务性工作。

审计工作底稿的归档期限为审计报告日后 60 天内。如果注册会计师未能完成审计业务,审计工作底稿的归档期限为审计业务中止后的 60 天内。

(二)归档期间对审计工作底稿的变动

在审计报告日后将审计工作底稿归档为最终审计档案是一项事务性工作,不涉及实施新的程序或得出新的结论。

如果在归档期间对审计工作底稿作出的变动属于事务性质,注册会计师可以作出变动。允许作出变动的情况包括:删除或废弃被取代的审计工作底稿;对审计工作底稿进行分类、整理和交叉索引;对审计档案归整工作的完成核对表签字认可;记录在审计报告日之前获取的、与审计项目组相关成员进行讨论并取得一致意见的审计证据。

(三)审计工作底稿的保存期限

会计师事务所应当自审计报告日起,对审计工作底稿至少保存 10 年。

如果注册会计师未能完成审计业务,会计师事务所应当自审计业务中止日起,对审计工作底稿至少保存 10 年。在完成最终审计档案的归整工作后,注册会计师不得在规定的保存期届满前删除或废弃审计工作底稿。

(四)完成归档后对审计工作底稿的变动

在完成最终审计档案的归整工作后,注册会计师可能发现在某些情况下有必要修改现有审计工作底稿或增加新的审计工作底稿。例如,会计师事务所内部人员或者外部机构或人员在实施监督检查的过程中提出了意见,注册会计师需要对现有审计工作底稿作出清晰的说明。如果发现有必要修改现有审计工作底稿或增加新的审计工作底稿,无论修改或增加的性质如何,注册会计师均应当记录:修改或增加审计工作底稿的具体理由;修改或增加审计工作底稿的时间和人员,以及复核的时间和人员。

第七章

风险评估

【学习目标】

1. 了解审计风险准则的背景及其主要变化。
2. 掌握在风险评估阶段,注册会计师对被审计单位及其环境进行了解的原因、程序以及具体内容。
3. 掌握内部控制的定义、目标和要素。
4. 掌握注册会计师如何识别和评估重大错报风险,包括特别风险以及仅实施实质性程序不能获取充分、适当审计证据的风险。

第一节 风险评估概述

一、风险准则的制定背景

在安然、世通等一系列震惊世界的审计失败丑闻的推动下,由国际审计与鉴证准则理事会和美国审计准则委员会合并成立的联合风险评估工作组,于2003年10月通过并发布了全新的国际审计风险准则。

为了实现审计准则国际趋同,适应我国经济的快速发展以及企业经营环境的急速变化,我国于2006年2月15日首次正式出台了审计风险准则,并于2010年进行了修订,旨在提高审计质量,降低行业风险。

二、风险准则的重大变化

我国出台的审计风险准则,包括《中国注册会计师审计准则第1101号——财务报表审计的目标和一般原则》(2010年更名为《中国注册会计师审计准则第1101号——注册会计师的总体目标和审计工作的基本要求》)、《中国注册会计师审计准则第1301号——审计证据》《中国注册会计师审计准则第1211号——了解被审计单位及其环境并评估重大错报风险》(2010年更名为《中国注册会计师审计准则第1211号——通过了解被审计单位及其环境识别并评估重大错报风险》)和《中国注册会计师审计准则第1231号——针对评估的重大错报风险实施的程序》(2010年更名为《中国注册会计师审计准则第1231号——针对评估的重大错报风险采取的应对措施》)。

审计风险准则的重大变化主要体现在下列方面:

(1) 引入"重大错报风险"概念,重建审计风险模型。明确规定了审计工作以评估财务报表重大错报风险为新的正确起点和导向,抓住了审计工作的重点,而且与现行审计目标责任定位紧紧相扣,有利于履行审计责任,实现审计目标。

(2) 改进审计业务流程,增强实施审计程序的效果。新审计风险准则总体上将审计业务流程分为了解被审计单位及其环境以识别和评估重大错报风险,以及风险应对两大部分。审计业务流程改进后,要求注册会计师全程关注财务报表的重大错报风险,并将风险评估作为整个审计工作的先导、前提和基础。

(3) 区分评估的财务报表整体层次和认定层次的重大错报风险,采取不同的应对措施。针对评估的财务报表整体层次的重大错报风险确定"总体应对措施",针对评估的认定层次的重大错报风险设计和实施"进一步审计程序",这样有助于注册会计师更有针对性地采取不同的有效应对措施,力保所获取审计证据的充分性、适当性。

(4) 重新划分认定层次的构成类别,强调获取列报和披露认定的审计证据的重要性。新审计风险准则在重新划分认定层次时突出了列报和披露,强调单独针对财务报表总体列报和披露认定获取审计证据,对切实提高审计效果和财务报表信息披露质量有特别重要的意义。

（5）强调保持职业怀疑，切实提高发现重大错报的概率。新审计风险准则进一步强调了保持职业怀疑的极端重要性，要求注册会计师以职业怀疑态度计划和实施审计工作，充分考虑可能存在导致财务报表发生重大错报的情形。

（6）强调对特别风险的识别及评估，警惕仅实施实质性程序无法获取充分、适当审计证据的风险。新审计风险准则首次单独强调了识别和应对特别风险以及完全依赖实质性程序的风险，对于解决审计工作抓不住重点、不重视风险评估和内控了解、不分情况盲目期望仅靠实施实质性程序获取证据等突出问题都具有针对性意义。

（7）强调项目组内讨论的积极作用，要求项目组内共享审计经验和资源，以更好地了解在各自负责的领域报表发生重大错报的可能性，以及各自实施的审计程序的结果如何影响审计的其他方面。

新审计风险准则的出台，有助于注册会计师更加经济、高效地执行审计业务，提高审计质量，增加社会公众对行业的信心。

三、风险评估的重要作用

审计风险准则规定，注册会计师应当了解被审计单位及其环境，以识别和评估财务报表重大错报风险。

这是因为，了解被审计单位及其环境是必要程序，可以为注册会计师在下列关键环节作出职业判断提供重要基础：① 评估重大错报风险；② 按照《中国注册会计师审计准则第1221号——计划和执行审计工作时的重要性》的规定确定重要性；③ 考虑会计政策的选择和运用是否恰当，以及财务报表的披露是否适当；④ 识别需要特别考虑的领域，如关联方交易、管理层运用持续经营假设的合理性，或交易是否具有合理的商业目的等；⑤ 确定在实施分析程序时所使用的预期值；⑥ 应对评估的重大错报风险，包括设计和实施进一步审计程序以获取充分、适当的审计证据；⑦ 评价已获取审计证据的充分性和适当性，如假设的适当性以及管理层口头声明和书面声明的适当性。

本章主要介绍风险评估阶段注册会计师的工作要求，下一章将介绍风险应对阶段注册会计师的工作要求。

第二节 风险评估程序和相关活动

在财务报表审计中，注册会计师需要通过实施风险评估程序和相关活动，以了解被审计单位及其环境，识别和评估重大错报风险。因此，风险评估程序和相关活动是每次审计都必须执行的。但是，风险评估程序本身并不能为形成审计意见提供充分、适当的审计证据。

一、风险评估程序

（一）风险评估程序的定义

风险评估程序是指注册会计师为了解被审计单位及其环境，以识别和评估财务报表层次和认定层次的重大错报风险（无论该风险是由于舞弊还是错误导致）而实施的审计程序。

（二）风险评估程序的内容

风险评估程序应当包括询问管理层和被审计单位内部其他人员、分析程序、观察和检查。

1. 询问管理层和被审计单位内部其他人员

需要询问的被审计单位内部其他人员，是注册会计师根据判断认为可能拥有某些信息的人员，这些信息有助于识别由于舞弊或错误导致的重大错报风险。因此，注册会计师除应询问管理层和对财务报告负有责任的人员外，还应当考虑询问内部审计人员、采购人员、生产人员、销售人员等其他人员，并考虑询问不同级别的员工，以获取对识别重大错报风险有用的信息。

在确定向被审计单位的哪些人员进行询问以及询问什么问题时，注册会计师应当考虑何种信息有助于其识别和评估重大错报风险。例如：

（1）直接询问治理层，可能有助于注册会计师了解编制财务报表的环境；

（2）直接询问内部审计人员，可能有助于注册会计师了解其针对被审计单位内部控制设计和运行有效性而实施的工作，以及管理层对内部审计发现的问题是否采取了适当的措施；

（3）询问参与生成、处理或记录复杂或异常交易的员工，可能有助于注册会计师评估被审计单位选择和运用某项会计政策的适当性；

（4）直接询问内部法律顾问，可能有助于注册会计师了解有关信息，如诉讼、法律法规的遵循情况、影响被审计单位的舞弊或舞弊嫌疑、产品保证、售后责任、与业务合作伙伴（如合营企业）的安排以及合同条款的含义等；

（5）直接询问营销或销售人员，可能有助于注册会计师了解被审计单位的营销策略及其变化、销售趋势以及与客户的合同安排。

2. 分析程序

分析程序是指注册会计师通过分析不同财务数据之间以及财务数据与非财务数据之间的内在关系，对财务信息作出评价。分析程序还包括在必要时对识别出的、与其他相关信息不一致或与预期值差异重大的波动或关系进行调查。

本书第六章已经讲过，在风险评估阶段，分析程序是必须实施的，它有助于注册会计师发现异常的交易或事项，以及对审计产生影响的金额、比率和趋势，进而帮助注册会计师识别出重大错报风险，特别是由于舞弊导致的重大错报风险。

当作为风险评估程序的分析程序使用高度汇总的数据时，实施分析程序的结果可能仅初步显示是否存在重大错报。在这种情况下，将分析程序的结果与识别重大错报风险时获取的其他信息一并考虑，可以帮助注册会计师了解并评价分析程序的结果。

3. 观察和检查

观察和检查程序可以印证对管理层和其他相关人员的询问结果，并可以提供有关被审计单位及其环境的信息。注册会计师实施的观察和检查程序可能包括：

（1）观察被审计单位的生产经营活动。例如，观察被审计单位人员正在从事的生产活动和内部控制活动，增加注册会计师对被审计单位人员如何进行生产经营活动及实施内部控制的了解。

（2）检查文件、记录和内部控制手册。例如，检查被审计单位的章程，与其他单位签订的合同、协议，各业务流程操作指引和内部控制手册等，了解被审计单位组织结构和内部控制制度的建立健全情况。

（3）阅读管理层和治理层编制的报告。例如，阅读被审计单位年度和中期财务报告，股东大会、董事会会议、高级管理层会议的会议记录或纪要，管理层的讨论和分析资料，经营计划和战略，对重要经营环节和外部因素的评价，被审计单位内部管理报告，以及其他特殊目的报告（如新投资项目的可行性分析报告）等，以了解自上一期审计结束至本期审计期间被审计单位发生的重大事项。

（4）实地查看被审计单位的生产经营场所和设备。通过现场访问和实地查看被审计单位的生产经营场所和设备，注册会计师可以了解被审计单位的性质及其经营活动。在实地查看被审计单位的厂房和办公场所的过程中，注册会计师可以与被审计单位管理层和担任不同职务的员工进行交流，以增强注册会计师对被审计单位的经营活动及其重大影响因素的了解。

需要说明的是，虽然注册会计师在了解被审计单位的过程中应当实施上述风险评估程序，但无须在了解每个方面的时候都实施所有的风险评估程序。当拟获取的信息有助于识别重大错报风险时，注册会计师也可以针对外部来源的信息执行上述程序。例如，查阅从外部来源获取的信息，如贸易与经济方面的期刊，分析师、银行或评级机构的报告，法规或金融出版物等；询问被审计单位聘请的外部法律顾问或评估专家。

二、相关活动

（一）考虑在客户接受或保持过程中获取的信息

在确定是否接受新客户或现有客户的新业务时，根据质量控制准则的要求，注册会计师需要根据具体情况获取必要的信息，例如被审计单位的主要股东、关键管理人员和治理层是否诚信。这些信息可能与被审计单位及其环境密切相关，会影响注册会计师对被审计单位财务报表重大错报风险的评估。

因此，审计准则规定，在了解被审计单位及其环境以识别和评估重大错报风险时，注册会计师应当考虑在客户接受或保持过程中获取的信息是否与识别重大错报风险相关。

（二）考虑其他业务获取的信息

如果项目合伙人已为被审计单位执行了其他业务，如审阅业务、内部控制审计业务等，项目合伙人应当考虑所获取的信息是否与识别重大错报风险相关。

（三）考虑以前期间获取的信息

注册会计师以往与被审计单位交往的经验以及以前审计中实施的审计程序可以为注册会计师提供有关下列事项的信息：① 以往的错报情况以及错报是否及时得到更正；② 被审计单位及其环境的性质、被审计单位的内部控制（包括内部控制缺陷）；③ 自上期以来被审计单位或其经营活动可能发生的重大变化，这些变化可以帮助注册会计师对被审计单位获取充分的了解，以识别和评估重大错报风险。

因此，如果曾经为被审计单位提供过服务，项目合伙人应当考虑以前期间获取的信息是否与本期审计相关。如果拟利用以往与被审计单位交往的经验和以前审计中实施审计程序获取的信息，注册会计师应当确定被审计单位自以前审计后是否已发生变化，这些变化可能影响以前期间信息与本期审计的相关性。

（四）组织项目组内部的讨论

1. 讨论的目的

项目组内部关于财务报表发生重大错报可能性的讨论有助于实现下列目的：

（1）使经验较丰富的项目组成员（包括项目合伙人）有机会分享其根据对被审计单位的了解形成的见解；

（2）使项目组成员能够讨论被审计单位面临的经营风险、财务报表容易发生错报的领域以及发生错报的方式，特别是由于舞弊或错误导致重大错报的可能性；

（3）帮助项目组成员更好地了解在各自负责的领域中潜在的财务报表重大错报，并了解各自实施的审计程序可能如何影响审计的其他方面，包括对确定进一步审计程序的性质、时间安排和范围的影响；

（4）为项目组成员交流和分享在审计过程中获取的、可能影响重大错报风险评估结果或应对这些风险的审计程序的新信息提供基础。

2. 讨论的内容

项目合伙人和项目组其他关键成员应当讨论被审计单位财务报表存在重大错报的可能性，以及所采用的财务报告编制基础对于被审计单位具体情况的适用性。

讨论结束后，项目合伙人应当确定将哪些事项向未参与讨论的项目组成员通报。

3. 讨论的人员

所有成员都参与讨论是不必要和不可行的。项目合伙人以及项目组的关键成员应当参与讨论。参与讨论人员的范围受项目组成员的职责经验和信息需要的影响。例如，在跨地区审计中，每个重要地区项目组的关键成员应该参与讨论，但不要求所有成员每次都参与项目组的讨论。再如，如果项目组需要拥有信息技术或其他特殊技能的专家，这些专家也应参与讨论。

在实践中，项目合伙人可以先与项目组关键成员进行讨论，再在考虑整个项目组中必要的沟通范围后，委派代表与其他成员进行讨论。在这种情况下，经项目合伙人同意的沟通计划可能是有用的。

第三节 了解被审计单位及其环境

了解被审计单位及其环境是财务报表审计的必要工作，贯穿于整个审计过程的始终。

一、总体要求

注册会计师应当从下列方面了解被审计单位及其环境：

（1）相关行业状况、法律环境和监管环境及其他外部因素，包括适用的财务报告编制基础。

（2）被审计单位的性质，包括经营活动、所有权和治理结构、正在实施和计划实施的投资(包括对特殊目的实体的投资)的类型、组织结构和筹资方式。了解被审计单位的性质,可以使注册会计师了解预期在财务报表中反映的各类交易、账户余额和披露。

(3)被审计单位对会计政策的选择和运用,包括变更会计政策的原因。注册会计师应当根据被审计单位的经营活动,评价会计政策是否适当,并与适用的财务报告编制基础、相关行业使用的会计政策保持一致。

(4)被审计单位的目标、战略以及可能导致重大错报风险的相关经营风险。

(5)被审计单位财务业绩的衡量和评价。

(6)被审计单位的内部控制。

需要注意的是,被审计单位及其环境的各个方面可能会互相影响,在对被审计单位及其环境的各个方面进行了解时,注册会计师需要考虑各因素之间的相互关系。前五项内容将在本节中阐述,第六项内容将在下一节中阐述。

二、相关行业状况、法律环境和监管环境及其他外部因素

(一)行业状况

了解行业状况有助于注册会计师识别与被审计单位所处行业相关的重大错报风险。

与行业状况相关的因素包括竞争环境、供应商和客户关系、技术发展情况等。注册会计师可能需要考虑的事项举例如下:

(1)市场与竞争,包括市场需求、生产能力和价格竞争;

(2)生产经营的季节性和周期性;

(3)与被审计单位产品相关的生产技术;

(4)能源供应与成本。

(二)法律环境和监管环境

了解法律环境和监管环境的主要原因在于:第一,某些法律法规或监管要求可能对被审计单位经营活动有重大影响,如果不遵守将导致停业等严重后果;第二,某些法律法规或监管要求(如环保法规等)规定了被审计单位某些方面的责任和义务;第三,某些法律法规或监管要求决定了被审计单位需要遵循的行业惯例和核算要求。

法律环境和监管环境包括适用的财务报告编制基础、法律和政治环境等。注册会计师可能需要考虑的事项举例如下:

(1)会计原则和行业特定惯例;

(2)受管制行业的法规框架;

(3)对被审计单位经营活动产生重大影响的法律法规,包括直接的监管活动;

(4)税收政策(关于企业所得税和其他税种的政策);

(5)目前对被审计单位开展经营活动产生影响的政府政策,如货币政策(包括外汇管制)、财政政策、财政刺激措施(如政府援助项目)、关税或贸易限制政策等;

(6)影响行业和被审计单位经营活动的环保要求。

(三)其他外部因素

注册会计师考虑的影响被审计单位的其他外部因素可能包括总体经济情况、利率、资

金的可获得性、通货膨胀水平或者币值变动等。

三、被审计单位的性质

(一) 了解被审计单位性质的原因

了解被审计单位的性质有助于注册会计师确定如下事项：

(1) 被审计单位的组织结构是否复杂。例如，是否在多个地区拥有子公司或其他组成部分。复杂的组织结构通常产生可能导致重大错报风险的问题。这些问题可能包括对商誉、合营企业、投资或特殊目的实体的会计处理是否恰当。

(2) 所有权结构、所有者与其他人员或者实体之间的关系。了解这些方面有助于确定关联方交易是否已得到识别和恰当处理。

(二) 了解被审计单位性质时需要考虑的事项

在了解被审计单位的性质时，注册会计师可能需要考虑的事项举例如下：

1. 经营活动，例如：

(1) 收入来源、产品或服务以及市场的性质(包括电子商务，如网上销售和营销活动)；

(2) 业务的开展情况(如生产阶段与生产方法，易受环境风险影响的活动)；

(3) 联盟、合营与外包的情况；

(4) 地区分布与行业细分；

(5) 生产设施、仓库和办公室的地理位置，存货存放地点和数量；

(6) 关键客户及货物和服务的重要供应商，劳动用工的安排(包括是否存在工会合同、退休金和其他退休福利、股票期权或激励性奖金安排，以及与劳动用工事项相关的政府法规)；

(7) 研究与开发活动及其支出；

(8) 关联方交易。

2. 投资与投资活动，例如：

(1) 计划实施或者近期已经实施的并购或资产处置；

(2) 证券与贷款的投资和处置；

(3) 资本性投资活动；

(4) 对未纳入合并范围的实体的投资，包括合伙企业、合营企业和特殊目的实体。

3. 筹资与筹资活动，例如：

(1) 主要子公司和联营企业(无论是否处于合并范围内)；

(2) 债务结构和相关条款，包括表外融资和租赁安排；

(3) 实际受益方(实际受益方是国内的还是国外的，其商业声誉和经验可能对被审计单位产生的影响)及关联方；

(4) 衍生金融工具的使用。

4. 财务报告，例如：

(1) 会计政策和行业特定惯例，包括特定行业的重要活动(如银行业的贷款和投资活

动、医药行业的研究与开发活动);

(2) 收入确认惯例;

(3) 公允价值会计核算;

(4) 外币资产、负债与交易;

(5) 异常或复杂交易(包括有争议或新兴领域的交易)的会计处理(如对以股票为基准的薪酬的会计处理)。

(三) 特殊目的实体的性质

特殊目的实体(有时也称特殊目的工具)是指为实现界定清楚的某个具体目标(如租赁、金融资产证券化或开展研究与开发活动)而设立的实体。特殊目的的实体可能以公司、信托、合伙企业或非公司实体的形式存在。在以某实体的名义建立特殊目的实体的情况下,该实体通常可能将资产转移至特殊目的实体(如作为终止确认涉及金融资产的交易的一部分),并获得使用特殊目的实体资产的权利或向其提供服务,而其他方可能为特殊目的实体提供资金。在某些情况下,特殊目的实体可能是被审计单位的关联方。

财务报告编制基础通常详细规定了可视为"控制"的条件,或在编制合并报表时应当考虑特殊目的实体的情况。理解这些编制基础的要求通常需要详细了解涉及特殊目的实体的相关协议。

四、被审计单位对会计政策的选择和运用

会计政策的选择和运用对财务报表的编制具有直接和重大影响。重要项目的会计政策包括收入的确认方法、存货的计价方法、投资的核算方法、借款费用的资本化方法、合并财务报表的编制方法等。

在了解被审计单位对会计政策的选择和运用时,注册会计师可能需要考虑的事项包括:

(1) 被审计单位对重大和异常交易的会计处理方法;

(2) 在缺乏权威性标准或共识、有争议的或新兴领域采用重要会计政策产生的影响;

(3) 会计政策的变更;

(4) 新颁布的财务报告准则、法律法规,以及被审计单位何时采用、如何采用。

五、被审计单位的目标、战略以及相关经营风险

(一) 目标、战略和经营风险的定义

目标是指企业经营活动的指针。企业管理层或治理层一般会根据企业经营面临的外部环境和内部各种因素,制定合理可行的经营目标。

战略是指企业管理层为实现目标而采用的总体层面的策略和方法。为了实现某一既定经营目标,企业可能有多个可行的战略。例如,如果目标是在某一特定期间内进入一个新的市场,则可行的战略可能包括收购该市场内的现有企业,与该市场内的其他企业合资经营或自行开发进入该市场。被审计单位的目标和战略可能会随时间而发生变化。

经营风险是指可能对被审计单位实现目标和实施战略的能力产生不利影响的重要状

况、事项、情况、作为(或不作为)而导致的风险,或由于制定不恰当的目标和战略而导致的风险。经营风险比财务报表重大错报风险的范围更广。并非所有的经营风险都与财务报表相关,也并非所有的经营风险都会导致重大错报风险。注册会计师没有责任识别或评估全部的经营风险,而只需要关注那些可能导致财务报表产生重大错报的经营风险。

(二)了解目标、战略以及相关经营风险时需要考虑的事项

注册会计师在了解可能导致财务报表重大错报风险的目标、战略以及相关经营风险时,可以考虑以下事项:

(1)行业发展(例如,潜在的相关经营风险可能是被审计单位不具备足以应对行业变化的人力资源和业务专长);

(2)开发新产品或提供新服务(例如,潜在的相关经营风险可能是被审计单位产品责任增加);

(3)业务扩张(例如,潜在的相关经营风险可能是被审计单位对市场需求的估计不准确);

(4)新的会计要求(例如,潜在的相关经营风险可能是被审计单位执行不当或不完整,或会计处理成本增加);

(5)监管要求(例如,潜在的相关经营风险可能是被审计单位法律责任增加);

(6)本期及未来的融资条件(例如,潜在的相关经营风险可能是被审计单位由于无法满足融资条件而失去融资机会);

(7)信息技术的运用(例如,潜在的相关经营风险可能是被审计单位信息系统与业务流程难以融合);

(8)实施战略的影响,特别是由此产生的需要运用新的会计要求的影响(例如,潜在的相关经营风险可能是被审计单位执行新要求不当或不完整)。

六、被审计单位财务业绩的衡量和评价

(一)了解被审计单位财务业绩的衡量和评价的原因

管理层及其他人员经常衡量和评价其认为重要的事项。无论是内部的还是外部的业绩衡量,都会对被审计单位产生压力。这些压力反过来可能促使管理层采取措施改善经营业绩或歪曲财务报表。因此,了解被审计单位财务业绩的衡量和评价,有助于注册会计师考虑实现业绩目标的压力是否可能导致管理层采取行动,以致增加财务报表发生重大错报的风险(包括由于舞弊导致的风险)。

(二)了解被审计单位财务业绩的衡量和评价时需要考虑的事项

注册会计师可以考虑的、管理层在衡量和评价财务业绩时使用的内部生成信息举例如下:

(1)关键业绩指标(财务或非财务的)、关键比率、趋势和经营统计数据;

(2)同期财务业绩比较分析;

(3)预算、预测、差异分析,分部信息与分部、部门或其他不同层次的业绩报告;

(4)员工业绩考核与激励性报酬政策;

(5)被审计单位与竞争对手的业绩比较。

外部机构或人员也可能衡量和评价被审计单位的财务业绩。外部评价也可能为注册会计师提供有用的信息,如分析师报告和信用评级机构报告,这些报告通常可以从被审计单位获取。

最后需要说明的是,注册会计师应当运用职业判断确定需要了解被审计单位及其环境的程度。评价了解的程度是否恰当,关键是看注册会计师对被审计单位及其环境的了解是否足以识别和评估财务报表的重大错报风险。如果了解被审计单位及其环境获得的信息足以识别和评价财务报表的重大错报风险,设计和实施进一步审计程序,那么了解的程度就是恰当的。当然,要求注册会计师对被审计单位及其环境了解的程度,要低于管理层为经营管理企业而对被审计单位及其环境了解的程度。

第四节 了解被审计单位内部控制

了解内部控制是了解被审计单位及其环境的重要组成部分。本节将从四个方面介绍内部控制,分别是内部控制的性质和特征、与审计相关的控制、对相关控制了解的性质和程度以及内部控制的要素。

一、内部控制的性质和特征

(一)内部控制的定义和目标

内部控制是由企业董事会、监事会、经理层和全体员工实施的、旨在实现控制目标的过程。被审计单位应当恰当地设计、执行和维护内部控制,以应对识别出的不利于下列目标实现的经营风险:

(1)财务报告的可靠性;

(2)经营的效果和效率;

(3)遵守适用的法律法规。

(二)内部控制的固有限制

内部控制是有固有限制的。注册会计师在财务报表审计中,需要保持应有的职业怀疑,充分关注内部控制的下列固有限制:

(1)在决策时人为判断可能出现错误或因人为失误而导致内部控制失效。例如,控制的设计和修改可能存在失误。同样的,控制的运行可能无效。例如,由于负责复核信息的人员不了解复核的目的或没有采取适当的措施,内部控制生成的信息(如例外报告)没有得到有效使用。

(2)控制可能由于两个或更多的人员串通或管理层不当地凌驾于内部控制之上而被规避。例如,管理层可能与客户签订"背后协议",修改标准的销售合同条款和条件,从而导致不适当的收入确认。再如,软件中的编辑控制旨在识别和报告超过赊销信用额度的交易,但这一控制可能被凌驾或不能得到执行。

(3)内部控制的设计和运行受制于成本与效益原则。在设计和执行控制时,管理层可能对选择执行的控制的性质和范围以及选择承担的风险的性质和程度作出判断。

因此,内部控制无论如何有效,都只能为被审计单位实现财务报告目标提供合理保证。这意味着,审计风险模型中的控制风险始终应大于零。无论被审计单位内部控制的设计和运行多么有效,注册会计师都应当对财务报表的各类交易、账户余额以及列报和披露实施实质性程序。

(三)内部控制的人工和自动化成分

被审计单位的内部控制系统通常既包含人工成分,也包含自动化成分。人工或自动化成分的特征,可能影响注册会计师的风险评估以及在此基础上实施的进一步审计程序,因此注册会计师在了解被审计单位内部控制时需要予以关注和考虑。

1. 人工控制的特征

内部控制中的人工成分可能比自动化成分的可靠性低,原因是人工成分可能更容易被规避、忽视或凌驾,以及更容易产生简单错误和失误。因此,不能假定人工控制能够被一贯运用。人工控制在下列情形中可能是不适当的:

(1)存在大量或重复发生的交易,或者事先可预计或预测的错误能够通过自动化控制参数得以防止或发现并纠正;

(2)用特定方法实施控制的控制活动可得到适当设计和自动化处理。

然而,在处理下列需要主观判断或酌情处理的情形时,内部控制的人工成分可能更为适当:

(1)存在大额、异常或偶发的交易;

(2)存在难以界定、预计或预测的错误的情况;

(3)针对变化的情况,需要对现有的自动化控制进行人工干预;

(4)监督自动化控制的有效性。

2. 自动化控制的特征

一般而言,信息技术对被审计单位内部控制的作用在于使被审计单位能够:

(1)在处理大量的交易或数据时,一贯运用事先确定的业务规则,并进行复杂运算;

(2)提高信息的及时性、可获得性及准确性;

(3)促进对信息的深入分析;

(4)提高对被审计单位的经营业绩及其政策和程序执行情况进行监督的能力;

(5)降低控制被规避的风险;

(6)通过对应用程序系统、数据库系统和操作系统执行安全控制,提高不兼容职务分离的有效性。

但是,信息技术也可能对被审计单位内部控制产生特定风险,这些风险包括:

(1)所依赖的系统或程序不能正确处理数据,或处理了不正确的数据,或两种情况并存。

(2)未经授权访问数据,可能导致数据的毁损或对数据不恰当的修改,包括记录未经授权或不存在的交易,或不正确地记录了交易。多个用户同时访问同一数据库可能会造成特定风险。

(3)信息技术人员可能获得超越其职责范围的数据访问权限,因此破坏了系统应有的职责分工。

(4) 未经授权改变主文档的数据。

(5) 未经授权改变系统或程序。

(6) 未能对系统或程序作出必要的修改。

(7) 不恰当的人为干预。

(8) 可能丢失数据或不能访问所需要的数据。

考虑到内部控制特征的影响,被审计单位可能通过建立有效的控制,应对由于采用信息技术或人工成分而产生的风险。在评价内部控制的特征带来的影响时,注册会计师需要将这些减轻措施一并考虑。

二、与审计相关的控制

注册会计师应当了解与审计相关的内部控制。虽然大部分与审计相关的控制可能与财务报告相关,但并非所有与财务报告相关的控制都与审计相关。

确定一项控制单独或连同其他控制是否与审计相关,需要注册会计师运用职业判断,考虑下列事项:

(1) 重要性;

(2) 相关风险的重要程度;

(3) 被审计单位的规模;

(4) 被审计单位业务的性质,包括组织结构和所有权特征;

(5) 被审计单位经营的多样性和复杂性;

(6) 适用的法律法规;

(7) 内部控制的情况和适用的要素;

(8) 作为内部控制组成部分的系统(包括使用服务机构)的性质和复杂性;

(9) 一项特定控制(单独或连同其他控制)是否能够以及如何防止或发现并纠正重大错报。

被审计单位通常有一些与控制目标相关但与审计无关的控制,注册会计师无须对其加以考虑。例如,被审计单位可能依靠某一复杂的自动化控制提高经营活动的效率和效果(如航空公司用于维护航班时间表的自动化控制系统),但这些控制通常与审计无关。再如,用以防止未经授权购买、使用或处置资产的内部控制,可能包括与财务报告和经营目标相关的控制,但注册会计师对这些控制的考虑通常仅限于与财务报告可靠性相关的控制。进一步讲,虽然内部控制应用于整个被审计单位或所有经营部门及业务流程,但是了解与所有经营部门和业务流程相关的内部控制,可能是不必要的。

三、对相关控制了解的性质和程度

(一) 评价控制的设计和有无执行

审计准则规定,在了解与审计相关的控制时,注册会计师应当综合运用询问被审计单位内部人员和其他程序,以评价这些控制的设计,并确定其是否得到执行。

也就是说,在风险评估阶段,了解与审计相关的内部控制的目的主要有两个。一是评价这些控制的设计是否有效,即某项控制由拥有必要授权和专业胜任能力的人员按照规定的程序与要求执行,能够实现控制目标。二是评价这些控制有无执行,即某项控制存在且被审计单位正在使用。至于这些控制的运行是否有效,则通常是在风险应对阶段,通过实施控制测试来评价。

(二) 获取控制设计和执行的审计证据的程序

注册会计师通常实施下列风险评估程序,以获取有关控制设计和执行的审计证据:
(1) 询问被审计单位人员;
(2) 观察特定控制的运用;
(3) 检查文件和报告;
(4) 追踪交易在财务报告信息系统中的处理过程(穿行测试)。

询问本身并不足以评价控制的设计以及确定其是否得到执行,注册会计师应当将询问与其他风险评估程序结合使用。为了追踪交易在财务报告信息系统中的处理过程,注册会计师通常借助交易轨迹来追查每个重要类别交易的某笔交易或某几笔交易,同时确认和观察相关的控制政策和程序,这种方法被称为穿行测试。

(三) 了解内部控制与测试控制运行有效性的关系

除非存在某些可以使控制得到一贯运行的自动化控制,否则注册会计师对控制的了解并不能够替代对控制运行有效性的测试。例如,获取某一人工控制在某一时点得到执行的审计证据,并不能证明该控制在审计期间内的其他时点也有效运行。但是,信息技术可以使被审计单位持续一贯地对大量数据进行处理,提高了被审计单位监督控制活动运行情况的能力,信息技术还可以通过对应用软件、数据库、操作系统设置安全控制来实现有效的职责划分。由于信息技术处理流程的内在一贯性,实施审计程序以确定某项自动控制是否得到执行,也可能实现对控制运行有效性测试的目标,这取决于注册会计师对控制(如针对程序变更的控制)的评估和测试。

四、内部控制的要素

审计准则将内部控制划分为五个要素,为注册会计师考虑内部控制的不同方面如何影响财务报表审计提供了有用的框架。这五个要素是控制环境、风险评估过程、与财务报告相关的信息系统(包括相关业务流程)和沟通、控制活动、对控制的监督。

图 7-1 是内部控制五要素的框架图。该图表明,控制环境是其他四个要素的保护伞。如果没有一个有效的控制环境,其他四个要素无论质量如何,都不可能形成有效的内部控制。

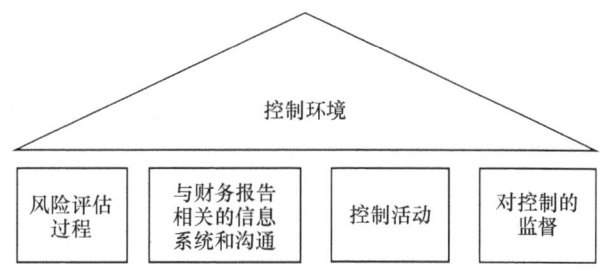

图 7-1 内部控制五要素的框架图

（一）控制环境

控制环境包括治理职能和管理职能，以及治理层和管理层对内部控制及其重要性的态度、认识和行动。控制环境设定了被审计单位的内部控制基调，影响着员工的内部控制意识。

注册会计师应当了解控制环境。作为了解控制环境的一部分，注册会计师应当评价：① 管理层在治理层的监督下，是否营造并保持了诚实守信和合乎道德的文化；② 控制环境总体上的优势是否为内部控制的其他要素奠定了适当的基础，以及这些其他要素是否被控制环境中存在的缺陷所削弱。

1. 控制环境的相关要素

在了解控制环境时，与控制环境相关的要素可能包括下列方面：

（1）对诚信和道德价值观的沟通与落实，这是影响控制设计、执行和监督有效性的重要因素；

（2）对胜任能力的重视，包括管理层对特定工作胜任能力的考虑以及这些能力如何转化为必要的技能和知识；

（3）治理层的参与，相关因素包括治理层相对于管理层的独立性；治理层的经验与品德；治理层参与被审计单位经营的程度和收到的信息及其对经营活动的详细检查；治理层采取措施的适当性，包括提出问题的难度和对问题的跟进程度，以及治理层与内部审计人员和注册会计师的互动；

（4）管理层的理念与经营风格，相关因素包括承担和管理经营风险的方法；对财务报告的态度和措施；对信息处理、会计职能及人员的态度；

（5）组织结构，即被审计单位为实现目标而计划、执行、控制及评价其活动的框架；

（6）职权与责任的分配，包括如何分配经营活动的职权与责任，如何建立关系和职权等级；

（7）人力资源政策与实务，包括与招聘、培训、考核、咨询、晋升、薪酬和补救措施相关的政策与实务。

2. 控制环境对重大错报风险评估的影响

控制环境对重大错报风险评估具有广泛影响，注册会计师应当考虑控制环境的总体优势是否为内部控制的其他要素提供了适当的基础，并且未被控制环境中存在的缺陷所削弱。

当注册会计师评估重大错报风险时，存在令人满意的控制环境是一个积极的因素。虽然令人满意的控制环境有助于降低舞弊风险，但并不能绝对遏制舞弊。相反，控制环境中存在的缺陷（特别是与舞弊相关的缺陷）可能削弱控制的有效性。例如，管理层没有针对信息系统安全风险投入足够的资源，而是允许对系统程序或数据作出不当修改，或允许处理未经授权的交易，这可能对内部控制产生不利影响。

控制环境本身并不能防止或发现并纠正重大错报。然而，它可能影响注册会计师对其他控制（如对控制的监督和特定控制活动的运行）有效性的评价，进而影响注册会计师对重大错报风险的评估。

（二）被审计单位的风险评估过程

被审计单位的风险评估过程包括识别与财务报表相关的经营风险，以及针对这些风险所采取的措施。被审计单位的风险评估过程为管理层确定需要管理的风险提供了基础。如果这一过程对于具体情况（包括被审计单位的性质、规模和复杂程度）是适当的，则有助于注册会计师识别重大错报风险。

注册会计师应当了解被审计单位是否已建立风险评估过程，包括：

（1）识别与财务报告目标相关的经营风险；

（2）估计风险的重要性；

（3）评估风险发生的可能性；

（4）决定应对这些风险的措施。

如果被审计单位已建立风险评估过程，注册会计师应当了解风险评估过程及其结果。假如识别出未被管理层识别出的重大错报风险，注册会计师应当评价是否存在这类风险，即注册会计师预期被审计单位风险评估过程应当识别出而未被识别出的风险。如果存在这类风险，注册会计师应当了解风险评估过程未能识别出的原因，并评价风险评估过程是否适合具体情况，或者确定与风险评估过程相关的内部控制是否存在值得关注的内部控制缺陷。

如果被审计单位没有建立风险评估过程，或具有非正式的风险评估过程，注册会计师应当与管理层讨论是否识别出与财务报告目标相关的经营风险以及如何应对这些风险。注册会计师应当评价缺少记录的风险评估过程是否适合具体情况，或确定是否表明存在值得关注的内部控制缺陷。

（三）与财务报告相关的信息系统（包括相关业务流程）和沟通

1. 与财务报告相关的信息系统（包括相关业务流程）

注册会计师应当从下列方面了解与财务报告相关的信息系统（包括相关业务流程）：

（1）在被审计单位经营过程中，对财务报表具有重大影响的各类交易；

（2）在信息技术和人工系统中，被审计单位的交易生成、记录、处理、必要的更正、结转至总账以及在财务报表中报告的程序；

（3）用以生成、记录、处理和报告（包括纠正不正确的信息以及信息如何结转至总账）交易的会计记录、支持性信息和财务报表中的特定账户；

（4）被审计单位的信息系统如何获取除交易以外的对财务报表影响重大的事项和情况；

（5）用于编制被审计单位财务报表（包括作出的重大会计估计和披露）的财务报告过程；

（6）与会计分录相关的控制，这些分录包括用以记录非经常性的、异常的交易或调整的非标准会计分录。

与财务报告相关的信息系统包括会计系统，它是由一系列旨在完成下列工作的程序和记录组成的：

（1）生成、记录、处理和报告交易（以及事项和情况），以及为相关资产、负债和所有者权益明确受托责任；

(2) 解决不正确处理交易的问题，如自动生成暂记账户文件，以及及时按照程序清理暂记项目；

(3) 处理并解释凌驾于控制之上或规避控制的情况；

(4) 将信息从交易处理系统过入总分类账；

(5) 针对除交易以外的事项和情况获取与财务报告相关的信息，如资产的折旧和摊销、应收账款可回收性的改变等；

(6) 确保适用的财务报告编制基础规定披露的信息得到收集、记录、处理和汇总，并在财务报表中进行了适当报告。

被审计单位的业务流程包括旨在实现下列目的的活动：开发、采购、生产、销售、配送产品和提供服务；确保遵守法律法规；记录信息，包括会计信息和财务报告信息。了解被审计单位的业务流程（包括交易产生的方式），有助于注册会计师以适合被审计单位具体情况的方式了解与财务报告相关的信息系统。

2．沟通

注册会计师应当了解被审计单位如何沟通与财务报告相关的人员的角色和职责以及与财务报告相关的重大事项。这种沟通包括：

(1) 管理层与治理层之间的沟通；

(2) 外部沟通，如与监管机构的沟通。

被审计单位就财务报告的角色和职责以及与财务报告相关的重大事项的沟通，涉及使员工了解在财务报告内部控制方面各自的角色和职责。这包括使员工了解其在财务报告信息系统中的活动与其他员工工作联系的程度，以及向适当的更高层级的管理层报告例外事项的方式。沟通可以采用政策手册、财务报告手册等形式。公开的沟通渠道有助于确保例外事项得到报告并有应对措施。

(四) 控制活动

1．控制活动的内容

控制活动是指有助于确保管理层的指令得以执行的政策和程序。控制活动（无论是存在于信息系统还是人工系统中）具有各种不同的目标，运用于各种不同的组织和职能层次中。具体来说，控制活动可以分为五类，即适当授权、责任分工、凭证和记录控制、接近控制以及独立检查。

(1) 适当授权。

适当授权的主要目的在于保证交易是在管理人员的授权范围内经授权而发生。授权有一般授权和特别授权之分。前者是授权处理一般性的交易；后者是授权处理非常规性的交易，比如重大资本支出和股票发行等。特别授权也可能用于超过一般授权限制的常规交易，比如同意因情有可原的情况，对某个不符合一般信用的顾客赊购商品。管理层对某项交易的授权和员工对交易的批准是不同的。比如，信用部门的职员可以在管理人员授权的信用政策范围之内，批准个别顾客赊购。授权的活动在限制接近资产、凭证和记录等方面也是很重要的。

（2）责任分工。

这一类控制活动是指对某交易涉及的各项责任进行合理分工，以使每个人的工作能够自动地检查另一个人或更多人的工作。责任分工的主要目的是预防和及时发现在执行所分配的职责时产生的错误或舞弊行为。

从控制的观点来看，如果某员工在履行其职责的正常过程中可能发生错误或舞弊，并且内部控制又难以发现其错误或舞弊，则可以认为这些责任是不相容的。对于不相容的责任必须实行责任分工。比如：① 某项交易的执行、记录，以及维护、保管相关资产应该指派给不同的个人或部门。例如采购部门人员应负责签发采购单，会计部门应负责记录已收到的货物，仓库人员应负责该货物的保管工作。在记录此项采购交易之前，会计人员应确定采购已经过授权，所订购的货物已实际收到。会计记录为明确存于仓库的货物的受托责任提供了依据。② 某项交易执行包括的各个步骤应该指派给不同的个人或部门。例如，某制造公司在执行一项销售交易时，应将销售的授权、订货单的归档、货物的发运，以及开账单给顾客等工作指派给不同的人员。③ 某些会计工作的责任应该分工。例如，在手工会计系统中，应收账款的总账和顾客明细账应由不同的人员来记录，而记录现金收入和支出的人员不应负责调节银行账户。④ 在计算机信息系统（CIS）部门内，以及 CIS 部门与使用部门之间应该进行适当的责任分工。CIS 系统的很多职能，例如系统分析、程序设计、电脑操作和数据控制，应被分开。另外，CIS 不应更正使用部门送交的数据资料，并且在组织上应独立于使用部门。

大公司和小公司执行"责任分工"控制活动是有些差别的。小公司由于员工的人数较少，实行责任分工往往比大公司困难得多。但是在这些小公司里，业主通常积极参与经营活动，这样，业主可通过担任一些特定的工作，来实现职责的合理分工。还有的业主通过对员工的工作进行严密的监督与复核，以弥补责任分工的不足。

（3）凭证和记录控制。

凭证是证明交易发生和交易的价格、性质及条件的证据。常见的凭证有发票、支票、合同和工时记录等。凭证经过签名或者盖章，还可作为交易执行和记录责任的依据。预先编号的凭证对维持控制和确定责任是很有用的。预先编号有助于保证所有交易均已记录且没有交易被重复记录。在预先编号制度下，所有作废的凭证都必须妥善保存。

凭证控制程序应能保证经营人员在执行交易时及时编制有关凭证。编妥的凭证应尽早送交会计部门，以便记录交易。还应把已登账的凭证依序归档。记录包括职员工资记录、永续存货记录、已发出凭证如销售发票和支票的每日汇总等。这种汇总资料可用来同相应的每日分录独立进行比较，以确定所有交易是否均已记录。

科目表和会计程序手册也很重要。科目表能提供适当分类的依据，会计程序手册同会计部门及时处理凭证有关，包括对交易记录和过账的规定。

（4）接近控制。

接近控制主要是指限制接近资产和接近重要记录，以保证资产和记录的安全。保护资产和记录安全的最重要措施就是采用实物防护措施。比如，将存货存入仓库以防偷窃。如果这一仓库由胜任的职工管理，还能够减少存货的残损。对货币、有价证券等资产进行安全存放和使用防火安全装置等也是重要的实物防护措施。

对凭证和记录也需要进行实物安全保护。重新建立丢失了或损坏了的记录,其成本昂贵,费时颇多。应收账款的主要档案如果被毁,其后果更是不堪设想。为防止这些损失,支付一些成本用于复制记录和实施其他管理办法是值得的。同样的道理,对保险单和应收票据等凭证,也应做好实物保护工作。

为进一步保证准确、及时地记录会计信息,还可采用机械保护装置。在这方面,现金出纳机和其他自动数据处理设备,都是有用的内部控制。

(5) 独立检查。

独立检查是指验证由另一个人或部门执行的工作或验证所记录金额估价的正确性。应在何时采用何种方式进行独立检查,视具体情况而定。可以每日对所有交易或选出的交易进行人工计算检查,相反,资产与记录的比较以及管理层对报告的复核可定期(如每周或每月)进行。一些独立的检查,如备用金的盘点,应采取突击的方式,以免有关人员"粉饰"。

2. 注册会计师的了解范围

注册会计师应当了解与审计相关的控制活动。与审计相关的控制活动是指注册会计师为评估认定层次重大错报风险并设计进一步审计程序应对评估的风险而认为有必要了解的控制活动。审计不要求了解与财务报表中每类重大交易、账户余额和披露或与其每项认定相关的所有控制活动。

与审计相关的控制活动包括:

(1) 与特别风险相关的控制活动,以及与仅通过实质性程序无法获取充分、适当的审计证据的风险相关的控制活动;

(2) 注册会计师运用职业判断认为相关的控制活动。

在判断一项控制活动是否与审计相关时,注册会计师需要考虑下列两个因素:

(1) 注册会计师识别出的可能导致重大错报的风险;

(2) 在确定实质性程序的范围时,注册会计师认为测试控制运行的有效性是否适当。

注册会计师通过了解内部控制其他要素获取的关于控制活动是否存在的信息,有助于其确定是否有必要对控制活动进行更多的了解。

(五) 对控制的监督

1. 对控制的监督的内容

对控制的监督是指被审计单位评价内部控制在一段时间内运行有效性的过程。对控制的监督涉及及时评估控制的有效性并采取必要的措施。管理层通过持续的监督活动、单独的评价活动或两者相结合实现对控制的监督。持续的监督活动通常贯穿于被审计单位日常重复的活动中,包括常规管理和监督工作。

管理层的监督活动可能包括利用与外部有关各方沟通所获取的信息(如可能表明存在问题或需要改进的领域的顾客投诉和监管机构的意见)。

2. 注册会计师的了解范围

注册会计师应当了解被审计单位用于监督与财务报告相关的内部控制的主要活动,包括了解针对与审计相关的控制活动的监督,以及被审计单位如何对控制缺陷采取补救措施。

3. 对内部审计的考虑

如果被审计单位设有内部审计,注册会计师应当了解下列事项,以确定内部审计是否可能与审计相关:

(1) 内部审计的职能范围以及内部审计在被审计单位组织结构中的地位和作用;
(2) 内部审计已实施或拟实施的活动。

如果与审计相关,注册会计师可以考虑利用内部审计人员的工作,以修改拟实施审计程序的性质或时间安排,或者缩小拟实施审计程序的范围。有关注册会计师利用内部审计人员工作的要求,请详见本书第十五章的第三节。

4. 对信息来源的考虑

监督活动中使用的很多信息可能由被审计单位的信息系统产生。如果管理层假定用于监督的数据是准确的而这一假定没有依据,则这些信息可能存在错误,导致管理层从监督活动中得出不正确的结论。因此,注册会计师应当了解以下事项,并将其作为了解被审计单位监督活动(内部控制要素)的一部分:

(1) 与被审计单位监督活动相关的信息来源;
(2) 管理层认为信息对于信息的使用目的而言足够可靠的依据。

五、记录对内部控制的了解

在财务报表审计中,注册会计师需要将其对内部控制的了解记录于审计工作底稿。记录的方式主要有三种,即问卷调查法、流程图法以及文字叙述法。

(一) 问卷调查法

问卷调查法是由注册会计师针对防止财务报表出现重大错报所必需的内部控制政策和活动,所提出的一系列问题组成的。这些问题用"是"或"否"或"不适用"来回答。另外,通常还设一空白栏,记录有关评论。会计师事务所一般都使用标准化的问卷,但在有些情况下,还需要为某特殊行业和个别客户专门设计适用的问卷。

问卷调查法有很多优点,不仅大大有利于注册会计师减少忽略重要控制的可能性,而且很容易使用和完成。但是,这种方法也有其缺陷。对被审计单位的内部控制只能按项目分别考查,无法提供一个完整的看法,而且很难将标准化的问卷适用于不同类型和规模的企业。

(二) 流程图法

流程图法是使用标准化的符号、连线和注解,以说明财务报告信息系统中信息处理步骤的图表。流程图通常有三种,即系统流程图、内部控制流程图和程序流程图。

流程图法的优点主要在于:它从整体的角度,以简明的形式描绘内部控制的实际情况,一图胜千言,既便于查阅和评价内部控制的可靠性,也便于今后的再度审计工作。其缺点是:运用此法需要较熟练的技术和经验,因而初次审计时,颇费工夫。此外,流程图不能将内部控制中的薄弱环节明显地显露出来,故评价时,还需与调查表相结合。但尽管如此,与其他方法相比,其优点是十分突出的。需要强调的是,流程图本身是一种工具,而不是目的。流程图应能使注册会计师看出控制之间的关系,并方便注册会计师确认有关财务报表认定的主要控制。

（三）文字叙述法

文字叙述法是对内部控制的文字描述。注册会计师在为财务报告信息系统和相应控制活动编写文字说明书时,应当说明系统中每种凭证和记录的来源、已发生的全部处理过程、系统中每种凭证和记录的处置,以及与控制风险评价有关的控制活动,如责任分工（现金记录和现金出纳的分离）、授权审批（赊销的批准）等。

在内部控制比较简单、容易描述时,一般采用文字叙述法。在小型公司的审计中,文字叙述法可作为注册会计师描述内部控制的唯一书面记录。其缺点在于很难用非常简明易懂的语言来描述内部控制的环节。其优点是为有效的控制风险评价提供了充分的资料。

现举例说明三种记录方式。假设D公司专门经营批发业务。注册会计师可根据对客户销货制度的了解完成问卷（如表7-1所示）、绘制流程图（如图7-2所示）和编写文字说明书（如表7-2所示）。

表7-1　内部控制问卷——销货制度

客户：D公司　　　　　　　　　　　　　完成人：　　　　日期：
资产负债表日：2011.12.31　　　　　　　复核人：　　　　日期：

问题	不适用	回答		说明		
		是	否	缺点		答复人及其职务
				主要	次要	
1. 在接受订货单前,此项销售业务是否经过赊销部门批准?		√				经理张某
2. 赊销工作是否能与其他工作特别是会计、现销、出纳等工作完全分开?		√				张某
3. 发运单 (1) 是否采用? (2) 全部出厂货物是否都采用? (3) 是否预先连续编号?		√ √ √				保管员李某
4. 发运单上所列示的数量、价格、品名规格等项是否曾与订货单核对,以便确定所销货物确系所订货物?				√	√	李某
5. 发票 (1) 全部销货业务是否都采用? (2) 是否全部预先连续编号?		√ √				会计科长陈某
6. 全部发运单是否均有相应的发票为依据,全部发票是否均填开发运单?		√				陈某
7. 发运单所列货物的品名、规格、数量、价格等项是否均曾与发票核对,以确保全部发出的货物均办理收款手续?		√				会计师王某
8. 全部发票是否均已入账,所有发票号码也已注明在账上?			√	√		王某

（续表）

客户：D公司　　　　完成人：　　　日期：
资产负债表日：2011.12.31　　　　复核人：　　　日期：

问题	回答			说明		
	不适用	是	否	缺点		答复人及其职务
				主要	次要	
9. 发票上的乘积数、合计数、付款条件、价格等是否均经核对？			√	√		王某
10. 对某些特殊的发货业务，是否也像正常销货业务一样办理销售和成本结转手续？	√					李某
11. 杂项销售，例如出售设备、残料、废品及对职工的内销等，是否均按正常的销售办理手续？	√					张某
12. 是否在会计部门的账目之外独立编制销货汇总表，以便与会计部门的销货记录核对？	√					李某

内部控制流程图
（销货制度）

客户：D公司　　　　完成人：　　　日期：
资产负债表日：2011.12.31　　　　复核人：　　　日期：

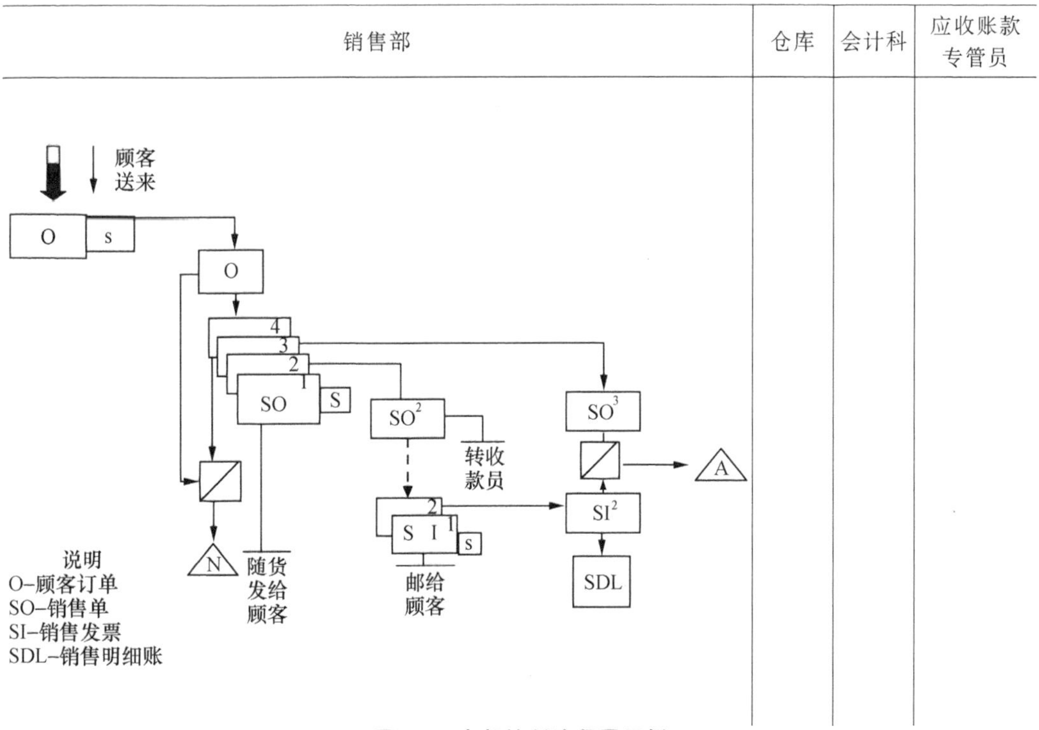
销售部
仓库
会计科
应收账款专管员
顾客送来
O
s
O
4
3
2
1
SO
S
SO^2
转收款员
SO^3
A
N
随货发给顾客
2
S I
1
s
SI^2
邮给顾客
SDL
说明
O–顾客订单
SO–销售单
SI–销售发票
SDL–销售明细账

图 7-2　内部控制流程图示例

表 7-2　内部控制文字说明书

内部控制文字说明书		
销货制度		
客户：D公司	完成人：	日期：
资产负债表日期：2011.12.31	复核人：	日期：

制度说明：

1. 销货业务系根据买方购货订单，由销货部办理。销货部收到顾客的订单后，由经理张某就品种、规格、数量、价格、付款条件、结算方式等详加审核并签章，然后交仓库办理发货手续。

2. 仓库发运任何商品出库，均必须由管理员李某根据经批准的订单，填制一式四联的销货单，作为销货业务的主要业务凭证。在各联上签章后，第一联代包装发运单，由工作人员依单配货、包装，随货交顾客；第二联送会计部；第三联送应收账款专管员王某；第四联则由李某按编号顺序连同订单一并归档，长期保存，作为盘存的依据。

3. 会计科收到销货单后，根据单列资料，开具一式两联的销货发票，其中第一联寄给顾客，第二联交王某，然后将销货单（第二联）转收款员收款。

4. 应收账款专管员王某收到销货发票第二联后，将其与销货单第三联核对，如无错误，即据以登记销货客户明细账，然后将两者一并按顾客姓名顺序归档，长期保存。

第五节　识别和评估重大错报风险

一、识别和评估重大错报风险的步骤

在识别和评估重大错报风险时，注册会计师应当实施下列审计程序：

(1) 在了解被审计单位及其环境（包括与风险相关的控制）的整个过程中，结合对财务报表中各类交易、账户余额和披露的考虑，识别风险。

(2) 评估识别出的风险，并评价其是否更广泛地与财务报表整体相关，进而潜在地影响多项认定。如果广泛地与财务报表整体相关，进而潜在地影响多项认定，则该风险就是财务报表层次的重大错报风险。

(3) 结合对拟测试的相关控制的考虑，将识别出的风险与认定层次可能发生错报的领域相联系。例如，销售困难使产品的市场价格下降，可能导致年末存货成本高于其可变现净值而需要计提存货跌价准备，这显示存货的计价认定可能发生错报。

(4) 考虑发生错报的可能性（包括发生多项错报的可能性），以及潜在错报的重大程度是否足以导致重大错报。在上述例子中，除考虑产品市场价格下降因素外，注册会计师还应当考虑产品市场价格下降的幅度、该产品在被审计单位产品中的比重等，以确定识别出的风险对财务报表的影响是否重大。

二、识别和评估重大错报风险的结果

（一）两个层次的重大错报风险

在实施风险评估程序，了解被审计单位及其环境以后，注册会计师应当识别和评估两个层次的重大错报风险，为设计和实施进一步审计程序提供基础。它们是财务报表层次重大错报风险，以及各类交易、账户余额和披露的认定层次重大错报风险。

财务报表层次重大错报风险是指与财务报表整体广泛相关,并潜在地影响多项认定的风险。财务报表层次重大错报风险很可能源于薄弱的控制环境。例如,管理层经营理念过于激进,又缺乏实现激进目标的人力资源等。这些缺陷源于薄弱的控制环境,可能对财务报表产生广泛影响,需要注册会计师采取总体应对措施。

认定层次重大错报风险是指与各类交易、账户余额和披露相关的认定发生重大错报的可能性。对认定层次重大错报风险的考虑,有助于注册会计师确定用于获取充分、适当的审计证据而在认定层次实施的进一步审计程序的性质、时间安排和范围。

(二)对特别风险的考虑

1. 特别风险的定义

特别风险是指注册会计师识别和评估的、根据判断认为需要特别考虑的重大错报风险。在识别和评估上述两个层次的重大错报风险时,注册会计师应当根据职业判断,确定识别出的风险是否为特别风险。在进行判断时,注册会计师不应考虑识别出的控制对相关风险的抵消效果。

2. 特别风险的识别

在判断哪些风险是特别风险时,注册会计师应当至少考虑下列方面:

(1) 风险是否属于舞弊风险。由舞弊导致的重大错报风险属于特别风险。

(2) 风险是否与近期经济环境、会计处理方法和其他方面的重大变化相关,因而需要特别关注。

(3) 交易的复杂程度。交易处理越复杂,发生特别风险的可能性越高。

(4) 风险是否涉及重大的关联方交易。如果涉及重大的关联方交易,注册会计师应当按照《中国注册会计师审计准则第1323号——关联方》的规定进行处理。

(5) 财务信息计量的主观程度,特别是计量结果是否具有高度的不确定性。特别风险通常与重大的判断事项有关。判断事项可能包括作出的会计估计(具有计量的重大不确定性)。例如,如果对涉及会计估计、收入确认等方面的会计准则存在不同的理解,而某些重大判断事项又是基于相关的会计估计而作出的,则发生特别风险的可能性更高。

(6) 风险是否涉及异常或超出正常经营过程的重大交易。特别风险通常与重大的非常规交易有关。非常规交易是指由于金额或性质异常而不经常发生的交易。例如,由下列事项导致的重大非常规交易,发生特别风险的可能性更高:① 管理层更多地干预会计处理;② 对数据收集和处理进行更多的人工干预;③ 复杂的计算或会计处理方法;④ 非常规交易的性质可能使被审计单位难以对由此产生的特别风险实施有效控制。

3. 了解与特别风险相关的控制

如果认为存在特别风险,注册会计师应当了解被审计单位与该风险相关的控制(包括控制活动)。

在某些情况下,管理层可能未能通过实施针对特别风险的控制以恰当应对特别风险。如果是这样,则表明被审计单位存在值得关注的内部控制缺陷。

(三)对仅实施实质性程序不能获取充分、适当审计证据风险的考虑

对于某些风险,注册会计师可能认为仅从实质性程序中获取充分、适当的审计证据是

不可能或不可行的。这些风险可能与对日常和重大类别的交易或账户余额作出的不准确或不完整的记录相关,对这些交易或账户余额通常采用高度自动化处理,不存在或存在很少的人工干预。例如,被审计单位的大量信息在一体化的系统中仅以电子方式生成、记录、处理和报告。

在这种情况下,被审计单位针对这类风险建立的控制与审计相关,注册会计师应当了解这些控制。也就是说,在这种情形下,注册会计师还需要考虑实施控制测试,以获取有关控制运行有效性的充分、适当的审计证据。

三、风险评估结果的修正

注册会计师对认定层次重大错报风险的评估,可能随着审计过程中不断获取审计证据而作出相应的变化。例如,注册会计师对重大错报风险的评估可能基于预期控制运行有效这一判断。但在测试控制运行的有效性时,注册会计师获取的证据可能表明相关控制在被审计期间并未有效运行。同样,在实施实质性程序后,注册会计师可能发现错报的金额或频率高于风险评估时预计的金额或频率。

因此,审计准则规定,如果实施进一步审计程序获取的审计证据或新信息,与注册会计师之前作出评估所依据的审计证据不一致,则注册会计师应当修正风险评估结果,并相应修改原计划实施的进一步审计程序。

第八章

风险应对

【学习目标】

1. 了解风险评估与风险应对之间的衔接关系。
2. 理解、掌握总体应对措施的内容及应用。
3. 理解进一步审计程序的含义及应用。
4. 理解控制测试的性质、时间安排和范围,掌握如何根据具体情况作出恰当的决策。
5. 理解实质性程序的性质、时间安排和范围,掌握如何根据具体情况作出恰当的决策。

第一节 风险应对概述

第七章已经讲到,在风险评估阶段,注册会计师应当实施风险评估程序和相关活动,以了解被审计单位及其环境(包括内部控制),识别和评价重大错报风险。风险评估的结果主要有两个,一是财务报表层次的重大错报风险,二是认定层次的重大错报风险。

接下来,在风险应对阶段,注册会计师应当设计和实施恰当的应对措施。针对财务报表层次的重大错报风险,注册会计师采取的是总体应对措施。针对认定层次的重大错报风险,注册会计师采取的是进一步审计程序。

本章将详细介绍在风险应对阶段,注册会计师如何针对评估的重大错报风险设计和实施恰当的应对措施,以获取充分、适当的审计证据。

第二节 总体应对措施

一、总体应对措施的内容

注册会计师应当针对评估的财务报表层次重大错报风险,设计和实施总体应对措施。针对评估的财务报表层次重大错报风险,注册会计师可以采取下列总体应对措施:

(1) 向项目组强调保持职业怀疑的必要性;

(2) 指派更有经验或具有特殊技能的审计人员,或利用专家的工作;

(3) 提供更多的督导;

(4) 在选择拟实施的进一步审计程序时融入更多的不可预见因素;

(5) 对拟实施审计程序的性质、时间安排和范围作出总体修改,如在期末而非期中实施更多的审计程序,或修改审计程序的性质以获取更具说服力的审计证据。

在实务中,注册会计师提高进一步审计程序的不可预见性的方法包括:

(1) 对某些未测试过的、低于设定的重要性水平或风险较小的账户余额和认定实施实质性程序;

(2) 调整实施审计程序的时间,使被审计单位无法预测;

(3) 采取不同的审计抽样方法,使当期抽取的测试样本与以前有所不同;

(4) 选取不同的地点实施审计程序,或预先不告知被审计单位所选定的测试地点。

二、评估的财务报表层次重大错报风险对总体应对措施的影响

财务报表层次重大错报风险很可能源于薄弱的控制环境。薄弱的控制环境导致的风险可能对财务报表产生广泛性的影响,难以限于特定类别的交易、账户余额和披露。因此,控制环境的好坏将直接影响财务报表层次重大错报风险的评估,进而影响注册会计师采取的总体应对措施。

为应对无效的控制环境,注册会计师可以采取的措施包括:指派更多的富有经验的人

员,在期末而非期中实施更多的审计程序,通过实施实质性程序获取更广泛的审计证据以及增加拟纳入审计范围的经营地点的数量等。总之,评估的财务报表层次重大错报风险越高,总体应对措施应当越有力。

第三节 进一步审计程序

一、进一步审计程序的含义

注册会计师应当针对评估的认定层次重大错报风险,设计和实施进一步审计程序,包括审计程序的性质、时间安排和范围。

进一步审计程序包括控制测试和实质性程序。其中,实质性程序是每次审计都必须实施的,而控制测试却不是。本章第四节和第五节将具体介绍控制测试和实质性程序的应用。

(一)审计程序的性质

审计程序的性质是指审计程序的目的和类型。审计程序的目的包括实施控制测试以评价内部控制在防止或发现并纠正认定层次重大错报方面的有效性,实施实质性程序以发现认定层次的重大错报。审计程序的类型包括检查、观察、询问、函证、重新计算、重新执行和分析程序。在应对评估的风险时,合理确定审计程序的性质是最重要的。

(二)审计程序的时间安排

审计程序的时间安排是指注册会计师何时实施审计程序,或审计证据适用的期间或时点。例如,期中、期末或者期后等。再如,为了获取资产负债表日的存货余额证据,显然不宜在与资产负债表日间隔过长的期中时点或期末以后时点实施存货监盘等相关审计程序。

(三)审计程序的范围

审计程序的范围是指实施审计程序的数量,包括抽取的样本量、对某项控制活动的观察次数等。

二、进一步审计程序的总体审计方案

进一步审计程序的总体审计方案包括两种:一是实质性方案;二是综合性方案。实质性方案是指注册会计师实施的进一步审计程序以实质性程序为主;综合性方案是指注册会计师在实施进一步审计程序时,将控制测试与实质性程序结合使用。

注册会计师评估的财务报表层次重大错报风险以及采取的总体应对措施,对拟实施进一步审计程序的总体审计方案具有重大影响。当评估的财务报表层次重大错报风险属于高风险水平(并相应采取更强调审计程序不可预见性,重视调整审计程序的性质、时间安排和范围等的总体应对措施)时,拟实施进一步审计程序的总体方案往往更倾向于实质性方案。

三、评估的认定层次重大错报风险对进一步审计程序的影响

在设计拟实施的进一步审计程序时,注册会计师应当考虑形成某类交易、账户余额和

披露的认定层次重大错报风险评估结果的依据。该依据包括两个方面：一是评估的固有风险的高低；二是评估的控制风险的高低（包括注册会计师是否拟信赖控制运行的有效性）。当然，评估的风险越高，越需要获取有说服力的审计证据。

评估的认定层次重大错报风险水平对拟实施的进一步审计程序的影响，体现在审计程序的性质、时间安排和范围三个方面。审计程序的性质、时间安排和范围的选择需要和风险评估结果相对应。

（一）对性质的影响

注册会计师评估的风险可能影响拟实施的审计程序的类型及其综合运用。例如，当评估的风险较高时，注册会计师除检查文件外，还可能决定向交易对方函证合同条款的完整性。此外，对于与某些认定相关的错报风险，实施某些审计程序可能比实施其他审计程序更适当。例如，在测试收入时，对于与收入完整性认定相关的错报风险，控制测试可能最能有效应对；对于与收入发生认定相关的错报风险，实质性程序可能最能有效应对。

在确定审计程序的性质时，注册会计师还需要考虑形成风险评估结果的依据。例如，对于某类交易，一方面，注册会计师可能判断即使在不考虑相关控制的情况下发生错报的风险仍较低，此时仅实施实质性分析程序就可以获取充分、适当的审计证据；另一方面，如果注册会计师预期在存在与此类交易相关的内部控制的情况下发生错报的风险较低，且拟基于这一评估的低风险设计实质性程序，则注册会计师需要实施控制测试。对于在被审计单位信息系统中进行日常处理和控制的、常规且不复杂的交易，这种情况可能出现。

（二）对时间安排的影响

注册会计师可以在期中或期末实施控制测试或实质性程序。当评估的重大错报风险越高时，注册会计师可能认为在期末或接近期末而非期中实施实质性程序，或采用不通知的方式（如在不通知的情况下对选取的经营地点实施审计程序），或在管理层不能预见的时间实施审计程序更有效。这在考虑应对舞弊风险时尤为重要。例如，如果识别出故意错报或操纵会计记录的风险，则注册会计师可能认为将期中得出的结论延伸至期末而实施的审计程序是无效的。

在期末之前实施审计程序有助于注册会计师在审计工作初期识别出重大事项，并在管理层的协助下及时解决这些事项，或针对这些事项制定有效的审计方案，包括实质性方案或综合性方案。但是，某些审计程序只能在期末或期后实施，例如：核对财务报表与会计记录；检查财务报表编制过程中作出的会计调整；为应对被审计单位可能在期末签订不恰当的销售合同的风险，或交易在期末可能尚未完成的风险而实施的程序等。

影响注册会计师考虑在何时实施审计程序的其他相关因素包括：

（1）控制环境。

（2）何时能得到相关信息。例如，某些电子文档如果未能及时取得，则可能被覆盖；某些拟观察的程序可能只在特定时点发生。

（3）错报风险的性质。例如，如果存在被审计单位为了保证盈利目标的实现而伪造销售合同以虚增收入的风险，则注册会计师可能需要检查截至期末的所有销售合同。

（4）审计证据适用的期间或时点。

(三) 对范围的影响

在确定必要的审计程序的范围时,注册会计师需要考虑评估的风险、重要性和计划获取的保证程度。如果需要通过实施多个审计程序实现某一目标,则注册会计师需要分别考虑每个程序的范围。一般而言,审计程序的范围随着重大错报风险的增加而扩大。例如,在应对评估的由于舞弊导致的重大错报风险时,增加样本量或实施更详细的实质性分析程序可能是适当的。但是,只有当审计程序本身与特定风险相关时,扩大审计程序的范围才是有效的。

使用计算机辅助审计技术对电子化的交易和账户文档进行更广泛的测试,有助于注册会计师修改测试范围(如针对由于舞弊导致的重大错报风险的测试范围)。这是因为计算机辅助审计技术可用于从主要电子文档中选取交易样本,按照某一特征对交易进行分类,或对总体而非样本进行测试。

评估的认定层次重大错报风险与进一步审计程序的性质、时间安排和范围之间的关系,可如图 8-1 概括所示。

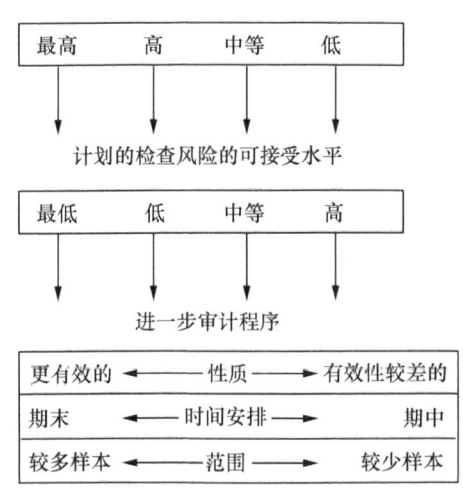

图 8-1 评估的认定层次风险与进一步审计程序的性质、时间安排和范围之间的关系

第四节 控制测试

一、控制测试的概述

(一) 定义

控制测试是指用于评价内部控制在防止或发现并纠正认定层次重大错报方面的运行有效性的审计程序。

(二) 适用条件

控制测试不是每次审计都必须实施的。当存在下列两种情形之一时,注册会计师应当设计和实施控制测试,针对相关控制运行的有效性,获取充分、适当的审计证据。

(1) 在评估认定层次重大错报风险时,预期控制的运行是有效的(即在确定实质性程序的性质、时间安排和范围时,注册会计师拟信赖控制运行的有效性)。只有认为控制设计合理、能够防止或发现并纠正认定层次的重大错报,注册会计师才会实施控制测试。

(2) 仅实施实质性程序并不能够提供认定层次充分、适当的审计证据。在某些情况下,注册会计师可能发现仅通过实施有效的实质性程序无法获取认定层次的充分、适当的审计证据,例如,被审计单位采用信息技术处理业务,除信息系统中的信息外不生成或保留任何与业务相关的文件记录。在这种情况下,注册会计师需要对相关控制进行测试。

(三) 相关概念辨析

1. 控制测试与了解内部控制

控制测试与了解内部控制的目的不同。后者的目的是通过了解被审计单位内部控制,以评价控制的设计是否有效,以及有无得到执行;而前者的目的是评价控制的运行是否有效。另外,两者的测试范围也可能不同。控制测试所涉及的内部控制的范围可能更小,注册会计师可能仅对那些通过了解拟信赖的控制进行测试。

尽管目的和范围有所不同,但是两者所采用的审计程序的类型是相同的,都可以运用询问、检查、观察等程序。因此,注册会计师可以决定在评价控制的设计以及确定其是否得到执行的同时测试控制运行的有效性,以提高审计效率。

另外,虽然某些风险评估程序并非专为控制测试设计的,但可以提供有关控制运行有效性的审计证据,从而也能够作为控制测试的程序。例如,注册会计师实施的风险评估程序可能包括:询问管理层对预算的使用;观察管理层对月度预算费用与实际费用的比较;检查预算金额与实际金额之间的差异报告。通过实施这些审计程序,注册会计师既可以了解被审计单位预算管理制度的设计及其是否得到执行,同时也可以获取有关这些制度在预防或发现费用的重大错报方面运行有效性的审计证据。

2. 控制测试与细节测试

控制测试与细节测试的目的不同。前者的目的是为控制运行的有效性提供审计证据,后者的目的是为认定的错报提供审计证据。尽管两者的目的不同,但注册会计师可以考虑针对同一交易同时实施控制测试和细节测试,以实现双重目的,这种做法称为双重目的测试。例如,注册会计师通过检查某笔交易的发票可以确定其是否经过适当的授权,也可以获取关于该交易的金额、发生时间等细节证据。当然,如果拟实施双重目的测试,注册会计师应当仔细设计和评价测试程序。

二、控制测试的性质、时间安排和范围

(一) 控制测试的性质

注册会计师需要获取的有关控制运行有效性的审计证据应当包括:① 控制在所审计期间的相关时点是如何运行的;② 控制是否得到一贯执行;③ 控制由谁或以何种方式执行。

为了获取上述审计证据,注册会计师应当实施适当的审计程序,包括询问、观察、检

查、重新执行。需要说明的是,询问本身并不足以测试控制运行的有效性。注册会计师应当将询问与其他审计程序结合使用。观察提供的证据仅限于观察发生的时点,本身也不足以测试控制运行的有效性,因此将询问或观察与检查、重新执行等结合使用,可能比仅实施询问或观察能够获取更高水平的保证。例如,被审计单位针对处理收到的邮政汇款单设计和执行了相关的内部控制,注册会计师通过询问和观察程序往往不足以测试此类控制的运行有效性,还需要检查能够证明此类控制在所审计期间的其他时段有效运行的文件和凭证,以获取充分、适当的审计证据。

在确定实施哪种程序以获取有关控制运行是否有效的审计证据时,除需考虑审计程序本身的特点外,注册会计师还需考虑特定控制的性质。例如,某些控制通过文件记录证明其运行的有效性,在这种情况下,注册会计师可能需要检查这些文件记录以获取控制运行有效的审计证据。而某些控制可能不存在文件记录,或文件记录与控制运行是否有效无关。例如,控制环境中的某些要素(如职权和责任的分配),或某些由计算机实施的控制活动,可能不会留下运行记录。在这种情况下,注册会计师可能需要通过询问并结合其他审计程序(如观察)或借助计算机辅助审计技术,获取有关控制运行有效性的审计证据。

(二)控制测试的时间安排

注册会计师应当根据审计准则的规定,测试其拟信赖的特定时点或整个期间的控制,为预期信赖程度提供恰当的依据。

如果仅需要测试控制在特定时点运行的有效性(如对被审计单位期末存货盘点进行控制测试),则注册会计师只需要获取该时点的审计证据。如果拟信赖控制在某一期间运行的有效性,则注册会计师还需要实施其他测试,以获取相关控制在该期间内的相关时点运行有效的审计证据。这种测试可能包括测试被审计单位对控制的监督。

1. 对期中获取的审计证据的利用

如果已获取有关控制在期中运行有效性的审计证据,注册会计师应当获取这些控制在剩余期间发生重大变化的审计证据,并且确定针对剩余期间还需获取的补充审计证据。

在确定需要获取哪些补充审计证据以证明控制在期中之后的剩余期间仍然有效运行时,注册会计师应当考虑下列因素:

(1)评估的认定层次重大错报风险的重大程度。风险越高,需要获取的补充证据越多。

(2)在期中测试的特定控制以及自期中测试后发生的重大变动,包括在信息系统、流程和人员方面发生的变动。如果控制发生重大变动,则需要获取更多的补充证据。但是对于自动化控制,除非程序发生变动,通常认为会一贯运行。

(3)在期中对有关控制运行的有效性获取的审计证据的程度。如果期中获取了有关控制运行有效性的充分、适当的审计证据,则剩余期间需要获取的补充证据可以更少。

(4)剩余期间的长度。剩余期间越长,需要获取的补充证据越多。

(5)在信赖控制的基础上拟减少实质性程序的范围。对相关控制的信赖程度越高、拟减少的实质性程序的范围越大,需要获取的补充证据就越多。

(6)控制环境。控制环境越差,注册会计师需要获取的剩余期间的补充证据越多。

注册会计师可以通过对控制在剩余期间运行的有效性进行延伸测试或测试被审计单

位对控制的监督,获取补充证据。

2. 对以前审计获取的审计证据的利用

(1) 是否利用以前审计获取的审计证据的考虑因素。

在确定利用以前审计获取的有关控制运行有效性的审计证据是否适当,以及再次测试控制的时间间隔时,注册会计师应当考虑下列因素:① 内部控制其他要素的有效性,包括控制环境、被审计单位对控制的监督以及被审计单位的风险评估过程;② 控制特征(人工控制还是自动化控制)产生的风险;③ 信息技术一般控制的有效性;④ 控制设计及其运行的有效性,包括在以前审计中发现的控制运行偏差的性质和程度,以及是否发生对控制运行产生重大影响的人员变动;⑤ 是否存在由于环境发生变化而特定控制缺乏相应变化导致的风险;⑥ 重大错报风险和对控制的信赖程度。

(2) 拟利用以前审计获取的审计证据时的处理。

如果拟利用以前审计获取的有关控制运行有效性的审计证据,注册会计师应当通过获取这些控制在以前审计后是否发生重大变化的审计证据,确定以前审计获取的审计证据是否与本期审计持续相关。

注册会计师应当通过实施询问并结合观察或检查程序,来获取这些控制是否发生重大变化的审计证据,以确认对这些控制的了解,并根据不同的情况作出处理。① 如果控制在本期已发生变化,且这些变化对以前审计获取的审计证据的持续相关性能够产生影响,注册会计师应当在本期审计中测试这些控制运行的有效性。② 如果控制在本期未发生变化,注册会计师应当每三年至少对控制测试一次,并且在每年审计中测试部分控制,以避免将所有拟信赖控制的测试集中于某一年,而在之后的两年中不进行任何测试。

需要注意的是,如果确定评估的认定层次重大错报风险是特别风险,并拟信赖针对该风险实施的控制,那么无论相关控制是否自上次测试后发生变化,注册会计师都应当在本期审计中测试这些控制运行的有效性。

(三) 控制测试的范围

1. 控制测试范围的影响因素

对控制有效性的信赖程度越高,注册会计师越需要获取更具说服力的审计证据,这可能需要扩大控制测试的范围。

除对控制的信赖程度外,在确定控制测试的范围时,注册会计师还可能考虑下列因素:① 在拟信赖期间,被审计单位执行控制的频率;② 在所审计期间,注册会计师拟信赖控制运行有效性的时间长度;③ 控制的预期偏差率;④ 拟获取的有关认定层次控制运行有效性的审计证据的相关性和可靠性;⑤ 通过测试与认定相关的其他控制获取的审计证据的范围。

2. 对自动化控制的考虑

由于信息技术处理具有内在一贯性,除非程序(包括系统使用的表格、文档或其他永久性数据)发生变动,自动化控制会一贯运行。因此,如果确定某项自动化控制能够发挥预期作用(可在最初实施该控制的时点或其他时点确定),注册会计师通常无须扩大控制测试的范围,但需要考虑实施测试以确定该控制是否持续有效运行。这些测试可能包括确定:

（1）程序修改是否已经过适当的程序变动控制；
（2）交易处理所用的软件是否为授权批准版本；
（3）其他相关的一般控制是否运行有效。

这些测试还可能包括确定系统是否未发生变动。例如，当被审计单位使用软件包应用程序且没有对其进行修改或维护时，注册会计师可以检查信息系统安全管理记录，以获取在所审计期间不存在未经授权接触系统的审计证据。

3. 对间接控制的考虑

在设计和实施控制测试时，注册会计师应当确定拟测试的控制是否依赖其他控制（间接控制）。如果依赖其他控制，注册会计师应当确定是否有必要获取支持这些间接控制有效运行的审计证据。

在某些情况下，注册会计师可能有必要获取有关间接控制运行有效性的审计证据。例如，被审计单位可能针对超出信用额度的例外赊销交易设置报告和审核制度，在测试这项制度运行的有效性时，审核制度和相关的跟进措施是与测试直接相关的控制，与例外赊销报告中信息准确性相关的控制（如信息技术一般控制）则被称为间接控制，也需要对其实施控制测试。

这是因为，由于信息技术处理过程的内在一贯性，有关自动化应用控制得到执行的审计证据，需要连同信息技术一般控制（特别是对系统变动的控制）运行有效性的审计证据一起，才可能提供有关自动化应用控制运行有效性的重要审计证据。

三、对控制运行的有效性形成评价结论

控制测试的结果是注册会计师评价控制运行有效性的直接依据。然而，在评价相关控制运行的有效性时，除直接根据控制测试的结果进行评价外，注册会计师还应当评价通过实施实质性程序发现的错报是否表明控制未得到有效运行。因为，实施实质性程序发现的重大错报，是表明内部控制存在值得关注的内部控制缺陷的重要迹象。但通过实质性程序未发现错报，并不能证明与所测试认定相关的控制是有效的。

控制测试的结果可能表明被审计单位的控制运行存在偏差，造成偏差的原因有很多，包括关键人员发生变动、人为错误等。如果发现拟信赖的控制出现偏差，注册会计师应当进行专门询问以了解这些偏差及其潜在后果，并确定：

（1）已实施的控制测试是否为信赖这些控制提供了适当的基础；
（2）是否有必要实施追加的控制测试；
（3）是否需要针对潜在的错报风险实施实质性程序。

如果发现的控制偏差率较高（尤其是在与预期偏差率进行比较后），注册会计师可能无法信赖该控制，进而无法将认定层次的风险降至注册会计师评估的水平。在这种情况下，注册会计师可能需要更多地依靠实质性程序，以将最终的审计风险降至可接受的低水平。

第五节 实质性程序

一、实质性程序的概述

实质性程序是指用于发现认定层次重大错报的审计程序。实质性程序包括两类：一是针对各类交易、账户余额和披露的细节测试；二是实质性分析程序。

审计准则规定，无论评估的重大错报风险结果如何，注册会计师都应当针对所有重大类别的交易、账户余额和披露，设计和实施实质性程序。这是因为，注册会计师对风险的评估只是一种判断，可能无法识别所有的重大错报风险。另外，内部控制存在固有限制，如管理层凌驾于控制之上。所以，无论评估的重大错报风险结果如何，注册会计师都应当实施实质性程序。

二、实质性程序的性质、时间安排和范围

（一）实质性程序的性质

实质性程序包括两类：一是对各类交易、账户余额和披露的细节测试；二是实质性分析程序。细节测试、实质性分析程序在审计中各有其独特的作用，不可相互替代。实质性分析程序的结果往往为细节测试提供一定的方向性指导。

注册会计师在认定层次实施的实质性程序可以是细节测试、实质性分析程序，或者两者的结合。在确定实施何种审计程序（包括是否实施实质性分析程序）时，注册会计师需要判断各种可供使用的审计程序在将认定层次的审计风险降至可接受的低水平时的效果和效率。

1. 对运用实质性分析程序的考虑

实质性分析程序是指用作实质性程序的分析程序。在某些审计领域，如果重大错报风险较低且在一段时期内存在可预期关系的大量交易，注册会计师可以单独使用实质性分析程序以获取充分、适当的审计证据。

但是，与细节测试相比，实质性分析程序能够达到的精确度可能会受到限制（例如数据可靠性等），所提供的证据在很大程度上是间接证据，证明力相对较弱。因此，从审计过程整体来看，注册会计师不能仅仅依赖实质性分析程序，而忽视对细节测试的运用。

鉴于实质性分析程序的使用存在限制条件，审计准则规定，在设计和实施实质性分析程序时，无论单独使用或与细节测试结合使用，注册会计师都应当：

（1）考虑针对所涉及认定评估的重大错报风险和实施的细节测试（如有），确定特定实质性分析程序对于这些认定的适用性；

（2）考虑可获得信息的来源、可比性、性质和相关性，以及与信息编制相关的控制，评价在对已记录的金额或比率作出预期时使用的数据的可靠性；

（3）对已记录的金额或比率作出预期，并评价预期值是否足够精确以识别重大错报（包括单项重大的错报和单项虽不重大但连同其他错报可能导致财务报表产生重大错报的错报）；

(4) 确定已记录金额与预期值之间可接受的,且无需作进一步调查的差异额。

此外,审计准则还规定,如果评估的认定层次重大错报风险是特别风险,注册会计师应当专门针对该风险实施实质性程序。而且,仅有实质性分析程序是不够的,必须包括细节测试。

2. 对运用函证程序的考虑

函证(即外部函证)是指注册会计师直接从第三方(被询证者)获取书面答复作为审计证据的过程,书面答复可以采用纸质、电子或其他介质等形式。

在应对评估的重大错报风险时,函证程序可以就下列事项提供相关审计证据:① 银行存款、借款及与金融机构往来的其他重要信息;② 应收账款余额和条款;③ 由第三方保管的存货;④ 由律师或金融机构保管或作为担保的产权证书;⑤ 由第三方保管的,或通过股票经纪人购买的但未于资产负债表日交付的投资;⑥ 欠款金额,包括偿还条款和限制性协议;⑦ 应付账款余额和条款;⑧ 确认被审计单位与其他机构或人员签订的协议、合同或从事的交易的条款,或用于确认不存在某些交易的条件,如"背后协议"。

虽然函证程序的适用范围广、所提供证据的证明力强,但其有效性也会受到一些因素的影响,例如被询证者不认真对待回函等。因此,审计准则规定,注册会计师应当确定是否有必要实施函证程序以获取认定层次的相关、可靠的审计证据。

在作出是否实施函证程序的决策时,注册会计师应当考虑评估的认定层次重大错报风险,以及通过实施其他审计程序获取的审计证据如何将检查风险降至可接受的低水平。下列因素也会影响注册会计师确定是否将函证程序用作实质性程序:

(1) 被询证者对函证事项的了解。如果被询证者对函证的信息具有必要的了解,其提供的回复可靠性更高。

(2) 预期被询证者回复询证函的能力或意愿。在某些情况下,被询证者可能不会回复,也可能只是随意回复或可能试图限制对其回复的依赖程度,例如,被询证者可能不愿承担回复询证函的责任;被询证者可能认为回复询证函成本太高或消耗太多时间;被询证者可能对因回复询证函而可能承担的法律责任有所担心;被询证者可能以不同币种核算交易;回复询证函不是被询证者日常经营的重要部分。

(3) 预期被询证者的客观性。如果被询证者是被审计单位的关联方,其回复的可靠性会降低。

此外,尽管函证可以为某些认定提供相关审计证据,但对于其他一些认定,函证提供审计证据的相关性并不高。例如,函证针对应收账款余额的可回收性提供的审计证据,比针对应收账款余额的存在认定提供的审计证据的相关性要低。

(二) 实质性程序的时间安排

与控制测试一样,实质性程序也存在是否在期中实施以及是否利用以前审计获取的审计证据的问题。

1. 对期中获取的审计证据的利用

(1) 是否在期中实施实质性程序的考虑因素。

注册会计师在期中实施实质性程序而未在其后实施追加程序,将增加期末可能存在错报而未被发现的风险,并且该风险随着剩余期间的延长而增加。下列因素可能影响注

册会计师决定是否在期中实施实质性程序:

第一,控制环境和其他相关的控制。控制环境和其他相关的控制越薄弱,注册会计师越不宜在期中实施实质性程序。

第二,实施审计程序所需信息在期中之后的可获得性。如果实施实质性程序所需信息在期中之后可能难以获取(如系统变动导致某类交易记录难以获取),注册会计师应考虑在期中实施实质性程序;但如果实施实质性程序所需信息在期中之后的获取并不存在明显困难,该因素不应成为注册会计师在期中实施实质性程序的重要影响因素。

第三,实质性程序的目的。如果针对某项认定实施实质性程序的目的就包括获取该认定的期中审计证据(从而与期末比较),注册会计师应在期中实施实质性程序。

第四,评估的重大错报风险。注册会计师评估的某项认定的重大错报风险越高,针对该认定所需获取的审计证据的相关性和可靠性要求也就越高,注册会计师越应当考虑将实质性程序集中于期末(或接近期末)实施。

第五,特定类别的交易或账户余额以及相关认定的性质。例如,某些交易或账户余额以及相关认定的特殊性质(如收入截止认定、未决诉讼)决定了注册会计师必须在期末(或接近期末)实施实质性程序。

第六,针对剩余期间,能否通过实施适当的实质性程序或将实质性程序与控制测试相结合,以降低期末存在错报而未被发现的风险。如果针对剩余期间注册会计师可以通过实施实质性程序或将实质性程序与控制测试相结合,较有把握降低期末存在错报而未被发现的风险(如注册会计师在 10 月份实施预审时考虑是否使用一定的审计资源实施实质性程序,从而形成的剩余期间不是很长),注册会计师可以考虑在期中实施实质性程序。

(2) 期中测试结论的合理延伸。

如果在期中实施了实质性程序,注册会计师应当针对剩余期间采用某种方法,以将期中测试得出的结论合理延伸至期末。

可供选择的方法有两种:一是结合对剩余期间实施的控制测试,实施实质性程序;二是如果认为对剩余期间拟实施的实质性程序是充分的,仅实施实质性程序。注册会计师可以根据具体情况,采用上述两种方法之一,以将期中测试的结论合理延伸至期末。

(3) 期中发现错报的影响。

如果期中检查出注册会计师在评估重大错报风险时未预期到的错报,注册会计师应当评价是否需要修改相关的风险评估结果以及针对剩余期间拟实施的实质性程序的性质、时间安排或范围。

针对剩余期间拟实施的对实质性程序的性质、时间安排或范围的修改,可能包括在期末扩大期中已实施实质性程序的范围或重新实施这些实质性程序。

2. 对以前审计获取的审计证据的考虑

在多数情况下,在以前审计中实施实质性程序获取的审计证据,通常对本期只有很弱的证据效力,不足以应对本期审计的重大错报风险。

但是,也有例外。例如,由于证券化的结构未发生变化,以前审计中获得的与证券化结构有关的法律意见可能在本期仍适用。又如,以前审计通过实质性程序测试过的某项诉讼在本期没有任何实质性进展。在这些情况下,使用在以前审计的实质性程序中获取的审计证据可能是适当的,前提是该证据及其相关事项未发生重大变动,并且本期已经实施用以确认是否具有持续相关性的审计程序。

（三）实质性程序的范围

评估的认定层次重大错报风险和实施控制测试的结果,是注册会计师在确定实质性程序的范围时的重要考虑因素。评估的认定层次重大错报风险越高,需要实施的实质性程序的范围越广。如果对控制测试结果不满意,注册会计师可能需要扩大实质性程序的范围。

需要说明的是,注册会计师实施的实质性程序应当包括下列与财务报表编制完成阶段相关的审计程序:① 将财务报表与其所依据的会计记录进行核对或调节;② 检查财务报表编制过程中作出的重大会计分录和其他调整。对会计分录和其他调整执行检查的性质和范围,取决于被审计单位财务报告过程的性质和复杂程度,以及相关的重大错报风险。

最后,在实质性程序中,注册会计师应当设计和实施审计程序,以评价财务报表的总体列报与相关披露是否符合适用的财务报告编制基础的规定。评价财务报表的整体列报（包括相关披露）涉及考虑单一财务报表的列报方式是否反映了财务信息的适当分类和描述,以及财务报表及其附注的形式、排列和内容;同时包括所使用的术语、所提供的明细金额、报表项目的分类以及所列金额的依据等。

第九章 审计抽样

【学习目标】

1. 理解选取测试项目的三种方法。
2. 掌握审计抽样的分类、风险及其基本步骤。
3. 了解控制测试中抽样技术的应用。
4. 了解实质性程序中抽样技术的应用。

第一节　选取测试项目方法概述

在设计控制测试和细节测试时,注册会计师应当确定用以选取测试项目的适当方法,以有效实现审计程序的目的。

注册会计师可以使用的选取测试项目的方法有三种,分别为选取全部项目(100%检查)、选取特定项目以及审计抽样。

一、选取全部项目

在某些情况下,注册会计师可能认为检查构成某类交易或账户余额的项目的总体(或总体中的一层)是最恰当的。例如,当总体是由少量大额项目构成时;当存在特别风险且其他方法未提供充分、适当的审计证据时;当由于信息系统自动执行的计算或其他程序具有重复性、对全部项目进行检查符合成本效益原则时。

选取全部项目进行百分之百地检查,通常更适用于细节测试。

二、选取特定项目

根据对被审计单位的了解、评估的重大错报风险以及所测试总体的特征等,注册会计师可能决定从总体中选取特定项目进行测试。

选取的特定项目可能包括:

(1)大额或关键项目。注册会计师可能决定在总体中选取特定项目,因为其金额重大或者显示出某些其他特征,例如,可疑异常的,尤其是容易有风险的或者曾经出错的项目。

(2)超过某一金额的全部项目。注册会计师可能决定检查记录金额超过某一设定金额的所有项目,从而验证某类交易或账户余额的大部分金额。

(3)被用于获取某些信息的项目。注册会计师可能通过检查某些项目以获取被审计单位的性质或交易的性质等事项的信息。

虽然从某类交易或账户余额中选取特定项目进行检查,是获取审计证据的有效手段,但并不构成审计抽样。因为,选取特定项目的检查不能为总体中剩余的部分提供审计证据。注册会计师无法根据采用这种方法所选取的项目实施审计程序的结果,推断至整个总体。

三、审计抽样

审计抽样(即抽样)是指注册会计师对具有审计相关性的总体中低于百分之百的项目实施审计程序,使所有抽样单元都有被选取的机会,为注册会计师针对总体得出结论提供合理基础。其中,总体是指注册会计师从中选取样本并期望据此得出结论的整个数据集合。抽样单元是指构成总体的个体项目。

为了规范注册会计师在实施审计程序时使用审计抽样,财政部发布了《中国注册会计师审计准则第1314号——审计抽样》。该准则是审计证据准则的补充,用以指导注册会计师在设计和选择审计样本以实施控制测试和细节测试,以及评价样本结果时对统计抽样和非统计抽样的使用。

第二节 审计抽样的基本原理

一、统计抽样和非统计抽样

审计抽样的种类较多,按抽样决策的依据不同,可将其分为统计抽样和非统计抽样。

统计抽样是指同时具备两大特征的抽样方法:第一个特征是随机选取样本项目;第二个特征是运用概率论评价样本结果,包括计量抽样风险。不同时具备这两个特征的抽样方法为非统计抽样。

统计抽样和非统计抽样本身并不存在谁优谁劣的问题,都要求注册会计师在设计、执行抽样计划和评价抽样结果时合理运用职业判断。两种方法只要运用得当,都可提供充分、适当的证据,并且都存在某种程度的抽样风险和非抽样风险,只是非统计抽样方法不能有效计量抽样风险而已。究竟应选用哪种抽样技术,主要取决于注册会计师对审计成本与效果的预期,以及个人的技能和偏好。在实务中,结合运用统计抽样和非统计抽样,可能会收到较好的审计效果。统计抽样和非统计抽样的关系如图9-1所示。

值得注意的是,统计抽样和非统计抽样的选用,并不影响运用于样本的审计程序的选择,因为抽样方法的选用主要涉及审计程序实施的范围和样本选取,而审计程序是由审计目标决定的。此外,统计抽样和非统计抽样的选用也不影响获取单个样本项目证据的适当性以及注册会计师对发现的样本偏差或错报所作出的适当反应,因为这些事项都需要注册会计师运用职业判断。

二、属性抽样和变量抽样

注册会计师使用统计抽样技术,可了解总体很多不同的特征,但是绝大多数统计抽样都被用来估计偏差率或错报金额。按照测试的目的和特征不同,统计抽样方法可分为属性抽样和变量抽样。

根据控制测试的目的和特点为测定总体特征的偏差率而采用的审计抽样称为属性抽样,根据实质性程序的目的和特点为测定总体的错报金额而采用的审计抽样称为变量抽样。属性抽样和变量抽样的主要区别如表9-1所示。

表9-1 统计抽样中的属性抽样和变量抽样

抽样技术	测试种类	目标
属性抽样	控制测试	估计总体既定控制的偏差率(次数)
变量抽样	实质性程序	估计总体的总金额或者总体中的错报金额

在实施控制测试时,注册会计师通常采用固定样本量抽样、停—走抽样、发现抽样等属性抽样方法。在实施实质性程序时,注册会计师通常采用单位平均估计抽样、比率估计抽样和差额估计抽样等变量抽样方法。

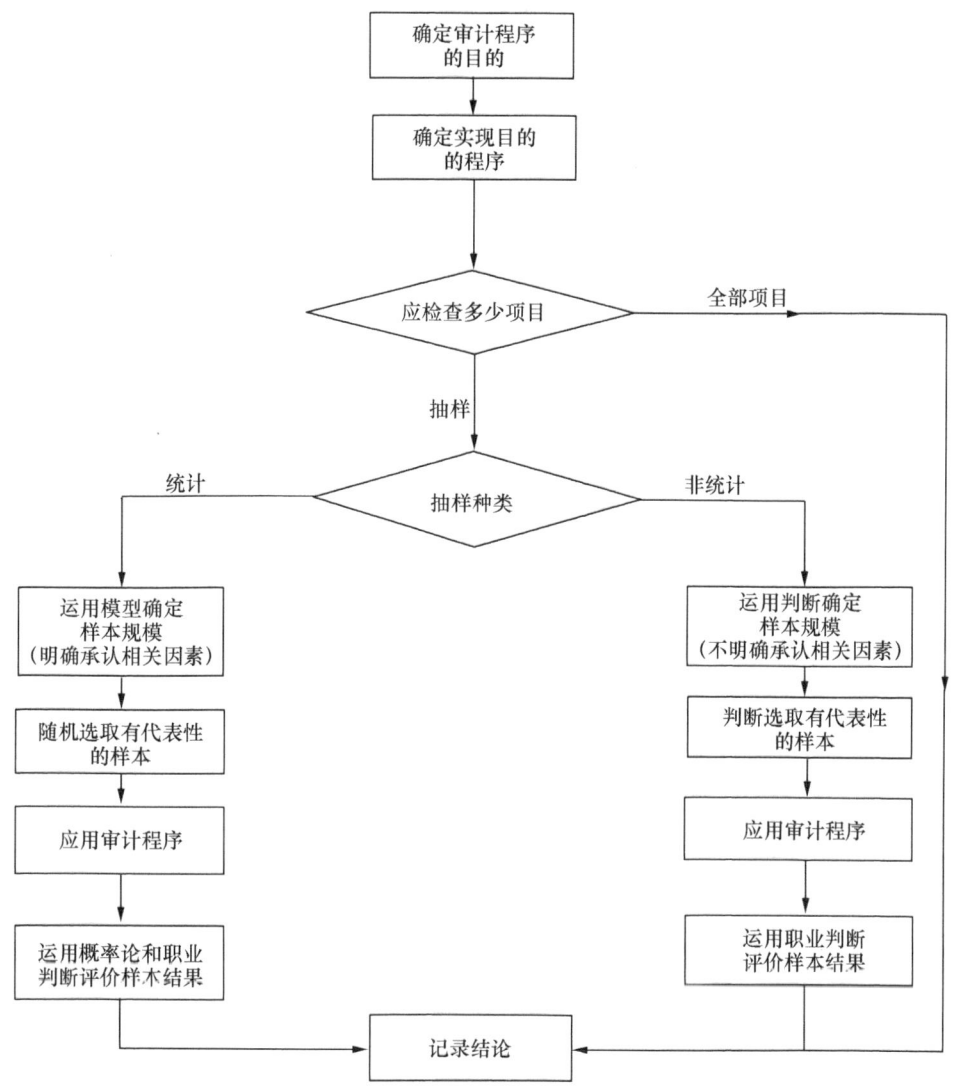

图 9-1 统计抽样与非统计抽样

三、抽样风险和非抽样风险

在使用审计抽样时,审计风险既可能受到抽样风险的影响,也可能受到非抽样风险的影响。这两者通过影响重大错报风险的评估和检查风险的确定进而影响审计风险,因此,获取审计证据时必须考虑抽样风险和非抽样风险。

(一)抽样风险

抽样风险是指注册会计师根据样本得出的结论,可能不同于对整个总体实施与样本相同的审计程序得出的结论的风险。抽样风险直接与抽样相关。抽样风险分为两种类型。

1. 影响审计效果的抽样风险

(1) 信赖过度风险,是指在实施控制测试时,注册会计师推断的控制有效性高于其实际有效性的风险。

(2) 误受风险,是指在实施细节测试时,注册会计师推断某一重大错报不存在而实际上存在的风险。

此类抽样风险能够影响审计的效果,并可能导致注册会计师发表不恰当的审计意见,是最危险的抽样风险。

2. 影响审计效率的抽样风险

(1) 信赖不足风险,是指在实施控制测试时,注册会计师推断的控制有效性低于其实际有效性的风险。

(2) 误拒风险,是指在实施细节测试时,注册会计师推断某一重大错报存在而实际上不存在的风险。

此类抽样风险一般会导致注册会计师执行额外的审计程序,因而影响审计的效率。信赖不足风险和误拒风险属于保守型风险,出现这两种风险后,审计效率虽不高,但其效果往往都可以得到保证。

(二) 非抽样风险

非抽样风险是指注册会计师由于任何与抽样风险无关的原因而得出错误结论的风险。

注册会计师的人为错误如未能发现样本中的偏差或错报,采用不适当的审计程序或误解审计证据而没有发现偏差或错报,均可能导致非抽样风险。

抽样风险、非抽样风险对审计工作的影响如表9-2所示。

表9-2 抽样风险、非抽样风险对审计工作的影响

审计测试	抽样风险的种类	对审计工作的影响
控制测试	信赖过度风险	效果
	信赖不足风险	效率
实质性程序	误受风险	效果
	误拒风险	效率

注:两种测试中的非抽样风险对审计效率、效果都有影响

(三) 对抽样风险和非抽样风险的控制

由于抽样风险与样本量呈反向关系,样本量越大,抽样风险越低,所以,无论是控制测试还是细节测试,注册会计师都可以通过扩大样本规模降低抽样风险。非抽样风险虽然无法量化,但可以通过培训,对业务进行指导、监督与复核等措施降低非抽样风险。

四、审计抽样的基本步骤

(一) 进行样本设计

注册会计师在设计样本时,应当考虑以下基本因素:

1. 审计程序的目的

审计抽样必须紧紧围绕审计测试程序的目的展开。一般而言,控制测试是为了获取关于某项控制运行是否有效的证据,而细节测试的目的是确定某类交易或账户余额的金额是否正确,获取与存在的错报有关的证据。

注册会计师考虑审计程序的目的,包括清楚了解什么构成偏差或错报,可以使其在评价偏差或错报时仅考虑与审计程序目的相关的所有情况。例如,对应收账款的存在实施细节测试时,如实施函证程序,客户在函证基准日之前支付而被审计单位在函证基准日之后不久收到的款项,不视为错报。再如,客户明细账之间的误登不影响应收账款总账余额,即使这种误登可能对审计的其他方面(如对舞弊风险或坏账准备充分性的评估)具有重要影响,但是在评价该特定审计程序的样本测试结果时将其视为错报可能是不适当的。

2. 抽样总体

界定抽样总体时,应当确保抽样总体的适当性和完整性。适当性是指抽样总体必须符合特定审计程序的目的。例如,假定审计程序的目的是检查应收账款余额是否多计,抽样总体应为应收账款明细账;假定审计程序的目的是审查应付账款余额是否少计,则抽样总体不仅应包括应付账款明细账,还应包括期后付款、未付发票以及能够提供应付账款少计证据的其他项目。完整性是指抽样总体必须包括符合特定审计目标的某类交易或账户余额的全部项目。

界定抽样总体之后,注册会计师应当考虑抽样总体的特征。对于控制测试,注册会计师在考虑总体特征时,需要根据对相关控制的了解或对总体中少量项目的检查来评估预期偏差率。注册会计师作出这种评估,旨在设计审计样本和确定样本规模。例如,如果预期偏差率高的无法接受,注册会计师通常决定不实施控制测试。同样,对于细节测试,注册会计师需要评估总体中的预期错报。如果预期错报很高,注册会计师在实施细节测试时对总体进行百分之百地检查或使用较大的样本规模可能较为适当。

3. 分层

分层是指将一个总体划分为多个子总体的过程,每个子总体由一组具有相同特征(通常为货币金额)的抽样单元组成。分层可以降低每层各项目的变异性,从而在抽样风险没有成比例增加的前提下减小样本规模。

注册会计师可以考虑将总体分为若干个离散的具有识别特征的子总体(层),以提高审计效率。但应当仔细界定子总体,以使每个抽样单元只能属于一个层次。在实施细节测试时,注册会计师通常按照货币金额对某类交易或账户余额进行分层,以将更多的审计资源投入大额项目中。也可以按照显示较高误差风险的某一特定特征对总体进行分层。

对某一层中的样本项目实施审计程序的结果,只能用于推断构成该层的项目。如果要对整个总体作出结论,注册会计师应当考虑与构成整个总体的其他层有关的重大错报风险。

4. 抽样单元

抽样单元是指构成总体的个体项目。注册会计师应当根据审计程序的目的和客户的具体情况确定抽样单元。注册会计师依据不同的要求和方法,从总体中选取若干抽样单元,便构成不同的样本。

在实施细节测试时,特别是测试高估时,将构成某类交易或账户余额的每一货币单位(如人民币元)作为抽样单元,采用金额加权选样方法,通常效率很高。在这种方法下,注册会计师通常从总体中选取特定货币单位,然后检查包含这些货币单位的特定项目。这种方法可与系统选样方法结合使用,且在使用计算机辅助审计技术选取测试项目时效率最高。

5. 样本规模

注册会计师可以运用统计学公式或运用职业判断,确定样本规模(即样本量)。无论使用哪种方法确定样本规模,注册会计师都应当确定足够的样本规模,以将抽样风险降至可接受的低水平。

样本规模受注册会计师可接受的抽样风险水平的影响。可接受的风险水平越低,需要的样本规模越大。在确定样本规模时,注册会计师应当考虑能否将抽样风险降至可接受的低水平。

注册会计师对总体的预计偏差率或错报金额的评估,对设计审计样本和确定样本规模也有影响。在实施控制测试时,注册会计师通常根据对相关控制的设计和执行情况的了解,或根据从总体中抽取少量项目进行检查的结果,对拟测试总体的预计偏差率进行评估。在实施细节测试时,注册会计师通常对总体的预计错报金额进行评估。注册会计师评估的总体的预计偏差率或错报金额越高,需要的样本规模越大。

可容忍误差与样本规模存在反向关系。在实施控制测试时,可容忍误差即可容忍偏差率,是指注册会计师设定的偏离规定的内部控制程序的比率,注册会计师试图对总体中的实际偏差率不超过该比率获取适当水平的保证。在实施实质性程序时,可容忍误差即可容忍错报,是指注册会计师设定的货币金额,注册会计师试图对总体中的实际错报不超过该货币金额获取适当水平的保证。

(二)选取测试项目

在选取测试项目时,注册会计师应当使总体中的所有抽样单元均有被选取的机会,以使样本能够代表总体,从而保证由抽样结果推断的总体特征具有合理性和可靠性。在统计抽样中,注册会计师应当随机选取样本项目,以使每一抽样单元以已知的概率被选中。抽样单元可能是实物项目(如发票)或货币单位。在非统计抽样中,注册会计师应当运用职业判断选取样本项目。由于抽样的目的是对整个总体得出结论,注册会计师应当尽量选取具有总体典型特征的样本项目,并在选取测试项目时避免偏见。

这里介绍三种选取测试项目的方法,分别是随机选样法、系统选样法以及随意选样法。

1. 随机选样法

随机选样法是指对总体或次级总体的所有项目,按随机规则选取样本。例如,采用随机数表来选取样本。随机数表的实例如表9-3所示。

表 9-3 随机数表(部分列示)

行号\随机数\列号	(1)	(2)	(3)	(4)	(5)
1	10 480	15 011	01 536	02 011	81 647
2	22 368	46 573	25 595	85 313	30 995
3	24 130	48 360	22 527	97 265	76 393
4	42 167	93 093	06 243	61 680	07 856
5	37 570	39 975	81 837	16 656	06 121
6	77 921	06 907	11 008	42 751	27 756
7	99 562	72 905	56 420	69 994	98 872
8	96 301	91 977	05 463	07 972	18 876
9	89 759	14 342	63 661	10 281	17 453
10	85 475	36 857	53 342	53 988	53 060
11	28 018	69 578	88 231	33 276	70 997
12	63 553	40 961	48 235	03 427	49 626
13	09 429	93 069	52 636	92 737	88 974
14	10 365	61 129	87 529	85 689	48 237
15	07 119	97 336	71 048	08 178	77 233

表 9-3 中的每一个数都是运用随机方法选出的随机 5 位数,但此表并非随机 5 位数清单。使用随机数表时,首先应建立表中数字与总体中项目的一一对应关系。如果总体中的项目为连续编号,这种一一对应关系很容易做到,但有时也需要重新编号才能做到。例如,若经济业务事项编号为 A—001,B—002……时,注册会计师可指定用 1 代替 A,用 2 代替 B 等。其次应选择一个起点和一个选号路线,起点和选号路线可任意选择,但一经选定,则应从起点开始,按照选号路线依次选样。

现举例说明如何使用随机数表。假定注册会计师对某公司连续编号为 500—5 000 的现金支票进行随机选样,希望选取一组样本量为 20 的样本。首先,注册会计师确定只用随机数表所列数字的前 4 位数来与现金支票号码一一对应。其次,确定第 5 列第 1 行为起点,选号路线为第 5 列、第 4 列、第 3 列、第 2 列、第 1 列,依次进行。最后,按照规定的一一对应关系和起点及选号路线,选出 20 个数码:3 099,785,612,2 775,1 887,1 745,4 962,4 823,1 665,4 275,797,1 028,3 327,817,2 559,2 252,624,1 100,546,4 823。凡前 4 位数在 500 以下或 5 000 以上的,因为支票号码没有一一对应关系,均不入选。选出 20 个数码后,按此数码选取号码与其对应的 20 张支票作为选定样本进行审查。如果选取的数码出现重复,在不放回抽样的情况下,重新补选。

2. 系统选样法

系统选样法也称等距选样法,是指首先计算选样间隔,确定选样起点,然后再根据间隔顺序选取样本的一种选样方法。例如,注册会计师希望采用系统选样法从 2 000 张凭证中选出100张作为样本。首先计算出选样间隔为20(2 000÷100),假定注册会计师确定随机起点为542,则注册会计师每隔20张凭证选取一张,共选取100张凭证作为样本即可。如542为第一张,则往下的顺序为522,502……；往上的顺序为562,582……

系统选样方法使用方便,并可用于无限总体。但使用系统选样方法要求总体必须是随机排列的,否则容易发生较大的偏差。所以在使用这种方法时,必须先确定总体是否随机排列,若不是随机排列,则不宜使用。

3. 随意选样法

随意选样法是指不考虑金额大小、资料取得的难易程度及个人偏好,以随意的方式选取样本。随意选样的缺点在于很难完全无偏见地选取测试项目。

(三) 实施审计程序

注册会计师应当针对选取的每个项目,实施适合于特定审计目的的审计程序。

如果选取的项目不适合实施审计程序,注册会计师通常使用替代项目。例如,在测试付款授权时选取了一张作废的支票,并确信支票已经按照适当程序作废,因而不构成偏差,注册会计师需要适当选择一个替代项目进行检查。

如果未能对某个选取的项目实施设计的审计程序或适当的替代程序,注册会计师应当将该项目视为控制测试中对规定的控制的一项偏差,或者细节测试中的一项错报。

(四) 评价抽样结果

注册会计师在对样本实施计划审计程序后,需要对样本结果进行评价,具体步骤为分析样本偏差或错报,推断总体偏差或错报,形成审计结论。

1. 分析样本偏差或错报

注册会计师应当调查识别出的所有偏差或错报的性质和原因,并评价其对审计程序的目的和审计的其他方面可能产生的影响。

(1) 多个偏差或错报具有共同特征时的处理

在分析识别出的偏差或错报时,注册会计师可能注意到许多偏差或错报具有共同的特征,如交易类型、地点、产品线或时段。在这种情况下,注册会计师应当考虑识别出总体中具有共同特征的全部项目,并将审计程序延伸至所有这些项目。这些偏差或错报可能是故意的,可能表明存在舞弊。

(2) 异常误差的识别及处理

异常误差是指对总体中的错报或偏差明显不具有代表性的错报或偏差,该事件只有在特定条件下才会重复发生,因而异常误差对总体不具有代表性。如果将某一误差视为异常误差,注册会计师应当实施追加的审计程序,以高度确信该误差对总体不具有代表性。追加的审计程序取决于具体情况,但应能为注册会计师提供充分、适当的审计证据,以证明该误差并不影响总体的剩余部分。

2. 推断总体偏差或错报

在实施控制测试时,由于样本的偏差率就是整个总体的推断偏差率,注册会计师无须推断总体偏差率。

在实施细节测试时,注册会计师应当根据样本中发现的错报金额推断总体错报金额,并考虑推断错报对特定审计程序的目的及审计的其他方面的影响。如果某项错报被确认为异常,注册会计师在推断总体错报时可以将其排除在外。但是,如果该项错报没有更正,注册会计师除需推断非异常错报外还需要考虑所有异常错报的影响。

3. 形成审计结论

注册会计师应当评价样本结果,并且评价使用的审计抽样是否已为注册会计师针对所测试的总体得出的结论提供合理基础。

对于控制测试,除非注册会计师已获取能够证实最初评估结果的进一步审计证据,否则超出预期的高偏差率可能导致评估的重大错报风险增加。对于细节测试,在缺乏进一步审计证据证明不存在重大错报的情况下,样本中超出预期的高错报可能导致注册会计师认为某类交易或账户余额存在重大错报。

对于细节测试,推断错报与异常错报(如有)之和是注册会计师对总体错报的最佳估计。当推断错报与异常错报(如有)之和超过可容忍错报时,样本就不能为得出有关测试总体的结论提供合理的基础。推断错报与异常错报(如有)之和越接近可容忍错报,总体中实际错报超过可容忍错报的可能性就越大。如果推断错报高于确定样本规模时使用的预期错报,注册会计师可能认为,总体中实际错报超出可容忍错报的抽样风险是不可接受的。考虑其他审计程序的结果有助于注册会计师评估总体中实际错报超出可容忍错报的抽样风险,获取额外的审计证据可以降低风险。

如果认为审计抽样没有为得出有关测试总体的结论提供合理的基础,注册会计师可以:

(1)要求管理层对识别出的错报和是否可能存在更多错报进行调查,并在必要时进行调整;

(2)调整进一步审计程序的性质、时间安排和范围,以更好地获取所需的保证。例如,对于控制测试,注册会计师可能会扩大样本规模,测试替代控制或修改相关实质性程序。

第三节 控制测试中抽样技术的运用

在控制测试中运用的抽样技术主要是属性抽样方法。所谓属性,是指总体的质量特征,即被审计业务或被审计内部控制是否遵循了既定的标准以及其存在的偏差水平。

属性抽样中,抽样结果只有两种:"对"与"错"或"是"与"不是"。总体的特征通常为反映遵循制度规定或要求的相应水平。

一、基本概念

(一)偏差

在属性抽样中,偏差是指注册会计师认为导致控制程序失效的所有控制无效事件。注册会计师应根据实际情况,恰当地定义偏差。例如,可将"偏差"定义为会计记录中的虚假账户、经济业务的记录未进行复核、审批手续不全等各类差错。

（二）抽样风险与可信赖程度

可信赖程度是指样本性质能够代表总体性质的可靠性程度。抽样风险与可信赖程度是互补的,换句话说,1减去可信赖程度就是抽样风险。例如,注册会计师选择一个95%的可信赖程度,他就有5%的风险去接受抽样结果表示的内部控制是有效的结论,而实际上内部控制是无效的。属性抽样中的风险矩阵图如表9-4所示。

表9-4 属性抽样风险矩阵图

抽样结果 \ 内部控制实际状况	实际运行状况达到预期信赖程度	实际运行状况未达到预期信赖程度
肯定	正确的决定	信赖过度风险
否定	信赖不足风险	正确的决定

在控制测试中,一般将最小可信赖程度设定为90%,如果其属性对于其他项目是重要的,则用95%的可信赖程度。

（三）可容忍偏差

在实施控制测试时,可容忍偏差的确定能够确保总体偏差超过可容忍偏差时,注册会计师应降低对内部控制的可信赖程度。可容忍偏差的确定如表9-5所示。

表9-5 可容忍偏差的确定

可容忍偏差	内部控制的可信赖程度
20%（或小于20%）	可信赖程度差,在信赖内部控制方面的实质性工作不能有大的或中等的减少,考虑实施100%测试。
10%（或小于10%）	中等可信赖程度,基于审计结论,在信赖内部控制方面实质性工作将减少。
5%（或小于5%）	内部控制实际可靠,基于审计结论,在信赖内部控制方面实质性工作将减少1/2—2/3。

二、属性抽样的具体方法

属性抽样主要有固定样本量抽样、停—走抽样、发现抽样三种抽样方法。

（一）固定样本量抽样

固定样本量抽样是使用最为广泛的一种属性抽样,常用于估计总体中某种偏差发生的比例,用"多大比例"来回答问题。例如,用这种方法估计重复支付的单据数,注册会计师最后得出的结论一般是："有95%的可信赖程度说明重复支付的单据数占总体的2%—6%。"

一般情况下,固定样本量抽样的基本步骤如下:确定审计程序的目的;定义偏差;定义总体;确定选取测试项目的方法;确定样本量;选取样本并进行审计;评价抽样结果;书面记录抽样程序。

根据上述程序,举例说明固定样本量抽样方法。

1. 确定审计程序的目的

假设注册会计师打算审查企业是否只有在将验收报告与进货发票核对之后,才核准支付采购货款这一控制活动时,他们只会对该活动操作的准确性,以及进货发票与验收报告核对的控制活动是否正常运行感兴趣。

2. 定义偏差

对于每张发票及有关的验收单据,若发现下列情形之一者,即可定义为偏差:

(1) 未附验收单据的任何发票;

(2) 发票虽附有验收单据,但该单据却属于其他发票;

(3) 发票与验收单据所记载的数量不符。

3. 定义总体

假设企业对每笔采购业务均采用连续编号的凭单,每张凭单上要附有验收报告及发票,因此,抽样单位是个别的凭单。若此项测试是期中执行的,则假设总体包括审计年度前10个月内购买原材料的若干张凭单。

4. 确定选取测试项目的方法

凭单是连续编号的,注册会计师决定采用随机选样法来选取样本。

5. 确定样本量

假设从前三年的审计中,注册会计师得知上述所描述的内部控制发生的偏差率为0.5%、0.9%及0.7%,偏差未呈逐年减少的趋势,因此基于稳健原则的因素,可将预期总体偏差率定为1%。

验收报告与订购单之间的脱节导致的多支付给供应商购货款,即误记进货与应付账款,均会对财务报表产生影响,注册会计师应加以关注。但注册会计师仍准备信赖内部控制,以减小实质性程序的范围。基于这些考虑,注册会计师依赖其专业判断,确定可容忍偏差率为4%,信赖过度风险为5%。

为简化工作,注册会计师根据已制定的控制测试统计样本量表(如表9-6所示),查出可容忍偏差率为4%,预期总体偏差率为1%时,应选取的样本量为156项,样本中的预期偏差次数为1。若在样本中发现两个或两个以上的偏差,就说明抽样结果不能支持注册会计师对内部控制的预期信赖程度。

表9-6 95%的可信赖程度下控制测试样本量表

预期总体偏差率(%)	可容忍偏差率										
	2%	3%	4%	5%	6%	7%	8%	9%	10%	15%	20%
0	149(0)	99(0)	74(0)	59(0)	49(0)	42(0)	36(0)	32(0)	29(0)	19(0)	14(0)
0.25	236(1)	157(1)	117(1)	93(1)	78(1)	66(1)	58(1)	51(1)	46(1)	30(1)	22(1)
0.50	*	157(1)	117(1)	93(1)	78(1)	66(1)	58(1)	51(1)	46(1)	30(1)	22(1)
0.75	*	208(1)	117(1)	93(1)	78(1)	66(1)	58(1)	51(1)	46(1)	30(1)	22(1)
1.00	*	*	156(1)	93(1)	78(1)	66(1)	58(1)	51(1)	46(1)	30(1)	22(1)
1.25	*	*	156(1)	124(2)	78(1)	66(1)	58(1)	51(1)	46(1)	30(1)	22(1)
1.50	*	*	192(3)	124(2)	103(2)	88(2)	77(2)	51(1)	46(1)	30(1)	22(1)
1.75	*	*	227(4)	153(3)	103(2)	88(2)	77(2)	51(1)	46(1)	30(1)	22(1)

(续表)

预期总体偏差率(%)	可容忍偏差率										
	2%	3%	4%	5%	6%	7%	8%	9%	10%	15%	20%
2.00	*	*	*	181(4)	127(3)	88(2)	77(2)	68(2)	46(1)	30(1)	22(1)
2.25	*	*	*	208(5)	127(3)	88(2)	77(2)	68(2)	61(2)	30(1)	22(1)
2.50	*	*	*	*	150(4)	109(3)	77(2)	68(2)	61(2)	30(1)	22(1)
2.75	*	*	*	*	173(5)	109(3)	95(3)	68(2)	61(2)	30(1)	22(1)
3.00	*	*	*	*	195(6)	129(4)	95(3)	84(3)	61(2)	30(1)	22(1)
3.25	*	*	*	*	*	148(5)	112(4)	84(3)	61(2)	30(1)	22(1)
3.50	*	*	*	*	*	167(6)	112(4)	84(3)	76(3)	30(1)	22(1)
3.75	*	*	*	*	*	185(7)	129(5)	100(4)	76(3)	40(2)	22(1)
4.00	*	*	*	*	*	*	146(6)	100(4)	89(4)	40(2)	22(1)
5.00	*	*	*	*	*	*	*	158(8)	116(6)	40(2)	30(2)
6.00	*	*	*	*	*	*	*	*	179(11)	50(3)	30(2)
7.00	*	*	*	*	*	*	*	*	*	68(5)	37(3)

6. 选取样本并进行审计

注册会计师按随机选样法选取156张凭单,并按所定义的偏差审查每张凭单及附件。

7. 评价抽样结果

注册会计师对选取的样本进行审查之后,应将查出的偏差加以汇总,并评价抽样结果。注册会计师在评价抽样结果时,不仅需要考虑偏差的次数,还需要考虑偏差的性质。

若注册会计师通过抽样查出的偏差次数为1,且没有发现有舞弊或管理层凌驾于控制之上的情况,由于发现的偏差次数不超过预期偏差次数,所以,注册会计师可以得出结论:总体偏差率不超过1%的可信赖程度为95%。

若注册会计师通过抽样查出的偏差次数为3,且没有发现有舞弊或管理层凌驾于控制之上的情况,由于发现的偏差次数超过预期偏差次数1,并且从表9-6中可以看出,这种情况下符合注册会计师要求的样本量将增至192个,预期总体偏差率为1.5%,所以,注册会计师不能以95%的可信赖程度保证总体的偏差率不超过1%。这时,注册会计师应减少对这一内部控制的可信赖程度,实施其他审计程序,如扩大实质性程序范围,增加样本量或不再进行抽样审计,代之以100%审计,等等。

若注册会计师在审查样本时发现有舞弊或管理层凌驾于控制之上的情形发生,不论其偏差率是高还是低,均应采用其他审计程序。因为这种偏差的性质比较严重,注册会计师应评价所发现的这类事件对财务报表的影响,采用有利于彻底揭露这类偏差的审计程序。同时应及时通知被审计单位管理层,以防止这类偏差的再次发生。

8. 书面记录抽样程序

注册会计师应在其审计工作底稿上,以书面形式记录前述七个步骤,作为审计抽样的整体结论的基础。

(二)停—走抽样

停—走抽样是固定样本量抽样的一种特殊形式。采用固定样本量抽样时,若预期总体偏差大大高于实际偏差,其结果将是选取了过多的样本,降低了审计工作效率。停—走抽样从预期总体偏差为零开始,通过边抽样边评价来完成抽样审计工作。这种方法能够有效地提高工作效率,降低审计费用。

采用停—走抽样,一般要实施以下三个步骤:

(1) 确定可容忍偏差率和抽样风险水平,如5%的可容忍偏差率、5%的抽样风险水平。

(2) 确定初始样本量,如根据以上步骤要求,查表9-7得出最小样本量为60。

表9-7 停—走抽样初始样本量表(预期总体偏差为零)

可容忍偏差率	抽样风险水平 样本量 10%	5%	2.5%
10%	24	30	37
9%	27	34	42
8%	30	38	47
7%	35	43	53
6%	40	50	62
5%	48	60	74
4%	60	75	93
3%	80	100	124
2%	120	150	185
1%	240	300	270

(3) 进行停—走抽样决策。例如,假设注册会计师在60个项目中找出一个偏差,则总体偏差率在5%的风险水平下为8%(查表9-8,风险系数除以样本量,即4.8÷60),这比可容忍偏差率5%大,因此,注册会计师需增加36个样本,样本扩大到96个(风险系数除以可容忍偏差率,即4.8÷0.05)。如果对增加的36个样本审计后没有发现偏差,则注册会计师可有95%的把握确信总体偏差率不超过5%。

表9-8 停—走抽样样本量扩展及总体偏差率评估表

发现的偏差次数	抽样风险水平 风险系数 10%	5%	2.5%
0	2.4	3.0	3.7
1	3.9	4.8	5.6
2	5.4	6.3	7.3
3	6.7	7.8	8.8
4	8.0	9.2	10.3
5	9.3	10.6	11.7
6	10.6	11.9	13.1
7	11.8	13.2	14.5
8	13.0	14.5	15.8

(续表)

抽样风险水平 风险系数 发现的偏差次数	10%	5%	2.5%
9	14.3	16.0	17.1
10	15.5	17.0	18.4
11	16.7	18.3	19.7
12	18.0	19.5	21.0
13	19.0	21.0	22.3
14	20.2	22.0	23.5
15	21.4	23.4	24.7
16	22.6	24.3	26.0
17	23.8	26.0	27.3
18	25.0	27.0	28.5
19	26.0	28.0	29.6
20	27.1	29.0	31.0

如果首次对60个样本审计后发现了两个偏差,则总体偏差率为10.5%(6.3÷60),这比可容忍偏差率高很多,因此注册会计师应决定增加66个样本(6.3÷0.05－60)。如对增加的66个样本审计后没有找到偏差,注册会计师同样可以有95%的把握确信总体偏差率不超过5%。如果又发现了一个偏差,则总体偏差率为6.2%(7.8÷126),这时注册会计师应该决定是再扩大样本量至156个(7.8÷0.05),还是将上述过程得出的结果作为选用固定样本量抽样的预期总体偏差率而改变抽样方法。一般来讲,样本量不宜扩大到初始样本量的3倍。

应用停—走抽样,注册会计师可以构制一个如表9-9所示的决策表。

表9-9 停一走抽样决策表

步骤	累计样本量	如果累计偏差等于以下数字就停止	如果累计偏差等于以下数字就增加样本量	如果累计偏差等于以下数字就转到第5步
1	60	0	1—4	4
2	96	1	2—4	4
3	126	2	3—4	4
4	156	3	4	4
5		以样本偏差作为预期总体偏差采用固定样本量抽样		

(三) 发现抽样

发现抽样是在既定的可信赖程度下,在假设偏差以既定的偏差率存在于总体之中的情况下,至少查出一个偏差的抽样方法。发现抽样主要用于查找重大非法事件,它能够以极高的可信赖程度(如99.5%以上)确保查出偏差率仅在0.5%—1%之间的偏差。使用发现抽样时,当发现重大的偏差,如舞弊的凭据时,无论发生次数多少,注册会计师都可能放弃一切抽样程序,而对总体进行全面彻底的检查。若抽样未发现任何例外,注册会计师可得出下列结论:在既定的偏差范围内没有发现重大偏差。

使用发现抽样时,注册会计师需要确定可信赖程度及可容忍偏差率。然后,在预期总体偏差率为0的假设下,参阅适当的属性抽样表,即可得出所需的样本量。例如,注册会计师怀疑企业的职员伪造请购单、验收报告及进货发票,以虚构进货交易而达到支付现金的目的。为确定此种舞弊是否存在,注册会计师必须在企业的已付凭单中找出一组不实的单据。例如注册会计师设定:如果总体中包含2%或2%以上的舞弊项目,那么在95%的可信赖程度下,样本将显示出不实的凭单。查表9-6,注册会计师发现在预期总体偏差率为0及可容忍偏差率为2%时,所需的样本量为149个。经注册会计师选取并检查149个凭证后,未发现有不实情况,则注册会计师有95%的把握确信总体中的不实凭单不超过2%。

第四节 实质性程序中抽样技术的运用

在实质性程序中运用的审计抽样技术主要是变量抽样方法。变量抽样是对总体的货币金额实施实质性程序时所采用的抽样方法。变量抽样法可用于确定账户金额是多是少,是否存在重大错报等。

一、基本概念

(一)错报

错报是指某一财务报表项目的金额、分类、列报或披露,与按照适用的财务报告编制基础应当列示的金额、分类、列报或披露之间存在的差异;或根据注册会计师的判断,为使财务报表在所有重大方面实现公允反映,需要对金额、分类、列报或披露作出的必要调整。在变量抽样中,错报通常用金额来表示。

(二)抽样风险

如前所述,在实施实质性程序时,注册会计师将面临误拒风险和误受风险两种抽样风险。

表9-10列示的是实施实质性程序时可使用的风险矩阵图。

表9-10 变量抽样风险矩阵图

抽样结论	交易和账户金额实际状况	符合企业会计准则	不符合企业会计准则
肯定		正确的决定	误受风险
否定		误拒风险	正确的决定

(三)正态分布

正态分布是指总体中每个项目值的分配趋向于集中在总体平均数周围。离差的趋势在总体平均值的两侧均等发生。正态分布的图形为一条钟形曲线,如图9-2所示。

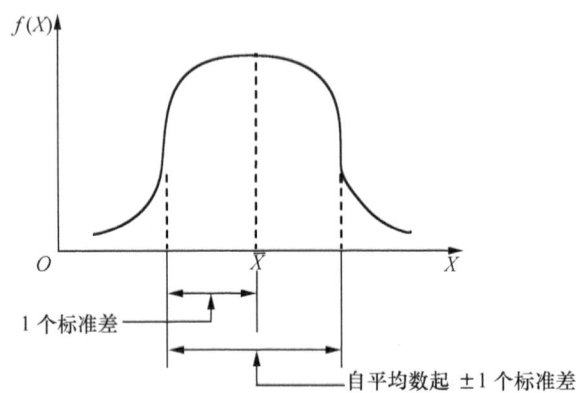

注：$f(X)$——项目数值发生的次数；
　　X——个别项目的数值；
　　$\bar{X}$——总体平均值。

图 9-2　正态分布曲线图

（四）标准离差

总体的标准离差用来衡量个别项目值在总体平均值周围的可变异程度或离散程度，可用下列公式计算：

$$标准离差 = \sqrt{\frac{\Sigma(X-\bar{X})^2}{N}}$$

式中：$X-\bar{X}$——每一数值和总体平均值的差；
　　　N——总体内项目数。

各个项目值之间的差异越小，标准离差越小；各个项目值之间的差异越大，则标准离差越大。根据正态分布及标准离差的定义可知：有 68.28% 的项目值落在总体平均值 ±1 个正态标准差间。这里 68.28% 即可信赖程度，一个正态标准差常被称为可信赖程度系数，两者之间的关系如表 9-11 所示。

表 9-11　可信赖程度系数表

可信赖程度	可信赖程度系数
80%	1.28
85%	1.44
90%	1.65
95%	1.96
99%	2.58

二、变量抽样的具体方法

在实施实质性程序时，一般可采用单位平均估计抽样、比率估计抽样和差额估计抽样等变量抽样方法，这些方法均可通过分层来实现。一般情况下，变量抽样的基本步骤如下:确定审计程序的目的,定义总体,确定样本量,确定样本选取的方法,选取样本并进行审计,评价抽样结果,书面记录抽样程序。

(一)单位平均估计抽样

单位平均估计抽样是通过抽样检查确定样本的平均值,再根据样本平均值推断总体的平均值和总值的方法。这种方法适用范围十分广泛,无论被审计单位提供的数据是否完整、可靠,甚至在被审计单位缺乏基本的经济业务或事项账面记录的情况下,都可以使用该方法。

使用这种方法时,样本量可以通过以下公式计算得出:

$$n' = \left(\frac{\mathrm{Ur} \cdot S \cdot N}{\mathrm{Pa}}\right)^2, \quad n = \frac{n'}{1 + \frac{n'}{N}}$$

式中:Ur——可信赖程度系数;

S——估计的总体标准离差;

N——总体项目个数;

Pa——计划的抽样错报;

n'——放回抽样的样本量;

n——不放回抽样的样本量(通常审计抽样为不放回抽样)。

抽样时,注册会计师通常需要预先选取一个较小的初始样本量(约30个),经检查分析后用初始样本的标准离差 $\sqrt{\frac{\Sigma(X_i - \bar{X})^2}{n_0}}$ 来估计总体的标准离差 S,式中 X_i 为各初始样本项目数值,$\bar{X}$ 为初始样本平均值,n_0 为初始样本量。计划的抽样错报可根据可容忍错报与预期总体错报之间的差额进行确定。

运用这种方法进行抽样结果评价时,应该计算实际抽样错报,其计算公式为:

$$P_1 = \mathrm{Ur} \cdot \frac{S_1}{\sqrt{n_1}} \cdot N \cdot \sqrt{1 - \frac{n_1}{N}}$$

式中:P_1——实际抽样错报;

S_1——实际样本的标准离差;

n_1——实际样本量。

样本评价时,若实际抽样错报大于计划抽样错报,应考虑增加样本量以降低实际抽样错报。

下面举例说明单位平均估计抽样的具体步骤:

假设某公司2011年12月31日期末应收账款有2 000名顾客,注册会计师欲通过抽样函证来审查应收账款的账面价值。

1. 确定审计程序的目的

审计程序的目的是确定期末应收账款的账面价值。

2. 定义总体

根据被审计单位实际情况,总体为2 000个应收账款账户。

3. 确定样本选取的方法

注册会计师采用随机选样法选取样本,并运用单位平均估计抽样的方法推断至总体。

4. 确定样本量

(1) 考虑到货币金额的重要性,确定计划抽样错报为±60 000 元;考虑到内部控制及抽样风险的可接受水平,注册会计师确定可信赖程度为95%,则可信赖程度系数为1.96。

(2) 根据被审计单位应收账款明细账,注册会计师估计总体的标准离差为150元。

(3) 确定样本量,计算如下:

$$n' = \left(\frac{1.96 \times 150 \times 2\,000}{60\,000}\right)^2 \approx 96\,(\text{取整数})$$

$$n = \frac{96}{1 + \frac{96}{2\,000}} \approx 92\,(\text{取整数})$$

5. 选取样本并进行审计

注册会计师对选取的92个顾客发出函证,函证结果表明,样本平均值为4 032.36元,样本标准离差为136元,实际抽样错报 $P_1 = 1.96 \times \frac{136}{\sqrt{92}} \times 2\,000 \times \sqrt{1 - \frac{92}{2\,000}} = 54\,292$,实际抽样错报小于计划抽样错报,则注册会计师估计的总体金额为8 064 720元(4 032.36×2 000)。于是,注册会计师可以作出这样的结论:有95%的把握保证2 000个应收账款账户的真实总体金额落在8 064 720±54 292元之间,即在8 010 428—8 119 012元之间。

6. 评价抽样结果

根据以上抽样结果,如果被审计单位应收账款的账面价值为8 020 000元,处于8 010 428—8 119 012元之间,则其应收账款金额并无重大错报。如果抽样结果表明被审计单位应收账款的账面价值没有落入8 010 428—8 119 012元之间,则注册会计师应要求被审计单位详细检查其应收账款,并加以调整。

(二) 比率估计抽样和差额估计抽样

比率估计抽样是以样本实际价值与账面价值之间的比率关系来估计总体实际价值与账面价值之间的比率关系,然后再以这个比率乘以总体的账面价值,从而求出总体实际价值的估计金额的一种抽样方法。比率估计抽样的计算公式如下:

$$\text{比率} = \frac{\text{样本实际价值之和}}{\text{样本账面价值之和}}$$

$$\text{估计的总体实际价值} = \text{总体账面价值} \times \text{比率}$$

当错报与账面价值成比例关系时,通常运用比率估计抽样。

差额估计抽样是以样本实际价值与账面价值的平均差额来估计总体实际价值与账面价值的平均差额,然后再以这个平均差额乘以总体项目个数,从而求出总体的实际价值与账面价值差额的一种抽样方法。差额估计抽样的计算公式如下:

$$\text{平均差额} = \frac{\text{样本实际价值与账面价值的差额}}{\text{样本量}}$$

$$\text{估计的总体差额} = \text{平均差额} \times \text{总体项目个数}$$

当错报与账面价值不成比例时,通常运用差额估计抽样。

下面举例说明比率估计抽样和差额估计抽样：

假设被审计单位的应付账款账面价值为 5 000 000 元，共计 4 000 个账户，注册会计师希望对应付账款总额进行估计，现选出 200 个账户，账面价值为 240 000 元，审计后认定的价值为 247 500 元。

使用比率估计抽样时，注册会计师确定的实际价值与账面价值的比率为 1.03125（即 247 500÷240 000），因此，估计的总体价值为 5 156 250 元（即 5 000 000×1.03125）。

使用差额估计抽样时，平均差额为 37.5 元 $\left(\dfrac{247\,500-240\,000}{200}\right)$，估计的总体差额为 150 000 元（37.5×4 000），因此估计的总体价值为 5 150 000 元（5 000 000+150 000）。

注册会计师在使用上述两种方法时，其计算确定样本量的方法同单位平均估计抽样法基本相同，这里不再介绍。

第三篇 审计过程在业务循环中的应用

21世纪经济与管理规划教材

会 计 学 系 列

第十章

销售与收款循环审计

【学习目标】

1. 了解销售与收款循环的主要业务活动、凭证、账户和报表项目。
2. 理解销售与收款循环的审计目标。
3. 理解销售与收款循环的控制测试。
4. 掌握如何设计与实施销售与收款循环交易的实质性程序。
5. 掌握如何设计与实施应收账款的实质性程序,特别是函证程序的使用。

第一节　销售与收款循环审计概述

从本章至第十三章,我们将以股份有限公司财务报表审计为例,用四章的篇幅来说明各交易循环审计的具体内容,重点介绍如何对各交易循环所涉及的财务报表项目进行审计测试。考虑到现金与多个交易循环均密切相关,并且现金业务又具有不同于其他交易循环和财务报表项目的明显特征,因此,将现金余额审计单列一章,在第十四章予以说明。

本章共分四节。首先介绍销售与收款循环的主要业务活动、凭证、账户、报表项目、审计目标及方案等,然后说明与该循环内主要交易有关的控制测试和实质性程序,最后重点介绍应收账款的实质性程序。

一、销售与收款循环的主要业务活动

了解企业在销售与收款循环中的主要业务活动,对销售与收款循环审计十分必要。销售与收款循环涉及销售业务、收款业务(包括现销和应收账款收回)、销售调整业务(包括销售折扣、折让和退回,坏账准备的提取和冲销)等内容。每一业务均需经过若干步骤(或程序)才能完成。

(一)销售业务的主要活动

1. 接受顾客订单

顾客向企业寄送订单、提出订货要求,是整个销售与收款循环的起点。订单管理部门应区分现购订单和赊购订单。赊购订单只有在符合企业管理层授权标准的情况下才能接受。企业管理层一般都列出了准予赊销的顾客名单。订单管理部门职员在决定是否同意接受某顾客的赊购订单之前,应追查该顾客是否已被列入该名单。如未被列入,则通常需要订单管理部门主管来决定是否接受该订单。

企业在批准顾客订单后,通常应编制一式多联的销售单。该销售单是证明管理层对有关销售交易的发生认定的凭证证据,也是销售交易轨迹的起点。

2. 批准赊销信用

赊销批准是由信用管理部门根据管理层的赊销政策和对每个顾客已授权的信用额度来决定的。信用管理部门职员在收到订单管理部门的销售单后,应将销售单的金额同该顾客已授权的赊销信用额度扣除其迄今尚欠账款余额后的差额进行比较,以决定是否继续给予赊销。执行人工赊销信用检查时,应合理划分工作责任,以切实避免销售人员为增加销售而使企业承受不适当的信用风险。

企业应对每个新顾客进行信用调查,包括获取评级机构对顾客信用等级的评定报告。批准或不批准赊销,都要求被授权的信用管理部门职员在销售单上签署意见,然后再将签署意见后的销售单返回订单管理部门。

设计信用批准控制的目的是降低坏账风险,因此,这些控制与应收账款净额的计价和分摊认定有关。

3. 按销售单供货

企业管理层通常要求仓库只有在收到经批准的销售单时,才能供货。设计该控制活动的目的是防止仓库在未经授权的情况下擅自发货。因此,已批准销售单的副联通常应送达仓库,作为仓库按销售单供货和发货给发运部门的授权依据。

4. 按销售单发运

发运部门职员应在经授权的情况下装运产品,使企业按销售单装运与供货的职责相分离。发运部门职员在装运前,还必须进行独立验证,确定从仓库收到的商品都附有已批准的销售单,且与销售单内容相符。

商品发运时,应填制一式多联的装运凭证(或取得运输企业开具的提货单),并连续编号。按序归档的装运凭证通常由发运部门保管。装运凭证提供了商品确实已装运的证据,因此,它是证实销售交易发生认定的另一种形式的凭证。故定期检查每张装运凭证是否附有相应的销售发票,将有助于保证销售交易完整性认定的正确性。

5. 向顾客开具账单

开具账单包括编制账单和寄送事先连续编号的销售发票给顾客。销售发票副联的档案通常由开单部门保管。这一程序涉及的主要问题有:第一,是否对所有装运的货物都开了账单(即完整性认定问题);第二,是否只对实际装运的货物才开账单,有无重复开单或虚构交易(即发生认定问题);第三,是否按已授权的价格计价(即准确性认定问题)。

为了降低开单过程中出现遗漏、重复、错误计价或其他种类错报的风险,应设计并执行下列控制活动:

(1)开单部门职员在编制每张销售发票之前,应独立检查是否存在装运凭证和相应的经批准的销售单;

(2)应根据已授权的价格编制销售发票;

(3)独立检查销售发票计价和计算的正确性;

(4)将装运凭证上的商品总数与对应销售发票上的商品总数进行比较。

上述控制活动有助于确保用于记录销货情况的销售发票的正确性。因此,这些控制与销货交易的发生、完整性以及准确性等认定有关。

6. 记录销售

在手工会计系统中,记录销售的过程包括区分赊销、现销,并按销售发票编制记账凭证,再据以登记销售明细账和应收账款明细账(或现金、银行存款日记账)。

为保证正确记录销售发票,将销货交易归属于适当的会计期间,企业需设计并执行下列记录销售的控制活动:

(1)只依据附有有效装运凭证和销售单的销售发票记录销售。这些装运凭证和销售单应能证明销货交易已真实发生;

(2)控制所有事先连续编号的销售发票;

(3)独立检查已处理销售发票上的销售金额同会计记录金额的一致性;

(4)记录销售的职责应与前述处理销货交易的其他功能相分离;

(5)对记录过程中所涉及的有关记录的接触予以限制,以减少未经授权批准的记录的发生;

(6) 定期独立检查应收账款明细账同总账的一致性;

(7) 定期向顾客寄送对账单,并要求顾客将任何例外情况直接向所指定的未涉及执行或记录销售与收款循环业务的会计主管报告。

(二) 收款业务的主要活动

1. 收到现金

处理现金收入交易的主要风险在于现金可能在记录之前或者之后被盗用。因此,控制活动应能合理地保证,在收现时立即产生有关责任凭证,且收现后立即受到安全保护。如不做好收现后的安全保障,就可能导致在随后处理现金收入过程中发生错报的风险。因此,企业应根据不同收款方式采取相应的安全保护措施。

(1) 柜台收款。被审计单位的柜台收款应使用收银机进行控制。使用收银机有以下好处:① 顾客可立即看到现金销售的金额和支付的金额;② 能打印收据给顾客,并且在收银机内已上锁的磁带上记录交易;③ 收银机能产生每日收入的控制总数。

柜台销售交易的主管人员应采取措施确保所有的现金销售均通过收银机进行处理。另外,该主管人员还应指派专人负责独立检查现金盘点表的正确性,并验证手头现金与收银机打印的总数是否相符。然后,将现金、盘点表和收银机打印的总数送到出纳部门,出纳部门作进一步处理后存入银行。

(2) 邮寄收款。为了把邮寄收款被挪用的风险降低至最低,绝大多数企业都要求顾客以支票付款。存在大量邮寄收款的企业可采用储存箱系统。该储存箱是由企业开户银行控制的邮政信箱,银行每日收取邮件,将所收到的现金贷记企业存款账户,并及时将汇款通知书送给企业,企业据以更新应收账款记录。这个系统能加速支票送存银行,并使企业尽早获悉银行已将收款贷记了企业存款账户,同时也消除了企业职员挪用所收款项的风险。

自行处理邮寄收款的企业,应要求收发室的职员做到以下两点:① 已收到支票应立即在其背面盖上"只能存入"的字样;② 将支票记入一式多联的现金收入清单。

立即编制清单既确立了收款的责任,又提供了控制总数,用以独立检查收款处理的完整性和准确性。所收到的汇款通知书应连同支票一起送到应收账款管理部门,以便应收账款管理部门据此更新顾客账户。

2. 将现金送存银行

对现金适当控制要求将所有的现金收入每天如数存入银行,也就是说,不能坐支现金。

出纳在收到柜台收入和邮寄收入的现金时,应分别独立检查其与现金盘点表和清单是否相符。然后,将每种收入的总数登入每日现金汇总表,并填写存款单。出纳在送存现金之后,应将每日现金汇总表和经银行确认的存款单,送到总会计部门。

3. 记录收款

这项程序涉及将柜台收款和邮寄收款分别记入有关的日记账,并将邮寄收款过入相关的顾客账户。被审计单位在此环节所采取的控制应确保:① 只有经确认的收款才能入账(发生认定);② 所有实际的收款都已入账(完整性认定);③ 入账金额正确(计价和分摊认定)。

为了确保只有经确认的交易才能入账,企业应限制只有经授权的人员才能接近会计记录。柜台收款通常由总会计部门根据出纳送来的每日现金汇总表加以记录。对于邮寄收款,在手工处理系统下,必须将登记有关日记账和过入顾客账户这两项职责分离。总会计部门根据清单或每日现金汇总表,将收款记入日记账,应收账款部门则根据收发室送来的汇款通知书,将收款过入应收账款明细账。为了确保邮寄收款记录的完整性和正确性,企业必须对以下事项进行独立检查:

(1) 记入日记账和过入应收账款的金额与收发室送来的清单的金额是否一致;

(2) 柜台和邮寄收款记入日记账和过入应收账款的总额与出纳送来的每日现金汇总表和经确认的存款单是否一致;

(3) 由不执行或记录现金交易的职员定期编制银行存款余额调节表。

(三) 销售调整业务的主要活动

1. 办理和记录销货退回、销货折扣与折让

顾客如果对商品不满意,销货企业一般都同意接受退货,或给予一定的销货折让;顾客如果提前支付货款,销货企业则可能会给予一定的销货折扣。发生此类事项时,必须经授权批准,并应确保与办理此事的部门和职员各司其职,分别控制实物流和会计处理过程。在这方面,严格使用贷项通知单无疑会起到关键的作用。

2. 提取坏账准备

企业必须按照会计准则的规定计提坏账准备,坏账准备提取的数额必须能够抵补企业以后无法收回的本期销货款,但不得提取秘密准备。

3. 注销坏账

不管赊销部门的工作如何主动,顾客因宣告破产、死亡等原因而不能支付货款的事件仍时有发生。企业若认为某项货款确实无法收回,应根据既定程序注销这笔货款。对这些坏账,正确的处理方法应该是获取货款无法收回的确凿证据,经适当审批后及时进行会计调整。

二、销售与收款循环涉及的主要凭证、账户和报表项目

在内部控制比较健全的企业,其销售与收款循环通常涉及很多凭证,能够对相关账户和报表项目产生影响。它们主要是:

1. 原始凭证

(1) 顾客订单。顾客要求订购商品的凭证,企业可通过销售人员或其他途径从现有或潜在的顾客那里取得订单。

(2) 销售单。列示顾客所订商品名称、规格、数量以及其他与顾客订单有关的资料表格,是销售方内部处理顾客订单的依据。

(3) 装运凭证。在装运货物时编制的,用以反映发出商品的规格、数量、日期及其他有关内容的表格。装运凭证的正联交给顾客,副联(一份或数份)由企业保留。该凭证可用作向顾客开票收款的依据。

(4) 销售发票。说明销售详情的表格,包括销售金额、条件和日期,可据此开账单给顾客,并作为记录这笔销售的依据。

(5) 汇款通知书。企业与销售发票一起寄给顾客，由顾客在付款时再寄回销货单位的凭证(如果顾客没有将其随同货款一并寄回，一般应由接收邮件的人员在处理邮件时代编)。企业通常在汇款通知书中列明顾客姓名、销售发票号码及其金额、销货单位开户银行账号等内容。采用汇款通知书能使款项及时存入银行，并加强对资产保管的控制。

(6) 贷项通知单。用来表示由于销货退回或经批准的折让而引起的应收销货款减少的凭证，其格式通常与销售发票的格式相同，只不过它是用来说明应收账款的减少，而不是用来说明应收账款的增加。

(7) 坏账审批表。经股东大会或董事会等权利执行机构批准注销为坏账的应收账款明细表。表中应注明应收账款的金额、账龄、债务人、注销为坏账的原因、批准人的姓名与职务等内容。

2. 记账凭证

(1) 转账记账凭证。根据记录不涉及现金、银行存款收付等转账业务的原始凭证编制的记账凭证，是编制有关账户的依据。

(2) 收款记账凭证。根据记录现金、银行存款收入等收款业务的原始凭证编制的记账凭证，是编制"现金""银行存款"等账户的依据。

(3) 付款记账凭证。根据记录销售退回与折让等退款业务的原始凭证编制的记账凭证。

3. 明细账和序时账

(1) 应收账款明细账。用来记录每个顾客各项赊销、款项收回、销货退回与折让情况的明细账。各应收账款明细账的余额合计数与应收账款总账的余额相等。

(2) 主营业务收入明细账和其他业务收入明细账。分别记录主营业务和其他业务销售情况的明细账，销货金额通常按销售商品的品种、类别予以汇总。

(3) 折扣与折让明细账。用来核算按合同规定为了及早收回货款而给予顾客的销售折扣和因商品品种、质量等原因而给予顾客的销售折让的明细账。

(4) 现金日记账和银行存款日记账。用来记录应收账款的收回或现销收入，以及其他业务所引起的现金、银行存款收入和支出的序时账。

4. 总账

涉及的总账类账户主要包括"现金""银行存款""应收账款""应收票据"或"预收账款""财务费用"(用以记录顾客已享受的销货折扣)、"主营业务收入"或"其他业务收入""主营业务成本"或"其他业务支出""主营业务税金及附加""应交税金""其他应交款""坏账准备"等。

5. 报表项目

(1) 资产负债表项目。涉及的资产负债表项目主要包括"货币资金""应收票据""应收账款""存货""预收账款""应交税金""其他应交款"等。

(2) 利润表项目。涉及的利润表项目主要包括"主营业务收入""主营业务成本""主营业务税金及附加""其他业务利润""营业利润""管理费用"等。

6. 其他

(1) 已授权的价格表。列示各种可供销售商品的已被授权批准的价格清单。

(2) 顾客月末对账单。定期寄送给顾客用于购销双方定期核对账目的报告,旨在便于核对账目。该对账单中应列明与该顾客有关的应收账款月初余额、本月各项销货业务的金额、本月已收到的货款、各贷项通知单的数额及月末余额等内容。

以上各项共同构成了销售与收款循环审计的内容。考虑到主营业务成本、存货类和现金类账户也受其他循环的交易种类的影响,因此,这些账户的审计将在后面的相关章节中说明。

三、销售与收款循环的审计目标

销售与收款循环的审计目标具体包括:
(1) 已记录的销售业务代表被审计期间内已运出的商品。
(2) 已记录的收款业务代表该期间内收到的现销和赊销现金。
(3) 已记录的销售调整业务代表该期间内已被授权的折扣、折让和退回,以及坏账。
(4) 已记录的应收账款余额代表资产负债表日顾客所欠的金额。
(5) 本期发生的销售、收款和销售调整业务均已入账。
(6) 所有销售、收款和销售调整业务均已正确入账。
(7) 应收账款代表要求顾客付款的法定权利。
(8) 应收账款余额代表对顾客账款的求偿权总数,并与应收账款明细账合计数一致。
(9) 坏账准备余额代表对应收账款总额与其净变现价值之间差异的合理估计数。
(10) 应收账款在资产负债表上已作适当列报和披露。
(11) 被抵押的应收账款在资产负债表上已作适当列报和披露。
(12) 销售、销售退回、销售折扣与折让以及坏账费用,在利润表中已被正确确认和归类。
(13) 收入确认和坏账准备提取等会计政策已在财务报表附注中作了充分披露。

四、重要性、风险及审计方案

销售是很多企业营业收入的主要来源,同时也是影响净利润的一个主要项目。由赊销交易所产生的应收账款,对大多数资产负债表而言都是重要的。尽管现金余额在特定资产负债表日可能并不重要,但是在整个会计期间,企业由现金收入活动所产生的现金流量,对财务报表通常会产生较为重要的影响。另外,在一些企业里,销售调整业务(如提取坏账准备)也可能对利润表和资产负债表产生重要影响。

下列几个因素可能导致销售与收款循环的固有风险处在高水平:
(1) 该循环的业务量很大,增加了发生错报的可能性;
(2) 收入确认的时间容易引起争论,错误确认收入实际上已成为编制虚假财务报告的重要手段;
(3) 现金是流动性最强的资产,极易被盗用;
(4) 销售调整交易可能被用来掩盖舞弊,如冲销应收账款以掩盖其窃取顾客现金的事实。

出于上述考虑,注册会计师在计划审计工作时,必须谨慎评价销售与收款循环可能发生重大错报的风险。尤其是在识别和评估由于舞弊导致的重大错报风险时，注册会计师应当基于收入确认存在舞弊风险的假设，评价哪些类型的收入、收入交易或认定可能产生舞弊风险。

正是由于销售与收款循环的固有风险往往很大，所以，很多企业都建立和实施了比较全面且严密的内部控制，以防止或发现并纠正错报。这些控制在多数情况下都能有效降低销售与收款循环与各类交易、账户余额以及列报和披露相关的认定的控制风险。因此，注册会计师对这些认定往往采用综合性审计方案。

第二节 内部控制的了解与测试

一、了解销售与收款循环的内部控制

企业内部控制包括五个要素。本章至第十三章都将介绍如何了解各循环内部控制中最重要和复杂的三个要素，即控制环境、与财务报告相关的信息系统和沟通，以及控制活动。

（一）控制环境

控制环境既可提高也可降低内部控制其他构成要素的有效性。

注册会计师了解销售与收款循环的内部控制环境，一般应从了解管理层在该循环中分配交易授权和责任的情况开始。询问管理层和研读组织结构图可使注册会计师获得初步认识。通过复核工作说明书和观察重要员工履行其职责的情况，可获得进一步的了解。

注册会计师还需要了解管理层对这些交易的控制方法，如是否作销售预测，是否编制销售预算，是否使用现金预算，并据以评价绩效等。这类问题和其他类似问题可通过询问管理层和复核有关文件（如预算报告等）得出答案。

由于现金最容易被盗用，因此，被审计单位通常对处理现金收入的员工，采用特殊的人事策略。如很多企业都为经管现金的人员投保，购买职工忠诚保险，以避免因不诚实员工盗窃和侵吞现金给企业造成损失。保险企业在发行保险单和增加某位员工现有保单之前，通常要对该员工在先前职位时的诚实性和正直性进行调查。投保对于改善现金收入的控制环境有两方面的好处：① 可防止雇用不诚实的人员；② 可遏制不诚实的行为，因为员工清楚地知道保险企业会严格调查和起诉任何不诚实行为。有关现金的其他人事政策还包括：① 强制安排现金经管人员休假；② 定期轮换工作。实施这些控制的目的是让有关员工明确他们不可能永远掩饰其罪行，从而达到遏制不诚实行为的目的。

（二）与财务报告相关的信息系统和沟通

注册会计师需要了解会计数据处理的方法以及所使用的重要凭证和记录。图 10-1 是一个总括性的流程图，列示了处理特定种类的销售与收款循环交易（如赊销、收到顾客账款、销售退回及坏账冲销等）的财务报告信息系统的主要特征，以及交易对有关账户的主要影响。该图尽管没有列示循环涉及的所有凭证、记录、处理程序和账户，但仍清楚地说明了编制或取得原始凭证、编制记账凭证以及过账等流程。图中所列重要凭证和记录的正式定义以及其他的支持性凭证和记录，请参见本章第一节。

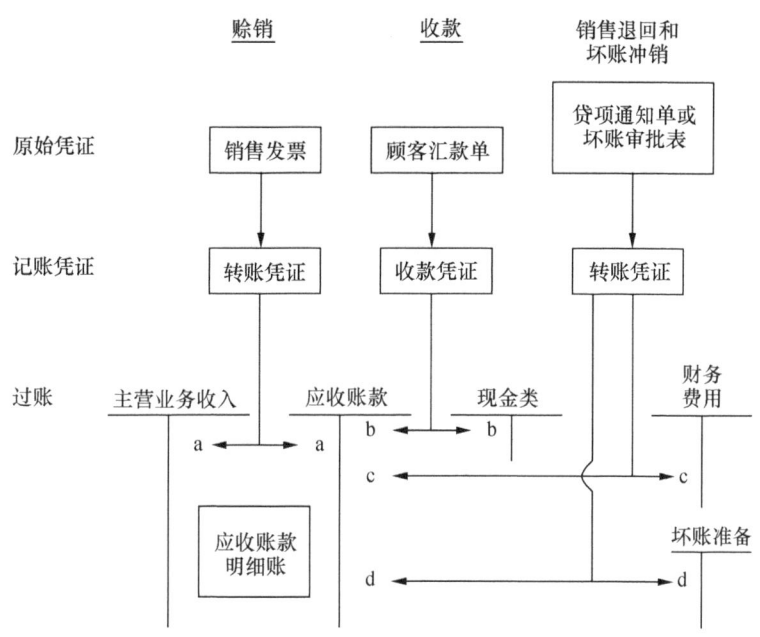

图 10-1 销售与收款循环财务报告信息系统概略图

注册会计师可通过复核会计手册和系统流程图,询问会计人员,或者借鉴以前与被审计单位交往的经验,来取得对财务报告信息系统的了解。注册会计师还必须了解负责处理销售与收款循环业务的会计人员胜任工作的能力。了解时,可采用询问、观察和复核人事档案等程序。

(三) 控制活动

适当授权、责任分工、凭证和记录控制、接近控制和独立检查等五种控制活动,都适用于销售与收款循环审计。

1. 适当授权

在销售与收款循环的控制活动中,注册会计师主要关心的授权审批手续有:① 在销货发生之前,赊销业务经正确审批;② 未经正确审批,不得发出货物;③ 销售价格、销售条件、运费、折扣等均经过审批。前两项控制的目的在于防止企业财产因向虚构的或者无力支付货款的顾客发货而蒙受损失,价格审批控制的目的则在于保证销货业务按照企业政策规定的价格开票收款。

通过审查凭证在上述三个关键点上是否经过审批,可以很容易地测试出授权审批方面的内部控制的有效性。

2. 责任分工

适当的责任分工有助于防止各种有意或无意的错误。例如,主营业务收入账如果由记录应收账款账户之外的职员独立登记,并由另一位不负责账簿记录的职员定期调节总账和明细账,就构成了一项自动交互牵制;规定负责主营业务收入账户和应收账款账户的职员不得经手现金,也是防止舞弊的一项重要控制。再如,赊销审批职能与销货职能的分离,可在一定程度上避免因销售人员盲目扩大销量而产生坏账的可能性。

有关责任分工是否恰当的控制测试,一般只限于注册会计师观察有关人员的活动,以及与这些人员进行讨论等程序。

3. 凭证和记录控制

每个企业交易的产生、处理和记录等制度都有其特点,因此,评价其各项控制的设立是否足以使控制发挥最大的作用可能比较困难。然而,有一点必须明确,只有具备充分的记录手续,才有可能实现其他各项控制目标。例如,有的企业在收到顾客订货单后,就立即编制一份预先编号的一式多联销售单,分别用于批准赊销、审批发货、记录发货数量以及向顾客开具账单等。在这种制度下,只要定期清点销售单,漏开账单的情形就几乎不会发生。相反,有的企业只在发货以后才编制销售单,如果没有其他补偿性控制,这种制度下漏开账单的情况就很有可能发生。

对凭证预先进行编号,旨在防止销货以后忘记向顾客开具账单或登记入账,也可防止重复开具账单或重复记账。当然,如果对凭证的编号不作清点,预先编号就会失去其控制意义。由收款员对每笔发货开具账单后,将发运凭证按顺序归档,并由另一位职员定期检查全部凭证的编号,并调查凭证缺号的原因,就是实施这项控制的一种方法。

对这种控制常用的测试是清点各种凭证。如从主营业务收入明细账中选出销售发票的存根,看其编号是否连续,有无不正常的缺号发票和重号发票。这种测试程序可同时提供有关发生和完整性认定的证据。

4. 接近控制

在销售与收款循环中,为保护资产的安全,主要是对现金的安全存放、有关应收账款以及现金的凭证和记录进行实物安全保护控制。注册会计师可以通过现场观察了解接近控制的情况。

5. 独立检查

由内部审计人员或其他独立人员检查销售与收款循环中各种业务的处理和记录,是实现内部控制目标不可缺少的一项控制措施。注册会计师可以采用审查内部审计人员的报告或其他独立人员在他们核查的凭证上的签字等方法来实施控制测试。

二、记录对内部控制的了解

注册会计师通过询问、观察和检查凭证,可取得对被审计单位销售与收款循环中各类业务的上述控制政策和活动的了解。如果上年已经审计,则上年的工作底稿就是一个重要信息来源。

注册会计师应书面记录所了解到的情况,记录的方式可以是问卷、流程图或者是文字叙述性备忘录。表10-1列举了销售与收款循环内部控制问卷中可能包括的一些问题。

表 10-1 销售与收款循环内部控制问卷问题举例

业务内容	问题举例
1. 接受顾客订单	(1) 是否将顾客订单与已批准顾客清单核对？ (2) 新顾客是否由主管批准？ (3) 对每张已接受的顾客订单，是否都编制销售单？
2. 批准赊销信用	(1) 是否对所有新顾客执行信用检查？ (2) 是否在每次销售前检查顾客的信用额度？
3. 按销售单供货	供货前是否要求有已批准的销售单？
4. 按销售单装货	(1) 是否独立检查从仓库收到的商品与已批准销售单的一致性？ (2) 每次装运货物是否都编制了装运凭证？
5. 向顾客开具账单	(1) 每次开单是否有相应的装运凭证和已批准的销售单？ (2) 每张装运凭证是否有相应的销售发票？ (3) 是否独立检查销售发票计价和计算的正确性？
6. 记录销售	销售发票是否计算合计数，该合计数是否与销售账和应收账款账记录的金额一致？
7. 收到现金	(1) 柜台销售是否使用收银机？ (2) 是否定期监督收银机使用程序？ (3) 支票收到后是否限制背书？ (4) 邮寄收款是否编制清单？
8. 将现金送存银行	(1) 是否独立验证收到的现金或支票与现金盘点表和清单的一致性？ (2) 是否每天如数送存银行？
9. 记录收款	(1) 是否将记录现金收款与保管现金的职责分离？ (2) 是否每天独立检查记账、过账和送存的金额与每日现金汇总表的一致性？ (3) 是否定期编制银行存款余额调节表？ (4) 是否按月给顾客寄送对账单？
10. 销售调整	(1) 销售退回、折扣和折让是否经过有关人员批准？ (2) 销售退回和折让是否采用事先连续编号的贷项通知单？ (3) 销售退回、折让的批准与贷项通知单的签发是否相分离？ (4) 所有的坏账冲销是否都有符合程序的坏账审批表？ (5) 坏账冲销的批准与账款的收取职责是否分离？ (6) 坏账准备的提取是否经过批准、复核？

三、评价控制风险

第七章已经讲到，重大错报风险包括两个层次：一是财务报表层次；二是各类交易、账户余额和披露的认定层次。认定层次重大错报风险由固有风险和控制风险组成。

在评价相关认定的控制风险时，注册会计师采取的步骤是：① 确认可能发生哪些错误；② 确认防止或发现并纠正这些错误需要哪些控制；③ 实施控制测试，评价相关认定的控制风险。此过程中的第 1 步骤和第 2 步骤在表 10-2 的第 2 栏和第 3 栏说明。可能的错误和必要的控制，一般由注册会计师通过对销售与收款循环中各种业务处理过程的了解，会计师事务所提供适合该被审计单位的检查表等来确定。注册会计师可根据完成问卷、研评流程图等方式所取得的对被审计单位内部控制的了解,来判断被审计单位是否已设计并执行了必要的控制。

表 10-2　销售与收款循环评价控制风险的考虑

业务内容	可能的错误	必要的控制	可能的控制测试
1. 接受顾客订单	可能将商品销售给未经批准的顾客	(1) 确定顾客名单已列在已批准顾客清单上 (2) 新顾客由主管批准 (3) 每次销售都有已批准的销售单	(1) 观察接受顾客订单的程序 (2) 询问主管人员,审查记录批准的证据 (3) 审查已批准的销售单
2. 批准赊销信用	赊销可能未经信用批准	(1) 信用部门需对所有新顾客作信用调查 (2) 在每次销售前检查顾客的信用额度	(1) 询问对新顾客作信用调查的程序 (2) 审查记录销售前执行信用额度检查的证据
3. 按销售单供货	仓库可能根据未经批准的销售单发出商品	发货给装运部门必须有已批准的销售单	观察仓库人员供货
4. 按销售单装货	所装运的货物可能和被订购的货物不符	(1) 按销售单供货和装运的职能应分离 (2) 由装运部门职员根据已批准销售单独立检查从仓库收到的商品 (3) 每次装运货物都编制装运凭证	(1) 观察责任分工情况 (2) 审查记录独立检查的证据 (3) 审查装运凭证
5. 向顾客开具账单	(1) 可能重复开单或对虚构交易开单 (2) 有些已装运货物可能未开账单 (3) 销售发票可能计价错误	(1) 每张销售发票须附有相应的装运凭证和已批准的销售单 (2) 每张装运凭证需附有相应的销售发票 (3) 独立检查销售发票计价和计算的正确性	(1) 将销售发票核证至装运凭证和已批准的销售单 (2) 追查装运凭证至销售发票 (3) 重新执行计价正确性的检查
6. 记录销售	(1) 销售发票可能未记入"主营(或其他)业务收入"账户、"应收账款"总账和明细账 (2) 销售发票记入"应收账款"明细账可能出错	(1) 独立检查销售发票的合计数与销售账户和应收账款账户记录的金额一致性 (2) 是否每月寄出对账单给顾客	(1) 复核独立检查证据,重新执行检查 (2) 观察寄出月末对账单的情况

(续表)

业务内容	可能的错误	必要的控制	可能的控制测试
7. 收到现金	(1) 现销可能未被记录 (2) 邮寄收款可能遗失或收款后被盗用	(1) 使用收银机 (2) 定期监督现销程序 (3) 支票收到立即限制背书 (4) 及时检查邮寄收款,收款后立即编制清单	(1) 观察现销程序 (2) 询问主管有关监督的结果 (3) 审查所收支票是否限制背书 (4) 观察清单的编制过程
8. 将现金送存银行	(1) 所收到的现金和支票可能与现金盘点表和清单不一致	(1) 独立检查现金和支票与现金盘点表和清单的一致性 (2) 独立检查经确认的存款单与每日现金汇总表的一致性	(1) 审查记录独立检查的证据 (2) 重新执行独立检查
9. 记录收款	(1) 汇款通知书可能与清单不一致 (2) 有些收款可能没有记账 (3) 将收款记入日记账可能出错 (4) 将收款记入应收账款明细账可能出错	(1) 独立检查汇款通知书与清单的一致性 (2) 独立检查记账、过账的金额与每日现金汇总表的一致性 (3) 定期编制银行存款余额调节表 (4) 每月寄送对账单给顾客	(1) 审查记录独立检查的证据 (2) 重新执行独立检查 (3) 审查银行存款余额调节表 (4) 查阅收发的每月对账单
10. 销售调整	(1) 可能出现未经批准的销售退回、折扣和折让 (2) 可能漏记退货、退款 (3) 可能捏造退货、退款 (4) 坏账冲销数可能有错 (5) 可能侵吞顾客支付的现金	(1) 销售退回、折扣和折让必须经过有关人员批准 (2) 销售退回和折让须采用事先连续编号的贷项通知单 (3) 销售退回、折让的批准与贷项通知单的签发的职能应分离 (4) 所有的坏账冲销都有符合程序的坏账审批表 (5) 坏账冲销的批准与收取账款的职能实行分离	(1) 询问审批人员,查阅证明商品实际退回的验收报告(验收单) (2) 审阅贷项通知单存根 (3) 观察分工情况 (4) 审查坏账审批表和有关支持性凭证 (5) 观察分工情况

表 10-2 的第 4 栏列示了为收集控制运行有效性的证据而可能执行的控制测试。对某些认定设计控制测试时,必须考虑测试的方向。如注册会计师在评价销售业务的发生认定的控制风险时,应将"主营(其他)业务收入"账户上的记录样本核证至其支持性凭证(销售发票、装运凭证、销售单和顾客订单)。但是,注册会计师在评价完整性认定的控制风险时,则应由支持性凭证的样本追查至"主营(其他)业务收入"账户,以确定它们已入

账。在控制测试中，注册会计师可根据具体情况采用第九章所讨论的统计和非统计抽样程序进行抽样。

如果被审计单位销售与收款循环的内部控制不存在或尽管存在但未得到遵循，或者控制测试的工作量可能大于实施控制测试所减少的实质性程序工作量，则注册会计师可能无须继续实施控制测试，而直接实施实质性程序。

第三节 交易的实质性程序

一、测试登记入账的销售业务是否真实

在测试中，注册会计师一般关心三类错误发生的可能性：一是未曾发货却已将销货业务登记入账；二是销货业务重复入账；三是向虚构的顾客发货，并作为销货业务登记入账。前两类错误可能是有意的，也可能是无意的，而第三类错误却是有意的。不难想象，将不真实的销货登记入账的情况虽然极少，但其后果却很严重，因为这会导致多报资产和收入。

鉴别多报销货究竟是有意还是无意，非常重要。因为注册会计师通常可以通过函证发现无意的多报，但对有意的多报，由于作假者千方百计地加以隐瞒，注册会计师一般较难发现。在这种情况下，注册会计师就极有必要设计并实施适当的实质性程序以发现有意多报。

如何以恰当的实质性程序来发现不真实的销货，取决于注册会计师认为可能在何处发生错报。注册会计师通常认为只有当内部控制存在薄弱环节时，才可能出现与发生认定有关的重大错报。因此，与发生认定有关的实质性程序的性质取决于潜在的控制弱点的性质。

（一）对于未曾发货却已将销货业务登记入账的错误

注册会计师可以从主营业务收入明细账中抽取几笔分录，追查有无装运凭证及其他支持性凭证，借以查明有无事实上没有发货却已登记入账的销货业务。如果注册会计师对发运凭证等的真实性也有怀疑，就可能有必要再进一步追查存货的永续盘存记录，测试存货余额有无减少。

（二）对于销货业务重复入账的错误

为确定被审计单位是否存在上述错误，注册会计师可对企业为防止重复编号而设置的有序号的销货交易记录清单进行复核。

（三）对于向虚构的顾客发货并作为销货业务登记入账的错误

这类错误，一般只在登记销货的职员同时兼有批准发货职能时才会发生。当内部控制存在上述缺陷时，注册会计师就很难察觉这种虚构的发货。审查主营业务收入明细账中与销货分录相应的销货单，检查其是否经过赊销批准手续和发货审批手续，是测试是否向虚构的顾客发货的办法之一。

检查被审计单位是否存在上述三类多报销货错误的另一个有效方法是，追查应收账

款明细账中贷方发生额的记录。如果应收账款最终得以收回货款或者收到退货,则记录入账的销货业务一开始通常是真实的,如果贷方发生额是注销坏账,或者直到审计时所欠货款仍未收回,就必须详细追查相应的发运凭证和顾客订货单等,因为这些迹象都说明可能存在虚构的销货业务。

二、测试发生的销货业务是否均已登记入账

销货业务的审计一般偏重于检查虚报资产与收入的问题。但是,如果内部控制不健全,如被审计单位没有由装运凭证追查至主营业务收入明细账的独立内部检查程序,就有必要进行交易完整性的实质性程序。从发货部门的档案中选取部分装运凭证,并追查至有关的销售发票副本和主营业务收入明细账,是测试未开票发货的一种有效程序。为使这一程序成为一项有意义的测试,注册会计师必须能够确信全部装运凭证均已归档,这一点可以通过检查凭证的编号顺序来查明。

由原始凭证追查至明细账与从明细账核证至原始凭证是有区别的:前者用来测试遗漏了的业务(验证完整性认定);后者用来测试不真实的业务(验证发生认定)。在验证其他认定时,测试方向一般无关紧要。如测试销货业务的估价时,可由销售发票追查至装运凭证,也可反向审查。

验证发生认定时,起点是明细账,即从主营业务收入明细账中抽取一个发票号码样本,核查至销售发票存根、装运凭证及顾客订货单;验证完整性认定时,起点应是发货凭证,即从装运凭证中选取样本,追查至销售发票存根和主营业务收入明细账,借以测试遗漏事项。

三、测试登记入账的销货业务的估价是否准确

销货业务的准确估价包括:按订货数量发货,按发货数量准确地开具账单,以及将账单上的数额准确地记入会计账簿。对这三个方面,每次审计中一般都要执行实质性程序,以确保其准确无误。

典型的实质性程序包括重新计算会计记录中的数据。通常的做法是,以主营业务收入明细账中的会计分录为起点,将所选择业务的合计数与应收账款明细账和销售发票存根进行比较核对。销售发票存根上所列的单价,通常还要与经过批准的商品价目表进行比较核对,其金额小计和合计数也要重新计算。发票中列出的商品的规格、数量和顾客代号等,则应与装运凭证进行比较核对。另外,往往还要审核顾客订购单和销售单中的同类数据。

四、测试登记入账的销货业务的分类是否正确

如果销货分现销和赊销两种,应注意不要在现销时借记应收账款,也不要在收回应收账款时贷记主营业务收入,同样不要将营业资产的销售(例如房屋销售)混作正常销货。对于那些采用不止一种销货分类的企业(如需要按部门编制利润表的企业)来说,正确的分类是极为重要的。

销货分类正确的测试一般可与估价测试一并进行。注册会计师可以通过审核原始凭

证来确定具体业务的类别是否正确,并以此与账簿的实际记录作比较。

五、测试销货业务的记录是否及时

发货后应尽快开具账单并登记入账,以防止无意漏记销货业务,确保把它们记入正确的会计期间。在执行估价实质性程序的同时,一般要将所选取装运凭证的日期与相应销售发票存根、主营业务收入明细账和应收账款明细账上的日期作比较。如有重大差异,就可能存在销货截止期限上的错误。

六、测试销货业务是否已正确地记入明细账并准确地汇总

应收账款明细账的记录若不正确,将影响被审计单位收回应收货款的能力,因此,将全部赊销业务正确地记入应收账款明细账极为重要。同理,为保证财务报表的准确性,主营业务收入明细账必须予以准确地加总并过入总账。在多数审计中,通常都要将主营业务收入明细账金额进行加总,并将加总数和一些具体内容分别追查至主营业务收入总账和应收账款明细账或现金、银行存款日记账等,以检查在销货过程中是否存在有意或无意的错报问题。不过这一测试的样本量要受内部控制强弱的影响。从主营业务收入明细账追查至应收账款明细账,一般与为实现其他审计目标所作的测试一并进行;而将主营业务收入明细账进行加总,并追查、核对加总数至其总账,则应作为单独的一项测试程序来执行。

第四节 应收账款的实质性程序

一、验证应收账款试算表的正确性及其与总账余额的一致性

测试应收账款的第一步是验证应收账款试算表的正确性。应收账款试算表是指人工编制的或计算机打印的,列示每个应收账款明细账余额的表格。该试算表上的总额应与应收账款总分类账的合计数相符。在检查风险很高时,这种测试可限于试算表与总账是否相等,查看试算表上有无异常金额,并核证那些异常项目。在检查风险很低时,注册会计师可能还要通过审查顾客账户,以验证重要顾客余额的正确性。

由于所有顾客余额都列入试算表,所以应收账款试算表被广泛应用于应收账款余额的其他实质性程序之中。有些企业还将所有顾客余额按其账龄的长短(如 60 天、90 天等)在试算表上进行归类反映。应收账款的账龄是指资产负债表中的应收账款从销售实现、产生应收账款之日起,至资产负债表日止所经历的时间。这种按账龄归类列示的应收账款试算表被称为账龄分析表。本章稍后将说明利用账龄分析表进行审计的情况。验证应收账款试算表的正确性与计价和分摊认定有关。

二、执行实质性分析程序

对应收账款执行实质性分析程序时,通常使用以下财务比率,如表 10-3 所示。

表 10-3　应收账款实质性分析程序常用财务比率

财务比率	计算公式
1. 应收账款周转率（次数）	主营业务收入/平均应收账款
2. 应收账款与流动资产总额之比	应收账款/流动资产总额
3. 主营业务收入净利率	净利润/主营业务收入
4. 坏账费用与赊销净额之比	坏账费用/赊销净额
5. 坏账费用与实际坏账之比	坏账费用/实际坏账

注册会计师在将表中每一种比率与以前年度比率、预期结果或行业数据进行比较时，如果没有发现重大波动，则提供了支持有关账户余额合理性的证据。相反，如果发现有重大波动，则需要作进一步的调查。

实质性分析程序主要与存在和完整性认定有关，然而，由于使用了坏账费用的财务比率，这项实质性程序也可为应收账款净额的计价和分摊认定提供相关证据。

三、函证应收账款

函证（即外部函证）是指注册会计师直接从第三方（被询证者）获取书面答复作为审计证据的过程，书面答复可以采用纸质、电子或其他介质等形式。在实务中，函证应收账款这项实质性程序被注册会计师广泛运用，因为函证可有力地证明债务人是否存在和被审计单位记录是否可靠。注册会计师应按照《中国注册会计师审计准则第 1312 号——函证》的要求做好函证工作。执行该项实质性程序时，需要考虑以下问题。

1. 一般公认审计程序

函证应收账款是一项公认的审计程序。审计准则规定，注册会计师在实务中除非遇到以下情况，否则必须函证应收账款：

（1）应收账款对财务报表不重要；

（2）预计使用函证审计程序很可能是无效的。

通常注册会计师在根据以前年度的审计经验或类似委托的审计经验，预计回函不可依赖或回函比率比较低时，可以得出"使用函证无效"的结论。如果认为函证很可能无效，注册会计师应当实施替代审计程序，以获取充分、适当的证据。

如果不对应收账款执行函证，注册会计师应当在审计工作底稿中说明理由。

2. 管理层不允许寄发询证函的处理

如果管理层不允许寄发询证函，注册会计师应当：

（1）询问管理层不允许寄发询证函的原因，并就其原因的正当性及合理性收集审计证据；

（2）评价管理层不允许寄发询证函对评估的相关重大错报风险（包括舞弊风险），以及其他审计程序的性质、时间安排和范围的影响；

（3）实施替代程序，以获取相关、可靠的审计证据。

如果认为管理层不允许寄发询证函的原因不合理，或实施替代程序无法获取相关、可靠的审计证据，注册会计师应当按照《中国注册会计师审计准则第 1151 号——与治理层的沟通》的规定,与治理层进行沟通。注册会计师还应当按照《中国注册会计师审计准则第1502号——在审计报告中发表非无保留意见》的规定,确定其对审计工作和审计意见的影响。

3. 函证的方式

函证通常有积极式和消极式两种方式。

(1) 积极式函证,又称正面式、肯定式函证,是指要求被询证者直接向注册会计师回复,表明是否同意询证函所列示的信息,或填列所要求的信息的一种询证函。财政部、中国人民银行制定的积极式询证函参考格式如下:

企业询证函

_____(企业)   编号:

本企业聘请的××会计师事务所正在对本企业财务报表进行审计,按照中国注册会计师审计准则的要求,应当询证本企业与贵企业的往来账项等事项。下列数据出自本企业账簿记录,如与贵企业记录相符,请在本函下端"数据证明无误"处签章证明;如有不符,请在"数据不符"处列明不符金额。回函请直接寄至××会计师事务所。

通信地址:
邮编: 电话: 传真:

1. 本企业与贵企业的往来账项列示如下:

截止日期	贵企业欠	欠贵企业	备注

2. 其他事项:

本函仅为复核账目之用,并非催款结算。若款项在上述日期之后已经付清,仍请及时函复为盼。

                     (企业签章)   (日期)

结论:1. 数据证明无误。   (企业签章)   (日期)
   2. 数据不符,请列明不符金额。   (企业签章)   (日期)

(2) 消极式函证,又称反面式、否定式函证,是指要求被询证者只有在不同意询证函所列示的信息时才直接向注册会计师回复的一种询证函。

消极式函证比积极式函证提供的审计证据的说服力低。因此审计准则规定,除非同时满足下列条件,注册会计师不得将消极式函证作为唯一的实质性程序,以应对评估的认定层次的重大错报风险:

(1) 注册会计师将重大错报风险评估为低水平,并已就与认定相关的控制的运行有效性获取充分、适当的审计证据;

(2) 需要实施消极式函证程序的总体由大量的小额、同质的账户余额、交易或事项构成;

(3) 预期不符事项的发生率很低;

(4) 没有迹象表明接收询证函的人员或机构不认真对待函证。

在实务中,注册会计师通常同时结合使用这两种格式的询证函,分别对不同性质的债务人进行函证。

4. 函证的日期和范围

函证的日期和发函数目是注册会计师在考察检查风险等因素后决定的。在检查风险很低时,函证日期通常是与资产负债表日接近的日期,并同时考虑对方复函的时间,尽可能做到在审计工作结束前取得函证的全部资料。相反,在检查风险很高时,函证日期可为资产负债表日之前的一个月或两个月。在后一种情况下,注册会计师应核证函证日期与资产负债表日之间发生的重大变动,还可以选择再次函证那些在资产负债表日有异常波动的项目。

注册会计师通常不需要对被审计单位所有的应收账款进行函证,所函证的范围和数目由诸多因素决定,主要包括:

(1) 应收账款在全部资产中的重要性。如果应收账款在全部资产中所占的比重较大,则函证的范围应相应大一些。

(2) 被审计单位内部控制的强弱。如果内部控制制度较健全,则可以相应减少函证数量;反之,则应相应扩大函证范围。

(3) 以前期间的函证结果。若以前期间函证中发现过重大差异,或欠款纠纷较多,则函证范围应相应扩大一些。

(4) 函证方式的选择。若采用积极式函证,则可以相应减少函证数量;若采用消极式函证,则要相应增加函证数量。

(5) 检查风险的高低。在检查风险比较低时,需选取更多的顾客余额样本进行函证。

5. 询证函的控制

当实施函证程序时,注册会计师应当对询证函保持控制,包括:

(1) 确定需要确认或填列的信息;

(2) 选择适当的被询证者;

(3) 设计询证函,包括正确填列被询证者的姓名和地址,以及被询证者直接向注册会计师回函的地址;

(4) 发出询证函并予以跟进,必要时再次向被询证者寄发询证函。

以上所说的控制询证函,并不意味着在任何情况下都不能利用被审计单位的帮助。实际上,只要注册会计师严格遵守上述控制过程,仍可以在编制询证函中使用被审计单位的帮助,如利用被审计单位提供的应收账款明细账户名称及地址编制询证函。

6. 实施函证程序的结果

(1) 回函可靠性的考虑。

所有回函都存在被拦截、更改或其他舞弊的风险。无论该回函采用纸质、电子还是其他介质等形式,这种风险都存在。显示回函可靠性存在疑虑的因素包括:① 注册会计师间接收到回函;②回函看起来不是来自预期的被询证者;③回函以电子形式收到(如传真或电子邮件),难以确定回函者的身份及其授权情况等。

审计准则规定,如果存在对询证函回函的可靠性产生疑虑的因素,注册会计师应当进一步获取审计证据以消除这些疑虑。例如,当被询证者通过电子邮件回函时,注册会计师可以通过电话联系被询证者,确定被询证者是否发送了回函。如果回函间接寄送给注册会计师(如被询证者错将回函寄给了被审计单位而非注册会计师),注册会计师可以要求被询证者直接书面回复。

(2) 回函不可靠的处理。

如果认为询证函回函不可靠,注册会计师应当评价其对评估的相关重大错报风险(包括舞弊风险),以及其他审计程序的性质、时间安排和范围的影响。

(3) 回函未收到的处理。

在未回函的情况下,注册会计师应当实施替代程序以获取相关、可靠的审计证据。对应收账款,注册会计师可以实施的替代审计程序包括检查期后收款、货运单据及临近期末的销售。对应付账款,注册会计师可以实施的替代审计程序包括检查期后付款或与供应商的往来函件、其他记录,如货物收讫凭证。

需要注意的是,在某些情况下,取得积极式询证函回函是获取充分、适当审计证据的必要程序。例如,可获取的佐证管理层认定的信息只能从被审计单位外部获得,被审计单位存在特定的舞弊风险因素(如管理层凌驾于内部控制之上)等。此时,取得积极式询证函回函是获取充分、适当的审计证据的必要程序,且替代程序不能提供注册会计师所需要的审计证据。如果未获取回函,注册会计师应当按照《中国注册会计师审计准则第1502号——在审计报告中发表非无保留意见》的规定,确定其对审计工作和审计意见的影响。

(4) 不符事项的处理。

不符事项是指被询证者提供的信息与询证函要求确认的信息不一致,或与被审计单位记录的信息不一致。

询证函回函中指出的不符事项可能显示财务报表存在错报或潜在错报。因此,审计准则规定,注册会计师应当调查不符事项,以确定是否表明存在错报。

值得注意的是,某些不符事项并不表明存在错报。例如,询证函回函的差异可能是由于函证程序的时间安排、计量或书写错误导致的,所以需要注册会计师仔细甄别。

7. 评价获取的审计证据

函证程序结束以后,注册会计师应当评价实施函证程序的结果是否提供了相关、可靠的审计证据,或是否有必要进一步获取审计证据。

四、检查已入账应收账款至支持性凭证

支持被审计单位所保持的应收账款明细账户记录的凭证,包括顾客订单、装运凭证、销售发票、贷项通知单和往来信函等。执行这项核证测试时,从顾客账户的借方可追查至支持性的销售发票、装运凭证、销售单和顾客订单,从其贷方可追查至汇款通知书和销售调整的授权书。

这项测试主要与存在认定有关。但是,支持性凭证也提供顾客债务总额的证据(计价和

分摊认定),以及被审计单位拥有要求顾客付款的法定权利的证据(权利和义务认定)。

五、执行销售截止测试

设计和执行销售截止测试的目的,是对以下两项取得合理的保证:
(1)销售和应收账款已在发出商品所属的会计期间入账;
(2)在同一期间对有关的存货和销售成本账户,也进行了相应的记录。

确认销售收入的时点通常是商品发出日,但在商品采用FOB目的地交货方式时,卖方可能任意决定在过了发货日几天后才入账,因为在这种交货方式下,法定所有权直到买方收到货品时才发生转移。销售截止测试通常是在资产负债表日进行。这项测试包括以下审计程序:
(1)审查截止日期前后几天的装运凭证,以确定发运商品的日期和条件;
(2)追查装运凭证至销售和存货记录,以确定有关分录已记入正确的会计期间;
(3)检查截止日前后一段期间的发票,以确定发运商品和相应分录的正确性和适当性;
(4)询问管理层有关任何由外界供应商直接发运商品给顾客的情况,并确定有关分录的适当性。

如果控制风险很高,注册会计师应特别注意虚构销售的可能性。如被审计单位可能在报表日之前将未订购的商品发运给经常往来的顾客,而在下个会计期间再以销售退回入账。在销售截止测试所取得的证据表明期末销售记录有重要错误时,注册会计师应要求被审计单位作必要的调整。

这项测试将提供有关应收账款存在认定以及完整性认定的证据。

六、执行现金收入截止测试

设计和执行现金收入截止测试的目的,是取得属于本期的现金收入均已入账的合理保证。在资产负债表日进行的适当截止测试对现金和应收账款的正确列报都很重要。例如,在12月份收到的顾客欠款,拖到下一年度的1月份才入账,则会造成资产负债表日应收账款的高估和现金的低估。相反,将下一年度1月份收到的顾客欠款拿到本年度12月份入账,则会造成资产负债表日现金的高估和应收账款的低估。因此,这项测试与现金和应收账款的存在认定以及完整性认定都有关。

注册会计师可通过亲自观察或复核凭证,以取得有关截止及时性的证据。如注册会计师可在年度结束日当天前往被审计单位,进行亲自观察,以确定企业结账日前收到的所有现金均已列入库存现金和在途存款,并贷记应收账款。如因某种原因,注册会计师未能亲自观察,则可采用复核支持性凭证这一替代程序,如复核被审年度最后一天的日现金汇总表和经确认的存款单,这项复核的目标在于确定存款单的总额与日现金汇总表上的收款总额的一致性。此外,注册会计师还应确定收款是否在结账日进行了记录。

这项测试将提供存在认定以及完整性认定的证据。

七、审查期后收款

收到顾客付款是账款可收回性的最好证据。在实际收到付款之前,某账款可收回性只能估计。被审计单位可能在资产负债表日至注册会计师作出审计结论这个期间,收到一些上一年度的应收账款。将这些期后收款反过来同资产负债表日相对应的应收账款余额配对,可确定这些应收账款的可收回性。

在执行这项测试时,注册会计师应清楚地了解到某些无法与特定交易和余额相配对的账款收现,可能代表相反的意义。如注册会计师在调查一个有很大余额的账户时,可能发现有争议的项目,而在审查期后收款时又发现这笔余额只收到了象征性的付款,那么则可能说明该顾客正面临财务危机。

这项测试主要提供有关存在认定、计价和分摊认定的证据。如果这项测试发现收到的是资产负债表日未入账的销售货款,那么该项测试也提供了完整性认定的证据。

八、检查账龄分析表至支持性凭证

表 10-4 列示了账龄分析表的格式。该表按未付款账户余额时间长短列示了每个顾客所欠的金额。核证账龄分析表至支持性凭证,可提供计价和分摊认定的有力证据。这项测试特别强调被审计单位报告坏账准备余额的适当性。

表 10-4 账龄分析表的审计工作底稿

应收账款账龄分析表

被审计单位名称:W 企业　　　　　　　　　　W/P 索引号:E-1
资产负债表日:2011.12.31　　　　　　　　　编制人:zlp　日期:2012.01.10
　　　　　　　　　　　　　　　　　　　　　复核人:lca　日期:2012.01.15

账户名称	账龄 30天以内	31—60天	61—90天	91天以上	函证编号	账面余额 2001.12.31	审计调整	审计余额	账款收现 2011.12.31—2012.1.10
A 企业	11 000	2 000	2 500		1c	15 500 N<		15 500	12 000 ϕ
B 企业	20 000	15 000			2c	35 000 N<		35 000	30 000 ϕ
C 企业	7 000	2 000	800	1 000		10 800 N<		10 800	10 000
D 企业	20 000	30 000	7 000	700	3c	57 700 N<		57 700	40 000 ϕ
E 企业	9 000	4 000				13 000 N<		13 000	10 000
F 企业	5 000					5 000 N<		5 000	
G 企业	3 000	800				3 800 N<		3 800	
H 企业	20 000	1 000	1 000			22 000 N<		22 000	20 000
I 企业	70 000	20 000	8 000		4c	98 000 N<		98 000	95 000 ϕ
G 企业	20 000	5 000	2 000		5Ⓐ	27 000 N<	(10 000)	17 000	15 000
K 企业	60 000	20 000	10 000	3 000	6c	93 000 N<		93 000	91 000 ϕ
L 企业	1 000	10 000	1 000			12 000 N<		12 000	10 000
M 企业	15 000	11 000	8 000	1 000	7c	35 000 N<		35 000	35 000 ϕ
N 企业	20 000	6 000	5 000	4 000	8c	35 000 N<		35 000	35 000 ϕ

(续表)

账户名称	账龄				函证编号	账面余额 2001.12.31	审计调整	审计余额	账款收现 2011.12.31—2012.1.10
	30天以内	31—60天	61—90天	91天以上					
O企业	10 000	1 000				11 000 N<		11 000	
P企业		4 000				4 000 N<		4 000	
Q企业	500	500	500	11 000	9c	12 500 N<		12 500	
R企业	20 000			1 000	10u	21 000 N<		21 000	20 000
合计	311 500	132 300	45 800	21 700		511 300	(10 000)	501 300	418 000

注：c——已函证　u——无法函证
N——追查至明细账，已验证账龄
<——已横加无误
∧——已竖加无误
φ——追查至现金（银行存款）日记账，并审过汇款通知书

Ⓐ2011.12.28 签发贷项通知单未入账
调整分录⑤
主营业务收入　10 000
　应收账款　　　　10 000

检查的范围要根据注册会计师对计价和分摊认定估计的检查风险水平来确定。在检查风险较低时需要的核证，比检查风险较高时需要的核证要多。此外，注册会计师应复核计算根据各类账龄的应收账款提取的坏账准备总额，并考虑计提百分比的合理性。

注册会计师对坏账准备账户的合理性形成结论前，应对逾期账款执行以下额外审计程序：

（1）审查被审计单位档案里的有关往来信件；
（2）复核债务人已公布的年度财务报表；
（3）向外界评级机构询问债务人的信用等级；
（4）复核外界收款代理机构和被审计单位之间的往来信件，以了解账款收回的情况；
（5）同有关管理人员讨论账款的可收回性。

坏账准备是管理层经过主观考虑后所作出的一项会计估计。注册会计师的职责在于判断其计提坏账准备的合理性和备抵账户记录的公允性。注册会计师在评价时，应充分考虑与坏账相关的控制风险，并特别注意以下两方面的控制：① 批准赊销信用的控制；② 冲销坏账的控制。注册会计师在控制风险较低时，比控制风险较高时需要更少的证据。

九、将报表列报和披露与会计准则规定相比较

注册会计师必须知道会计准则对应收账款和销售在报表上列报和披露的要求，这些要求包括适当确认和分类。通过复核应收账款试算表不仅可以发现那些不应列作应收账款而应单独确认反映的应收款项目（如应收员工款项、应收企业主管款项以及应收联属企业和关系人款项等），还可以发现应在报表上归类为流动负债的那些顾客的贷方余额。按照会计准则的要求，应在报表上披露抵押、转让或让售的应收账款，这些活动的证据可通过复核董事会会议记录和询问管理层来获得。

第十一章

采购与付款循环审计

【学习目标】

1. 了解采购与付款循环的主要业务活动、凭证、账户和报表项目。
2. 理解采购与付款循环的审计目标。
3. 理解采购与付款循环的控制测试。
4. 掌握如何设计与实施采购与付款循环交易的实质性程序。
5. 掌握如何设计与实施固定资产、应付账款的实质性程序。

第一节　采购与付款循环审计概述

一、采购与付款循环的主要业务活动

采购与付款循环由企业从外部采购原材料、商品或固定资产(或接受劳务)和支付款项等活动组成。该循环有两种主要业务类型：一是采购业务；二是现金支出业务。

（一）采购业务的主要活动

企业通常通过以下六项程序处理采购业务，并尽可能地将这些程序指派给不同的人员或部门来完成，使每个员工或部门都可独立检查其他员工或部门所完成工作的正确性。

1. 请购商品或劳务

对需要购买的已列入存货清单的项目由仓库负责填写请购单，但对所需要购买的未列入存货清单的项目，通常由使用部门编制请购单。请购单可由手工或计算机编制，因为请购单可由任何部门开出，故它们很少事先编号，但为加强控制，每张请购单必须经过对这类支出负预算责任的主管人员签字批准后交采购部门。

为提高工作效率，大多数企业均对正常经营所需物资的购买作一般授权，如仓库在现有库存达到再订购点时就可直接提出采购申请，其他部门也可为正常的维修工作和类似工作直接申请采购有关物品。但涉及资本支出和租赁合同的采购等，通常由获得特别授权的指定人员提出请购。

2. 编制订购单

采购部门在收到请购单后，只能对经过批准的请购单发出订购单。对每张订购单，采购部门应确定最佳的供应来源。对一些主要项目，应采取竞价方式来确定供应商，以保证供货的质量、及时性和成本的低廉。

订购单应正确填写所需要商品或劳务的种类、数量、价格、厂商名称和地址，预先编号并且由被授权的采购人员签名。其正联送交供应商，副联则送至企业内部的验收部门、应付凭单部门和开出请购单的部门。为促使验收人员仔细验收商品，最好将送交验收部门的订购单副联中的采购数量涂掉。随后，应独立检查订购单的处理，以确保商品或劳务实际收到和入账的正确性。这项检查与采购交易的完整性认定有关。

3. 验收商品

有效的订购单代表企业已授权验收部门接收供应商发运来的商品。验收部门职员应首先核对所收到商品在名称、规格、数量、到货时间等方面是否与订购单上的要求相符，然后再盘点商品并检查商品有无损坏。验收人员应对已收货的每张订购单编制一式多联的有预先编号的验收单。

验收人员将货品送交仓库或其他请购部门时，应取得经过签字的收据，或要求其在验收单的副联上签收，以确立他们对所采购的资产应负的保管责任。验收人员还应将其中的一联验收单，送交应付凭单部门和采购部门。

采购部门在接到验收单后,如果发现货物的数量或质量不符合订单要求,应及时通知供应商。对于数量的短缺,一般要求供应商补足;对于质量的问题,一般要决定是退货还是要求折让。如果要求退货,采购部门应编制退货通知单并授权运输部门将货物退回,同时将退货通知单副本寄交供应商,运输部门在货物退回后,应通知采购部门和会计部门。采购部门在货物退回后,应编制借项凭单,经主管人员审查后,转交会计部门,用以调整应付账款。如果要求供应商折让,采购部门也应在折让金额确定后,编制借项凭单,通知会计部门调整应付账款。由于退货和折让业务大多是非常规的,所以,可设置专人定期审查有关退货和折让的业务记录及相关凭证,以确保退货和折让的合理性、真实性。

验收单是支持资产或费用以及与采购有关负债的存在或发生认定的重要凭证。而随后执行的定期独立检查验收单以确定每笔采购交易都已编制凭单的程序,则与采购交易的完整性认定有关。

4. 储存已验收的商品存货

由独立的部门(如仓库)负责接收已验收的货物,并承担保管责任。将已验收商品的保管与采购的其他职责相分离,可减少未经授权采购和盗用商品的风险。货物入库前,仓储部门应先行点验,然后在验收单副联上签收。签收后,仓储部门应将实际入库货物的数量通知会计部门。仓储部门应为每一种存货填制标签,并根据存货的品质特征分类存放在设有相应安全措施的场所(如存放在加锁的仓储区),限制接近并由保安人员适当守卫。这些控制与存货的存在认定有关。

5. 编制付款凭单

记录采购交易之前,应付凭单部门应编制凭单。这项程序的控制包括:

(1) 确定供应商发票的内容同相关验收单和订购单的一致性;

(2) 确定供应商发票计算的正确性;

(3) 编制有预先编号的付款凭单,并附上支持性凭证(订购单、验收单和供应商发票);

(4) 独立检查付款凭单计算的正确性;

(5) 在付款凭单上填入应借记的资产或费用账户的名称或代号;

(6) 由被授权人员在凭单上签字,以示批准照此凭单付款。

值得注意的是,为采购交易编制凭单所要求具有的支持性凭证的种类,随交易对象的不同而不同。如在为某些劳务或租赁资产编制凭单时,还需要具有其他种类的支持性凭证(如合同副本等)。而在其他情况下,如每月支付的水电费,只要有账单和供应商发票就可以编制付款凭单,不需要每月的订购单和验收单。

所有未付款凭单的副联应保存在应付凭单部门的未付款凭单档案中,以待日后付款。经适当批准和有预先编号的凭单为记录采购交易提供了依据。因此,这些控制活动与发生、完整性和准确性认定有关。

6. 确认与记录负债

在手工系统下,已批准的未付款凭单,应连同每日汇总表一起送交会计部门,以编制有关记账凭证和登记有关账簿。会计主管应独立检查会计人员记录的凭单总数与应付凭单部门送来的每日凭单汇总表所列数是否一致。

会计主管应做好以下三项工作:① 监督为采购交易编制的记账凭证中账户分类的适当性;② 通过定期核对编制记账凭证的日期与凭单副联的日期,以监督入账的及时性;③ 定期独立检查应付账款总账余额与应付凭单部门未付款凭单档案里的凭单总和是否一致。

(二)现金支出业务的主要活动

现金支出业务的主要活动包括偿付负债和记录现金支出业务,并尽可能由不同的人员或部门分别执行。

1. 偿付负债

企业通常由应付凭单部门负责确定在未付款凭单到期日之前偿付负债,并根据具体情况采用适当的结算方式,如支票结算等。在手工系统下,填写支票的方式有两种:一是应付凭单部门将到期的凭单送交财务部门,再由财务部门填写支票;二是由应付凭单部门根据到期凭单填写支票,再连同凭单一起送交财务部门签字。编制和签署支票的有关控制包括:

(1)独立检查已签发支票的总额(通常在支票汇总表中列示)与已处理的付款凭单的总额的一致性;

(2)应由被授权的财务部门的人员负责签署支票;

(3)被授权签署支票的人员不仅应确定每张支票都附有一张已适当批准的未付款凭单,还应确定支票收款人姓名和金额与凭单内容的一致性;

(4)支票一经签署就应在其凭单和支持性凭证上加盖印戳或打洞将其注销,并连同支票的副本归入已付款凭单档案,以免重复付款;

(5)支票签署人应控制支票的邮寄;

(6)不应签发无记名支票甚至空白支票;

(7)应使用预先连续编号的支票,保证支出支票存根的完整性和作废支票处理的恰当性;

(8)应确保只有被授权的人员才能接近空白支票和签字板。

上述控制与现金支出交易的发生、完整性以及准确性认定有关。

2. 记录现金支出

在手工系统下,会计人员应根据已签发支票编制付款记账凭证,并据此登记银行存款日记账及其他相关账簿。

记录现金支出的有关控制包括:

(1)会计主管应独立检查记入银行存款日记账、应付账款明细账金额的一致性,并与财务部门送来的支票汇总表记录核对相符;

(2)通过定期比较银行存款日记账记录的日期与支票副本的日期,独立检查入账的及时性;

(3)独立编制银行存款余额调节表。

二、采购与付款循环涉及的主要凭证、账户和报表项目

对采购与现金支出交易的适当控制,一般包括使用多种凭证,据以记录有关账户,并在期末按适当方法列示在相应的报表项目中。

1. 原始凭证

(1) 请购单。由仓库、商品制造、资产使用等部门的有关人员填写,送交采购部门,申请购买商品、劳务或其他资产的书面凭证。

(2) 订购单。由采购部门填写,向另一企业购买订单上所指定商品、劳务或其他资产的书面凭证。

(3) 验收单,或称"验收报告""入库单"。收到商品等资产时编制的凭证,列明从供应商那里收到的商品等资产的种类、数量和质量等。

(4) 供应商发票。供应商开具的,交给买方以载明所发运货物或所提供劳务的名称、应付款金额和付款条件等事项的凭证。

(5) 付款凭单。采购方企业应付凭单部门编制的,以载明已收到的商品等资产或所接受劳务的厂商名称及地址、应付款金额和付款日期的凭证。付款凭单是企业内部记录和偿付负债的授权证明文件。

2. 记账凭证

涉及的记账凭证主要包括转账记账凭证、付款记账凭证。

3. 明细账和序时账

涉及的账簿资料主要包括存货明细账、应付账款明细账、现金和银行存款日记账。

4. 总账

涉及的总账类账户主要包括"库存商品""原材料""现金""银行存款""固定资产""工程物资""在建工程""预付账款""应付账款""应交税金"等。

5. 报表项目

涉及的报表项目主要包括"货币资金""存货""预付账款""应付账款""应交税金"等。

6. 其他

(1) 凭单汇总表。列示每批或每天所处理的全部凭单的报告。

(2) 未收货订购单档案。汇集已交给供应商但尚未收到商品或劳务的订购单。

(3) 未付款凭单档案。汇集已收到商品或劳务且已入账的,但尚未付款的已批准凭单及其支持性凭证。未付款凭单合计应与应付账款总账余额相等。

(4) 已付款凭单档案。汇集已经付款的凭单及其支持性凭证。

(5) 支票。要求银行向收款人给付指定金额的正式通知。

(6) 支票汇总表。列示某批或某日所签发支票的表格。

三、采购与付款循环的审计目标

采购与付款循环的审计目标具体包括:

(1) 已记录的应付账款代表企业在资产负债表日所欠的金额。

(2) 已记录的固定资产代表企业在资产负债表日正在使用的资产。
(3) 已记录的采购交易代表本期收到的商品、生产性资产和劳务。
(4) 已记录的现金支出交易代表本期对供应商和债权人的付款。
(5) 应付账款包括企业在资产负债表日所欠商品或劳务的所有金额。
(6) 固定资产余额包括本期发生的所有交易和事项的影响。
(7) 已记录的采购和现金支出交易包括本期发生的所有交易。
(8) 应付账款是企业在资产负债表日的法律义务。
(9) 企业在资产负债表日对所有固定资产拥有权利。
(10) 应付账款列示正确的欠款金额。
(11) 固定资产以成本减去折旧后的余额正确列示。
(12) 已记录的费用金额符合会计准则。
(13) 应付账款和固定资产在资产负债表上的列报和披露适当。
(14) 公司使用的折旧方法、资产租赁合同的重要情况,以及作为贷款抵押的固定资产的披露适当。

四、重要性、风险及审计方案

财务报表中的很多项目都受到采购与付款循环交易的影响。实际上,该循环交易比其他几个循环所影响的项目要多,并且该循环影响的这些账户(如存货、固定资产等)中多数从单个来看可能都很重要。因此,采购与付款循环交易是财务报表重大错报的主要来源。

下列几个因素可能导致采购与付款循环的固有风险处于高水平:
(1) 交易量通常很大;
(2) 可能发生未经授权的采购和现金支出;
(3) 已购买的资产可能被侵吞、滥用;
(4) 可能出现诸如成本应资本化还是费用化等会计问题的争论。
这些因素可能造成受该循环交易影响的认定有较高的固有风险。

在很多情况下,注册会计师都希望被审计单位的内部控制能够防止或发现并纠正受采购与付款循环交易影响的发生、完整性以及准确性等认定的错报。内部控制也有助于保证绝大多数种类的支出分类适当,因此,采购与付款循环交易的控制还影响到该循环中的列报和披露认定的控制风险。同收入循环的情况一样,采购与付款循环的内部控制对于降低权利和义务认定的控制风险作用较小。

注册会计师在审计采购与付款循环时,可以结合使用综合性方案和实质性方案这两种审计方案。不论使用哪种方案,注册会计师都应对与每项认定所采取的方案相关的那一部分内部控制,取得一定的了解。

第二节 内部控制的了解与测试

一、了解采购与付款循环的内部控制

与销售与收款循环一样,注册会计师在审计采购与付款循环时,需要着重了解内部控制的三个要素。

（一）控制环境

主要了解三个方面的问题:

1. 被审计单位采购与付款循环活动的组织结构

注册会计师可通过询问管理层和研究组织图来取得这方面的了解。在了解中,应弄清:① 采购、验收、仓储活动是否在经营副总经理的领导下进行? ② 会计活动是否在财务主管的领导下进行? ③ 现金支出活动是否在财务主管或财务副总经理的领导下进行?

2. 被审计单位采购与付款循环的管理控制方法

被审计单位通常采用预算的方式对采购与付款循环进行管理控制。很多企业为现金、营业费用和资本支出都编制了预算。如果管理层采用了适当的方法,如编制预算、比较实际业绩与计划业绩、向适当层次的管理人员报告差异,并对差异及时采取适当的更正行动,那么可大大降低采购与付款循环活动的控制风险。

3. 被审计单位采购与付款循环的既定人事政策

被审计单位应执行严格有效的人事政策,以确保只有具备正直品行和胜任能力的人员才能从事采购和现金支出交易。如采购人员可能直接与供应商会面,并参与价格、质量及条件的谈判,这些人员经常会遇到供应商的种种利诱。在这种情况下,缺少正直品质的采购人员可能会收受供应商的"佣金",从而把订单交给使采购人员得到好处的供应商。同样,验收和仓储人员的不诚实,将导致其在处理和保管所收到的商品的过程中舞弊。选择合格和值得信赖的人员担任凭单编制和货款支付工作同样也很重要。

（二）与财务报告相关的信息系统和沟通

针对与财务报告相关的信息系统和沟通主要应了解两个方面的问题:一是数据处理的方法;二是处理采购与付款循环交易所涉及的主要凭证和记录。注册会计师可以通过查阅有关会计手册和系统流程图,询问会计人员和与处理这些交易有关的其他人员,以及借鉴以前与被审计单位交往的经验,来取得对这些情况的了解。

图 11-1 是一个总括性的流程图,列示了处理采购和现金支出交易系统的主要特征,以及交易对有关账户的影响,但没有列示该循环涉及的所有文件、记录、处理程序和账户。

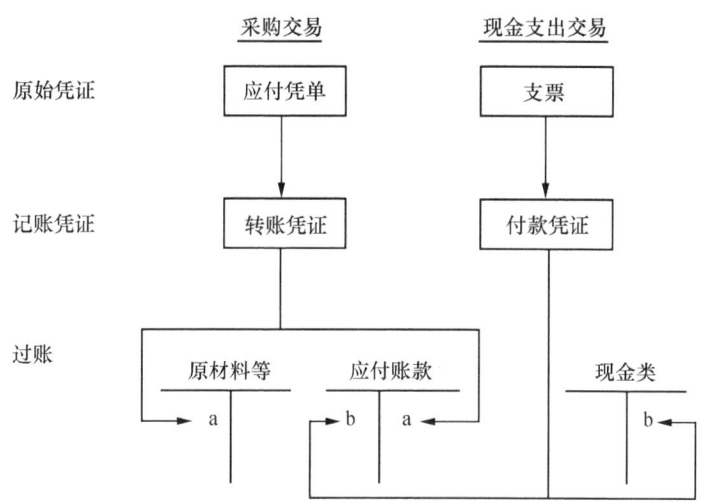

图 11-1 采购与付款循环财务报告信息系统概略图

（三）控制活动

适当授权、责任分工、凭证和记录控制、接近控制以及独立检查这五种控制活动，都适用于采购与付款循环。表 11-2 提供了这些控制活动的应用举例。

二、记录对内部控制的了解

注册会计师主要凭借以往与被审计单位交往的经验，并通过询问、观察和审查凭证等程序，来取得对被审计单位采购与付款循环的控制活动的了解。

同审计其他交易种类一样，使用问卷也有助于注册会计师了解和记录采购与付款循环的有关控制。示范性问卷问题如表 11-1 所示。此外，如果被审计单位没有系统流程图可供注册会计师审查并复制作为工作底稿，那么注册会计师也可自行编制系统流程图。

表 11-1 采购与付款循环内部控制问卷问题举例

主要业务活动	问题举例
1. 请购商品和劳务	（1）是否已建立请购的一般和特殊授权程序？ （2）是否对所有请购的商品和劳务编制请购单？
2. 编制订购单	（1）每一张订购单是否都要求有一张已批准的请购单？ （2）是否使用有预先编号的订购单并加以控制？
3. 验收货物	（1）送交验收部门的订购单副联是否已涂掉采购数量？ （2）验收时是否盘点和检查商品并与有关订购单核对？ （3）所编制的验收单是否预先编号？ （4）验收部门将商品送交仓库或其他请购部门，是否取得有对方签章的收据？
4. 储存已验收商品存货	（1）商品是否存放在加锁的地方，并限制接近？ （2）是否设有保安人员守卫仓库存货？
5. 编制付款凭单	（1）编制凭单时，是否将凭单同订购单、验收单和供应商发票相核对？ （2）是否独立检查供应商发票和凭单计算的正确性？ （3）凭单是否经过被授权的人员批准？

（续表）

主要业务活动	问题举例
6. 记录负债	(1) 是否编制每日凭单汇总表,并将其与有关记账凭证上记录的金额进行比较? (2) 是否对有关记账凭证中的分录进行独立检查,以确定账户分类的适当性和入账的及时性? (3) 是否定期独立检查未付款凭单档案内凭单金额合计与应付账款总账的一致性?
7. 偿付负债	(1) 所有支出是否都以支票付款? (2) 支票签署人是否验证每张支票均有已批准的凭单和支持性凭证? (3) 凭单和支持性凭证是否在支票签署后盖章注销? (4) 支票签署人是否控制支票的寄出? (5) 是否禁止签发无记名支票和空白支票? (6) 是否只限于被授权人员才能接近空白支票和签字板?
8. 记录现金支出	(1) 执行和记录现金支出交易的职责是否适当分离? (2) 是否独立检查账簿记录的金额与每日支票汇总表的一致性? (3) 是否定期独立编制银行存款余额调节表? (4) 支票是否及时入账?

三、评价控制风险

表 11-1 中的每一个问题都可作为分析业务活动可能发生错误的基础。表 11-2 列示了对这些错误的必要控制以及可能实施的控制测试。

表 11-2　采购与付款循环评价控制风险的考虑

主要业务活动	可能的错误	必要的控制	可能的控制测试
1. 请购商品和劳务	可能请购不必要或过多的商品	一般授权和特别授权	询问授权情况
2. 编制订购单	可能有未经授权的采购	每张订购单须附有已批准的请购单	检查订购单是否附有已批准的请购单
3. 验收货物	(1) 可能收到未订购的商品 (2) 收到商品的项目、数量或质量可能不正确	(1) 每次验货都有已批准的订购单 (2) 验收人员盘点和检查所收到的商品,并将其与订购单核对	(1) 检查验收单是否附有订购单 (2) 观察验收人员验收
4. 储存已验收商品存货	商品可能从仓储区被盗走	经授权的人员才能接近加锁的仓储区	观察接近仓储区的情况
5. 编制付款凭单	可能对未订购的商品或未收到的商品编制凭单	每张凭单必须附有相应的订购单、验收单和供应商发票	检查凭单的支持性凭证
6. 记录负债	凭单可能未入账	独立检查每日的凭单汇总表和有关记账凭证上金额的一致性	检查执行独立检查的证据,重新执行独立检查

(续表)

主要业务活动	可能的错误	必要的控制	可能的控制测试
7. 偿付负债	(1) 可能对未授权的采购签发支票 (2) 可能对一张凭单重复付款 (3) 支票金额可能开错 (4) 支票可能在签署后被篡改	(1) 支票签署人应复核支持性凭单的完整性和批准情况 (2) 支票签发后应立即盖章注销已付款凭单和支持性凭证 (3) 独立检查支票金额与凭单的一致性 (4) 支票签署人应控制邮寄支票	(1) 观察支票签署人对支持性凭证进行独立检查 (2) 检查已付款凭单上的"已付讫"印戳 (3) 重新执行独立检查 (4) 询问邮寄程序，观察邮寄
8. 记录现金支出	(1) 支票可能未入账 (2) 记录支票时可能出错 (3) 支票可能未及时入账	(1) 使用和控制预先编号的支票 (2) 定期独立编制银行存款余额调节表 (3) 独立检查支票的日期与记账的日期	(1) 审查使用和控制预先编号支票的证据 (2) 审查银行存款余额调节表 (3) 重新执行独立检查

注册会计师在设计与发生、完整性认定有关的控制测试时，必须考虑测试的方向。在评价采购交易的发生认定的控制风险时，应核证有关账簿和记账凭证上的样本分录至相关的支持性凭证（已批准凭单、验收单和订购单）。与此相反，注册会计师在评价完整性认定的控制风险时，则应追查支持性凭证样本至有关记账凭证和账簿。

第三节　交易的实质性程序

一、测试登记入账的采购业务是否真实

为测试登记入账的采购业务是否真实，注册会计师可实施下列实质性程序：
（1）复核采购明细账、总账及应付账款明细账，注意是否有大额或不正常的金额；
（2）审查销货方发票、验收单、订货单和请购单的合理性和真实性；
（3）追查存货的采购至存货永续盘存记录；
（4）检查取得的固定资产。

上述测试与发生认定相关。如果注册会计师对被审计单位内部控制的有效性感到满意，为查找不正确、不真实存在的交易而执行的实质性程序就可大大减少。恰当的控制可以防止那些主要使企业管理层和职员受益而非企业本身受益的交易，作为企业的营业支出或资产记入账中。在有些情况下，不正确的交易是显而易见的。例如，职员未经批准就购置个人用品，或通过在付款凭证登记簿上虚记一笔采购而侵吞公款。但在另外一些情况下，交易的正确与否却很难评判，如支付企业管理人员在俱乐部的个人会费、支付管理人员及其家属的度假费用等。如果发觉企业对这些不正当的、站不住脚的交易的控制不

充分,注册会计师在审计中就需对与这些交易有关的单据进行广泛的检查。

二、测试发生的采购业务是否均已登记入账

应付账款是因在正常的商业过程中接受商品和劳务而产生的未予付款的负债。已经验收的商品和劳务若未予以入账,将直接影响应付账款余额,从而少计企业的负债。如果注册会计师确信被审计单位所有的采购业务均已准确、及时地登记入账,就可以从了解和测试其内部控制入手进行审计,从而大大减少固定资产和应付账款等财务报表项目的实质性程序工作量,降低审计成本。

注册会计师通常采用下列程序测试已发生的采购业务是否均已登记入账:
(1) 从验收单追查至采购明细账;
(2) 从销货方发票追查至采购明细账。
上述测试与完整性认定相关。

三、测试登记入账的采购业务的估价是否准确

由于许多资产、负债和费用项目的估价有赖于交易在采购明细账上的正确记录,所以,这些报表项目实质性程序的范围,在很大程度上取决于注册会计师对被审计单位购货交易内部控制运行效果的评价。如果注册会计师认为其购货交易内部控制运行有效,则注册会计师对这些报表项目计价准确性实施的实质性程序数量,显然要比购货交易内部控制制度不健全或形同虚设的企业少得多。

当被审计单位对存货采用永续盘存制核算时,如果注册会计师确信其永续盘存记录是准确、及时的,则存货项目的实质性程序就可予以简化。被审计单位对永续盘存制中购入环节的内部控制,一般应作为审计中对购入业务进行控制测试的对象之一,在审计中起着关键作用。如果这些控制能够有效运行,并且永续盘存记录又能够反映出存货的数量和单位成本,则还可以减少存货监盘和存货单位成本测试的工作量。

为测试登记入账的采购业务的估价是否准确,注册会计师采用的典型程序是将采购明细账中记录的业务与销货方发票、验收单和其他证明文件进行比较,复核包括折扣和运费在内的销货方发票计算的准确性。

四、测试登记入账的采购业务的分类是否正确

采购业务分类是否正确的测试一般可与估价测试一并进行。注册会计师可以通过审核销货方发票等原始凭证和会计科目表来确定具体业务的类别是否正确,并以此与账簿的实际记录作比较。

五、测试采购业务的记录是否及时

在执行估价实质性程序的同时,将验收单和销货方发票上的日期与采购明细账中的日期进行比较,以确定采购业务的记录是否及时。如有重大差异,就可能存在购货截止期限的错误,需进行存货截止测试。

所谓存货截止测试,就是检查截止到12月31日,所购入并包括在12月31日存货盘

点范围内的存货,是否已记入当年财务报表内。存货正确截止的关键在于存货实物纳入盘点范围的时间与存货引起的借贷双方会计科目的入账时间都处于同一会计期间。如果当年 12 月 31 日购入货物,并已包括在当年 12 月 31 日的存货盘点范围内,而购货发票于次年 1 月 2 日才收到,并已记入次年 1 月份账内,当年 12 月份账上并无进货和对应的负债记录,这就少计了存货和应付账款;相反,如果在当年 12 月 31 日就收到一张购货发票,并记入当年 12 月份账内,而这张发票所对应的存货实物却在次年 1 月 2 日才收到,未包括在当年年底的盘点范围内,这样就有可能少计本年的利润。

按照存货正确截止的基本要求,若未将年终在途货物列入当年存货盘点范围内,只要相应的负债亦同时记入次年账内,则对财务报表的影响并不重要。

存货截止测试的主要方法是抽查存货盘点日期前后的购货发票与验收单,档案中的每张发票均附有验收单。12 月底入账的发票如果附有 12 月 31 日或之前的验收单,则货物肯定已经入库,并包括在本年的存货盘点范围内;如果验收报告日期为 1 月份的日期,则货物不会列入年底存货盘点范围内;反之,如果仅有验收单而无购货发票,则应认真审核每一验收单是否加盖暂估入库印章,并以暂估价记入当年存货账内,待次年年初以红字冲销。存货截止测试的另一种方法是审阅验收部门的业务记录,凡是接近年底(包括次年年初)购入的货物,必须查明其相对应的购货发票是否在同期入账,对于未收到购货发票的入库存货,考虑是否将入库单分开存放并暂估入账。

在确定截止测试样本时,一般以截止日为界限,分别向前倒推或向后顺推若干日,按顺序选取较大金额采购业务的发票或验收单作为审计样本。截止测试完成后,对于发现的截止错误,应提请被审计单位作必要的账务调整。

六、测试采购业务是否已正确地记入明细账并准确地汇总

为测试过账和汇总的准确性,常用的实质性程序有:
(1) 加总合计采购明细账;
(2) 追查过入采购总账和应付账款、存货明细账的数额,并与采购明细账核对相符。

由于采购业务与付款业务在经济活动中密切关联,同属一个循环,故付款业务的一部分测试可与采购业务的测试一并进行,但付款业务的特殊性又决定了其另一部分测试仍需单独进行,这部分测试将在本书第十四章阐述。

第四节 固定资产的实质性程序

一、验证固定资产明细表的正确性及其与固定资产明细账、总账余额的一致性

注册会计师首先需要测试固定资产明细表计算的正确性,并验证它同固定资产明细账总额和总账余额是否相符。还请注意,注册会计师应将本期的期初余额与上期工作底稿上的期末余额进行比较,以确定被审计单位是否已将注册会计师在上次审计结束时所建议的调整事项入账。这项测试与计价和分摊认定有关。表 11-3 列示了注册会计师审计固定资产和累计折旧时所用的工作底稿。

表 11-3 固定资产和累计折旧审计工作底稿

固定资产和累计折旧审计工作底稿

被审计单位名称：V 公司
资产负债表日：2011.12.31
W/P 索引号：M-5
编制人：Cfg 日期：2012.02.05
复核人：Xjz 日期：2012.02.10

底稿索引	账户名称	固定资产					累计折旧				
		期初余额	增加	减少	调整借(贷)	期末余额	期初余额	增加	减少	调整借(贷)	期末余额
M1	电子设备	450 000 N				450 000					
M2	房屋	2 108 000 N	125 000		(25 000)	2 208 000	379 440	84 320		(1 000)	462 760
M3	机器设备	3 757 250 N	980 000	370 000	25 000	4 392 250	1 074 210	352 910	172 500	1 000	1 255 620
M4	运输设备	853 400 N	144 000	110 000		887 400	217 450	43 250	21 000		239 700
		7 168 650 N	1 249 000	480 000	0	7 937 650	1 671 100	480 480	193 500	0	1 958 080
		FF T/B	F	F	F	FF T/B	FF T/B	F	F	F	FF T/B

注：N——追查至总账和 2011.12.31 工作底稿
　　F——竖加无误
　　FF——横加、竖加无误
　　表中调整分录为第 12 笔调整分录，如下：
　　固定资产——机器设备　　25 000
　　累计折旧——房屋　　　　 1 000
　　　　固定资产——房屋　　　　　25 000
　　　　累计折旧——机器设备　　　 1 000

二、执行实质性分析程序

执行固定资产的实质性分析程序,通常使用以下财务比率,如表 11-4 所示。

表 11-4 固定资产实质性分析程序常用财务比率

财务比率	计算公式
1. 固定资产产值率	产值÷平均固定资产
2. 固定资产周转率(次数)	主营业务收入÷平均固定资产
3. 固定资产净利率	净利润÷平均固定资产
4. 固定资产磨损率	期末累计折旧÷期末固定资产
5. 本期平均折旧率	本期计提折旧额÷平均固定资产
6. 修理费用与主营业务收入之比	修理费用÷主营业务收入
7. 固定资产与总资产之比	固定资产÷总资产
8. 固定资产与股东权益之比	固定资产÷股东权益
9. 固定资产增长率	(固定资产期末原值－期初原值)÷期初原值

计算固定资产产值率、固定资产周转率(次数)、固定资产净利率,并与前期数据进行比较,可能发现闲置固定资产或已减少固定资产未在账户上注销的问题。

计算固定资产磨损率和本期平均折旧率,并与上期比较,可能发现本期折旧额在计算和账务处理方面的错误。

比较本期各月之间、本期与以前各期之间的修理及维护费用，可能发现资本性支出和收益性支出的划分错误。如修理费用和主营业务收入之比下降很大，则可能说明某些修理支出未入账，或已被错误地资本化。

比较本期与以前各期的固定资产增长率，可以判断被审计单位的固定资产变动是否与其生产经营能力相适应。由于被审计单位的生产经营情况在不断地变化，各期之间固定资产增加和减少的数额可能相差很大。注册会计师应当深入分析其差异，并根据被审计单位以往和今后的生产经营趋势判断差异产生的原因是否合理。

分析固定资产的构成及其增减变动情况，与在建工程、现金流量表、生产能力等相关信息交叉复核，检查固定资产金额的合理性与准确性。

通过实质性分析程序将这些比率同其他资料进行对比，如果显示出正常或预计的结果，则注册会计师可以获取固定资产账户余额存在、完整性以及计价和分摊认定的佐证证据。但是，如果比较后显示的结果超出预期，注册会计师应作进一步调查。

三、检查固定资产的增加

所有重要的固定资产增加，都应有董事会会议记录里的授权条文、付款凭单、供应商发票、合同和已付款支票等支持性凭证。注册会计师可通过分析固定资产账户，审查固定资产明细表，复核董事会会议记录和询问管理层来获得资产增加的信息。如果交易量很大，可采取抽查的方式核证。

在执行这项测试时，注册会计师必须查清安装费、运费及其他类似的成本是否都已作了适当的会计处理。对在建工程而言，注册会计师可通过复核其合同和有关工程成本的凭证来收集证据。

在以融资租赁方式取得固定资产时，该项财产的成本和相关负债应按未来最小租金支付额的现值入账。注册会计师应通过重新计算，来验证被审计单位所确定的租赁负债现值的正确性。

在进行实物检查以核证固定资产的增加时，注册会计师还可以取得其他方面的佐证信息，如注册会计师在检查时可询问有关新设备投入使用前所发生的安装费、测试费和其他成本情况。

因此，核证固定资产的增加与存在、权利和义务以及计价和分摊认定有关。

四、审查所有权文件和租赁合同

汽车的所有权可通过检查所有权证明、注册登记证明和保险单来加以确认。对设备和器具而言，已付款发票可能是其所有权的最好证明。对于不动产，则可通过审查契约、产权保险单、财产税税单、抵押付款收据以及火灾保险单等来收集所有权的证据。不动产的所有权也可通过查阅公开的记录来取得证据。为了取得这种形式的额外证据，注册会计师可请求律师提供帮助。审查所有权文件与固定资产的存在、权利和义务认定有关。

租赁合同通常赋予承租人在某特定期间内使用固定资产的权利。根据交易的经济实质，可将租赁分为融资租赁和经营租赁。如为融资租赁，就应在账簿和报表上确认该项资产和相关负债。注册会计师应仔细阅读其租赁合同，并根据会计准则的要求，确定被审计

单位对租赁是否作了适当的会计分类。审查租赁合同,除与固定资产的存在、权利和义务认定相关之外,还与列报和披露认定相关,因为会计准则对此有专门的披露要求。

五、检查固定资产的减少

固定资产出售、报废和以旧换新都应有书面授权文件和销售协议等支持性凭证。对这些凭证,注册会计师必须谨慎审查,以确定其会计记录(包括损益确认)的正确性和适当性。

以下程序也可能有助于确定被审计单位是否记录了所有报废的固定资产:
(1) 分析营业外收入账户中出售固定资产的所得;
(2) 调查已停产的生产线或已停止使用的经营设备的处理情况;
(3) 追查报废固定资产的报废工作单和授权文件至有关的会计记录;
(4) 复核保险单上终止合同或减少保险范围的情况;
(5) 询问管理层有关资产报废的情况。

这些实质性程序与存在、计价和分摊认定有关。

六、分析修理费用记录

注册会计师进行这项测试的目的是确定修理费用的适当性和一致性。适当性要求注册会计师确定被审计单位是否将资本性支出和日常修理支出作适当划分。因此,注册会计师应仔细审查各笔支出以便分辨出必须资本化的重要项目。对这些项目,注册会计师应审查其支持性凭证,如供应商发票、公司工作单及管理层的授权文件等,以确定支出处理的适当性和有无编制调整分录的必要。一致性要求注册会计师确定被审计单位划分资本性支出与收益性支出的标准是否与上一年度相同。

由于这项测试很可能发现那些应予却未予资本化的支出项目,所以,这项测试可为固定资产的完整性认定提供重要证据,分析修理费用记录也可取得有关固定资产估价的证据。另外,这项分析还可以发现与列报和披露认定有关的账户分类错误。

七、复核累计折旧记录

注册会计师应取得折旧费用计算和记录的合理性、一致性和正确性的证据。在执行这项测试时,应首先复核被审计单位编制的折旧费用明细表和询问被审计单位,以确定被审计单位在本期采用的折旧方法。其次,还必须确定本期采用的折旧方法是否与前期一致。对于连续审计的被审计单位,注册会计师可通过查看以前年度的工作底稿来确定其一致性。

在确定折旧计提的合理性时,应考虑以下两个因素:① 被审计单位过去估计的固定资产使用年限;② 现有资产的剩余使用年限。

注册会计师可通过重新计算来验证折旧的正确性。通常情况下,应有选择地重新计算一些主要固定资产的折旧和测试一些本期增加和报废的固定资产的折旧。这项实质性程序可为除权利和义务认定之外的其他财务报表认定提供证据。

八、将报表列报和披露与会计准则规定相比较

会计准则对固定资产进行财务报表列报和披露的规定相当广泛。如在财务报表上应列示主要类别固定资产的账面价值、累计折旧和净值,在利润表有关项目中列示本年度的折旧费用,在财务报表附注中分类披露固定资产和累计折旧在本期的增减变动情况及其使用的折旧方法,以及用作抵押、担保的固定资产数和本期从在建工程转入固定资产数、本期出售固定资产数、本期置换固定资产数等。注册会计师可通过上述实质性程序取得与这些事项有关的证据。对其中因借款而抵押的固定资产,注册会计师首先应通过复核董事会会议记录和长期合同协定,函证债务协定,以及询问管理层来获取有关资产抵押的信息。其次借助会计准则和有关的租赁协定,来确定被审计单位对租赁资产披露的适当性。

第五节 应付账款的实质性程序

一、验证明细表的正确性及其与应付账款余额的一致性

对应付账款实施实质性程序的起点是验证应付账款明细表。该明细表通常由被审计单位根据未付款凭单档案里的资料编制而成。注册会计师应通过重新加总该明细表,并将合计数与总账余额相调节,以验证明细表计算的正确性。另外,注册会计师还应有选择地将明细表的一些余额同未付款凭单档案里的有关余额进行核对。

二、执行实质性分析程序

对应付账款执行实质性分析程序所使用的财务比率与分析应收账款所使用的比率类似。如注册会计师可按账龄分析每个债权人余额,计算应付账款周转率(赊销净额÷应付账款)和应付账款与流动负债之比等。如果应付账款周转率的增加不正常,则说明可能有未入账的应付账款。实质性分析程序与存在、完整性以及计价和分摊三项认定有关。

三、核证已记录的应付账款至支持性凭证

在这项实质性程序中,注册会计师应核证被审计单位明细表里的应付账款余额至支持性凭证。这些支持债权人对资产的有效求偿权的凭证,包括订购单、验收单和供应商发票。另外,注册会计师也可以审查由债权人按月寄给被审计单位的对账单。

这项测试也可为存在、权利和义务以及计价和分摊三项认定提供证据。但核证并不能为完整性认定提供任何证据,因为这项测试是以入账的应付账款为基础的,其主要目的在于发现会计记录的高估。

四、函证应付账款

与应收账款函证不同,对应付账款不强制要求执行函证审计程序。这是因为:① 函证并不能保证发现所有未入账的应付账款;② 可用发票和供应商每月对账单等外部凭证

来证实余额。但在检查风险很低、个别债权人余额比较大以及被审计单位正面临债务危机时,建议注册会计师对应付账款进行函证。

函证时,注册会计师必须注意以下事项:① 在所选取的函证项目中,应包括余额为零或余额很小的账户,因为这些账户比余额大的账户,更有可能被低估。② 对上一年度向被审计单位供过货而本年度没有供货,并且又没有按月寄对账单给被审计单位的主要供应商,应进行函证。③ 应采用如表11-5所示的积极式函证格式,在询证函中不应标明应付账款金额。注册会计师在函证应付账款时比较喜欢由债权人指出应付账款的金额,因为这一金额可用来同被审计单位的记录相比较并作为调整账目的依据。④ 同函证应收账款一样,注册会计师必须控制询证函的编制和寄发,并直接接收债权人的答复。

表 11-5　应付账款积极式询证函

应付账款积极式询证函
C公司 ××市××路××号 <u>尊敬的××先生或××女士:</u> 　　能否请您将××××年12月31日结束时我公司所欠贵公司款项的明细表直接寄给我公司聘请的甲会计师事务所?并提供以下信息: 　　1. 未到期金额_____元; 　　2. 已过期金额_____元; 　　3. 购货承诺金额_____元; 　　4. 抵押品持有情况说明_____。 (内附寄至我公司所聘会计师事务所的回函信封一个) 您如能立即回函,我们将非常感谢! 　　　　　　　　　　　　　　　　　　　　　　　　[W公司财务主管签名] 　　　　　　　　　　　　　　　　　　　　　　　　××××年12月31日

这项测试既可提供存在、权利和义务认定的证据,也可提供计价和分摊认定的一些证据,因为这项测试可发现金额不正确的账户。函证应付账款只能为完整性认定提供极为有限的证据,因为注册会计师不可能对所有未入账的应付账款进行函证。

五、执行购货截止测试

执行购货截止测试是为了取得资产负债表日在途存货已记入恰当会计期间的证据。在途存货如果采用FOB起运点交货方式,那么买方应在商品发出所在的期间,记录进货和应付账款。相反,在途存货如果采用的是FOB目的地交货方式,那么买方在实际收到商品之前,则不能记录这笔赊购交易。

购货的截止期间一般包括资产负债表日之前和之后的5—7天。在这几天的时间里,注册会计师应审查年末购货已作适当记录的证据。这项截止测试包括:

(1) 追查验收单至有关的记账凭证和账簿里的分录;

(2) 核证已记录的分录至有关的支持性凭证。

这项实质性程序可提供有关应付账款存在、完整性认定的证据。

六、执行现金支出截止测试

在年底,适当截止现金支出交易,对资产负债表日正确反映现金和应付账款都非常重要。现金支出截止测试的证据,可通过亲自观察和复核内部凭证取得。如果注册会计师能在资产负债表日当天前往被审计单位,则可亲自确定被审计单位所签发和邮寄的最后一张支票。随后,追查这张凭证到有关的会计记录,即可验证截止的正确性。如注册会计师在资产负债表日无法前往被审计单位,可采取另一种方法,即追查"已付款"支票的日期至支票入账的日期。

这项测试可提供有关应付账款的存在、完整性认定的证据。

七、审查期后付款

审查期后付款同审查财务报表日后收到顾客的欠款相类似。这项测试应安排在外勤工作接近尾声时进行,以增加取得财务报表日未入账应付账款的证据的机会。审查期后付款可以追查财务报表日后的已付款凭单或已签发的支票,至资产负债表日的应付账款明细表。这项追查有助于注册会计师查出以下事项:

(1)明显同应付账款明细表或同财务报表日后发生的负债有关的大额支出;
(2)同前期有关但未列入应付账款明细表的大额支出;
(3)明细表已列示但仍未支付的大额应付账款。

注册会计师应对后两项进行调查。支付明细表没有列出的款项,可能说明有未入账的负债。未付款项目还可能是争议项目、凭单放错、交易记录错误或未到付款期等原因造成的。

审查期后付款不仅是完整性认定的一项重要测试,而且还可提供有关存在、权利和义务以及计价和分摊认定的证据。

八、查找未入账应付账款

查找未入账应付账款是应付账款其他实质性程序的重要补充程序。所谓查找是指注册会计师通过特定的调查,以期发现在财务报表日尚未入账的任何重要供应商发票。这项测试通常在评价其他测试的结果之后进行。注册会计师在查找未入账应付账款时,也可能获得发票或凭单记入错误的会计期间的证据。注册会计师执行这项测试时,可以(但不限于)使用以下程序:

(1)询问会计人员和采购人员是否持有待批准而尚未记录的发票,并了解未入账的原因(如损坏商品要求折让等);
(2)复核资本预算、工作单和基建合同,以发现未入账款项。

任何对财务状况或经营成果有重要影响的未入账负债,注册会计师都应建议被审计单位进行调整。

这项测试直接影响完整性认定,同时还可为存在、权利和义务以及计价和分摊认定提供证据。

九、将报表列报和披露与会计准则规定相比较

应付账款应在资产负债表上适当确认并归类为一项流动负债。如果应付账款余额中包含了对未来商品和劳务的重要预付款,那么应将这部分金额列为预付账款,而归类为流动资产。注册会计师可通过询问管理层和执行前面所说明的实质性程序,来取得有关应付账款列报和披露认定的证据,然后将管理层的列报和披露与会计准则的规定相比较。

21世纪经济与管理规划教材
会 计 学 系 列

第十二章

存货与仓储循环审计

【学习目标】

1. 了解存货与仓储循环的主要业务活动、凭证、账户和报表项目。
2. 理解存货与仓储循环的审计目标。
3. 理解存货与仓储循环的控制测试。
4. 掌握如何设计与实施存货与仓储循环交易的实质性程序。
5. 掌握如何设计与实施存货的实质性程序,特别是存货监盘程序的使用。

第一节　存货与仓储循环审计概述

一、存货与仓储循环的主要业务活动

存货与仓储循环是由原材料转化为产成品的有关活动组成的。该循环的交易从领料生产开始到加工出产成品结束,故又被称为制造交易循环。

执行和记录制造交易以及保护存货,涉及以下程序:

1. 计划和控制生产

生产计划和控制部门的职责是根据顾客订单或者对销售预测和存货需求的分析来决定生产授权。如决定授权生产,则签发生产通知单。该部门应将发出的所有生产通知单预先连续编号并加以记录控制。另外,还需要编制一份材料需求报告,列示所需要的材料和零件及其库存量。

生产计划和控制部门也负责监督材料和人工的耗用,并跟踪控制生产通知单的加工进度,直到完工转入产成品库。在履行这些职责时,生产计划和控制部门必须复核每日生产活动报告和已完工生产报告。

2. 发出原材料

生产部门在收到生产通知单后,将生产任务分解到每个生产班组(或工人),并根据生产通知单编制领料单等发料凭证来领用材料。发料凭证通常一式三联,每张发料凭证上必须列示生产通知单的号码、所需的材料数量和种类,以及领料部门的名称。尽管可以在一张发料凭证中登记所需领用的多种材料,但通常是一料一单。为分清企业内部各部门的用料情况,企业必须一个部门一张发料凭证。每张发料凭证必须经主管人员或者经授权的生产人员签字,他们所编制的每日材料耗用汇总表是计划和控制生产所使用的每日生产活动报告的组成部分。

根据从生产部门收到的发料凭证发出原材料是仓库部门的责任。仓库发料后,将其中的一联连同材料交领料部门,一联自留以登记材料明细账,一联交会计部门作为材料收发核算和成本核算的依据。

3. 加工生产产品

生产部门在领取原材料后组织生产。在加工过程中应使用计工单来记录完成特定生产通知单任务所耗用的人工。计工单必须由主管人员批准,并与每位员工的计时卡资料相调节。这一计时功能也可由员工在开始和结束工作时,将计时卡插入电脑终端机,并输入生产通知单号码来实现。无论采取哪种方式计时,被审计单位都应根据计时资料来编制每日人工耗用汇总表。此表也是每日生产活动报告的组成要素。

在某个部门已完成生产通知单的工作,其产品也通过检验时,应将产品按照转移单的授权转移到下一个部门。转移单必须由接收部门签字。

4. 转移已完工产品到产成品库

生产部门在全部完成生产通知单上的工作,且其产品通过了最后检验时,应编制一份

"已完工生产报告",然后将这些产品送往产成品仓库。产成品仓库应在最后一张转移单上签字,以确定对这些产成品的保管责任。

5. 保护制造性存货

制造性存货很容易被盗窃和损坏。被审计单位保护这些存货的方法包括将原材料和产成品存货存放在加锁的仓库里,并限制只有经授权的人员才能接近。在产品的保护措施包括由监督人员和工厂警卫监视生产区域、给在产品贴上标签和使用事先编号的转移单,以控制在产品在工厂内部的移动。

6. 确定和记录生产成本

这一程序的工作包括:① 将直接材料和直接人工计入生产成本;② 归集制造费用并分配到生产成本;③ 结转各生产部门之间的成本(在分步成本系统下);④ 转出完工产品成本。

分配制造费用可采用实际成本法或标准成本法。如果使用标准成本,则需经过管理层批准,另外,还需直接向适当层次管理人员及时报告差异,以便调查和跟踪控制。与记录生产成本有关的控制包括以下两项:① 将编制分配生产支出到各产品生产成本的分录所使用的资料,与"每日生产活动报告"里的材料和人工耗用资料相调节。② 将编制结转在产品到产成品的分录所使用的资料,与"已完工生产报告"中的资料相调节。

7. 确保存货余额的正确性

这项功能包括两项控制:① 定期独立检查原材料、在产品和产成品存货的明细账记录,是否与总账余额相符;② 将存货明细账上的数量同定期盘点存货得出的实际数量相比较。

上述程序的执行将涉及以下几个部门:生产计划和控制部门、仓库(原材料)、生产部门、计时部门、产成品部门、成本会计部门和总会计部门。同其他各种交易一样,执行和记录制造交易与保管存货之间的职责必须实行分离。与以上每一项程序有关的控制,都与发生、完整性认定的控制风险评价有关。另外,与最后两项程序有关的某些控制,对计价和分摊认定的控制风险也有很重要的影响。

二、存货与仓储循环涉及的主要凭证、账户和报表项目

1. 原始凭证

(1)发料单。生产部门下达给仓库,让其发出已批准的生产通知单所需材料的书面授权通知。

(2)转移单。授权在产品在生产部门之间以及在产品与产成品之间转移实物的通知。

(3)工资汇总表及人工支出分配表。工资汇总表是为了反映企业全部工资的结算情况,并据以进行工资结算总分类核算和汇总整个企业工资支出而编制的,它是企业进行工资支出分配的依据。人工支出分配表反映了各生产车间各产品应负担的生产工人工资及福利费。

(4)材料支出分配表。用来汇总反映各生产车间各产品所耗费的材料支出的原始记录。

(5) 制造费用分配汇总表。用来汇总反映各生产车间各产品所应负担的制造费用的原始记录。

(6) 成本计算单。用来归集某成本计算对象所应承担的生产成本，据以计算该成本计算对象的总成本和单位成本的记录。

2. 记账凭证

涉及的记账凭证主要包括转账记账凭证、付款记账凭证。

3. 明细账

涉及的明细账主要是存货明细账。它是分别为原材料、在产品和产成品所保持的记录，包括各个存货账户增减的数量和成本，以及某特定时点存货的库存数量和相关成本等信息。

4. 总账

涉及的总账类账户主要包括"原材料""应付工资""生产成本""制造费用""库存商品"等。

5. 报表项目

涉及的报表项目主要包括"存货""应付工资"等。

6. 其他

(1) 生产通知单。说明将要制造的产品数量和种类的表格。生产通知单既可指示生产某批产品，也可要求完成某一连续加工步骤。

(2) 材料需求报告。列示完成一张生产通知单所需原料和零件的报告。

(3) 计工单。记录某特定员工完成特定工作所花费工作时间的表格。

(4) 每日生产活动报告。列示每天耗用的原料和人工的报告。

(5) 已完工生产报告。列示某生产通知单已完成的工作的报告。

三、存货与仓储循环的审计目标

存货与仓储循环的审计目标具体包括：

(1) 销售成本代表本期发出（销售）商品的成本。

(2) 销售成本包括本期所有销售交易的影响。

(3) 销售成本一致运用某种或多种可接受的成本流转方法进行计算。

(4) 在利润表上销售成本分类适当，并在报表附注中披露所使用的成本流转方法。

(5) 报表上列示的存货确实存在，且归属被审计单位所有。

(6) 存货期末余额正确，在报表上的列报和披露正确。

四、重要性、风险及审计方案

在制造企业，存货和销售成本通常对其财务状况和经营成果有着重大影响，因此，注册会计师应力求使制造交易发生错报的风险保持在一个较低的水平。

制造交易的数量一般都很大，因此发生错报的机会也大大增加。注册会计师为了评价重大错报存在的风险，必须取得对企业内部控制的了解，其了解的范围视注册会计师的审计方案而定。如果注册会计师可能以经济有效的方式取得证据来支持一个较低的计划控制风险估计水平，则应采用综合性审计方案。

第二节　内部控制的了解与测试

一、了解存货与仓储循环的内部控制

1. 控制环境

在制造企业的组织结构里，主管经营、制造或生产活动的副总经理，对生产负总责。他（她）有权对生产计划和控制部门以及每一个制造部门直接实行管理。

管理控制的方法包括：① 预算；② 比较实际业绩和计划业绩，并将发现的问题向适当层次的管理人员报告；③ 调查偏离标准的差异，并及时采取适当的更正行动。

人事政策和程序包括：① 建立雇用生产部门员工的标准；② 建立在职培训制度，使员工掌握生产过程所需要的技术；③ 设立晋升和加薪的标准。

2. 与财务报告相关的信息系统和沟通

一个制造企业的财务报告信息系统包括原材料、在产品和产成品存货的控制账户和支持性记录。该系统包括分步和分批成本会计系统，并可能按实际成本或标准成本进行记录。在分批成本系统下，制造成本按批次累积而成，其在产品控制账户由单个批次的成本记录来支持。在分步成本系统下，成本按部门或步骤累积而成。

3. 控制活动

适当授权、凭证和记录控制、责任分工、接近控制和独立检查都适用于制造交易，表12-1 提供了这五种控制活动的应用举例。

表 12-1　存货与仓储循环评价控制风险的考虑

主要业务活动	可能的错误	必要的控制	可能的控制测试
1. 计划和控制生产	生产可能过剩	由生产计划和控制部门批准生产通知单	询问有关批准生产通知单的程序
2. 发出原材料	未经授权领用原材料	按已批准生产通知单和签字的发料凭证发出原材料	审查发料凭证，并将其与生产通知单进行比较
3. 加工生产产品	直接人工小时可能未记入生产通知单	使用计工单记录完成生产通知单耗用的直接人工小时	观察计工单的使用和计时程序
4. 转移已完工产品到产成品库	产成品仓库保管人员可能声称未从生产部门收到产品	产成品仓库保管人员收到产品时在最后一张转移单上签字	审查最后一张转移单上的授权签名
5. 保护制造性存货	(1) 存货可能在仓库中被盗 (2) 在产品可能在生产过程中被偷	(1) 仓库加锁并限制只有经授权的人才能接近 (2) 使用签字的转移单控制生产部门之间产品的移动	(1) 观察保安程序 (2) 观察程序，审查转移单

(续表)

主要业务活动	可能的错误	必要的控制	可能的控制测试
6. 确定和记录生产成本	(1) 可能使用不适当的制造费用分配率和标准成本 (2) 可能未记录分配生产支出到各产品生产成本 (3) 可能未结转已完工产品的成本到产成品	(1) 管理层批准制造费用分配率和标准成本；及时报告并调节差异 (2) 将编制分录所使用的资料与每日生产活动报告资料相调节 (3) 将编制分录使用的资料与已完工生产报告资料相调节	(1) 询问有关确定和批准分配率与标准，以及报告和调查差异的程序 (2) 审查调节的情况 (3) 审查调节的情况
7. 保持存货余额的正确性	账面存货数量可能与实际数量不一致	定期独立盘点存货并将其与账面数量比较	观察定期存货盘点并审查调整分录

二、记录对内部控制的了解

对存货与仓储循环内部控制取得了解并加以记录的程序，与其他交易循环的程序相同。这些程序包括询问、检查、观察、考虑以往同被审计单位交往的经验等。表12-2 列示了被审计单位存货与仓储循环内部控制问卷可能包括的问题举例。

表 12-2　存货与仓储循环内部控制问卷问题举例

主要业务活动	问题举例
1. 计划和控制生产	(1) 生产通知单是否经过生产计划和控制部门批准？ (2) 是否使用和控制预先编号的生产通知单？ (3) 每日生产活动报告和已完工生产报告是否经过计划和控制部门复核？
2. 发出原材料	(1) 仓库发出材料是否要求有已签字的发料单？ (2) 材料耗用汇总表是否包括在生产活动报告里？
3. 加工生产产品	(1) 是否使用计工单来记录生产产品所耗用的人工小时？ (2) 人工耗用汇总表是否包括在生产活动报告里？
4. 转移已完工产品到产成品库	最后的转移单是否由产成品仓库人员在收到已完工产品时签字？
5. 保护制造性存货	(1) 是否限制只有经过授权的人员才能接近原材料和产成品存货？ (2) 是否使用签字的转移单控制在产品在生产过程中的实物移动？
6. 确定和记录生产成本	(1) 制造费用分配率和标准成本是否经管理层批准？ (2) 差异是否及时向有关生产管理人员报告，以便调查和跟踪控制？ (3) 编制分配生产支出到各产品生产成本的分录所使用的资料是否与每日生产活动报告的资料相调节？ (4) 编制结转已完工产成品成本到产成品的分录所用的资料是否与已完工生产报告资料相调节？
7. 保持存货余额的正确性	(1) 是否定期独立检查制造性存货明细账与总账余额的一致性？ (2) 是否定期独立盘点制造性存货，并将实际盘点数量与账面数量比较？

三、评价控制风险

有关存货与仓储循环控制风险评价的三个步骤，如表12-1 所示。

第三节 交易的实质性程序

一、测试登记入账的生产业务是否真实

由于生产业务是根据管理层一般或特别授权进行的,因此注册会计师可通过追查制造成本的明细账至下列证据来确定已登记入账的生产业务是否真正发生:

(1) 审查生产通知单等生产指令是否经过恰当的授权;

(2) 审查领料单等发料凭证是否经过恰当的授权,以及仓库发料后是否有领料人员的签字;

(3) 对生产成本实施实质性分析程序,通过计算产值成本率、成本构成比率并与上期进行比较,以确定成本有无异常变动;

(4) 将成本明细账与生产通知单、发料凭证、产量和工时记录、人工支出分配表、制造费用分配表进行核对,以确定是否相符。

二、测试发生的生产业务是否已全部入账

为测试被审计单位是否存在低估成本情况,应测试已发生的生产业务是否已全部入账,主要工作有:

(1) 审查生产通知单的连续编号情况;

(2) 对生产成本实施实质性分析程序,通过计算产值成本率、成本构成比率并与上期进行比较,以确定成本有无异常变动;

(3) 从生产通知单及相应的发料凭证、产量和工时记录、人工支出分配表、制造费用分配表核证至生产成本明细账和总账。

三、测试登记入账的生产业务的估价是否准确

生产业务的估价是否准确,直接影响到存货期末余额和本期经营成果的正确性。注册会计师需执行下列测试:

(1) 对生产成本实施实质性分析程序;

(2) 对重大产品项目进行计价测试。

四、测试登记入账的生产业务的分类是否正确

生产业务的分类测试可与估价测试一并进行,注册会计师可审核生产通知单、领料单等并与相关账簿的实际记录进行比较,以确定是否将各项生产耗费正确归集、分配到各个成本计算对象。

五、测试生产业务的记录是否及时

为核证被审计单位生产业务是否记入正确的会计期间,注册会计师通常在执行计价测试的同时将所选取的成本计算单与生产成本、库存商品等账户上的日期进行比较。如

有重大差异,则可能存在截止期限上的错误。

六、测试生产业务是否已正确地记入明细账并准确地汇总

为测试过账和汇总的准确性,常用的实质性程序有:

(1) 加计生产成本明细账、库存商品明细账;

(2) 追查过入生产成本总账、库存商品总账的数额,并与生产成本明细账、库存商品明细账核对相符。

第四节 存货的实质性程序

审计准则指出,如果存货对财务报表是重要的,注册会计师应当实施下列审计程序,以对存货的存在和状况获取充分、适当的审计证据:① 在存货盘点现场实施监盘(除非不可行);② 对期末存货记录实施审计程序,以确定其是否准确反映实际的存货盘点结果。

下面,本节就存货监盘以及有关期末存货记录的审计程序进行介绍。

一、验证存货明细表和永续记录的正确性及其与存货余额的一致性

注册会计师审查存货,首先应加总存货明细表和汇总表,以测试其计算的正确性。然后,将存货的总分类账余额,同存货汇总表总额和永续存货记录进行核对。这项实质性程序可为计价和分摊认定提供证据。

二、执行实质性分析程序

对存货执行实质性分析程序通常使用以下财务比率,如表 12-3 所示。

表 12-3 存货实质性分析程序常用财务比率

财务比率	计算公式
1. 毛利率	毛利/主营业务收入
2. 存货周转率(次数)	销售成本/平均存货
3. 存货周转率(天数)	365/存货周转率(次数)
4. 存货与流动资产总额之比	存货/流动资产总额

注册会计师首先计算被审计单位本期的财务比率,然后将其与其他资料(如以前年度资料、预算数和行业统计数等)相比较。如果出现的是正常或预期的结果,那么注册会计师即取得了佐证存货余额的存在、完整性以及计价和分摊认定的证据。相反,如果有异常的波动或结果出现,注册会计师则需要作进一步的调查。

存货周转率的波动可能意味着被审计单位存在以下情况:① 存货计价方法发生变化;② 有意或无意地减少存货储备;③ 存货管理或控制程序发生变动;④ 存货成本项目发生变动;⑤ 存货核算方法发生变动;⑥ 存货跌价准备计提基础或冲销政策发生变动;⑦ 销售额发生大幅度变动。

毛利率的波动可能意味着被审计单位存在以下情况:① 销售价格发生变动;② 销售

产品总体结构发生变动;③ 单位产品成本发生变动;④ 固定制造费用比重较大时销售数量发生变动;⑤ 高估或低估期末存货。

三、存货监盘

根据《中国注册会计师审计准则第1311号——对存货、诉讼和索赔、分部信息等特定项目获取审计证据的具体考虑》的规定,可以总结出存货监盘的以下理解要点:

(1) 存货盘点是被审计单位的责任,注册会计师的责任是针对存货的存在和状况获取充分、适当的审计证据,包括实施存货监盘等审计程序。

(2) 存货监盘是注册会计师实施的观察、询问和检查有形资产等单项审计程序的集合。

(3) 存货监盘涉及的程序,既可用作控制测试,也可用作实质性程序,主要取决于注册会计师的风险评估结果、审计方案和实施的特定程序。

(4) 如果存货对财务报表是重要的,注册会计师应当实施存货监盘(除非不可行)。

下面介绍存货监盘的具体工作,包括存货监盘的计划、时间、实施等问题。

(一) 存货监盘的计划

被审计单位实地盘点存货,通常是按照盘点计划进行的。被审计单位的盘点计划应当包括以下内容:① 负责监督存货盘点的人员姓名;② 盘点的日期;③ 盘点的地点;④ 盘点的方法及其详细说明;⑤ 预先编号的存货盘点标签和汇总表的使用与控制;⑥ 对盘点期间正常的商品收进、发出和移动等活动的处理;⑦ 区分和确认不属于被审计单位的存货。

注册会计师应在盘点日之前,复核和评价被审计单位的存货盘点计划。如时间充裕,被审计单位应在盘点前按照注册会计师的建议修正其盘点计划。

欲使存货监盘程序进行得既有效率又有效果,注册会计师必须事先做好工作计划。在计划存货监盘时,注册会计师需要考虑的相关事项包括:

(1) 与存货相关的重大错报风险;

(2) 与存货相关的内部控制的性质;

(3) 对存货盘点是否制定了适当的程序,并下达了正确的指令;

(4) 存货盘点的时间安排;

(5) 被审计单位是否一贯采用永续盘存制;

(6) 存货的存放地点(包括不同存放地点的存货的重要性和重大错报风险),以确定适当的监盘地点;

(7) 是否需要专家的协助。

(二) 存货监盘的时间

存货监盘的时间要根据被审计单位存货系统及其内部控制的有效性来决定。

在定期盘点制下,存货数量通过实地盘点而确定,所有的盘点都在某一特定日期进行。该日期应是资产负债表日或者是接近资产负债表日的某一天。注册会计师在这一天通常应该在场。

在永续盘存制下,实地盘点可以在期中进行,并将实地盘点数与存货记录相核对。如果被审计单位永续记录保持良好,并定期与实地盘点结果比较,注册会计师则可到场只观察代表性样本存货的实地盘点。在这种情况下,该项审计程序既可能在被审计期间内执行,也可能在该期间结束之后进行。如果在被审计期间内执行,则还应对盘存日至期末的永续记录加以测试;如果在被审计期间结束之后执行,应尽量使盘点的时期接近会计期末,并编制从盘点日至期末的存货余额调节表,以验证会计期末存货余额的正确性。

（三）存货监盘的实施

审计准则规定,在存货盘点现场实施监盘时,注册会计师应当实施四项审计程序。

1. 评价管理层用以记录和控制存货盘点结果的指令和程序

在评价管理层用以记录和控制存货盘点结果的指令和程序时,注册会计师需要考虑这些指令和程序是否包括下列方面:

（1）适当控制活动的运用,例如,收集已使用的存货盘点记录,清点未使用的存货盘点表单,实施盘点和复盘程序;

（2）准确认定在产品的完工程度,流动缓慢（呆滞）、过时或毁损的存货项目,以及第三方拥有的存货（如寄存货物）;

（3）在适用的情况下用于估计存货数量的方法,如可能需要估计煤堆的重量;

（4）对存货在不同存放地点之间的移动以及截止日前后期间出入库的控制。

2. 观察管理层制定的盘点程序的执行情况

通过观察管理层制定的盘点程序（如对盘点时及其前后的存货移动的控制程序）的执行情况,有助于注册会计师获取有关管理层指令和程序是否得到适当设计和执行的审计证据。

此外,通过观察管理层制定的盘点程序的执行情况,注册会计师还可以获取有关截止性信息（如存货移动的具体情况）的复印件,有助于日后对存货移动的会计处理实施审计程序。

3. 检查存货

在存货监盘过程中检查存货,虽然不一定能够确认存货的所有权,但有助于确定存货的存在,以及识别过时、毁损或陈旧的存货。

4. 执行抽查盘点

注册会计师抽查盘点的范围,部分取决于被审计单位职员执行存货盘点时的谨慎程度和存货的性质及其构成。通常情况下,注册会计师是将存货分层,将价值高的存货全部盘点,对于其他存货项目则选取代表性样本进行盘点,但一般不低于存货总数的10%。注册会计师可利用永续盘存记录来确认价值高的存货项目和选取测试项目。

注册会计师进行抽查盘点时,应在工作底稿上记录其盘点结果,并完整正确地说明盘点项目的有关信息（如存货编号、计量单位和存放地点等）,如表12-4所示。这些资料很重要,不仅有利于注册会计师比较抽查盘点结果和被审计单位盘点的结果,而且还有利于事后追查盘点数至存货汇总表和永续存货记录。在比较时,如果有差异发生,注册会计师必须对此作进一步的调查,除应督促被审计单位更正外,还应扩大抽查盘点的范围,如果发现差错过大,则应要求被审计单位重新盘点。注册会计师通过抽查盘点存货和进行有关的比较,可为存货的存在以及被审计单位盘点、存货汇总表以及永续存货记录的准确性提供证据。

表 12-4 抽查盘点存货的审计工作底稿

原材料抽查盘点表					
被审计单位:W 企业 资产负债表日:2011.12.31			W/P 索引:E-2 编制人:Zjr　日期:2011.12.31 复核人:Esq　日期:2012.01.05		
盘点标签号码	存货表号码	存货		盘点结果(kg)		差异(kg)
			号码	内容	被审计单位	审计人员	
123	3	1—25	a	100√	150	50
224	20	1—90	b	50√	50	
367	25	2—30	c	2 000√	2 000	
485	31	3—20	d	1 200√	1 500	300
497	60	4—5	e	60√	60	
503	71	6—23	f	1 100√	1 100	
610	80	6—26	g	230√	230	
720	88	7—15	h	70√	70	

以上差异已由被审计单位纠正,纠正差异后使被审计单位存货账户增加 500 元,抽查盘点的存货总价值为 50 000 元,占全部存货价值的 20%。经追查至存货汇总表(E-5)没有发现其他例外。我们认为错误并不重要。
注:√——已追查至被审计单位存货汇总表并已纠正所有差异。

(四)存货监盘不可行的情形

如果在存货盘点现场实施存货监盘不可行,注册会计师应当实施替代审计程序(如检查盘点日后出售盘点日之前取得或购买的特定存货的文件记录),以获取有关存货的存在和状况的充分、适当的审计证据。

如果不能实施替代审计程序,注册会计师应当按照《中国注册会计师审计准则第 1502 号——在审计报告中发表非无保留意见》的规定,在审计报告中发表非无保留意见。

(五)存货由第三方保管和控制的情形

如果由第三方保管或控制的存货对财务报表是重要的,注册会计师应当实施下列一项或两项审计程序,以获取有关该存货存在和状况的充分、适当的审计证据:

(1)向持有被审计单位存货的第三方函证存货的数量和状况。有关函证程序的实施,可以参见本书第六章和第十章的相关内容。

(2)实施检查或其他适合具体情况的审计程序。例如,实施或安排其他注册会计师实施对第三方的存货监盘(如可行);获取其他注册会计师或服务机构注册会计师针对用以保证存货得到恰当盘点和保管的内部控制的适当性而出具的报告;检查与第三方持有的存货相关的文件记录,如仓储单;当存货作为抵押品时,要求其他机构或人员进行确认。

四、核证购货记录至有关支持性凭证

进货交易的凭证包括订购单、验收单和供应商发票。这些凭证是编制凭单和最后为到期金额签发支票的依据。核证进货记录至支持性凭证,可提供商品存货确实已取得的证据(存在认定)。通过比较记录的金额和供应商发票的金额,注册会计师可以取得计价和分摊认定的证据。这项测试也可提供被审计单位存货所有权的证据。

五、执行购货和销售截止测试

销售和购货截止测试的目的和性质已在第十章和第十一章说明应收账款和应付账款的审计时解释过。这两种测试,对于确定所有接近年底发生的交易都已记录在正确的会计期间相当重要。比如,在起运点交货方式下,年末在途存货应列入当年的存货和应付账款;但在目的地交货方式下,年末在途存货则不应列入当年的存货和应付账款。同样,起运点交货方式下的年末在途销售,应列为销售,不应包括在期末存货中。而在目的地交货方式下的年末在途销售,则应列为存货,不作为销售。因此,这些截止测试获得的证据与存货的存在、完整性认定有关。

六、询问管理层有关存货所有权的情况

由于所购商品的所有权转移给买方,不会迟于商品的收到。所以,可以假设这些库存商品都为被审计单位所有。注册会计师可通过核证购货记录至供应商发票、付款凭单和已付款支票,来证实这项假设。

然而,被审计单位可能持有替顾客保管的商品,或者持有受托代销的商品。因此,在盘点存货时,注册会计师应要求管理层将不属于本单位所有的存货区分出来。另外,注册会计师通常要求被审计单位在其书面声明书中写明对存货所有权的认定情况。注册会计师还应询问管理层是否持有替其他企业代销的商品,在被审计单位持有受托代销商品时,注册会计师应检查其合同的条款和条件。如果被审计单位有商品寄销在外,那么注册会计师则应复核有关凭证,以确定承销商所持有的商品已列入寄销人资产负债表日的存货。

通过这项测试所取得的证据,与权利和义务认定有关。对寄承销商品而言,该项测试还可提供列报和披露方面认定的证据。

七、存货计价审计

这项实质性程序包括以下两个步骤:① 确定被审计单位存货计价(成本计算)的适当性和一致性;② 核证被审计单位所使用的单位成本至支持性凭证。

这项测试所取得的证据主要与计价和分摊认定有关。注册会计师可以通过复核永续记录和询问被审计单位来确定存货成本计算的依据和方法。计价的一致性可借助于上一年度的工作底稿或以前年度的财务报表来确定。验证存货计价这一步骤还包括复核过时和损坏商品的计价,以保证其计价不超过财务报表日的净变现价值。支持单位成本的证据随存货的性质不同而不同。

对于为再出售、使用或消费而购进的项目(商品存货、原材料及其他物料),其成本应

核证至有代表性的供应商发票。在使用成本与可变现净值孰低法时,注册会计师还必须同时验证其成本和可变现净值,并核证存货跌价准备的正确性。某个存货项目的现行重置成本可通过以下两种途径取得:① 查看资产负债表日或接近资产负债表日时的进货价格;② 询问供应商。如果发现账面金额低于可变现净值,注册会计师应当审查被审计单位是否已作出恰当的会计处理。

八、存货成本审计

存货成本审计包括直接材料成本、直接人工成本、制造费用的审计等内容。

(一) 直接材料成本的审计

直接材料成本的审计一般应从审阅材料和生产成本明细账入手,抽查有关的支出凭证,验证企业产品直接耗用材料的数量,计价和材料支出分配是否真实、合理。其主要内容包括:

(1) 抽查产品成本计算单,检查直接材料成本的计算是否正确,材料支出的分配标准与计算方法是否合理和适当,是否与材料支出分配汇总表中该产品分摊的直接材料支出相符;

(2) 审查直接材料耗用数量的真实性,检查有无将非生产用材料计入直接材料支出;

(3) 分析比较同一产品前后各年度的直接材料成本,如有重大波动应查明原因;

(4) 抽查材料发出及领用的原始凭证,检查领料单的签发是否经过授权,材料发出汇总表是否经过适当的人员复核,材料单位成本计价方法是否适当,是否正确及时入账;

(5) 对采用定额成本或标准成本的企业,应检查直接材料成本差异的计算、分配与会计处理是否正确,并查明直接材料的定额成本、标准成本在本期有无重大变更。

(二) 直接人工成本的审计

直接人工成本审计的内容主要包括:

(1) 抽查产品成本计算单,检查直接人工成本的计算是否正确,人工支出的分配标准与计算方法是否合理和适当,是否与人工支出分配汇总表中该产品分摊的直接人工费用相符;

(2) 将本期直接人工成本与前期进行比较,查明其异常波动的原因;

(3) 分析比较本期各个月份的人工支出发生额,如有异常波动,应查明原因;

(4) 结合应付工资的审查,抽查人工支出会计记录及会计处理是否正确;

(5) 对采用标准成本法的企业,应抽查直接人工成本差异的计算、分配与会计处理是否正确,并查明直接人工的标准成本在本期有无重大变更。

(三) 制造费用的审计

制造费用是企业为生产产品或提供劳务而发生的、应计入产品或劳务成本,但未专设成本项目记录的各项支出,包括分厂和车间管理人员的工资、提取的职工福利费、折旧费、修理费、办公费、水电费、取暖费、租赁费、机物料消耗、低值易耗品摊销、劳动保护费、保险费、设计制图费、实验检验费、季节性和修理期间的停工损失以及其他制造费用。

制造费用审计的基本要点包括：

（1）获取或编制制造费用汇总表，并与明细账、总账核对相符，抽查制造费用中的重大数额项目及例外项目是否合理。

（2）审阅制造费用明细账，检查其核算内容及范围是否正确，并应注意是否存在异常会计事项，如有，则应追查至记账凭证及原始凭证，重点查明企业有无将不应列入成本费用的支出（如投资支出、被没收的财物、支付的罚款、违约金、技术改造支出等）计入制造费用。

（3）必要时，对制造费用实施截止测试，即检查资产负债表前后若干天的制造费用明细账及其凭证，确定有无跨期入账情况。

（4）审查制造费用的分配是否合理。重点查明制造费用分配方法是否符合企业自身生产技术条件，体现受益原则；分配方法一经确定，是否在相当长时期内保持稳定，有无随意变更的情况；分配率和分配额的计算是否正确，有无以人为估计数代替分配数的情况。对按预定分配率分配费用的企业，还应查明对计划与实际的差异是否及时进行调整。

（5）对于采用标准成本法的企业，应抽查标准制造费用的确定是否合理，计入成本计算单的数额是否正确，制造费用的计算、分配与会计处理是否正确，并查明标准制造费用在本期有无重大变动。

九、将报表列报和披露与会计准则规定相比较

会计准则要求在资产负债表上列示存货，在利润表上列示销售成本。另外，还要求被审计单位将主要存货类别、使用的存货成本计价方法、抵押存货和重大购货承诺在资产负债表附注中披露。

有关列报和披露认定的证据可通过前述实质性程序来获取。此外，还可通过复核董事会会议记录和询问管理层，获得更多的证据。注册会计师可通过将这些证据和被审计单位的财务报表与其所适用的财务报告编制基础进行比较，以确定报表列报和披露的适当性。

注册会计师不能仅通过询问管理层来确定未来进货承诺合同的存在。如果确有这种进货承诺合同存在，注册会计师应审查合同的条款并且评价企业会计处理和报告的适当性。如果进货承诺合同存在重大损失，则不仅要披露有关情况，还应在报表内予以确认。

21世纪经济与管理规划教材
会计学系列

第十三章

筹资与投资循环审计

【学习目标】

1. 了解筹资与投资循环的主要业务活动、凭证、账户和报表项目。
2. 理解筹资与投资循环的审计目标。
3. 理解筹资与投资循环的控制测试。
4. 掌握如何设计与实施筹资与投资循环交易的实质性程序。
5. 掌握如何设计与实施负债、所有者权益和投资的实质性程序。

第一节 筹资与投资循环审计概述

一、筹资与投资循环的主要业务活动

筹资与投资循环由筹资循环和投资循环共同组成,包含企业很多主要的非生产经营活动。国家法律法规和相关契约对企业从事这类活动通常都有特别的规定。从单个审计年度考察,筹资与投资循环所涉及的交易数量一般不多,但每笔交易的金额通常较大,故漏记或不恰当地对一笔业务进行会计处理,将会导致重大错报,从而对企业财务报表的公允反映产生重大的影响。因此,对筹资与投资循环的审计也是财务报表审计的重点之一。

(一) 筹资循环的主要活动

企业的筹资循环是由与取得和偿还资金有关的交易组成的,包括两个主要交易种类:一是负债交易,包括通过公司债、抵押、票据和贷款取得借款,以及偿还有关本金和利息等业务;二是股东权益交易,包括发行和赎回优先股和普通股,以及支付股利等业务。

企业为完成上述交易,通常需要执行下列筹资程序:

(1) 审批授权。企业必须依据国家有关法规、企业章程的规定进行资金筹资。企业通过借款筹集资金,须经管理层的审批;通过发行债券和股票筹集资金,须报经国家有关管理部门批准,并经股东大会决议通过后由董事会授权进行。

(2) 签订合同或协议。企业向银行或其他金融机构融资须签订借款合同,发行债券须签订债券契约和债券承销或包销合同。

(3) 取得资金。企业实际取得银行或其他金融机构划入的款项,或债券、股票融入的资金。

(4) 计算利息或股利。企业应按有关合同或协议的规定,按时计算利息或股利。

(5) 偿还本息或发放股利。银行借款或债券应按有关合同或协议的规定偿还本息,融入的股本需根据股东大会的决定发放股利。

(6) 记录筹资交易。交易的金额、分类和会计期间都应记录正确,并保持债券持有人明细账和股东明细账的正确性,定期与公司债的信托机构和转让代理机构验证账面余额,并验证明细账余额与总账余额的一致性。

(二) 投资循环的主要活动

投资循环主要由债权性投资交易和权益性投资交易组成,通常涉及下列投资程序:

(1) 审批授权。投资业务应由企业的高层管理机构进行审批,重大投资项目须经董事会决议通过。

(2) 取得证券或其他投资。企业既可以通过购买债券或股票进行投资,也可以通过与其他单位联合形成投资。

(3) 取得投资收益。企业可以取得债权投资的利息收入、股权投资的股利收入、处置收益和其他投资收益。

(4) 转让证券或收回其他投资。企业可以按照管理层的授权,通过转让证券实现投资的收回,其所得款项应尽快如数存入银行。对于其他投资,除联营合同期满,或由于其他特殊原因,如联营企业解散外,一般不得抽回投资。

(5) 记录投资交易。交易的金额、分类和会计期间都应记录正确,并保持明细账的正确性,每隔合理的期间就应将账面余额与现有资产进行核对。

(6) 保管证券。证券应存入保险箱或保险柜,并限制只有经过授权的人员才能接近,也可以委托专门机构代为保管。

二、筹资与投资循环涉及的主要凭证、账户和报表项目

(一) 筹资循环涉及的主要凭证、账户和报表项目

1. 原始凭证

原始凭证主要包括:

(1) 债券。它是具有发行资格的企业依据法定程序发行、约定在一定期限内还本付息的有价证券。

(2) 股票。它是具有发行资格的企业签发的、证明股东所持股份的凭证。

(3) 债券契约。它是一张明确债券持有人与发行企业双方所拥有的权利和义务的法律性文件。其内容一般包括:债券发行的标准;债券的明确表述;利息或利息率;受托管理人证书;登记和背书;如系抵押债券,应说明所担保的财产;债券发生拖欠应如何处理;对偿债基金、利息支付、本金偿还等的处理。

(4) 公司债券存根簿。发行记名公司债券应记载的内容包括:债券持有人的姓名或者名称以及住所;债券持有人取得债券的日期以及债券的编号;债券总额、票面金额、利率、还本付息的期限和方式;债券的发行日期等。发行无记名债券的应当在公司的债券存根簿上记载债券总额、利率、偿还期限和方式、发行日期和债券编号。

2. 记账凭证

相关的记账凭证主要包括收款记账凭证、付款记账凭证和转账记账凭证。

3. 明细账和序时账

相关的明细账和序时账主要包括债券持有人明细账、股东明细账、应付债券明细账,以及现金和银行存款日记账等。

4. 总账

相关的总账类账户主要包括"短期借款""长期借款""应付债券""应付票据""应付利息""应付股利""股本(或实收资本)""资本公积""利润分配""财务费用""现金"或"银行存款"等。

5. 报表项目

相关的报表项目主要包括"短期借款""长期借款""应付债券""应付票据""应付利息""应付股利""股本(或实收资本)""资本公积""未分配利润""财务费用""货币资金"等。

6. 其他

(1) 股东名册。发行记名股票的公司应记载的内容一般包括:股东的姓名或者名称以及住所;各股东所持股份数;各股东所持股票的编号;各股东取得股份的日期。发行无记名股票的,公司应当记载其股票数量、编号以及发行日期。

(2) 承销或包销协议。公司向社会公开发行股票或债券时，应当由依法设立的证券经营机构承销或包销，公司应与其签订承销或包销协议。

(3) 借款合同或协议。它是公司向银行或其他金融机构借入款项时与其签订的合同或协议。

(4) 公司债销毁凭证。记录最初发行的公司债已经销毁情况的书面文件。

(二) 投资循环涉及的主要凭证、账户和报表项目

1. 原始凭证

相关的原始凭证主要包括股票或债券、债券契约、支票存根以及经纪商通知。经纪商通知是由经纪商发出的说明投资交易的交易价格的凭证，是记录投资交易的主要原始凭证，可为计价和分摊等认定提供证据。

2. 记账凭证

相关的记账凭证主要包括收款记账凭证、付款记账凭证和转账记账凭证。

3. 明细账和序时账

相关的明细账和序时账主要包括投资收益明细账、现金和银行存款日记账。

4. 总账

相关的总账类账户主要包括"短期投资""长期股权投资""长期债权投资""短期投资跌价准备""长期投资减值准备""应收股利""应收利息""投资收益""现金"或"银行存款"等。

5. 报表项目

相关的报表项目主要包括"短期投资""长期股权投资""长期债权投资""应收股利""应收利息""投资收益"等。

6. 其他

投资循环涉及的其他主要凭证、账户和报表项目可能包括企业的章程及有关协议、投资协议等。

三、筹资与投资循环的审计目标

(一) 筹资循环的审计目标

筹资循环的审计目标具体包括：

(1) 长期负债和股东权益账面余额在资产负债表日确实存在。

(2) 公司债利息费用和已支付的股利确系本期所发生的交易和事项所引起的。

(3) 长期负债余额代表在资产负债表日所有应付长期债权人的金额。

(4) 所有者权益余额包括在资产负债表日所有者对资产的所有求偿权。

(5) 本期发生的所有长期负债交易和股东权益交易均已入账。

(6) 长期负债余额代表在资产负债表日对债权人所欠的法定金额。

(7) 所有者权益余额代表在资产负债表日股东的法定求偿权。

(8) 长期负债和所有者权益余额按会计准则适当计价。

(9) 长期负债和所有者权益余额在财务报表上已作适当的确认和分类。

(10) 所有有关长期负债的条件、承诺和赎回条款均已充分说明和披露。

(11) 所有有关股票发行的事项(如每股面值或设定价值,股票核准发行数和实际发行数,持有库存股数量,或设定选择权的股数)均已充分披露。

(二) 投资循环的审计目标

投资循环的审计目标具体包括:

(1) 投资资产账面余额代表资产负债表日实际存在的投资。
(2) 投资收益(或损失)是由本期实际发生的投资交易和事项引起的。
(3) 所有投资均列入投资资产账面余额。
(4) 账上所有投资均为被审计单位所有。
(5) 投资在资产负债表上的报告金额适当。
(6) 投资收益(或损失)的报告金额适当。
(7) 短期投资跌价准备和长期投资减值准备的计提适当。
(8) 投资余额在财务报表上的确认和分类适当。
(9) 充分披露投资计价的基础和作为抵押、担保的投资。

四、重要性、风险及审计方案

(一) 筹资循环的重要性、风险及审计方案

执行和记录筹资循环交易出现错报的风险一般很小。在很多公司,这些交易并不经常发生。尽管股利和利息的支付次数稍多一些,但公司通常是委托外界代理机构代为处理股利和利息的支付。此外,绝大多数交易,都要求经过董事会授权,并由公司主管参与执行。因此,注册会计师往往预期筹资循环交易和余额的审计风险保持在一个较低的水平。

筹资循环的审计方案主要取决于交易量的多少。前面已提到,筹资循环交易并不经常发生,因此注册会计师采用实质性方案进行审计比较合算。特别是在公司利用外界独立代理机构代为支付公司债利息和股利时,使用实质性方案就更加经济高效。

(二) 投资循环的重要性、风险及审计方案

作为短期投资持有的有价证券对公司的短期清偿能力可能有重要影响,但是这种投资的收入对公司经营成果的影响通常不大。而作为长期投资持有的证券对资产负债表、利润表的影响则比较大。由于投资交易较少发生,其错报的风险往往很低。另外,因为被审计单位一般都派有一位或多位公司主管参加投资交易的执行和有价证券的保管,所以投资交易的内部控制大多是有效的。

投资循环的审计方案,主要取决于投资交易发生次数的多少。在被审计单位的投资交易比较少时,注册会计师宜采用实质性方案。相反,在被审计单位的投资交易比较多时,注册会计师采用综合性方案可能更加合算。本章假设注册会计师采用的是实质性方案。

第二节 内部控制的了解与测试

一、了解筹资与投资循环的内部控制

(一) 筹资循环的内部控制

与筹资循环交易有关的良好的控制环境极有利于强化其内部控制。大多数企业都指派财务主管直接负责筹资交易的授权,并要求财务主管不仅熟悉公司的政策和程序,而且具有丰富的经验。另外,还要求财务主管认识到观察所有既定控制活动的重要性。

就筹资循环的财务报告信息系统和沟通而言,企业通常应设置应付债券、实收资本(或股本)等总账和明细账,并及时对筹资交易编制记账凭证,据以过入明细账和总账。

五类控制活动都适用于该循环,具体运用情况如表13-1所示。

表 13-1　筹资循环中控制活动的运用

控制活动	具体运用举例
1. 适当授权	董事会对证券发行、赎回和股利支付的授权
2. 责任分工	(1) 财务主管执行交易,但不负责记录 (2) 由外界的代理机构代为支付公司债利息和现金股利
3. 凭证和记录控制	(1) 董事会会议记录载明授权事宜 (2) 公司债和股票证书预先连续编号
4. 接近控制	公司债销毁凭证和库存股票必须妥善保管,只有财务主管才能接近
5. 独立检查	(1) 独立检查股票和债券发行凭证的存根同流通在外的公司债和股票的一致性 (2) 定期与独立代理机构验证流通在外的公司债和股票

(二) 投资循环的内部控制

投资交易的内部控制同上述筹资循环的情况类似。如就控制环境来说,这类交易通常指派财务主管负责授权并参与执行。被审计单位通常按投资的种类分别设置投资明细账,并对投资交易编制记账凭证,及时过入明细账和总账。

每类控制活动都适用于投资交易,例如:适当的交易授权;投资交易的执行、记录和证券保管的职责分工;每笔交易的支持性凭证;将证券储存在保险箱,并限制只有经授权的人员才能接近;每隔合理的期间独立盘点证券,并将实存数和账面余额相比较。

二、记录对内部控制的了解与评价控制风险

即使采用实质性方案,注册会计师仍需要取得和记录对内部控制的了解,以便充分计划进一步审计程序。注册会计师可利用了解到的情况来确认潜在的错报并据以设计和实施实质性程序。如了解接近控制,将影响注册会计师对存在或发生认定的实质性程序。注册会计师在记录对筹资与投资循环交易内部控制的了解时,一般采用问卷调查表或文字说明备忘录。表13-2列示了投资循环内部控制问卷中可能包括的一些问题。

表 13-2　投资循环内部控制问卷问题举例

业务内容	问题举例
1. 审批授权	（1）投资项目是否经过可行性研究？ （2）投资项目是否经董事会批准？ （3）证券的购入和出售是否有适当的核准手续？
2. 取得证券或其他投资	（1）是否及时取得证券？ （2）取得的证券是否以被审计单位的名义登记？
3. 取得投资收益	（1）是否及时取得投资收益？ （2）是否关心被投资单位的财务状况、经营成果和现金流量？
4. 转让证券或收回其他投资	所得款项是否已尽快如数存入银行？
5. 记录投资交易	（1）是否设立投资明细账？ （2）证券保管人员是否已处理会计记录？
6. 保管证券	（1）所有投资凭证是否集中保管？ （2）投资凭证的保管措施是否有效？ （3）是否委托专门机构代为保管投资证券？ （4）是否定期盘点投资凭证并与会计记录核对？

注册会计师应当根据审计准则的要求，在审计工作底稿中记录识别出的风险和了解的内部控制。

第三节　交易的实质性程序

一、筹资循环中交易的实质性程序

（一）测试登记入账的筹资业务是否真实

为测试登记入账的筹资业务是否真实，注册会计师可执行下列测试：

（1）核证短期借款、长期借款、应付债券、股本等账户至与借款或证券发行有关的原始凭证，索取相应的授权文件、借款合同或协议、证券契约、承销或包销协议等；

（2）核证短期借款、长期借款、应付债券、股本等账户至收入现金的收据、汇款通知书、送款登记簿及相关的银行对账单、验资报告等，以确定筹资业务是否实际发生；

（3）核证短期借款、长期借款、应付债券等账户至偿还负债的本金支票，以确定负债偿还业务是否实际发生；

（4）审查应付利息和应付股利账户，并追查至用以偿还债券利息和现金股利的支票存根、董事会和股东大会有关股利分配的决议，以确定所支付的利息和股利是否真实、正确。

（二）测试发生的筹资业务是否均已登记入账

注册会计师通常采用从收入现金的收据、汇款通知书、送款登记簿及相关的银行对账单、验资报告等凭证追查至应付债券明细账、股东明细账和有关总账的方法，来测试已发生的筹资业务是否均已登记入账，并特别注意是否存在低估负债的情况。

（三）测试登记入账的筹资业务的估价是否准确

为测试已登记入账的筹资业务的估价是否准确，注册会计师通常采取下列程序：

（1）将已入账的筹资额与筹资合同、协议、验资报告中确定的金额和收款凭证中的金额进行核对；

（2）根据借款合同复核借款利息的计算；

（3）复核债券溢价或折价的摊销以及利息费用的计算；

（4）复核应付股利的计算。

（四）测试登记入账的筹资业务的分类是否正确

注册会计师一般在执行业务发生测试、完整性测试和计价测试时通过审查原始凭证、合同等资料和所记录账户来测试已入账筹资业务的分类是否正确。如通过审查借款合同并与记录该业务的账户相核对，以确定被审计单位是否根据借款期限不同而记入"短期借款"或"长期借款"账户，并特别注意被审计单位是否对负债筹资和所有者权益筹资进行了正确的分类核算。

（五）测试筹资业务的记录是否及时

将支票存根、银行对账单中的收付款日期与借款明细账、应付债券明细账、股东明细账中的日期进行比较，以确定筹资业务的记录是否及时。如有重大差异，则可能存在截止期限上的错误，需进行截止测试。

（六）测试筹资业务是否已正确地记入明细账并准确地汇总

为测试过账和汇总的准确性，常用的实质性程序有：

（1）加计短期借款明细账、长期借款明细账和应付债券明细账；

（2）追查过入短期借款、长期借款和应付债券等总账的数额，并与对应明细账核对相符。

二、投资循环中交易的实质性程序

（一）测试登记入账的投资业务是否真实

为测试登记入账的投资业务是否真实，注册会计师可执行下列测试：

（1）核证短期投资、长期债权投资和长期股权投资账户至与对外投资有关的原始凭证，索取相应的授权文件、投资合同或协议以及被投资单位的出资证明等；

（2）核证短期投资、长期债权投资和长期股权投资账户至收入现金的收据、汇款通知书、送款登记簿及相关的银行对账单、投资合同或协议，以确定对外投资是否在本期实际收回；

（3）核证投资收益账户至收入现金的收据、汇款通知书、送款登记簿及相关的银行对账单、被投资单位的股利分配公告等，以确定投资收益（或投资损失）是由被投资期间实际发生的投资交易引起的。

（二）测试发生的投资业务是否均已登记入账

注册会计师通常通过检查本期投资增减变动的原始凭证、投资合同或协议等，并与相应的明细账和总账相核对,以测试已发生的投资业务是否均已登记入账。

(三) 测试登记入账的投资业务的估价是否准确

为测试登记入账的投资业务的估价是否准确,注册会计师通常采用下列程序:

(1) 将已入账的投资额与投资合同、协议、出资证明、付款凭证中的金额进行核对;
(2) 核算短期投资跌价准备的计提是否合理、正确;
(3) 复核债券投资溢价或折价的摊销和利息收入的计算;
(4) 查看投资合同、协议、出资证明以复核长期股权投资的核算方法是否合理,投资收益的计算是否合理、正确。

(四) 测试登记入账的投资业务的分类是否正确

注册会计师在执行业务发生、完整性和计价的测试时,一般通过审查原始凭证、合同等资料和所记录账户来测试已入账投资业务的分类是否正确。如通过审查投资合同并与记录该业务的账户核对,以确定被审计单位是否根据投资目的和性质分别记入"短期投资""长期股权投资"或"长期债权投资"账户,是否根据投资收益的来源进行明细核算。

(五) 测试投资业务的记录是否及时

将原始凭证中记录投资业务增减的日期与相关投资账户进行比较,以确定投资业务的记录是否及时。如有重大差异,就可能存在截止期限上的错误,需进行截止测试。

(六) 测试投资业务是否已正确地记入明细账并准确地汇总

为测试过账和汇总的准确性,常用的实质性程序有:

(1) 加计短期投资明细账、长期债权投资明细账、长期股权投资明细账和投资收益明细账;
(2) 追查过入短期投资、长期债权投资、长期股权投资和投资收益等总账的数额,并与对应明细账核对相符。

第四节 负债的实质性程序

一、验证负债余额、明细表和明细账的正确性

注册会计师测试负债余额的起点是验证明细表的计算正确性。其验证分两步进行:一是加总明细表;二是将明细表总额同明细账和总分类账余额核对调节。常用的应付债券明细表是公司债信托机构按记名的所有人列示其持有公司债数目的清单,通常包括债券名称、承销机构、发行日、到期日、债券总额(面值)、实收金额、折价或溢价及其摊销、应付利息、担保情况等内容。

注册会计师还必须验证负债明细账的余额同其总分类账余额是否相符。这类测试与计价和分摊认定有关。

二、执行实质性分析程序

注册会计师执行负债的实质性分析程序,常用以下三种比率,如表13-3所示。

表 13-3　负债余额实质性分析程序常用比率

财务比率	计算公式
1. 资产负债率	负债总额/资产总额
2. 已获利息倍数	息税前利润（EBIT）/利息费用
3. 利息费用与负债比	利息费用/平均债务

注册会计师可将这些比率的计算结果同以前年度的结果或预算值相比较，也可将其与行业数据相比较，如发现有异常波动，应作进一步调查。实质性分析程序可以提供有关存在、完整性以及计价和分摊认定的证据。

三、复核授权凭证和合同

公司根据董事会的授权，可以签订发行公司债或其他方式的借款合同。注册会计师可从董事会会议记录中获得有关授权的证据。有关举债的授权证据应包括该项融资所适用的法律条款和公司法律顾问对债务合法性的意见。

四、函证负债

注册会计师可直接函证贷款人和债券信托机构，以证实负债的存在及其条件，包括应付债券的名称、发行日、到期日、利率、已付利息期间、年内偿还的债务、资产负债表日尚未偿还的债务以及注册会计师认为应包括的其他重要事项。被审计单位若有银行借款，注册会计师可在函证银行余额时一并证实该借款。对于其他负债，则应分别写信给持有人予以函证。这种询证函可由被审计单位来准备，但必须由注册会计师寄出。对于抵押借款或应付公司债，通常可直接向信托机构函证，每封询证函必须要求其说明该项负债的现状和本年度的交易情况。所有询证函结果都应与账面记录进行比较，如有差异，应作进一步调查。

函证与筹资循环有关的负债和函证应付账款一样，都与存在、完整性、权利和义务以及计价和分摊这四项认定有关。

五、验证长期负债账户的记录

对于公司债，注册会计师应获取发行日负债面值和所得融资款净额的证据。对债券的发行，应追查至经纪商通知书。该通知书是证明现金收款的证据。对长期负债本金的偿还，应通过审查应付凭单和已付款支票来加以验证。如果是全部偿清，则可通过检查已注销凭据（如公司债券销毁证明）得到证实。如果只是分期还本，则可通过追查至还款明细表来证实其适当性。公司债券可转换为股票，这类交易的证据是已注销的债券证书和已发行的有关股票证书。

如果被审计单位委托独立代理机构代为支付债券利息，则注册会计师必须复核代理机构的利息支付报告。验证长期负债账户的记录，可为存在、权利和义务以及计价和分摊三项认定提供证据。

六、重新计算利息费用

注册会计师很容易取得利息费用和应付利息的证据资料。注册会计师可通过重新计算利息,并将利息支付核查至有关的凭单、已付款支票和函证回函,来验证利息费用及其支付的正确性。对于应付利息,则可通过确认最近一次的付息日期,并重新计算被审计单位的账面金额,来加以验证。

如果公司债附有息票,注册会计师应审查已注销的息票,并将其与已付款的金额相调节。如果公司债当初是折价或溢价出售的,那么注册会计师还应通过复核被审计单位的摊销表,并重新计算摊销数,来验证账面摊销数的正确性。

这项测试主要是为了证实利息费用和应付利息的存在、计价和分摊以及完整性这三项认定,同时,也可为应付利息的权利和义务认定提供证据。

七、将报表列报和披露与会计准则规定相比较

为了评价被审计单位负债分类和披露的适当性,注册会计师必须了解所适用的会计准则。如应付票据、短期借款分别列示于资产负债表的流动负债中,长期借款、应付债券分别列示于资产负债表的长期负债中,但应扣除将于一年内到期的长期借款、应付债券,这些扣除数填列在流动负债类下的"一年内到期的长期负债"项目中。

上述检查负债合同和函证负债这两种测试,可为这里的核对提供所需要的被审计单位资料。这项测试与列报和披露方面的认定有关。注册会计师应根据审计结果确定被审计单位有关负债在财务报表上的反映是否充分,包括是否在财务报表附注中进行了充分说明。

第五节 所有者权益的实质性程序

本节主要探讨与筹资循环有关的所有者权益类账户余额的实质性程序。企业资产负债表上的所有者权益,是企业投资者对企业净资产的所有权,包括投资者对企业投入的实收资本(或股本)和资本公积,以及企业存续过程中形成的资本公积、盈余公积和未分配利润。根据资产负债表的平衡原理,所有者权益在数量上等于企业的全部资产减去全部负债后的余额,即企业净资产数额。根据该原理,可清楚地看出,如果注册会计师能够对企业的资产和负债进行充分的审计,证明二者的期初余额、期末余额和本期变动都是公允的,这便从侧面为所有者权益的期末余额和本期变动额的公允性提供了有力证据。同时,由于所有者权益具有增减变动的业务较少、金额较大的特点,注册会计师在审计企业资产和负债后,往往只花较少的时间对所有者权益进行审计。尽管如此,在审计过程中,对所有者权益进行单独审计仍是十分必要的。

一、验证所有者权益余额、明细表和明细账的正确性

注册会计师测试所有者权益余额的起点是股权明细表。注册会计师应首先通过加总股权明细表,并将其与总分类账余额相核对,来验证明细表的正确性。对不需要委托

股票登记和转让代理机构提供服务的小型公司来说,其明细表通常就是股东分类账的试算表。明细表上所列示的股份总数应与股本账户上记录的流通在外的股份数相符。其次,注册会计师还必须证明明细账和总账股本余额的一致性。这项测试与计价和分摊认定有关。

二、执行实质性分析程序

注册会计师可使用以下财务比率来评价所有者权益余额的合理性,如表13-4所示。这项测试可提供存在、完整性、计价和分摊认定的证据。

表13-4 所有者权益余额实质性分析程序常用财务比率

财务比率	计算公式
1. 每股收益(EPS)	净利润/流通在外普通股加权平均股数
2. 普通股每股账面价值	股东权益/流通在外普通股加权平均股数
3. 普通股股东权益报酬率	净利润/平均普通股股东权益
4. 权益负债比率	股东权益/负债总额
5. 股利支付率	现金股利/净利润

三、复核公司章程、细则及董事会会议记录

如果是连续审计,公司章程和细则的副本应包括在注册会计师的审计档案中。注册会计师应询问管理层和被审计单位的法律顾问,公司章程和实施细则在本期内有何变动,最好能够取得各方的书面答复。如果是首次接受委托,注册会计师必须全面复核被审计单位的公司章程及实施细则,并将重要的事项记录在工作底稿上。执行这项测试的目的是确定股票发行是否合法,是否在董事会授权范围内行使职责。因此,该项测试可为存在、权利和义务认定提供重要证据。

四、复核股票发行的授权文件和条件

所有的股票发行、股票赎回和股利的宣布与发放,都必须经过董事会的授权批准。因此,复核董事会的会议记录,可获得本期股东权益交易经过授权批准的证据。不同种类的股票在股利发放和清算方面,有不同的限制条件和清偿顺序。注册会计师应注意检查每次股票发行的限制条件,并在工作底稿上作适当的记录。这项测试与存在、权利和义务认定有关。

五、审查出资期限、出资方式和出资额

注册会计师应检查投资者是否已按合同、协议、章程约定的时间缴付出资额,其出资额是否经注册会计师验证。已验资者,应查阅其验资报告。这项测试与存在、完整性、权利和义务、计价和分摊认定都有关。

六、向股票登记、转让代理机构函证流通在外的股份

如果被审计单位是委托外界专门机构发行股票,注册会计师必须向股票登记机构,函证已核准的股份数、已发行的股份数和资产负债表日流通在外的股份数。向转让代理机构函证,可获得各股东持有的股份数的证据。然后,将询证函的回复结果与股本账户和股东分类账相比较。函证流通在外的股份数与存在、完整性、权利和义务认定有关。

七、检查股票登记簿

这项测试只适用于被审计单位自己负责股票转让登记的情况。该项测试包括以下几个步骤:

(1) 注册会计师应首先审查股票登记簿,以确定:已发行和流通在外的股票存根填写适当;已注销的股票附在原始凭证存根上;所有尚未发行的股票完整无缺。

(2) 注册会计师应确定本期的所有变动都已正确地记入股东明细账。如果发行和注销的次数比较多,可采用抽查的方法进行核对。

(3) 注册会计师必须将股票登记簿上记录的已发行和流通在外的股份总数,与股东明细账及股东账户报告的股份总数进行核对和调节。这项测试与函证外界股票转让代理机构一样,也与存在、完整性、权利和义务认定相关。

八、核证分录至股本账户

对股本账户的每笔变动都应核证至有关支持性凭证。对新发行的股票,注册会计师可审查发行所得现金收入的汇款通知书。如果发行股票得到的不是现金,那么注册会计师必须认真审查其计价的基础(如市场价格等)。对所发行的股票,可根据市场行情来确定计价的适当性。如果使用所收到财物的价值作为计价基础,那么审计时必须重新评价其价值。表 13-5 列示了股本账户的分析表审计工作底稿。对其他所有者权益账户也可编制类似的分析表审计工作底稿。

表 13-5　股本账户分析表审计工作底稿

股本账户分析表			
被审计单位:A 公司		W/P 索引号:B-2	
资产负债表日:2011.12.31		编制人:Zln　日期:2012.01.05	
每股面值:100 元		复核人:Osr　日期:2012.01.07	
摘要	核准发行量	已发行且流通在外	金额
期初余额	10 000 N	5 000 N	500 000 N
2011.05.01 按面值发行股票取得现金		1 000 √	100 000 √J
期末余额	10 000	6 000 C	600 000
			To W/P.B-1

注:N——追查至上一年度工作底稿
　　√——追查至董事会会议记录里的授权
　　J——追查至现金日记账上记录的收入金额
　　C——已向甲证券登记机构函证

注册会计师还应谨慎确定在附有购股选择权、认股权、换股计划或股票分割的情况下所发行股票的会计处理方法的适当性。核证分录至股本账户的工作,与存在、权利和义务、计价和分摊等认定有关。

九、核证分录至利润分配账户

注册会计师应特别注意对利润分配账户借方和贷方每笔记录的审计。审计时可运用检查、重新计算、询问等多种方法,以确定利润总额结转、分配的对象、顺序和金额的正确性和合法性。注册会计师还应要求被审计单位提供前期调整的有关凭证。这项测试与存在、权利和义务、计价和分摊三项认定有关。

十、核证分录至盈余公积、应付股利账户

对过入盈余公积账户和应付股利账户的每笔分录,都应核证至有关支持性凭证。对股利宣布以及盈余公积提取和使用的分录,应核证至董事会会议记录。注册会计师在确定股利发放的适当性时,应做好以下工作:

(1) 确定股东的优先权和其他权利,并了解股利发放的任何限制条件;
(2) 确定登记日流通在外的股份数,并进行重新计算来验证已宣布股利总额的正确性;
(3) 确定宣布发放股利的会计分录的适当性;
(4) 核证已付股利至已付款支票和其他凭证。

通过以上核证,能够使注册会计师确定:

(1) 被审计单位是否适当划分股本和盈余公积;
(2) 被审计单位是否符合有关法律和合同的规定。

这项测试与存在、权利和义务、计价和分摊三项认定都有关。

十一、将报表列报和披露与会计准则规定相比较

会计准则规定,被审计单位除应在资产负债表中分别列示所有者权益各组成项目外,还应将组成所有者权益的各个账户的变动情况充分披露。根据企业会计准则,公司应在资产负债表的附表——股东权益增减变动表中披露股本、资本公积、法定和任意盈余公积、法定公益金、未分配利润等股东权益项目的增减变动情况。

对权益部分,还必须披露认股权计划的细节、拖欠股利、每股面值或设定价值,以及股利发放和清偿顺序等信息。注册会计师通过上述测试和复核公司会议记录中有关影响所有者权益账户的条款或协议,可获得有关列报和披露方面认定的证据。在复核会议记录时,注册会计师须特别注意审查是否有因购股选择权或类似计划而留存未发的股份,是否有将来发行股票购买或合并另一个公司的承诺,以及是否有支付股利和最低营运资金需要量等方面的限制条件。注册会计师通过与公司的法律顾问讨论和联系,也可获得一些相关的证据。

第六节 投资的实质性程序

一、验证投资余额、明细表和明细账的正确性

投资余额的计算正确性可通过重新计算每个投资总分类账得以验证。被审计单位编制的投资明细表,列示了在资产负债表日所拥有的各种证券,以及该期间内购买或出售的证券。注册会计师应验证这些明细表的计算正确性及其与有关总分类账的一致性。同样,注册会计师必须确定被审计单位所有的投资明细账计算的正确性及其与有关总账的一致性。这种实质性程序可为计价和分摊认定提供证据。

二、执行实质性分析程序

对投资余额执行实质性分析程序,主要包括两项内容:一是利用当期几个特定账户之间的相互关系进行分析。如可将公司债利息收入与债券投资利率相调节,将股利收入的变化与股票投资的变化相比较等。二是利用比率进行分析。常用的财务比率如表13-6所示。

表 13-6 投资余额实质性分析程序常用财务比率

财务比率	计算公式
1. 投资占资产总额百分比	投资/资产总额
2. 投资报酬率	投资收益/投资总额

注册会计师可将这些比率计算的结果,同被审计单位以前年度的可比资料以及预算、期望值相比较。如发现有异常的关系或非预期的波动,注册会计师应对投资余额执行更大范围的实质性程序。分析程序可为存在、完整性、计价和分摊认定提供证据。

三、盘点和检查库存证券

这项测试通常与现金和其他流通证券的盘点同时进行。执行这项测试时,应注意以下几点:

(1) 在整个盘点过程中,证券保管人员都必须在场;
(2) 退还证券时必须向保管人员索取收据;
(3) 所有证券必须由注册会计师控制,直到盘点结束。

检查证券时,注册会计师应观察凭证上的证书号码、所有者名称(直接或经过背书而属于被审计单位)、证券摘要、股数(或债券数)和发行者的名称,并将这些资料记录在注册会计师对投资账户的分析表审计工作底稿上,如表13-7所示。

表 13-7　短期股票投资分析表审计工作底稿

短期股票投资分析表

被审计单位:J 公司　　　　　　　　　　　　　编制人:Waq　日期:2012.01.10
资产负债表日:2011.12.31　　　　　　　　　　复核人:Zop　日期:2012.01.15

W/P 索引号:I-2

发行者名称	证书号码	取得日期	股票份数	每股成本	期初余额	购进	出售	期末余额	每股市价	市价总额	股利收入
A 公司	7778	98.05.30	1 000	25.00	25 000N			25 000 gX	30.00 P	30 000 X	800 φ
B 公司	6221	98.10.13	500	20.00	10 000N		10 000 C	X			200 φ
C 公司	3210	99.03.25	300	20.00		6 000C		6 000 gX	18.00 P	5 400 X	
D 公司	1256	98.08.07	1 500	10.00	15 000N			15 000 gX	11.00 P	16 500 X	100 φ
合计					50 000N	6 000	10 000	46 000 g		51 900	1 100
					F	F	F	FF		F	F
								W/P. I-1		W/P. S-1	

注:N——追查至以前年度工作底稿
　　g——追查至分类账余额
　　F——竖加无误
　　FF——竖加横加无误
　　X——检查乘积
　　C——核证经纪商通知和董事会的授权书
　　P——2011 年 12 月 31 日市价
　　φ——检查实际的股利率;追查股利收款至收款记账凭证和存款日记账
　　年初和年末的证券市价均超过其总成本,因此没有跌价准备。

对以前年度购买的证券,注册会计师还应将其资料与上年度投资账户分析表审计工作底稿所列示的相关资料相核对。如果证书号码不相符,则说明这些证券可能有未授权的交易发生。当库存证券保存在不同地点时,如果不能同时盘点所有证券,则必须将证券贴上封条,直到盘点结束。银行通常可按被审计单位的要求,封存其保险箱,并向注册会计师保证在盘点期间没有其他人员接触该保险箱。如果未在资产负债表日进行盘点,则注册会计师应通过复核资产负债表日至盘点日所发生的证券交易来编制调节表。

这项测试可以提供有关存在、完整性、权利和义务认定的证据。

四、函证由其他人保管的证券

有的企业为了安全起见,常将证券交由外界人士保管。注册会计师必须对这些由外界人士保管的证券采用积极式函证。询证函中应询问在盘点被审计单位持有证券之日代为保管的数量。与应收账款函证一样,注册会计师必须控制询证函的寄发和直接从保管人员那里得到回复。函证的结果应与注册会计师在能够检查证券的情况下所得到的数字相同。

证券也可能作为贷款抵押品,由被审计单位的债权人持有,或按法院裁决交由第三者保管。在这些情况下,询证函应寄给指定的保管人员。函证由第三者保管的证券可为存在认定、权利和义务认定提供证据。如果回函结果显示第三者保管的证券比账面记录要多,则函证也可提供关于完整性认定的证据。

五、验证投资账户记录

投资账户里可能记录多类交易,注册会计师应对每类交易的记录核证至支持性凭证。如对证券的购买须核证至经纪商通知和已付款支票;同样,对证券的出售也须核证至经纪商通知或银行。无论是出售证券还是购入证券,都应有董事会的授权。注册会计师可通过阅读董事会会议记录来发现证券交易的授权。

采用权益法进行会计处理的股票投资,注册会计师必须取得被审计单位管理层能够对被投资公司产生重大影响的证据。注册会计师可通过询问管理层和复核支持管理层结论的有关情况,来收集这些证据。如果投资公司持有被投资公司20%以上的有表决权的股份,而没有使用权益法来进行会计处理,则注册会计师必须取得投资公司对被投资公司不能产生重大影响的证据,并确定被审计单位已在财务报表上作了适当的披露。

对采用权益法进行会计处理的股票投资,被投资公司已审财务报表通常构成被投资公司净资产和经营结果的充分证据。不仅如此,已审财务报表也可提供有关公司债投资和类似债务投资的适当证据。

总之,核证投资账户记录能够使注册会计师获得存在、权利和义务、计价和分摊三项认定的证据。

六、重新计算已获取的投资收益

投资收益可通过书面证据和重新计算加以验证。由于所有在证券交易所和其他交易场所上市的股票的股利,都包括在很多投资服务机构印发的股利登记簿里,所以,注册会计师可通过参阅股利登记簿上的宣告日期、金额和发放日期,来独立验证股利收入。

公司债投资已赚取的利息和已收到的利息,可通过审查债券证书上的票面利率和支付日期来加以验证。另外,注册会计师还需要复核被审计单位公司债溢价和折价摊销表,并重新计算已摊销的金额。这种实质性程序虽然主要是为了直接验证利息收入的计价和分摊、完整性认定,但是它还可以为应收利息的存在、权利和义务认定这两项认定提供证据。

七、审查有关市场价格的资料

短期投资可以按投资总体(或投资类别、单个投资项目)的成本与市价孰低原则进行期末计价,但若某单项投资所占比例较大(如占短期投资总额10%及以上),则必须按单个投资项目的成本与市价孰低原则进行期末计价。而长期投资只能按单个投资项目的账面价值与可收回金额孰低原则计价。资产负债表日的证券价值可能来自股市行情。如果是这样,注册会计师必须参阅股票交易所印发的证券价格资料,以验证股市行情的正确性。如果注册会计师无法取得股票交易所印发的市价资料,则应直接向独立的经纪商函证确认。

股市行情如果是基于相当广大且活跃的市场,则通常构成现行证券市价充分、适当的证据。这项实质性程序与计价和分摊认定有关。

八、将报表列报和披露与会计准则规定相比较

会计准则要求被审计单位在资产负债表上适当确认和划分不同种类的投资,并在利润表上适当确认已实现的收入(或损失)。另外,还要求披露被审计单位所使用的权益法或成本法等核算方法。上述实质性程序可为注册会计师提供很多确定报表列报和披露是否符合会计准则所需的证据。注册会计师通过检查会议记录和询问管理层,还有可能获知任何抵押资产的存在。

第十四章

现金余额审计

【学习目标】

1. 了解现金余额涉及的主要凭证、账户和报表项目。
2. 了解各交易循环与现金余额的关系。
3. 理解现金余额的审计目标。
4. 掌握如何设计与实施现金余额的实质性程序。
5. 掌握如何设计与实施现金挪用审计。

第一节　现金余额审计概述

一、现金余额的含义

现金余额有狭义与广义之分。狭义的现金余额仅指库存现金,也就是我国现行会计准则中所指的现金;而广义的现金余额不但包括库存现金,还包括银行存款和备用金等。本章所指现金,既包括库存现金,也包括银行存款。

二、现金余额涉及的主要凭证、账户和报表项目

(一)原始凭证

与现金余额有关的原始凭证包括进账单、收据、借支单等。

(二)记账凭证

与现金余额有关的记账凭证包括收款记账凭证和付款记账凭证。

(三)账户

与现金余额有关的账户包括"现金"日记账和总账、"银行存款"日记账和总账、"备用金"或"其他应收款"等。

(四)报表项目

与现金余额有关的报表项目包括"货币资金""其他应收款"项目等。

(五)其他

与现金余额有关的其他凭证、账户和报表项目包括现金盘点表、银行对账单、银行存款余额调节表等。

三、交易循环与现金余额的关系

除存货与仓储循环并不直接相关外,销售与收款循环、采购与付款循环、筹资与投资循环均直接与现金有关。它们之间的关系如图 14-1 所示。

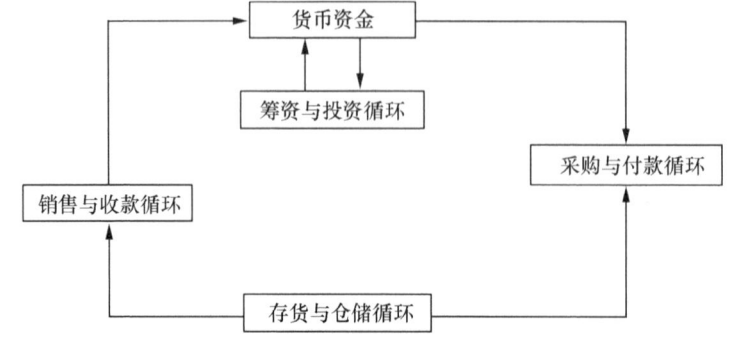

图 14-1　各交易循环与现金余额的关系

对很多企业来说,在资产负债表日,现金余额可能并不是很多,但注册会计师仍很关注现金交易的内部控制。在采用综合性方案时,注册会计师必须考虑在所有影响现金的循环中有关交易的控制测试的结果。

四、现金余额的审计目标

现金余额的审计目标具体包括:
(1) 已记录的现金余额在资产负债表日确实存在。
(2) 已记录的现金余额包括所有已发生的现金交易的影响结果。
(3) 年末被审计单位银行账户之间资金的划拨已记录在适当期间。
(4) 被审计单位对资产负债表日的所有现金拥有法律上的所有权。
(5) 已记录的现金余额与资产负债表上所列示的金额相同,并与现金明细表相符。
(6) 现金余额已在资产负债表上适当确认和分类。
(7) 用途受限的现金余额已在资产负债表上适当确认和分类。
(8) 补偿性存款余额、信用额度和与银行有关的或有负债都已适当披露。

第二节 现金余额的实质性程序

一、验证现金余额及其明细表的正确性

注册会计师测试现金余额的起点,是验证现金类总账余额和被审计单位编制的现金明细表的计算的正确性。现金明细表应包括各处未存入银行的现金总额和所有银行存款账户余额的总和。

该表应与总账中的有关现金余额相符。这项测试可提供与计价和分摊认定相关的证据。

二、执行实质性分析程序

被审计单位的现金余额深受管理层财务决策的影响,不易显示出与其他财务报表项目或经营数据的预期关系。但是,在某些情况下,对现金余额执行实质性分析程序可能是有用的。例如注册会计师可以将现金余额与预算进行比较,如果结果显示出合理的关系,那么注册会计师就获取了支持存在、完整性、计价和分摊认定的证据。

三、盘点库存现金

库存现金包括未存入银行的现金收入和零星现金。注册会计师应对库存现金进行盘点。在盘点现金时,必须做好以下几项工作:
(1) 必须控制被审计单位所有现金和可转让的证券,直到被审计单位盘点结束。
(2) 必须要求现金保管人员在整个盘点过程中都在场。
(3) 将已盘点的现金归还给被审计单位时,必须取得保管人员签字的收条。
(4) 必须确定所有未存入银行的支票都是付给被审计单位的。支票既可以是直接付给被审计单位的,也可以是通过背书付给被审计单位的。

这里要求注册会计师在全部现金盘点完成之前必须控制所有的现金,这是为了避免被审计单位将已盘点的现金转移为未盘点现金,从而造成现金的重复盘点和计算。如果被审计单位将现金存放在多个地点,那么注册会计师则通常需要将全部现金打上封条,并增派注册会计师参加盘点工作。盘点过程中要求保管人员必须在场,则是为了防止在现金已短缺的情况下,被审计单位却声称交给注册会计师的现金是够数和完整的,从而诬陷注册会计师。

值得注意的是,盘点现金得到的证据难以证明权利认定,因为现金保管人员可能用个人的现金来弥补短缺。

四、执行现金截止测试

年末现金收入和支出的截止测试,是证实在资产负债表日现金已适当表达的重要审计程序。注册会计师执行的现金截止测试有两种:① 现金收入的截止测试;② 现金支出的截止测试。需要指出的是,注册会计师使用银行截止对账单也有助于确定现金是否适当截止。

五、函证银行存款和贷款余额

注册会计师通常利用银行函证来确定资产负债表日的银行存款和贷款余额。函证银行存款余额是证实资产负债表所列银行存款是否存在的重要程序。通过向往来银行进行函证,注册会计师不仅可以了解企业资产的存在,还可以发现企业未登记的银行借款。

根据国际惯例,财政部、中国人民银行于1999年1月6日联合印发了《关于做好企业的银行存款、借款及往来款项函证工作的通知》(以下简称《通知》),对函证工作提出了明确的要求,并提供了银行询证函和企业询证函的参考格式。注册会计师在执行审计业务时,可按照此格式以被审计单位的名义向有关单位发函询证。《通知》规定:各商业银行、政策性银行、非银行金融机构要在收到询证函之日起10个工作日内,根据函证的具体要求,及时回函并可按照国家的有关规定收取询证费用;对各有关企业或单位与被审计单位之间的往来款项等情况,有关单位应根据函证的具体要求及时回函。表14-1列示的是财政部、中国人民银行制定的运用于审计的银行询证函参考格式。

表14-1 银行询证函

_____(银行):

本公司聘请_____会计师事务所正在对本公司的财务报表进行审计,按照中国注册会计师审计准则的要求,应当询证本公司与贵行的存款、借款往来等事项。下列数据出自本公司账簿记录,如与贵行记录相符,请在本函下端"数据证明无误"处签章证明;如有不符,请在"数据不符"处列明不符金额。有关询证费用可直接从本公司_____账户中收取,回函请直接寄至_____会计师事务所。

通信地址:
邮编:　　　　　电话:　　　　　传真:
截至　　年　　月　　日止,本公司银行存款、借款账户余额等列示如下:
1. 银行存款

账户名称	银行账号	币种	利率	余额	备注

（续表）

2. 银行借款							
银行账号	币种	余额	借款日期	还款日期	利率	借款条件	备注

3. 其他事项

               （公司签章） （日期）

结论：1. 数据证明无误。   （银行签章） （日期）

   2. 数据不符，请列明不符金额。   （银行签章） （日期）

  询证函应一式两份，并由被审计单位授权签发支票的人员签名。这两份都应寄给银行，再由银行将原件退给注册会计师。为了确保该程序能够获得适当的证据，注册会计师应亲自将询证函装入印有事务所地址的回函信封，并邮寄给银行。银行再直接将函证结果寄回给注册会计师。这里需强调两点：① 银行询证函应寄给被审计单位开设有户头的所有银行，其中包括企业存款账户已结清的银行，因为有可能存款账户已结清，但仍有银行借款或其他负债存在，故对年末余额为零的银行存款，也要寄函确认；② 虽然注册会计师已直接从某银行取得了银行对账单和所有已付支票，但仍应向该银行进行函证。

  函证银行存款主要提供以下两项认定的证据：① 存在认定，因为有书面证据证明存款余额确实存在；② 权利和义务认定，因为银行存款余额写的是被审计单位的名称。银行的回函也可为其他两项认定提供一些证据，它有助于注册会计师确认银行存款的计价和分摊认定，因为注册会计师由函证余额可得出财务报表的正确银行余额。不仅如此，它还有助于证实完整性认定。但注册会计师不能完全依赖函证来证实完整性认定，因为回函者并没有被要求必须查询其他存款或贷款余额的记录。

  函证贷款余额，主要提供以下三项认定的证据：① 存在认定，因为有书面证据证明其贷款余额确实存在；② 权利和义务认定，因为该笔贷款是被审计单位的负债；③ 计价和分摊认定，因为回函指出了贷款余额的金额。

六、函证同银行签订的其他协定

  被审计单位可能就信用额度、补偿性存款余额和或有负债，同银行签订协定。同银行建立的信用额度协定，可能要求借款人必须在该银行保持一定数量的现金余额，这个金额既可以是所借款项的某一百分比，也可以是某个指定数额。补偿性存款余额是指要求被审计单位保持的最低存款余额。被审计单位为第三者向银行借款充当保证人时，则可能存在或有负债。

  如果注册会计师在评价了固有风险和控制风险之后，认为可能有上述协定存在，那么，他应寄询证函给银行。注册会计师应在询证函中写明要求回复的资料，并在被审计单位签名后寄出。该函最好寄给负责处理被审计单位和银行之间关系的银行主管。这样做不仅可以加速函证过程，而且还能够提高注册会计师所获得证据的质量。函证同银行的其他协定特别有利于证明列报和披露认定，也有助于证明其他各项认定。但请注意，对完整性认定的证据只局限于回函者所知道的资料。

七、查看、复核或编制银行存款余额调节表

注册会计师对银行存款余额调节表审计的详细程度,主要取决于检查风险的可接受水平。如果可接受检查风险评价为高水平,注册会计师则可能只是查看被审计单位所编制的银行存款余额调节表和验证该调节表的计算正确性。如果可接受检查风险评价为中等水平,注册会计师则可能要复核被审计单位的银行存款余额调节表。这项复核通常包括以下几个步骤:

(1) 比较期末银行余额和银行询证函上得到的函证余额;
(2) 验证在途存款和未兑现支票的有效性;
(3) 检查调节表的计算正确性;
(4) 核证调节项目(如银行手续费、贷项和错误等)至有关的支持性凭证;
(5) 调查旧账项目(如长期未兑现的支票)和异常项目等。

表 14-2 列示了注册会计师复核被审计单位所编制的银行存款余额调节表的工作底稿。

表 14-2　银行存款余额调节表审计工作底稿

```
                    H 公司银行存款余额调节表
                                              W/P 索引号:B-1
2011 年 12 月 31 日                           编制人:Abd   日期:2012.02.05
单位:元                                       复核人:Efg   日期:2012.02.10
    一、银行对账单余额                         100 000 √
(账号:34577-24)
    1. 在途存款(1) 12 月 30 日      500 N
              (2) 12 月 31 日      500 N
                                              1 000 F
    2. 未兑现支票
      (1) 支票号码 4720            600 N
      (2) 支票号码 4732            400 N
      (3) 支票号码 4521            500 N
      (4) 支票号码 4545            500 N
      (5) 支票号码 4578            300 N
      (6) 支票号码 4592            700 N
      (7) 支票号码 4598           1 000 N
                                              (4 000)F
    3. 加上 12 月 29 日 I 公司支票               7 000 g
    二、账面余额                                104 000 φ
    审计调整分录(参见调整分录)                     1 000
    审计调整后正确余额                           103 000
                                              TO W/P.B
调整分录:
    应收账款——W 公司           1 000
        银行存款                        1 000
注:√——核对银行对账单和银行函证结果无误
    N——追查至截止日期银行对账单
    F——竖加无误
    g——追查至对账单和借项通知单
    φ——追查至总分类账
```

如果可接受检查风险评价为低水平,则注册会计师可能要利用被审计单位所持有的银行存款数据编制银行存款余额调节表。如果可接受检查风险评价非常低,或怀疑存在重大错报,则注册会计师可能直接向银行索取年末的银行对账单并编制银行存款余额调节表。在这种情况下,注册会计师必须要求被审计单位指示银行,将对账单和有关资料(如已付款支票和借项通知单等)直接寄给注册会计师。这样做,可防止被审计单位篡改数据以掩盖任何错误。

查看、测试或编制银行存款余额调节表的目的在于确定资产负债表日银行存款的正确余额,因此,这项程序是计价和分摊认定的主要证据来源。与此同时,也可为存在、完整性以及权利和义务认定提供证据。

人们通常认为,仅凭银行存款余额调节表所提供的证据,不足以验证银行存款的余额。因为有以下两个最重要的调整项目存在不确定性:在途存款和未兑现支票。对这两个调节项目,注册会计师只有通过追查至下一个会计期间的银行对账单,才能获得证据。为达到这个目的,注册会计师可以设计并执行获取银行截止对账单的程序。如果截止对账单证明这两项和其他调节事项正确,则可以大大提高注册会计师对该银行存款余额调节表的信赖程度。

八、获取和使用银行截止对账单

银行截止对账单是资产负债表日之后某日的银行对账单。该截止日期应能够使期末的绝大部分未兑现支票得到清算。通常情况下,将截止日期定为被审计单位会计年度结束后的7—10个营业日。一般很少将截止日期定在10天以后。

被审计单位必须要求银行编制截止日期的对账单,并指示银行将对账单直接寄给注册会计师。注册会计师在收到截止日期对账单和随函附上的付讫支票和银行备忘录后,应做好以下三个步骤的工作:

(1) 追查所有属于上年度某一日期的支票至银行存款余额调节表上的未兑现支票;

(2) 追查银行存款余额调节表上的在途存款至截止日期对账单上的存款;

(3) 查看截止日期对账单,以发现异常的项目。

这里要求注册会计师追查支票,其目的是验证未兑现支票清单的真实性。在这一步骤中,注册会计师也可能发现未列入兑现支票清单的前期支票已由银行清算,或有些已列示的未兑现支票却没有被银行清算。前者可能暗示有"腾挪"这种舞弊现象存在(后面将作说明),后者则可能是因为以下几种延迟情况所致:① 被审计单位延迟邮寄支票;② 收款人延迟将支票存入银行;③ 银行延迟处理支票。注册会计师应调查任何不寻常的情况。

如果未清算支票的累积影响是重要的,那么可能暗示存在舞弊现象。如在资产负债表日,假设被审计单位余额显示流动资产为 800 000 元,流动负债为 400 000 元。如果被审计单位将一张 100 000 元给短期债权人的支票,在到期日之前就作了记录,那么该被审计单位正确的流动资产、流动负债总额分别为 900 000 元和 500 000 元,被审计单位经过这一粉饰行为之后,其流动比率变成了 2:1,而不是实际的 1.8:1。在这种情况下,注册会计师应追查未清算支票至支票登记簿和有关支持性凭证。如有必要,应问公司的财务经理。

追查在途存款至截止日期对账单通常比较简单，因为截止日期对账单上的第一笔存款，应该就是列示在调节表上的在途存款。如果不是这样，注册会计师应要求财务经理对此作出解释，并查清造成这一情况的真正原因。在查看截止日期对账单是否有异常项目时，注册会计师应特别警觉未记录的银行借项和贷项，以及银行错账和更正等项目。

由于截止日期对账单是注册会计师直接从被审计单位之外的独立来源取得的资料，所以，它为证实年末银行存款余额调节表和银行存款的存在、完整性、权利和义务以及计价和分摊等认定提供了较强证明力的证据。

九、追查银行存款转账调拨

很多企业都开设一个以上的银行账户，企业可在授权批准的情况下，将资金在这些账户之间进行转账调拨。如从总银行账户转一笔款项到某特定账户，以便日后偿付特定目的的支出事项。如果发生转账调拨，那么在开出支票支取这笔款项之前，通常要经过好几天，这几天称为浮动期间。在该期间，被审计单位可能高估银行存款账面余额，因为调拨支票的金额包括在特定银行账户里，而可能没有从划出的银行存款账户中减除。可见，同一笔款项在不同银行账户之间的收支，如果不是记录在相同的会计期间，必然造成被审计单位银行存款余额的错误。故意将银行转账款只记录收款银行存款账户的增加，而不记录划拨支票对有关转出的银行存款账户的减少，称为"腾挪"舞弊。"腾挪"的目的既可能是掩盖（弥补）财务报表日现金的短缺，也可能是高估财务报表日的银行存款余额。

注册会计师必须取得银行调拨有效性的证据，或者相反，取得有关错报的证据。注册会计师可通过编制银行存款调拨明细表来获得这些证据。编制该明细表时，应在认真分析存款账面的记录和有关银行对账单及截止日期银行对账单的基础上，列出在被审计单位会计年度结束时或接近结束时所签发的所有调拨支票，以及它们在被审计单位和银行里分别被记录的日期，如表 14-3 所示。

表 14-3 银行存款转账划拨明细表

支票号码	被审计单位银行存款账户		支票金额	付款日期		收款日期	
	转出	转入		账簿记录	银行记录	账簿记录	银行记录
2211	总银行账户	一分部银行账户	130 000	12.31	01.03	12.31	01.02
2456	总银行账户	二分部银行账户	20 000	12.31	01.03	01.03	01.02
2789	总银行账户	三分部银行账户	30 000	01.03	01.02	12.31	12.31
2813	四分部银行账户	总银行账户	40 000	01.02	01.03	01.03	12.31

如果所有支票签发的日期都为 12 月 31 日，那么表 14-3 中，只有编号为 2211 的处理是适当的。因为被审计单位入账时间是 12 月份，而银行入账时间是 1 月份。在 12 月 31 日对总银行账户进行调节时，这张支票应列为未兑现支票。但是在调节一分部的银行账户时，则应列作在途存款。

编号为 2456 的支票，在结账日是一张在途转账支票。由于该支票已由签发人在 12 月份减少了账面余额，而直到 1 月份才由存款人将支票金额增加到二分部银行账户里。

这样将造成被审计单位存款余额低估 20 000 元。注册会计师在 12 月 31 日必须作一笔调整分录,以增加二分部银行账户余额。

编号为 2789 和 2813 的这两张支票有腾挪的可能性。因为 12 月份开出的支票,尽管在 12 月份就已存入银行,但是在被审计单位的存款账户上记录这些付款的时间都是 1 月份。编号为 2789 的支票将使银行存款高估 30 000 元。因为被审计单位记录收款发生在 12 月份,而有关账户的减少都拖延到 1 月份才记录。编号为 2813 的支票则可能说明被审计单位企图掩饰现金短缺,这是因为被审计单位 12 月份发生的银行存款只记入了银行的调节表和账面余额,而对其他所有的相关账户在 1 月份才加以记录。

如果被审计单位内部控制很薄弱,让同一个人负责签发支票和记录支票的工作(即责任分工不当),或者负责这两项职责的人员之间串通舞弊,就很可能发生腾挪。除追查银行存款转账调拨之外,注册会计师可使用以下两种程序,来发现腾挪舞弊:

(1) 获得或使用银行截止日期对账单,因为被腾挪的支票在 1 月份才清算,将不会出现在 12 月份的未兑现支票清单上;

(2) 执行现金截止测试,因为在 12 月份签发的最后几张支票,将不会记录在支票登记簿里。

追查银行转账调拨,可为存在、完整性认定提供可靠的证据。

十、将报表列报和披露与会计准则规定相比较

现金应在资产负债表中恰当列报和披露,如银行存款是一项流动资产,但是作为公司偿债基金的现金则是一种长期投资。此外,还应适当披露与银行签订的协定,如信用额度、补偿性存款余额和或有负债等。银行存款的透支通常被列为一项流动负债。

注册会计师可通过复核被审计单位报表底稿和利用前述实质性程序取得的证据来确定报表列报和披露的适当性。另外,注册会计师还应复核董事会的会议记录,并询问管理层,以便获得现金使用受限的证据。

第三节 现金挪用审计程序

挪用是一种蓄意盗用现金的舞弊行为。挪用往往可能涉及未被授权的人员短期或长期地侵占现金收入,以供其个人使用。挪用通常与收回顾客的账款有关,但也可能涉及其他种类的现金收入。如果某人既负责处理现金收入,又负责登记应收账款分类账,那么就很容易发生挪用舞弊。注册会计师应认真了解顾客应收账款的收取与记录责任分工的情况,并据此评价挪用发生的可能性。

一、现金挪用举例

为了说明挪用情况,现假设某一特定日期,被审计单位收银机的纸带上显示总收入 800 元,而挪用者另外还收到 A 顾客寄来的支票付款 300 元,并销毁了除顾客支票之外的所有与邮寄收入有关的证据。这时,现金收款记账凭证的分录与收银机纸带(800 元)相符,但存款单显示现金 500 元和 A 顾客支票 300 元。这一挪用情况如表 14-4 所示。

表 14-4　现金挪用情况表一

真正收入		凭证		收款记账凭证分录		银行存款单	
现金	800	收银机纸带	800	现销	800	现金	500
A 支票	300	—		—		A 支票	300
合计	1 100		800		800		800

为了掩饰现金短缺,舞弊者通常竭力:① 保持每日银行存款单与账面金额相符,使核证银行存款余额调节表也发现不了这项舞弊;② 在实际收款后的 3—4 天内,更正顾客账户,以便在发现与顾客账户不相符之后,可解释为账款收取或过账的延迟。为了达到后一种目的,几天后,又将现金短缺转移到其他顾客账户上,如表 14-5 所示。

表 14-5　现金挪用情况表二

真正收入		凭证		收款记账凭证分录		银行存款单	
现金	600	收银机纸带	600	现销	600	现金	400
B 支票	500	A 支票	300	A 支票	300	B 支票	500
合计	1 100		900		900		900

至此,现金短缺共计 500 元,即第一个例子中的 300 元加上第二个例子中的 200 元。

二、审计程序

只有在现金收入交易的控制风险评价为中等水平或高水平的情况下,注册会计师才执行检查现金挪用的测试。检查挪用可使用以下三种程序:

1. 函证应收账款

如果注册会计师在期中突然执行这项测试,效果会更好。因为这样可防止现金挪用者将被挪用的账户更新到函证当天应有的余额。在资产负债表日执行这项测试意义是不大的,因为挪用者可能知道年末将执行该项审计程序,从而将被挪用的账户调整为年末当日应有的正确余额。

2. 突击盘点现金

现金盘点范围包括库存硬币、纸币和顾客支票。注册会计师应监督这三种资金送存银行的情况。随后还应将复写的存款单上存款的细节,同收款记账凭证的分录和过入顾客账户的情况进行比较。

3. 比较现金收款记账凭证分录细节和相关存款单细节

注册会计师可以运用这项程序,来披露上述两个例子中收款记账凭证分录和存款单的细节。如果处理邮寄现金收入有适当的职责分工,有些注册会计师在执行这一审计程序时,则喜欢使用清单。在这种情况下,应将实际收款的日期和过入应收账款明细账的日期进行比较。

第十五章

财务报表审计中的特殊事项

【学习目标】

1. 理解舞弊的分类、特征以及财务报表审计中与舞弊相关的责任划分。
2. 掌握注册会计师实施的舞弊风险评估程序和相关活动,以及相应的风险应对措施。
3. 理解财务报表审计中与违反法律法规相关的责任划分。
4. 掌握注册会计师对被审计单位遵守法律法规的考虑,以及识别出或怀疑存在违反法律法规行为时的审计程序和报告要求。
5. 理解注册会计师利用内部审计人员或专家的工作时的责任,以及相关工作要求。
6. 了解注册会计师对被审计单位使用服务机构、电子商务以及集团财务报表审计的特殊考虑。

第一节 财务报表审计中与舞弊相关的责任

财务报表的错报可能由于舞弊或错误导致的。舞弊和错误的区别在于,导致财务报表发生错报的行为是故意的还是非故意的。舞弊是指被审计单位的管理层、治理层、员工或第三方使用欺骗手段获取不当或非法利益的故意行为。随着经济的发展,舞弊已成为全球性的焦点问题。其对全球经济的影响之广、冲击之深,已到了触目惊心的地步。据美国注册舞弊审查师联合会 2006 年的一份研究报告估计,美国每年因舞弊导致的损失达 6 500 亿美元,几乎是美国 2006 年国防预算的 1.5 倍。

在财务报表审计中,注册会计师有责任就财务报表不存在由于舞弊或错误导致的重大错报获取合理保证。为了规范注册会计师在财务报表审计中与舞弊相关的责任,财政部发布了《中国注册会计师审计准则第 1141 号——财务报表审计中与舞弊相关的责任》。在涉及识别、评估和应对由于舞弊导致的重大错报风险时,该准则是对注册会计师如何应用《中国注册会计师审计准则第 1211 号——通过了解被审计单位及其环境识别和评估重大错报风险》和《中国注册会计师审计准则第 1231 号——针对评估的重大错报风险采取的应对措施》的进一步扩展。

一、舞弊的分类和特征

(一)舞弊的分类

舞弊是一个宽泛的法律概念,但审计准则只要求注册会计师关注导致财务报表发生重大错报的舞弊。与财务报表审计相关的两类故意错报,包括编制虚假财务报告导致的错报和侵占资产导致的错报。

1. 编制虚假财务报告导致的错报

编制虚假财务报告涉及为欺骗财务报表使用者而作出的故意错报(包括对财务报表金额或披露的遗漏),通常由管理层操纵和实施。

管理层可能通过以下方式编制虚假财务报告:

(1)对编制财务报表所依据的会计记录或支持性文件进行操纵、弄虚作假(包括伪造)或篡改;

(2)在财务报表中错误表达或故意漏记事项、交易或其他重要信息;

(3)故意错误地使用与金额、分类、列报或披露相关的会计准则。

2. 侵占资产导致的错报

侵占资产包括盗窃被审计单位资产,通常的做法是员工盗窃金额相对较小且不重要的资产。侵占资产也可能涉及管理层,他们通常更能够通过难以发现的手段掩饰或隐瞒侵占资产的行为。

侵占资产可以通过以下方式实现:

(1)贪污收到的款项。例如,侵占收到的应收账款或将与已注销账户相关的收款转移至个人银行账户。

(2)盗窃实物资产或无形资产。例如,盗窃存货以自用或出售,盗窃废料以再销售,向被审计单位竞争者泄露技术资料并与其串通以获取回报。

(3)使被审计单位对未收到的商品或未接受的劳务付款。例如,向虚构的供应商支付款项,供应商向采购人员提供回扣以作为其提高采购价格的回报,向虚构的员工支付工资。

(4)将被审计单位资产挪为私用。例如,将被审计单位资产作为个人或关联方贷款的抵押。

侵占资产通常伴随着虚假或误导性的记录或文件,其目的是隐瞒资产丢失或未经适当授权而被抵押的事实。

(二)舞弊的特征

舞弊,无论是编制虚假财务报告还是侵占资产,均具备三大舞弊风险因素,即实施舞弊的动机或压力、机会以及借口。

(1)动机或压力。如果管理层为满足第三方要求或预期而承受过度的压力,则可能存在编制虚假财务报告的动机或压力。被审计单位的员工也可能由于入不敷出等原因而产生侵占资产的动机。

(2)机会。无效的控制环境可能产生实施舞弊的风险。例如,假设管理层由一人或少数人控制(在非业主管理的实体中)且缺乏补偿性控制,则被审计单位对管理层的监督可能失效,管理层可能存在实施舞弊的机会。

(3)借口。为舞弊行为寻找借口的风险因素,可能不容易被注册会计师发现。然而,注册会计师可能注意到这些信息的存在。例如,被审计单位高级管理人员或治理层存在违反证券法规或其他法律法规的历史记录;管理层未能及时纠正已发现的、值得关注的内部控制缺陷;被审计单位人员的行为表明其对被审计单位感到不满,或对被审计单位对待员工的态度感到不满;容忍小额盗窃资产的行为等。

需要说明的是,存在舞弊风险因素并不必然表明发生了舞弊,但在舞弊发生时通常存在舞弊风险因素,因此,注册会计师应当评价通过风险评估程序和相关活动获取的信息,是否表明存在舞弊风险因素。

二、有关舞弊的责任划分

(一)管理层和治理层的责任

被审计单位管理层和治理层对防止或发现舞弊负有主要责任。

管理层在治理层的监督下,高度重视对舞弊的防范和遏制是非常重要的。对舞弊进行防范可以减少舞弊发生的机会;对舞弊进行遏制,即发现和惩罚舞弊行为,能够警示被审计单位人员不要实施舞弊。对舞弊的防范和遏制需要管理层营造诚实守信和合乎道德的企业文化,并且这一文化能够在治理层的有效监督下得到强化。

治理层的监督包括考虑管理层凌驾于控制之上或对财务报告过程施加其他不当影响的可能性,例如,管理层为了影响分析师对被审计单位业绩和盈利能力的看法而操纵利润。

（二）注册会计师的责任

在按照审计准则的规定执行审计工作时，注册会计师有责任对财务报表整体是否存在由于舞弊或错误导致的重大错报获取合理保证。

值得注意的是，由于审计的固有限制，即使注册会计师按照审计准则的规定恰当计划和执行了审计工作，也不可避免地存在财务报表中的某些重大错报未被发现的风险。在舞弊导致错报的情况下，固有限制的潜在影响更加重大。其原因是舞弊可能涉及精心策划和蓄意实施以进行隐瞒，如伪造证明或故意漏记交易，或者故意向注册会计师提供虚假陈述。如果涉及串通舞弊，注册会计师可能更加难以发现蓄意隐瞒的企图。串通舞弊可能导致原本虚假的审计证据被注册会计师误认为具有说服力。

因此，在获取合理保证时，注册会计师有责任在整个审计过程中保持职业怀疑，考虑管理层凌驾于控制之上的可能性，并认识到对发现错误有效的审计程序未必对发现舞弊有效。

三、风险评估程序和相关活动

当按照《中国注册会计师审计准则第 1211 号——通过了解被审计单位及其环境识别和评估重大错报风险》的规定实施风险评估程序和相关活动，以了解被审计单位及其环境时，注册会计师应当实施下列程序和活动，以获取用以识别由于舞弊导致的重大错报风险所需的信息。

（一）询问

1. 询问管理层和被审计单位内部的其他人员

注册会计师应当向管理层询问：

（1）管理层对财务报表可能存在由于舞弊导致的重大错报风险的评估，包括评估的性质、范围和频率等；

（2）管理层对舞弊风险的识别和应对过程，包括管理层识别出的或注意到的特定舞弊风险，或可能存在舞弊风险的各类交易、账户余额或披露；

（3）管理层就其对舞弊风险的识别和应对过程向治理层的通报；

（4）管理层就其经营理念和道德观念向员工的通报。

此外，注册会计师还应当询问管理层和被审计单位内部的其他人员（如适用），以确定其是否知悉任何影响被审计单位的舞弊事实、舞弊嫌疑或舞弊指控。

2. 询问内部审计人员

如果被审计单位设有内部审计，注册会计师应当询问内部审计人员，以确定其是否知悉任何影响被审计单位的舞弊事实、舞弊嫌疑或舞弊指控，并获取这些人员对舞弊风险的看法。

与此同时，注册会计师还可以询问特定的内部审计活动，例如：

（1）内部审计人员在本期实施了哪些旨在发现舞弊的程序（如有）；

（2）管理层是否对实施内部审计程序的结果采取了令人满意的应对措施。

3. 询问治理层

首先,除非治理层全部成员参与管理被审计单位,否则注册会计师应当了解治理层如何监督管理层对舞弊风险的识别和应对过程,以及为降低舞弊风险而建立的内部控制。这是因为,了解治理层实施的监督,可能有助于注册会计师评价被审计单位发生管理层舞弊的可能性、与舞弊风险相关的内部控制的充分性,以及管理层的胜任能力和诚信程度。了解的方式有很多,包括参加讨论此类问题的会议,阅读相关会议纪要或询问治理层等。

其次,除非治理层全部成员参与管理被审计单位,否则注册会计师应当询问治理层是否知悉任何影响被审计单位的舞弊事实、舞弊嫌疑或舞弊指控。治理层对这些询问的答复,可在一定程度上作为管理层答复的佐证信息。

(二)实施分析程序

在风险评估阶段,分析程序是必须实施的。注册会计师应当评价在实施分析程序时识别出的异常或偏离预期的关系(包括与收入账户有关的关系),是否表明存在由于舞弊导致的重大错报风险。

(三)组织项目组内部的讨论

按照《中国注册会计师审计准则第1211号——通过了解被审计单位及其环境识别和评估重大错报风险》的规定,项目组成员之间应当进行讨论,并由项目合伙人确定将哪些事项向未参与讨论的项目组成员通报。

这是因为,项目组就由于舞弊导致财务报表发生重大错报的可能性的讨论可以达到以下目的:① 具有较多经验的项目组成员有机会与其他成员分享关于财务报表易于发生由于舞弊导致的重大错报的方式和领域的见解;② 针对财务报表易于发生由于舞弊导致的重大错报的方式和领域考虑适当的应对措施,并确定分派哪些项目组成员实施特定的审计程序;③ 确定如何在项目组成员中共享实施审计程序的结果,以及如何处理可能引起注册会计师注意的舞弊指控。

项目组内部讨论的重点应当包括财务报表易于发生由于舞弊导致的重大错报的方式和领域,包括舞弊可能如何发生。具体来说,讨论的内容可能涉及下列方面:

(1)项目组成员认为财务报表易于发生由于舞弊导致的重大错报的方式和领域,管理层可能编制和隐瞒虚假财务报告的方式以及侵占资产的方式等;

(2)可能表明管理层操纵利润的迹象,以及管理层可能采取的导致虚假财务报告的利润操纵手段;

(3)已知悉的对被审计单位产生影响的外部和内部因素,这些因素可能产生动机或压力使管理层或其他人员实施舞弊,可能提供实施舞弊的机会,可能表明存在为舞弊行为寻找借口的文化或环境;

(4)对接触现金或其他易被侵占资产的员工,管理层对其实施监督的情况;

(5)注意到的管理层或员工在行为或生活方式上出现的异常或无法解释的变化;

(6)强调在整个审计过程中对由于舞弊导致重大错报的可能性保持适当关注的重要性;

(7)遇到的哪些情形可能表明存在舞弊;

(8) 如何在拟实施审计程序的性质、时间安排和范围中增加不可预见性;

(9) 为应对由于舞弊导致财务报表发生重大错报的可能性而选择实施的审计程序,以及特定类型的审计程序是否比其他审计程序更为有效;

(10) 注册会计师注意到的舞弊指控;

(11) 管理层凌驾于控制之上的风险。

在整个讨论过程中,项目组成员不应假设管理层和治理层是正直和诚信的。

(四) 考虑其他信息

注册会计师应当考虑获取的其他信息是否表明存在由于舞弊导致的重大错报风险。其他信息可能来源于了解被审计单位及其环境时获取的信息、在客户接受或保持过程中获取的信息、向被审计单位提供其他服务所获得的经验,以及通过其他风险评估程序和相关活动获取的信息。

四、识别和评估由于舞弊导致的重大错报风险

(一) 总体要求

按照《中国注册会计师审计准则第1211号——通过了解被审计单位及其环境识别和评估重大错报风险》的规定,注册会计师应当在财务报表层次和各类交易、账户余额、披露的认定层次识别和评估由于舞弊导致的重大错报风险。

舞弊导致的重大错报风险属于特别风险,如果识别出此类风险,注册会计师应当考虑之前是否了解过与此类风险相关的控制。如果此前未了解与此类风险相关的控制,则注册会计师应当了解相关控制,包括了解控制活动。

(二) 对收入确认舞弊的特殊考虑

收入确认是最常见的舞弊手段之一,因而注册会计师需要特别关注。

在识别和评估由于舞弊导致的重大错报风险时,注册会计师应当基于收入确认存在舞弊风险的假设,评价哪些类型的收入、收入交易或认定可能导致舞弊风险。

如果认为收入确认存在舞弊风险的假设不适用于业务的具体情况,从而未将收入确认作为由于舞弊导致的重大错报风险领域,则注册会计师应当在审计工作底稿中记录得出该结论的理由。

五、应对评估的由于舞弊导致的重大错报风险

(一) 总体应对措施

按照《中国注册会计师审计准则第1231号——针对评估的重大错报风险采取的应对措施》的规定,注册会计师应当针对评估的由于舞弊导致的财务报表层次重大错报风险确定总体应对措施。

在针对评估的由于舞弊导致的财务报表层次重大错报风险确定总体应对措施时,注册会计师应当:

(1) 在分派和督导项目组成员时,考虑承担重要业务职责的项目组成员所具备的知识、技能和能力,并考虑由于舞弊导致的重大错报风险的评估结果;

(2) 评价被审计单位对会计政策(特别是涉及主观计量或复杂交易的会计政策)的选择和运用,是否可能表明管理层通过操纵利润对财务信息作出虚假报告;

(3) 在选择审计程序的性质、时间安排和范围时,增加审计程序的不可预见性。

增加审计程序的不可预见性可以通过以下方式实现:第一,对通常由于其重要性或风险程度较低而不会作出测试的账户余额和认定实施实质性程序;第二,调整实施审计程序的时间安排,使之有别于预期的时间安排;第三,运用不同的抽样方法;第四,在不同的经营地点或未预先通知的经营地点实施审计程序。

(二)进一步审计程序

按照《中国注册会计师审计准则第1231号——针对评估的重大错报风险采取的应对措施》的规定,注册会计师应当设计和实施进一步审计程序,审计程序的性质、时间安排和范围应当能够应对评估的由于舞弊导致的认定层次重大错报风险。针对由于舞弊导致的认定层次重大错报风险,注册会计师应当考虑实施函证程序以获取更多的相互印证的信息。

注册会计师可以考虑通过下列方式,应对舞弊导致的认定层次重大错报风险:

(1) 改变拟实施审计程序的性质,以获取更为可靠相关的审计证据或获取额外的佐证信息。这可能影响拟实施审计程序的类型及其组合。例如,对特定资产进行实地观察或检查可能变得更加重要,或者需要选择使用计算机辅助审计技术以收集更多的有关在重要账户或电子交易文档中包含数据的证据。

(2) 调整实施实质性程序的时间安排。例如,如果认为故意错报可能在期中已经发生,注册会计师可能选择对较早期间发生的交易或整个报告期内的交易实施实质性程序。

(3) 调整审计程序的范围。例如,扩大样本规模、采用更详细的数据实施分析程序等。

(三)针对管理层凌驾于控制之上的风险实施的程序

管理层处于实施舞弊的独特地位,其原因是管理层有能力通过凌驾于控制之上操纵会计记录并编制虚假财务报表,而这些控制却看似有效运行。管理层凌驾于控制之上的风险普遍存在于所有被审计单位,只是风险水平各有不同。

由于管理层凌驾于控制之上的行为发生方式不可预见,这种风险属于由于舞弊导致的重大错报风险,从而也是一种特别风险。

无论对管理层凌驾于控制之上的风险评估结果如何,注册会计师都应当设计和实施审计程序,用以:

(1) 测试日常会计核算过程中作出的会计分录以及编制财务报表过程中作出的其他调整是否适当。

在设计和实施审计程序,以测试日常会计核算过程中作出的会计分录以及编制财务报表过程中作出的其他调整是否适当时,注册会计师应当:① 向参与财务报告过程的人员询问与处理会计分录和其他调整相关的不恰当或异常的活动;② 选择在报告期末作出的会计分录和其他调整;③ 考虑是否有必要测试整个会计期间的会计分录和其他调整。

（2）复核会计估计是否存在偏向，并评价产生这种偏向的环境是否表明存在由于舞弊导致的重大错报风险。

在复核会计估计是否存在偏向时，注册会计师应当：① 评价管理层在作出会计估计时所作出的判断和决策是否反映出管理层的某种偏向（即使判断和决策单独看起来是合理的），从而可能表明存在由于舞弊导致的重大错报风险。如果存在偏向，注册会计师应当从整体上重新评价会计估计。② 追溯复核与以前年度财务报表反映的重大会计估计相关的管理层判断和假设。

（3）对于超出被审计单位正常经营过程的重大交易，或基于对被审计单位及其环境的了解以及在审计过程中获取的其他信息而显得异常的重大交易，评价其商业理由（或缺乏商业理由）是否表明被审计单位从事交易的目的是对财务信息作出虚假报告或掩盖侵占资产的行为。

以下迹象可能表明被审计单位从事超出其正常经营过程的重大交易，或虽然未超出其正常经营过程，但显得异常的重大交易，从事这些交易的目的可能是对财务信息作出虚假报告或掩盖侵占资产的行为：① 交易的形式显得过于复杂（例如交易涉及集团内部多个实体，或涉及多个非关联的第三方）；② 管理层未与治理层就此类交易的性质和会计处理进行过讨论，且缺乏充分的记录；③ 管理层更强调采用某种特定的会计处理的需要，而不是交易的经济实质；④ 对于涉及不纳入合并范围的关联方（包括特殊目的实体）的交易，治理层未进行适当的审核与批准；⑤ 交易涉及以往未识别出的关联方，或涉及在没有被审计单位帮助的情况下不具备物质基础或财务能力完成交易的第三方。

当前述程序无法涵盖特定的管理层凌驾于控制之上的其他风险时，注册会计师还应当确定是否有必要实施其他审计程序，以应对识别出的管理层凌驾于控制之上的风险。

六、评价审计证据

（一）考虑识别出的错报

如果识别出某项错报，注册会计师应当评价该项错报是否表明存在舞弊。如果存在舞弊迹象，鉴于舞弊不太可能是孤立发生的事项，注册会计师应当评价该项错报对审计工作其他方面的影响，特别是对管理层声明可靠性的影响。

如果识别出某项错报，并有理由认为该项错报是或可能是由于舞弊导致的，且涉及管理层，特别是涉及较高层级的管理层，无论该项错报是否重大，注册会计师都应当重新评价对由于舞弊导致的重大错报风险的评估结果，以及该结果对旨在应对评估风险的审计程序的性质、时间安排和范围的影响。在重新考虑此前获取的审计证据的可靠性时，注册会计师还应当考虑相关的情形是否表明可能存在涉及员工、管理层或第三方的串通舞弊。

值得注意的是，在临近审计结束时实施的分析程序，可能表明存在此前尚未识别的由于舞弊导致的重大错报风险。因此，在就财务报表与所了解的被审计单位的情况是否一致形成总体结论时，注册会计师应当评价临近审计结束时实施的分析程序的结果。

（二）评价对审计的影响

如果确认财务报表存在由于舞弊导致的重大错报，或无法确定财务报表是否存在由于舞弊导致的重大错报，注册会计师应当评价这两种情况对审计的影响。

（三）无法继续执行审计业务时的情形

如果由于舞弊或舞弊嫌疑导致出现错报，致使注册会计师遇到对其继续执行审计业务的能力产生怀疑的异常情形，注册会计师应当：

（1）确定适用于具体情况的职业责任和法律责任，包括是否需要向审计业务委托人或监管机构报告；

（2）在相关法律法规允许的情况下，考虑是否需要解除业务约定。

如果决定解除业务约定，注册会计师应当采取下列措施：

（1）与适当层级的管理层和治理层讨论解除业务约定的决定和理由；

（2）考虑是否存在职业责任或法律责任，需要向审计业务委托人或监管机构报告解除业务约定的决定和理由。

七、有关舞弊的沟通

（一）与管理层和治理层的沟通

1. 与管理层的沟通

如果识别出舞弊或获取的信息表明可能存在舞弊，注册会计师应当及时将此类事项向适当层级的管理层通报，以便管理层告知对防止和发现舞弊事项负有主要责任的人员。

确定拟沟通的适当层级的管理层，需要运用职业判断，并且这一决定受串通舞弊的可能性、舞弊嫌疑的性质和重要程度等事项的影响。通常情况下，适当层级的管理层至少要比涉嫌舞弊人员高出一个级别。

2. 与治理层的沟通

如果确定或怀疑舞弊涉及管理层、在内部控制中承担重要职责的员工以及其他人员（在舞弊行为导致财务报表重大错报的情况下），注册会计师应当及时将此类事项向治理层通报，除非治理层全体成员参与管理被审计单位。

如果怀疑舞弊涉及管理层，注册会计师应当将此怀疑向治理层通报，并与其讨论为完成审计工作所必需的审计程序的性质、时间安排和范围。

如果根据判断认为还存在与治理层职责相关的、涉及舞弊的其他事项，注册会计师也应当就此与治理层沟通。

（二）向监管机构和执法机构报告

如果识别出舞弊或怀疑存在舞弊，注册会计师应当确定是否有责任向被审计单位以外的机构报告。

尽管注册会计师对客户信息负有的保密义务可能妨碍这种报告，但如果法律法规要求注册会计师履行报告责任，注册会计师应当遵守法律法规的规定。

第二节 财务报表审计中对法律法规的考虑

违反法律法规是指被审计单位有意或无意违背除适用的财务报告编制基础以外的现行法律法规的行为。例如,被审计单位进行的或以被审计单位名义进行的违反法律法规的交易,或者治理层、管理层或员工代表被审计单位进行的违反法律法规的交易。违反法律法规不包括由治理层、管理层或员工实施的与被审计单位经营活动无关的不当个人行为。

违反法律法规可能导致被审计单位面临罚款、诉讼或其他对财务报表产生重大影响的后果。因此,在设计和实施审计程序以及评价和报告审计结果时,注册会计师应当充分关注被审计单位可能对财务报表产生重大影响的违反法律法规的行为。

为了规范注册会计师在财务报表审计中对法律法规的考虑,财政部发布了《中国注册会计师审计准则第1142号——财务报表审计中对法律法规的考虑》。该准则不适用于注册会计师接受专项委托,对被审计单位遵守特定法律法规进行单独测试并出具报告的鉴证业务。

一、法律法规框架及其分类

不同的法律法规对财务报表的影响差异很大。被审计单位需要遵守的所有法律法规,构成了注册会计师在财务报表审计中需要考虑的法律法规框架。按照对财务报表的影响进行划分,法律法规框架可以分为两类:

第一类法律法规,是通常对决定财务报表中的重大金额和披露有直接影响的法律法规(如税收和企业年金方面的法律法规)。此类法律法规可能涉及下列事项:① 财务报表的格式和内容;② 特定行业的财务报告问题;③ 根据政府合同对交易进行的会计处理;④ 所得税费用或退休金成本的应计或确认。

第二类法律法规,是对决定财务报表中的金额和披露没有直接影响的其他法律法规,但遵守这些法律法规(如遵守经营许可条件、监管机构对偿债能力的规定或环境保护要求)对被审计单位的经营活动、持续经营能力或避免大额罚款至关重要;违反这些法律法规,可能对财务报表产生重大影响。

二、有关违反法律法规的责任划分

(一)管理层的责任

在治理层的监督下,保证被审计单位按照法律法规的规定开展经营活动(包括遵守那些决定财务报表中报告的金额和披露的法律法规的规定),是管理层的责任。

为防止和发现违反法律法规的行为,被审计单位可能实施的政策和程序包括:① 跟踪法律法规的变化,确保设计的经营程序符合法律法规的规定;② 建立和执行适当的内部控制;③ 制定、公布和落实行为守则;④ 确保员工得到适当培训,了解行为守则;⑤ 监控行为守则的遵守情况,对违反行为守则的员工采取恰当的措施给予处分;⑥ 聘请法律顾问以帮助管理层跟踪法律法规的变化;⑦ 汇编重要的、被审计单位在其所处行业必须遵守的法律法规,保存被投诉的记录。在大型被审计单位,管理层通常将其职责适当分配给内部审计机构、审计委员会和合规部门(法律部门),以对这些政策和程序作出补充。

(二)注册会计师的责任

在财务报表审计中,注册会计师的责任是按照审计准则的规定,对财务报表整体不存在由于舞弊或错误导致的重大错报获取合理保证,以作为发表审计意见的基础。由于违反法律法规可能对被审计单位财务报表产生重大影响,因此在执行财务报表审计时,注册会计师需要考虑适用于被审计单位的法律法规。

具体来说,注册会计师的责任因不同类型的法律法规而有所不同。针对上述第一类法律法规,注册会计师的责任是,就被审计单位遵守这些法律法规的规定获取充分、适当的审计证据。针对上述第二类法律法规,注册会计师的责任仅限于实施特定的审计程序,以有助于识别可能对财务报表产生重大影响的违反这些法律法规的行为。

需要说明的是,由于审计的固有限制,即使注册会计师按照审计准则的规定恰当地计划和执行了审计工作,也不可避免地存在财务报表中的某些重大错报未被发现的风险。注册会计师没有责任防止被审计单位违反法律法规的行为,也不能期望其发现所有的违反法律法规的行为。

三、注册会计师对被审计单位遵守法律法规的考虑

(一)对法律法规框架的了解

按照《中国注册会计师审计准则第1211号——通过了解被审计单位及其环境识别和评估重大错报风险》的规定,在了解被审计单位及其环境时,注册会计师应当总体了解适用于被审计单位及其所处行业或领域的法律法规框架,以及被审计单位如何遵守这些法律法规框架。

为了总体了解法律法规框架以及被审计单位如何遵守该框架,注册会计师可以采取下列措施:第一,利用对被审计单位行业状况、监管环境以及其他外部因素的了解;第二,更新对直接决定财务报表中的报告金额和列报的法律法规的了解;第三,向管理层询问对被审计单位经营活动预期可能产生至关重要影响的其他法律法规;第四,向管理层询问被审计单位制定的有关遵守法律法规的政策和程序;第五,向管理层询问在识别、评价和会计处理诉讼索赔时采用的政策和程序。

1. 对决定财务报表中的重大金额和披露有直接影响的法律法规

针对通常对财务报表中的重大金额和披露有直接影响的法律法规的规定,注册会计师应当获取被审计单位遵守这些规定的充分、适当的审计证据。

2. 其他法律法规

其他法律法规可能因其对被审计单位的经营活动具有至关重要的影响,需要注册会计师予以特别关注。违反此类法律法规可能导致被审计单位终止业务活动或对其持续经营能力产生疑虑。例如,违反许可证规定或经营的权限(如对银行来说违反资本或投资规定),可能产生这种后果。另外,还有许多与被审计单位经营活动相关的法律法规,它们并不对财务报表产生影响,也不会被与财务报告相关的信息系统反映。

注册会计师应当实施下列审计程序,以有助于识别可能对财务报表产生重大影响的违反其他法律法规的行为:
(1) 向管理层和治理层(如适用)询问被审计单位是否遵守了这些法律法规;
(2) 检查被审计单位与许可证颁发机构或监管机构的往来函件。

(二) 使注册会计师注意到违反法律法规行为的其他审计程序

为形成审计意见所实施的审计程序,例如阅读会议纪要,向被审计单位管理层以及内外部法律顾问进行询问,实施细节测试等,可能使注册会计师注意到识别出的或怀疑存在的违反法律法规(第一类或第二类法律法规)的行为,注册会计师应当对此保持警觉。

此外,注册会计师应当要求管理层和治理层(如适用)提供书面声明,以表明被审计单位已向注册会计师披露了所有知悉的,且在编制财务报表时应当考虑其影响的违反法律法规的行为或怀疑存在的违反法律法规的行为。然而,书面声明本身并不提供充分、适当的审计证据,因此,不影响注册会计师拟获取的其他审计证据的性质和范围。

在没有识别出或不怀疑被审计单位违反法律法规的情况下,除执行上述工作外,注册会计师不必针对被审计单位遵守法律法规实施其他审计程序。

四、识别出或怀疑存在违反法律法规的行为时实施的审计程序

(一) 违反法律法规行为的迹象

下列事项或相关信息可能表明被审计单位存在违反法律法规的行为:① 受到监管机构、政府部门的调查,或者支付罚金或受到处罚;② 向未指明的服务付款,或者向顾问、关联方、员工或政府雇员提供贷款;③ 与被审计单位或所处行业正常支付水平或实际收到的服务相比,支付过多的销售佣金或代理费用;④ 采购价格显著高于或低于市场价格;⑤ 异常的现金支付,以银行本票向持票人付款的方式采购;⑥ 与在"避税天堂"注册的公司存在异常交易;⑦ 向货物或服务原产地以外的国家或地区付款;⑧ 在没有适当的交易控制记录的情况下付款;⑨ 现有的信息系统不能(因系统设计存在问题或因突发性故障)提供适当的审计轨迹或充分的证据;⑩ 交易未经授权或记录不当;⑪ 负面的媒体评论。

如果注意到上述与识别出的或怀疑存在的违反法律法规行为相关的信息,注册会计师应当:
(1) 了解违反法律法规行为的性质及其发生的环境;
(2) 获取进一步的信息,以评价对财务报表可能产生的影响。对财务报表可能产生的影响包括:潜在的财务后果,如罚款、处分、赔偿、封存财产、强制停业、诉讼等;潜在的财务后果是否需要列报;潜在的财务后果是否非常严重,以致对财务报表的公允反映产生怀疑或导致财务报表产生误导。

(二) 实施的审计程序

如果怀疑被审计单位存在违反法律法规的行为,注册会计师应当就此与管理层和治理层(如适用)进行讨论。

如果管理层或治理层(如适用)不能向注册会计师提供充分的信息,证明被审计单位遵守了法律法规,并且注册会计师根据判断认为怀疑存在的违反法律法规的行为可能对

财务报表产生重大影响,注册会计师可以考虑向被审计单位内部或外部的法律顾问咨询有关法律法规在具体情况下的运用,包括舞弊的可能性以及对财务报表的影响。如果认为向被审计单位法律顾问咨询是不适当的或不满意其提供的意见,注册会计师可以考虑向所在会计师事务所的法律顾问咨询,以确定被审计单位是否存在违反法律法规的行为、可能导致的法律后果(包括舞弊的可能性),以及可能采取的进一步行动。

(三)评价违反法律法规行为的影响

注册会计师应当评价违反法律法规的行为对审计的其他方面可能产生的影响,包括对注册会计师风险评估和被审计单位书面声明可靠性的影响,并采取适当的措施。

在例外情况下,如果管理层或治理层没有采取注册会计师认为适合具体情况的补救措施,即使违反法律法规的行为对财务报表不重要,如果法律法规允许,注册会计师也可能考虑是否有必要解除业务约定。在决定是否有必要解除业务约定时,注册会计师可以考虑征询法律意见。如果不能解除业务约定,注册会计师可以考虑替代方案,包括在审计报告的其他事项段中描述违反法律法规的行为。

如果针对怀疑存在的违反法律法规的行为不能获取充分的信息,注册会计师应当评价缺乏充分、适当的审计证据对审计意见的影响。

五、对识别出的或怀疑存在的违反法律法规行为的报告

(一)与治理层沟通

除非治理层全部成员参与管理被审计单位,因而知悉注册会计师已沟通的、涉及识别出的或怀疑存在的违反法律法规行为的事项,注册会计师应当与治理层沟通审计过程中注意到的有关违反法律法规的事项,明显不重要的事项除外。

如果根据判断认为需要沟通的违反法律法规的行为是故意和重大的,注册会计师应当就此尽快向治理层通报。

(二)怀疑违反法律法规的行为涉及管理层或治理层时的沟通

如果怀疑违反法律法规的行为涉及管理层或治理层,注册会计师应当向被审计单位审计委员会或监事会等更高层级的机构通报。

如果不存在更高层级的机构,或者注册会计师认为被审计单位可能不会对通报作出反应,或者注册会计师不能确定向谁报告,注册会计师应当考虑是否需要征询法律意见。

(三)出具审计报告

如果认为违反法律法规的行为对财务报表具有重大影响,且未能在财务报表中得到充分反映,注册会计师应当按照《中国注册会计师审计准则第1502号——在审计报告中发表非无保留意见》的规定,发表保留意见或否定意见。

如果因管理层或治理层阻挠而无法获取充分、适当的审计证据,以评价是否存在或可能存在对财务报表产生重大影响的违反法律法规的行为,注册会计师应当按照《中国注册会计师审计准则第1502号——在审计报告中发表非无保留意见》的规定,根据审计范围受到限制的程度,发表保留意见或无法表示意见。

如果由于审计范围受到管理层或治理层以外的其他方面的限制而无法确定被审计单

位是否存在违反法律法规的行为,注册会计师应当按照《中国注册会计师审计准则第1502号——在审计报告中发表非无保留意见》的规定,评价这一情况对审计意见的影响。

(四)向监管机构和执法机构报告

如果识别出或怀疑存在违反法律法规的行为,注册会计师应当考虑是否有责任向被审计单位以外的相关机构或人员报告。

注册会计师对客户信息负有的保密义务可能妨碍其向被审计单位以外的第三方(如监管机构和执法机构)报告识别出的或怀疑存在的违反法律法规的行为。在不同的国家或地区,注册会计师的法律责任不尽相同。在某些国家或地区,从事金融机构审计的注册会计师负有法定义务向监管机构报告存在或可能存在的违反法律法规的行为。而在某些国家或地区,如果被审计单位财务报表存在错报而管理层和治理层(如适用)没有采取纠正措施,注册会计师需要向监管机构报告错报。在这种情况下,注册会计师可以考虑征询法律意见以确定适当措施。

第三节 财务报表审计中对他人工作的利用

一、利用内部审计人员的工作

内部审计职责(简称"内部审计")是指由被审计单位建立的或由外部机构以服务形式提供的一种评价活动。内部审计的职能包括检查、评价和监督内部控制的恰当性和有效性等。内部审计人员是指执行内部审计活动的人员。内部审计人员可能属于内部审计部门或履行内部审计职责的类似部门。

为了规范注册会计师在获取充分、适当的审计证据时利用内部审计人员的工作,明确注册会计师利用内部审计人员的工作的责任,财政部发布了《中国注册会计师审计准则第1411号——利用内部审计人员的工作》。该准则适用于内部审计可能与注册会计师审计相关的情况,但不适用于内部审计人员在注册会计师实施审计程序时提供直接帮助的情况。

由于无论自主程度和客观性如何,内部审计都不能像注册会计师那样对财务报表发表审计意见时独立于被审计单位,所以,注册会计师可以利用内部审计工作以提高财务报表审计的效率和效果,但是必须对发表的审计意见独立承担责任,且这种责任并不因利用内部审计人员的工作而减轻。

(一)内部审计的目标

被审计单位内部审计的目标是由其管理层和治理层确定的。不同的被审计单位内部审计的目标差异很大,这取决于被审计单位的规模、结构以及管理层和治理层的要求。内部审计可能包括下列一项或多项活动:

(1)对内部控制的监督。内部审计可能包括评价控制,监督控制的运行,以及对内部控制提出改进建议。

(2)对财务信息和经营信息的检查。内部审计可能包括对确认、计量、分类和报告财务信息和经营信息的方法进行评价,并对个别事项进行专门询问,包括对交易、余额及程序实施细节测试。

(3) 对经营活动的评价。内部审计可能包括对被审计单位的经营活动(包括非财务活动)的经济性、效率和效果进行评价。

(4) 对遵守法律法规情况的评价。内部审计可能包括评价被审计单位对法律法规、其他外部要求以及管理层政策、指令和其他内部要求的遵守情况。内部审计可以对被审计单位在经营过程中遵守相关遵循性标准的情况作出相应的评价,包括评价对国家相关法律法规、行业和部门政策、企业经营计划和财务计划、企业经营预算和财务预算、企业制定的各种程序标准、企业签订的各类合同的遵守情况等。

(5) 风险管理。内部审计可能有助于被审计单位识别和评估其面临的重大风险,并改进风险管理和控制系统。

(6) 治理。内部审计可能包括评估被审计单位为实现下列目标而建立的治理过程:① 道德和价值观;② 业绩管理和经管责任;③ 向被审计单位适当部门传达风险和控制信息;④ 治理层、注册会计师、内部审计人员和管理层之间有效沟通。

(二) 确定是否利用以及在多大程度上利用内部审计人员的工作

注册会计师应当确定内部审计人员的工作是否足以实现审计目标。如果足以实现审计目标,注册会计师还应当确定利用内部审计人员的工作对注册会计师审计程序的性质、时间安排和范围产生的预期影响。

1. 内部审计人员的工作是否足以实现审计目标

在确定内部审计人员的工作是否足以实现审计目标时,注册会计师应当评价下列四个方面的内容:

(1) 客观性。在评价内部审计的客观性因素时,注册会计师需要考虑:① 内部审计在被审计单位中的地位,以及这种地位对内部审计人员保持客观性能力的影响;② 内部审计是否向治理层或具备适当权限的高级管理人员报告工作,以及内部审计人员是否直接接触治理层;③ 内部审计人员是否不承担任何相互冲突的责任;④ 治理层是否监督与内部审计相关的人事决策;⑤ 管理层或治理层是否对内部审计施加任何约束或限制;⑥ 管理层是否根据内部审计的建议采取行动,在多大程度上采取行动,以及如何采取行动。

(2) 专业胜任能力。在评价内部审计人员的专业胜任能力时,注册会计师需要考虑:① 内部审计人员是否属于相关职业团体的会员;② 内部审计人员是否经过充分的技术培训且精通内部审计业务;③ 被审计单位是否存在有关内部审计人员任用和培训的既定政策。

(3) 应有的职业关注。注册会计师应当评价内部审计人员在执行工作时是否可能保持应有的职业关注,包括:① 内部审计活动是否经过适当的计划、监督、复核和记录;② 是否存在适当的审计手册或其他类似文件、工作方案和内部审计工作底稿。

(4) 有效的沟通。如果内部审计人员可以自由地与注册会计师坦诚沟通,并满足下列条件,则双方之间的沟通可能是最有效的:① 双方在审计期间内每隔一段适当的时间举行会谈;② 内部审计人员可以通过相关内部审计报告向注册会计师提供建议,并允许其接触相关内部审计报告;③ 内部审计人员告知注册会计师其注意到的,可能影响注册会计师工作的所有重大事项;④ 注册会计师告知内部审计人员可能影响内部审计的所有重大事项。

2. 内部审计人员的工作对注册会计师审计程序的预期影响

在确定内部审计人员的工作对注册会计师审计程序的性质、时间安排和范围产生的预期影响时,注册会计师应当考虑:

(1) 内部审计人员已执行或拟执行的特定工作的性质和范围;

(2) 针对特定类别的交易、账户余额和披露,评估的认定层次重大错报风险;

(3) 在评价支持相关认定的审计证据时,内部审计人员的主观程度。

(三) 决定利用内部审计人员的特定工作

如果拟利用内部审计人员的特定工作,注册会计师应当评价内部审计人员的特定工作并实施审计程序,以确定该项工作是否足以实现注册会计师的目的。

在确定内部审计人员的特定工作是否足以实现注册会计师的目的时,注册会计师应当评价:

(1) 内部审计工作是否由经过充分的技术培训且精通内部审计业务的人员执行;

(2) 内部审计人员的工作是否得到适当的监督、复核和记录;

(3) 内部审计人员是否已经获取充分、适当的审计证据,使其能够得出合理的结论;

(4) 内部审计人员得出的结论是否恰当,编制的报告是否与已执行工作的结果一致;

(5) 内部审计人员披露的例外或异常事项是否得到恰当解决。

二、利用专家的工作

专家,即注册会计师的专家,是指在会计或审计以外的某一领域具有专长的个人或组织,并且其工作被注册会计师利用,以协助注册会计师获取充分、适当的审计证据。专家既可能是会计师事务所内部专家(如会计师事务或其网络事务所的合伙人或员工,包括临时员工),也可能是会计师事务所外部专家。

这里的专长,是指在某一特定领域中拥有的专门技能、知识和经验。例如,对与保险合同或员工福利计划相关的负债进行精算,对石油和天然气储量进行估算,对环境负债和场地清理费用进行估计,对合同以及法律法规进行解释,对复杂或异常的纳税问题进行分析等。

为了规范注册会计师在获取充分、适当的审计证据时利用专家的工作,明确注册会计师利用专家的工作的责任,财政部发布了《中国注册会计师审计准则第1421号——利用专家的工作》。但是,该准则不适用于项目组拥有在会计或审计专业领域中具有专长的成员,或向在会计或审计专业领域中具有专长的个人或组织咨询的情形(由《中国注册会计师审计准则第1121号——对财务报表审计实施的质量控制》进行规范)。该准则也不适用于注册会计师利用在会计或审计以外的某一领域具有专长的个人或组织的工作,并且其工作被管理层利用以协助编制财务报表的情形(由《中国注册会计师审计准则第1301号——审计证据》进行规范)。

如果注册会计师利用了专家的工作,并得出结论认为专家的工作足以实现注册会计师的目的,注册会计师可以接受专家在其专业领域的工作结果或结论,并作为适当的审计证据。但是,注册会计师对发表的审计意见独立承担责任,这种责任并不因利用专家的工作而减轻。

（一）确定是否需要利用专家的工作

如果在会计或审计以外的某一领域的专长对获取充分、适当的审计证据是必要的,注册会计师应当确定是否利用专家的工作。

注册会计师在执行下列工作时可能需要利用专家的工作:第一,了解被审计单位及其环境;第二,识别和评估重大错报风险;第三,针对评估的财务报表层次风险,确定并实施总体应对措施;第四,针对评估的认定层次风险,设计和实施进一步审计程序,包括控制测试和实质性程序;第五,在对财务报表形成审计意见时,评价已获取的审计证据的充分性和适当性。

（二）决定利用专家的工作

如果决定利用专家的工作,在开展活动时,注册会计师应当考虑下列事项:第一,与专家工作相关的事项的性质;第二,与专家工作相关的事项中存在的重大错报风险;第三,专家的工作在审计中的重要程度;第四,注册会计师对专家以前所做工作的了解,以及与之接触的经验;第五,专家是否需要遵守会计师事务所的质量控制政策和程序。

1. 评价专家的胜任能力、专业素质和客观性

注册会计师应当评价专家是否具有实现审计目标所必需的胜任能力、专业素质和客观性。在评价外部专家的客观性时,注册会计师应当询问可能对外部专家客观性产生不利影响的利益和关系。

2. 了解专家的专长领域

注册会计师应当充分了解专家的专长领域,以能够根据审计目标确定专家工作的性质、范围和目标,以及评价专家的工作是否足以实现审计目标。

注册会计师对专家专长领域的了解可能包括下列方面:

(1) 与审计相关的、管理层的专家专长领域的进一步细分信息;

(2) 职业准则或其他准则以及法律法规是否适用;

(3) 专家使用哪些假设和方法(包括专家使用的模型,如适用),及其在专家的专长领域是否得到普遍认可,对实现财务报告目的是否适当;

(4) 专家使用的内外部数据或信息的性质。

3. 与专家达成一致意见

专家工作的性质、范围和目标可能会随着情况的变化而发生较大的变化,相应的,注册会计师和专家各自的角色与责任,注册会计师和专家沟通的性质、时间安排和范围等也可能因情况的变化而发生较大变化。

因此,无论是对外部专家还是内部专家,注册会计师都应当就下列事项与其达成一致意见,并根据需要形成书面协议:

(1) 专家工作的性质、范围和目标;

(2) 注册会计师和专家各自的角色和责任;

(3) 注册会计师和专家之间沟通的性质、时间安排和范围,包括专家提供的报告的形式;

(4) 对专家遵守保密规定的要求。

4. 评价专家工作的恰当性

注册会计师应当评价专家的工作是否足以实现审计目标,包括:

(1) 专家的工作结果或结论的相关性和合理性,以及与其他审计证据的一致性;

(2) 如果专家的工作涉及使用重要的假设和方法,这些假设和方法在具体情况下的相关性和合理性;

(3) 如果专家的工作涉及使用重要的原始数据,这些原始数据的相关性、完整性和准确性。

如果确定专家的工作不足以实现审计目标,注册会计师应当采取下列措施之一:

(1) 就专家拟执行的进一步工作的性质和范围,与专家达成一致意见;

(2) 根据具体情况,实施追加的审计程序。

如果认为专家的工作不足以实现审计目标,且注册会计师通过实施追加的审计程序(如专家和注册会计师执行进一步工作),或者通过雇用、聘请其他专家仍不能解决问题,则意味着没有获取充分、适当的审计证据,注册会计师有必要按照《中国注册会计师审计准则第 1502 号——在审计报告中发表非无保留意见》的规定,发表非无保留意见。

(三) 在审计报告中提及专家

注册会计师不应在无保留意见的审计报告中提及专家的工作,除非法律法规另有规定。

如果法律法规要求提及专家的工作,注册会计师应当在审计报告中指明,这种提及并不减轻注册会计师对审计意见承担的责任。

如果注册会计师在审计报告中提及专家的工作,并且这种提及与理解审计报告中的非无保留意见相关,注册会计师应当在审计报告中指明,这种提及并不减轻注册会计师对审计意见承担的责任。

第四节 对被审计单位使用服务机构的考虑

在现代经济社会,许多被审计单位将部分业务外包给服务机构,这些服务机构提供的服务范围很广,从按照被审计单位的指令执行特定任务到整体替代被审计单位部分业务单元或职能。服务机构提供的很多服务构成了被审计单位业务经营不可或缺的一部分,但并非所有这些服务都与审计相关。

如果服务机构提供的服务和对服务的控制,构成了被审计单位与财务报告相关的信息系统(包括相关业务流程)的一部分,则服务机构提供的服务与被审计单位财务报表审计相关。此时,注册会计师拟执行的财务报表审计工作的性质和范围,将受到服务的性质、服务对被审计单位的重要性以及与审计的相关性的影响。

因此,为了规范注册会计师在被审计单位使用服务机构的服务获取充分、适当的审计证据的责任,财政部发布了《中国注册会计师审计准则第 1241 号——对被审计单位使用服务机构的考虑》。该准则是注册会计师应用《中国注册会计师审计准则第 1211 号——通过了解被审计单位及其环境识别和评估重大错报风险》和《中国注册会计师审计准则第 1231 号——针对评估的重大错报风险采取的应对措施》的进一步扩展。

只有当服务机构提供的服务影响到下列事项之一时,该服务才被视为构成被审计单位与财务报告相关的信息系统(包括相关业务流程)的一部分:

(1) 在被审计单位的经营过程中,对财务报表重大的各类交易;

(2) 在信息技术和人工系统中,对被审计单位的交易生成、记录、处理、必要的更正、结转至总账以及在财务报表中报告的程序;

(3) 用以生成、记录、处理和报告(包括纠正不正确的信息以及信息如何结转至总账)被审计单位交易的会计记录(电子或人工形式)、支持性信息和财务报表中的特定账户;

(4) 被审计单位的信息系统如何获取除交易以外的对财务报表重大的事项和情况;

(5) 用于编制被审计单位财务报表(包括作出的重大会计估计和披露)的财务报告过程;

(6) 与会计分录相关的控制,这些分录包括用以记录非经常性的、异常的交易或调整的非标准会计分录。

一、相关概念

(一) 服务机构

服务机构是指向被审计单位提供服务,并且其服务构成与被审计单位财务报告相关的信息系统组成部分的第三方机构(或第三方机构的分部)。

(二) 使用服务机构的被审计单位

使用服务机构的被审计单位,简称被审计单位,是指使用服务机构且正在接受财务报表审计的实体。

(三) 被审计单位注册会计师

被审计单位注册会计师,简称注册会计师,是指对被审计单位的财务报表进行审计并出具报告的注册会计师。

(四) 服务机构注册会计师

服务机构注册会计师是指接受服务机构委托,对服务机构的控制出具鉴证报告的注册会计师。

(五) 第一类报告

第一类报告,即针对服务机构对控制的描述和设计出具的报告,内容包括:

(1) 由服务机构管理层对服务机构系统、控制目标以及在特定日期已得到设计和执行的相关控制作出的描述;

(2) 服务机构注册会计师出具的报告(旨在向使用者提供合理保证),包括针对服务机构对系统、控制目标和相关控制的描述,以及控制的设计,对实现特定控制目标的适当性发表的意见。

(六) 第二类报告

第二类报告,即针对服务机构对控制的描述、设计和运行有效性出具的报告,内容包括:

(1) 由服务机构管理层作出的描述,涉及服务机构系统、控制目标和相关控制、在特定日期或特定期间控制的设计和执行,以及在某些情况下控制在特定期间运行的有效性。

(2) 服务机构注册会计师出具的报告(旨在向使用者提供合理保证),包括针对服务机构对系统、控制目标和相关控制的描述,以及控制的设计,对实现特定控制目标的适当性,以及控制运行的有效性发表的意见;针对控制测试及其结果作出的描述。

第一类报告和第二类报告的区别在于,第一类报告不能提供相关控制运行有效性的任何证据。

(七) 服务机构的系统

服务机构的系统是指为了向被审计单位提供服务机构注册会计师的报告所涵盖的服务而由服务机构设计、执行和维护的政策和程序。

(八) 被审计单位的互补性控制

被审计单位的互补性控制是指服务机构在设计服务时假设将由被审计单位实施的控制。如果这些控制对实现控制目标是必要的,则应当在服务机构系统描述中予以明确。

二、了解被审计单位提供的服务

(一) 了解被审计单位如何利用服务机构提供的服务

当按照《中国注册会计师审计准则第1211号——通过了解被审计单位及其环境识别和评估重大错报风险》的规定了解被审计单位时,注册会计师应当了解被审计单位在经营中如何利用服务机构提供的服务,包括:

(1) 服务机构提供的服务的性质,以及该服务对被审计单位的重要性,包括由此对被审计单位内部控制产生的影响;

(2) 由服务机构处理的交易、受服务机构影响的账户或财务报告过程的性质和重要性;

(3) 服务机构与被审计单位之间活动的相互影响程度;

(4) 被审计单位与服务机构关系的性质,包括服务机构与被审计单位就提供服务订立的相关合同条款。

(二) 了解与服务机构提供的服务相关的控制

当按照《中国注册会计师审计准则第1211号——通过了解被审计单位及其环境识别和评估重大错报风险》的规定了解与审计相关的控制时,注册会计师应当评价被审计单位的、与服务机构提供的服务相关的控制的设计和执行情况,这些控制包括应用于服务机构所处理的交易的控制。

(三) 无法充分了解被审计单位时实施的程序

注册会计师应当确定,是否已充分了解服务机构提供的服务的性质和重要性,及其对与审计相关的被审计单位内部控制的影响,以作为识别和评估重大错报风险的基础。

如果不能从被审计单位获得充分的了解,注册会计师应当实施下列一项或多项程序:

(1) 获取第一类报告或第二类报告;

(2) 通过被审计单位联系服务机构,以获取特定信息;
(3) 访问服务机构,并实施可以获取有关服务机构相关控制的必要信息的程序;
(4) 利用其他注册会计师实施可以获取有关服务机构相关控制的必要信息的程序。

(四) 利用第一类或第二类报告时的相关要求

当确定第一类报告或第二类报告提供的审计证据的充分性和适当性时,注册会计师应当确信:

(1) 服务机构注册会计师具有相应的专业胜任能力并独立于服务机构。注册会计师可以向服务机构注册会计师所属的行业协会或其他专业人士询问服务机构注册会计师的情况,并询问其是否受监管部门的严格监管;

(2) 服务机构注册会计师出具第一类报告或第二类报告所依据的标准是适当的。服务机构注册会计师可能在不同国家或地区执业,而这些国家或地区在服务机构控制报告方面遵守不同的准则。注册会计师可以从准则制定机构获取服务机构注册会计师所采用的有关准则的信息。

如果拟利用第一类报告或第二类报告作为审计证据,以支持对服务机构内部控制设计和执行情况的了解,注册会计师应当:

(1) 评价对服务机构控制的描述和设计所针对的时点或期间是否适用于注册会计师的审计目标;

(2) 对了解与审计相关的被审计单位内部控制而言,评价报告提供的证据是否充分和适当;

(3) 确定服务机构系统描述中明确的被审计单位的互补性控制是否与被审计单位相关;如果相关,了解被审计单位是否设计和执行了此类控制。

需要说明的是,第一类报告或第二类报告都可能有助于注册会计师获得充分的了解,以识别和评估重大错报风险。然而第一类报告不提供相关控制运行有效性的任何证据。

三、应对评估的重大错报风险

(一) 总体要求

当按照《中国注册会计师审计准则第1231号——针对评估的重大错报风险采取的应对措施》的规定应对评估的重大错报风险时,注册会计师应当:

(1) 确定是否能够从被审计单位保存的记录中获取有关财务报表认定的充分、适当的审计证据;

(2) 如果不能获取充分、适当的审计证据,则实施进一步审计程序,或利用其他注册会计师代其对服务机构实施这些程序。

注册会计师可能实施的进一步审计程序包括:检查被审计单位持有的记录和文件;检查服务机构持有的记录和文件;向服务机构函证余额和交易;对被审计单位保存的记录或从服务机构获取的报告执行分析程序等。

其他注册会计师可能为注册会计师实施实质性程序。此类业务可能涉及其他注册会计师执行由被审计单位和其注册会计师商定的程序以及由服务机构和其注册会计师商定的程序。注册会计师需要查阅其他注册会计师的审计发现,以确定其是否构成充分、适当的审计证据。

（二）控制测试

如果在评估重大错报风险时预期服务机构控制的运行是有效的,注册会计师应当实施下列一项或多项程序,以获取有关这些控制运行有效性的审计证据：

(1) 获取第二类报告(如可行);

(2) 对服务机构的控制实施适当测试;

(3) 利用其他注册会计师代其对服务机构的控制实施测试。

如果拟实施上述第 1 项程序,即利用第二类报告作为服务机构内部控制运行有效性的审计证据,注册会计师应当通过实施下列程序,确定服务机构注册会计师的报告是否能够提供有关内部控制运行有效性的充分、适当的审计证据,以支持对重大错报风险的评估：

(1) 评价对服务机构控制的描述、设计和运行有效性所针对的时点或期间是否适用于注册会计师的审计目标;

(2) 确定服务机构系统描述中明确的被审计单位的互补性控制是否与被审计单位相关;如果相关,了解被审计单位是否设计和执行了此类控制,如是,测试其运行有效性;

(3) 评价控制测试的涵盖期间和自实施控制测试以来的时间间隔的适当性;

(4) 评价服务机构注册会计师报告中所述的、由服务机构注册会计师实施的控制测试及其结果是否与被审计单位财务报表的认定相关并提供充分、适当的审计证据,以支持注册会计师的风险评估。

（三）询问与服务机构活动相关的舞弊、违反法律法规的行为和未更正错报

根据服务机构与其客户签订的合同的规定,服务机构可能需要向受影响的客户披露涉及服务机构管理层或员工的舞弊、违反法律法规的行为或未更正错报。

因此,注册会计师应当询问被审计单位管理层,确定服务机构是否曾经向被审计单位报告,或被审计单位是否以其他方式获知任何影响被审计单位财务报表的舞弊、违反法律法规的行为或未更正错报。

在询问以后,注册会计师应当评价这些事项如何影响进一步审计程序的性质、时间安排和范围,并评价对得出的结论和审计报告的影响。

四、审计报告

（一）审计范围受到限制

针对服务机构提供的与被审计单位财务报表审计相关的服务,如果无法获取充分、适当的审计证据,则属于审计范围受到限制,具体情形包括：

(1) 注册会计师不能充分了解服务机构提供的服务,因而缺乏识别和评估重大错报风险的基础;

(2) 注册会计师在评估重大错报风险时预期服务机构的控制正在有效运行,但无法获取这些控制运行有效性的充分、适当的审计证据;

(3) 注册会计师只有从服务机构持有的记录中才能获取充分、适当的审计证据,但注册会计师不能直接接触这些记录。

如果存在上述情形之一,注册会计师应当根据《中国注册会计师审计准则第1502号——在审计报告中发表非无保留意见》的规定,在审计报告中发表非无保留意见。

(二)在审计报告中的提及

被审计单位使用服务机构这一事实,并不改变注册会计师按照审计准则的要求承担责任,即获取充分、适当的审计证据以作为形成审计意见的基础。因此,注册会计师不应提及服务机构注册会计师的相关工作,作为其对财务报表发表审计意见的部分基础。

但是,如果服务机构注册会计师发表了非无保留意见,注册会计师因而发表了非无保留意见,则不排除在审计报告中提及服务机构注册会计师的报告,前提是该项提及有助于解释注册会计师发表非无保留意见的原因。在这种情况下,注册会计师需要事先征得服务机构注册会计师的同意。同时,注册会计师应当在审计报告中指出,这种提及并不减轻注册会计师对审计意见承担的责任。

第五节　对集团财务报表审计的特殊考虑

随着企业之间并购活动的加剧,出现了越来越多的企业集团。除单一实体财务报表审计中遇到的问题外,集团财务报表审计还涉及集团项目组与组成部分注册会计师之间的责任划分、协同合作等问题。为了规范注册会计师执行集团审计时的特殊考虑,特别是涉及组成部分注册会计师的特殊考虑,财政部发布了《中国注册会计师审计准则第1401号——对集团财务报表审计的特殊考虑》。在执行非集团审计时,如果利用其他注册会计师的工作(如委托其他注册会计师对存放在偏远地点的存货实施监盘或对存放在偏远地点的固定资产实施检查),注册会计师可以根据具体情况遵守该准则的相关规定。

一、相关概念

(一)集团

集团是指由所有组成部分构成的整体,并且所有组成部分的财务信息包括在集团财务报表中。集团至少拥有一个以上的组成部分。

这里的集团财务报表是指包括一个以上组成部分财务信息的财务报表。集团财务报表也指没有母公司但处在同一控制下的各组成部分编制的财务信息所汇总生成的财务报表。

(二)组成部分

组成部分是指某一实体或某项业务活动,其财务信息由集团或组成部分管理层编制并应包括在集团财务报表中。

这里的集团管理层是指负责编制集团财务报表的管理层;组成部分管理层是指负责编制组成部分财务信息的管理层。

（三）重要组成部分

重要组成部分是指集团项目组识别出的具有下列特征之一的组成部分：① 单个组成部分对集团具有财务重大性；② 由于单个组成部分的特定性质或情况，可能存在导致集团财务报表发生重大错报的特别风险。

随着单个组成部分对集团具有的财务重大性的增加，集团财务报表的重大错报风险通常也会增加。集团项目组可以将选定的基准乘以某一百分比，以协助识别对集团具有财务重大性的单个组成部分。确定基准和应用于该基准的百分比属于职业判断。根据集团的性质和具体情况，适当的基准可能包括集团资产、负债、现金流量、利润总额或营业收入。例如，集团项目组可能认为超过选定基准15％的组成部分是重要组成部分。然而，较高或较低的百分比也可能是适合具体情况的。

某些组成部分由于其特定性质或情况，可能存在导致集团财务报表发生重大错报的特别风险，集团项目组可能将其识别为重要组成部分。例如，某组成部分进行外汇交易，虽然其对集团并不具有财务重大性，但仍使集团面临导致重大错报的特别风险。

（四）集团审计和集团审计意见

集团审计是指对集团财务报表进行的审计。

集团审计意见是指对集团财务报表发表的审计意见。

（五）集团项目合伙人和集团项目组

集团项目合伙人是指会计师事务所中负责某项集团审计业务及其执行，并代表会计师事务所在对集团财务报表出具的审计报告上签字的合伙人。

集团项目组是指参与集团审计的，包括集团项目合伙人在内的所有合伙人和员工。集团项目组负责制定集团总体审计策略，与组成部分注册会计师沟通，针对合并过程执行相关工作，并评价根据审计证据得出的结论，作为形成集团财务报表审计意见的基础。

（六）组成部分注册会计师

组成部分注册会计师是指基于集团审计目标，按照集团项目组的要求，对组成部分财务信息执行相关工作的注册会计师。基于集团审计目标，集团项目组成员可能按照集团项目组的工作要求，对组成部分财务信息执行相关工作。在这种情况下，该成员也是组成部分注册会计师。

二、责任

尽管组成部分注册会计师基于集团审计目标对组成部分财务信息执行相关工作，并对所有发现的问题、得出的结论或形成的意见负责，但集团项目合伙人及其所在的会计师事务所仍对集团审计意见负有责任。

如果因未能就组成部分财务信息获取充分、适当的审计证据，导致集团项目组在对集团财务报表出具的审计报告中发表非无保留意见，则集团项目组需要在导致非无保留意见的事项段中说明不能获取充分、适当审计证据的原因。除非法律法规要求在审计报告中提及组成部分注册会计师，并且这样做对充分说明情况是必要的，否则不应提及组成部分注册会计师。如果提及，审计报告应当指明，这种提及并不减轻集团项目合伙人及其所在的会计师事务所对集团审计意见承担的责任。

三、集团审计业务的承接与保持

（一）在承接与保持阶段获取了解

在具体运用《中国注册会计师审计准则第1121号——对财务报表审计实施的质量控制》时，集团项目合伙人应当确定是否能够合理预期获取与合并过程和组成部分财务信息相关的充分、适当的审计证据，以作为形成集团审计意见的基础。

因此，集团项目组应当了解集团及其环境、集团组成部分及其环境，以足以识别可能的重要组成部分。如果组成部分注册会计师对重要组成部分财务信息执行相关工作，集团项目合伙人应当评价集团项目组参与组成部分注册会计师工作的程度是否足以获取充分、适当的审计证据。

（二）审计范围受到限制

如果集团项目合伙人认为由于集团管理层施加限制，使集团项目组不能获取充分、适当的审计证据，由此产生的影响可能导致对集团财务报表发表无法发表意见，集团项目合伙人应当视具体情况采取下列措施：

（1）如果是新业务，拒绝接受业务委托；如果是连续审计业务，在法律法规允许的情况下，解除业务约定。

（2）如果法律法规禁止注册会计师拒绝接受业务委托，或者注册会计师不能解除业务约定，在可能的范围内对集团财务报表实施审计，并对集团财务报表发表无法表示意见。

（三）审计业务约定条款

集团项目合伙人应当就集团审计业务约定条款与管理层或治理层（如适用）达成一致意见。

业务约定条款需要明确适用的财务报告编制基础。此外，集团审计业务约定条款可能还需要包括下列事项：

（1）在法律法规允许的范围内，集团项目组与组成部分注册会计师的沟通应当尽可能地不受限制；

（2）组成部分注册会计师与组成部分治理层、组成部分管理层之间进行的重要沟通（包括就值得关注的内部控制缺陷进行的沟通），也应当告知集团项目组；

（3）监管机构与组成部分就财务报告事项进行的重要沟通，应当告知集团项目组；

（4）如果集团项目组认为有必要，应当允许集团项目组接触组成部分信息、组成部分治理层、组成部分管理层和组成部分注册会计师（包括集团项目组需要获取的相关审计工作底稿），以及允许集团项目组或允许其要求组成部分注册会计师对组成部分财务信息执行相关工作。

四、总体审计策略与具体审计计划

集团项目组应当按照《中国注册会计师审计准则第 1201 号——计划审计工作》的规定,制定集团总体审计策略和具体审计计划。

集团项目合伙人应当复核集团总体审计策略和具体审计计划。

五、了解集团及其环境、集团组成部分及其环境

在集团审计中,集团项目组应当对集团及其环境、集团组成部分及其环境获取充分的了解,目的是:① 确认或修正最初识别的重要组成部分;② 评估由于舞弊或错误导致集团财务报表发生重大错报的风险。

具体来说,集团项目组应当:

(1) 在业务承接或保持阶段获取信息的基础上,进一步了解集团及其环境、集团组成部分及其环境,包括集团层面的控制。这里的集团层面的控制,是指集团管理层设计、执行和维护的与集团财务报告相关的控制。

(2) 了解合并过程,包括集团管理层向组成部分下达的指令。这里的合并过程是指:① 通过合并、比例合并、权益法或成本法,在集团财务报表中对组成部分财务信息进行确认、计量、列报与披露;② 对没有母公司但处在同一控制下的各组成部分编制的财务信息进行汇总。集团管理层下达的指令通常包括:① 运用的会计政策;② 适用于集团财务报表的法定要求和其他披露要求,包括分部的确定和报告、关联方关系及其交易、集团内部交易、未实现内部交易损益以及集团内部往来余额;③ 报告的时间要求。

六、了解组成部分注册会计师

只有当基于集团审计目标,计划要求由组成部分注册会计师执行组成部分财务信息的相关工作时,集团项目组才需要了解组成部分注册会计师。例如,如果集团项目组计划仅在集团层面对某些组成部分实施分析程序,就无须了解这些组成部分注册会计师。

如果计划要求组成部分注册会计师执行组成部分财务信息的相关工作,集团项目组应当了解下列事项:

(1) 组成部分注册会计师是否了解并将遵守与集团审计相关的职业道德要求,特别是独立性要求;

(2) 组成部分注册会计师是否具备专业胜任能力;

(3) 集团项目组参与组成部分注册会计师工作的程度是否足以获取充分、适当的审计证据;

(4) 组成部分注册会计师是否处于积极的监管环境中。

七、重要性

在实施集团审计时,集团项目组应当确定与重要性相关的下列事项:

(1) 集团财务报表整体的重要性。在制定集团总体审计策略时,由集团项目组确定集团财务报表整体的重要性。

（2）集团财务报表特定类别交易、账户余额或披露的重要性。根据集团的特定情况，如果集团财务报表中存在特定类别的交易、账户余额或披露，其发生的错报金额低于集团财务报表整体的重要性，但合理预期将影响财务报表使用者依据集团财务报表作出的经济决策，则确定适用于这些交易、账户余额或披露的一个或多个重要性水平。

（3）组成部分重要性。如果组成部分注册会计师对组成部分财务信息实施审计或审阅，基于集团审计目标，为这些组成部分确定组成部分重要性。为将未更正和未发现错报的汇总数超过集团财务报表整体的重要性的可能性降至适当的低水平，组成部分重要性应当低于集团财务报表整体的重要性。

（4）明显微小错报的临界值。注册会计师应当设定临界值，不能将超过该临界值的错报视为对集团财务报表明显微小的错报。组成部分注册会计师需要将在组成部分财务信息中识别出的超过临界值的错报通报给集团项目组。

（5）实际执行的重要性。在集团审计中，需要分别为集团财务报表整体和组成部分财务信息确定重要性。如果基于集团审计目标，由组成部分注册会计师对组成部分财务信息执行审计工作，集团项目组应当评价在组成部分层面实际执行的重要性的适当性。

八、针对评估的风险采取的应对措施

注册会计师应当针对评估的财务报表重大错报风险设计和实施恰当的应对措施。

对于组成部分财务信息，集团项目组应当确定由其亲自执行或由组成部分注册会计师代为执行的相关工作的类型。集团项目组还应当确定参与组成部分注册会计师工作的性质、时间安排和范围。

集团项目组确定对组成部分财务信息拟执行工作的类型以及参与组成部分注册会计师工作的程度，需考虑下列因素：

（1）组成部分的重要程度；

（2）识别出的导致集团财务报表发生重大错报的特别风险；

（3）对集团层面控制设计的评价及其是否得到执行的判断；

（4）集团项目组对组成部分注册会计师的了解。

在上述第（3）项中，如果预期集团层面控制运行有效，或者仅实施实质性程序不能提供认定层次的充分、适当的审计证据，集团项目组应当测试或要求组成部分注册会计师测试这些控制运行的有效性。

在上述第（4）项中，如果组成部分不是重要的组成部分，集团项目组参与组成部分注册会计师工作的程度，将根据集团项目组对组成部分注册会计师了解的不同而不同。而该组成部分不是重要组成部分这一事实，将成为要考虑的因素。例如，即使某一组成部分未被视为重要组成部分，集团项目组可能决定参与组成部分注册会计师的风险评估，因为集团项目组对组成部分注册会计师的专业胜任能力存在并非重大的疑虑（如认为其缺乏行业专门知识），或者组成部分注册会计师未处于积极有效的监管环境中。

图15-1说明了在确定对组成部分财务信息执行工作的类型时，上述第（1）项和第（2）项将如何影响集团项目组作出的决策。

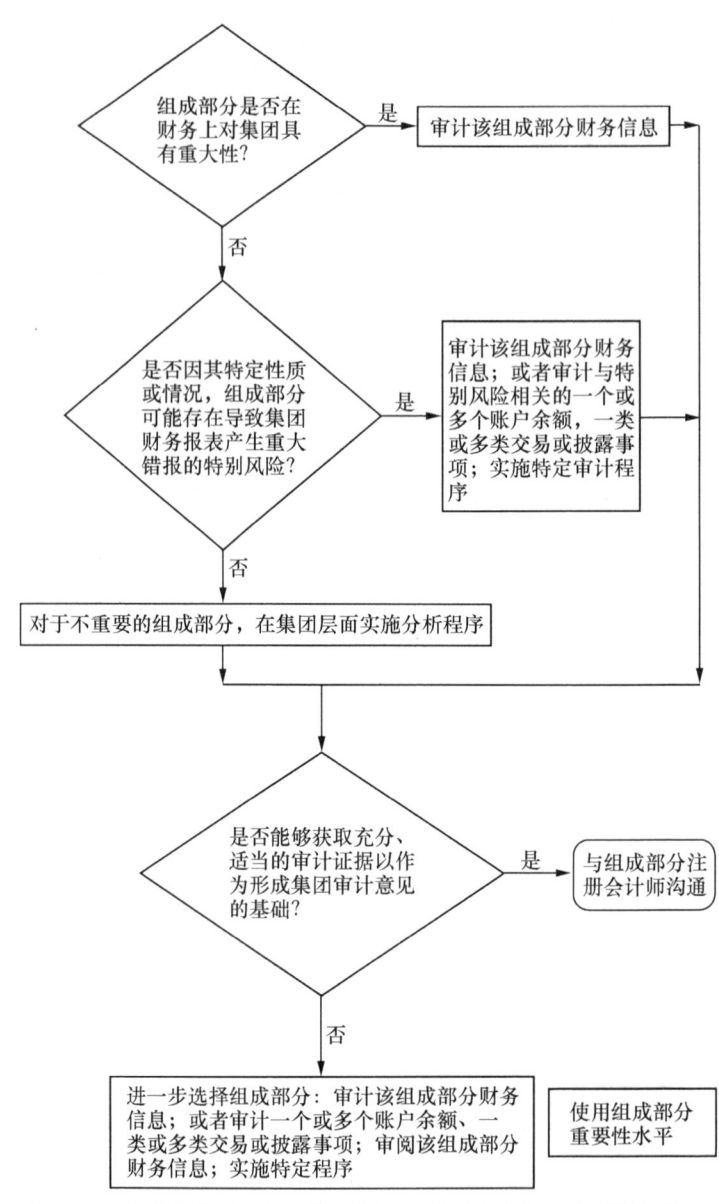

图 15-1 组成部分重要性和特别风险对集团项目组工作类型的影响

九、合并过程

前已述及,集团项目组应当了解集团层面的控制和合并过程,包括集团管理层向组成部分下达的指令。

在了解集团层面的控制和合并过程以后,集团项目组应当针对合并过程设计和实施进一步审计程序,以应对评估的、由合并过程导致的集团财务报表发生重大错报的风险。

在控制测试方面,如果对合并过程执行工作的性质、时间安排和范围是基于预期集团层面控制的有效运行,或者仅实施实质性程序不能提供认定层次的充分、适当的审计证据,集团项目组应当亲自测试或要求组成部分注册会计师代为测试集团层面控制运行的有效性。

在实质性程序方面,集团项目组应当评价合并调整和重分类事项的适当性、完整性和准确性,并评价是否存在舞弊风险因素或可能存在管理层偏向的迹象。

如果组成部分财务信息没有按照集团财务报表采用的会计政策编制,集团项目组应当评价组成部分财务信息是否已得到适当调整,以满足编制和列报集团财务报表的要求。

如果集团财务报表包括的组成部分财务报表的报告期末不同于集团财务报表,集团项目组应当评价是否已按照适用的财务报告编制基础对这些财务报表作出恰当调整。

最后,集团项目组应当确定,组成部分注册会计师上报的财务信息是否就是包括在集团财务报表中的财务信息。

十、评价审计证据的充分性和适当性

集团项目组应当评价通过对合并过程实施审计程序以及由集团项目组和组成部分注册会计师对组成部分财务信息执行工作,是否已获取充分、适当的审计证据,以作为形成集团审计意见的基础。

如果认为未能获取充分、适当的审计证据以作为形成集团审计意见的基础,集团项目组应当确定需要实施哪些追加的程序,以及这些程序是由组成部分注册会计师还是由集团项目组实施。

集团项目合伙人还应当评价未更正错报(无论该错报是由集团项目组识别出还是由组成部分注册会计师告知)和未能获取充分、适当的审计证据的情况对集团审计意见的影响。集团项目合伙人对错报(无论该错报是由集团项目组识别还是由组成部分注册会计师告知)的汇总影响的评价,能够使其确定集团财务报表整体是否存在重大错报。

第六节 电子商务对财务报表审计的影响

电子商务是指被审计单位利用互联网等公共网络从事的商品购买和销售、劳务接受和提供等交易活动。

广泛使用互联网从事电子商务,产生了许多新的风险因素,需要被审计单位有效应对,例如:机密数据被他人拷贝或非法改动的风险;不相容职责相对集中导致的舞弊风险;病毒入侵或黑客故意破坏的风险等。因此,注册会计师应当考虑电子商务在被审计单位业务活动中的重要性,以及对重大错报风险评估的影响。

为了规范注册会计师在财务报表审计中对被审计单位电子商务的考虑,财政部发布了《中国注册会计师审计准则第1633号——电子商务对财务报表审计的影响》。注册会计师按照该审计准则的规定对电子商务进行考虑,旨在对财务报表形成审计意见,而非对电子商务系统或活动本身提出鉴证结论或咨询意见。

一、对注册会计师知识和技能的要求

当电子商务对被审计单位的业务活动具有重大影响时,注册会计师应当具备适当水

平的信息技术和互联网商务知识,以实现下列目的:

(1) 了解开展电子商务对财务报表的影响;

(2) 确定审计程序的性质、时间安排和范围,评价审计证据;

(3) 考虑被审计单位依赖电子商务的程度对持续经营能力的影响。

由于电子商务的特殊性和复杂性,必要时,注册会计师应当考虑利用专家的工作。

二、对被审计单位电子商务的了解

(一) 总体要求

注册会计师应当考虑电子商务导致的被审计单位经营环境的变化,以及识别出的对财务报表产生影响的电子商务风险。

在了解被审计单位及其环境时,注册会计师应当考虑下列事项对财务报表的影响:业务活动和所处行业、电子商务战略、开展电子商务的程度以及外包安排。

(二) 被审计单位的业务活动和所处行业

在了解被审计单位的业务活动和所处行业时,注册会计师应当关注与电子商务相关的下列特点:

(1) 电子商务既可能是对传统业务活动的补充,也可能是新的业务类型;

(2) 电子商务不具备货物和服务等实体贸易所具有的清晰、固定的运送路线这一传统特征;

(3) 某些行业运用电子商务的程度较高,可能增大对财务报表产生影响的经营风险。

此外,注册会计师在了解被审计单位所处行业的电子商务运用情况的基础上,还需要进一步对与特定行业相关的电子商务管理法规有总体了解。目前我国已对网上银行、互联网出版、互联网新闻信息服务等一系列电子商务活动颁布了相应的管理法规。对这些法律法规的总体了解也是了解被审计单位所处行业的电子商务活动的一个重要组成部分。

(三) 被审计单位的电子商务战略

被审计单位的电子商务战略,包括在电子商务中运用信息技术的方式以及对可接受风险水平的评估,可能对财务记录的安全性和相关财务信息的完整性与可靠性产生影响。

在考虑被审计单位的电子商务战略时,注册会计师应当结合对控制环境的了解,关注下列事项:

(1) 在整合电子商务与总体经营战略的过程中,治理层的参与程度;

(2) 被审计单位开展电子商务的目的,是为新业务提供支持,还是提高现有业务的效率,抑或为现有业务开辟新的市场;

(3) 被审计单位的收入来源及其正在发生的变化;

(4) 管理层对电子商务如何影响盈利状况和财务需求的评价;

(5) 管理层对风险的态度及其对风险总体状况可能产生的影响;

(6) 管理层在多大程度上识别出电子商务战略所描述的机遇和风险,或者管理层仅在机遇和风险出现时才临时制定应对措施;

(7) 管理层对执行相关最佳实务规则或者网络签章程序的信守程度。

（四）被审计单位开展电子商务的程度

不同的被审计单位可能以不同的方式开展电子商务。电子商务可能用于下列方面：

(1) 仅提供关于被审计单位及其活动的信息，供投资者、顾客、供应商、资金提供者和员工等访问；

(2) 通过互联网处理交易，方便已有的顾客；

(3) 通过在互联网上提供信息和处理交易，开拓新市场和发展新客户；

(4) 访问应用服务提供商；

(5) 创立一种全新的经营模式。

随着被审计单位开展电子商务程度的加深，以及内部系统更加集成化和复杂化，新的交易方式与传统业务活动的差异可能更加明显，并可能导致新的风险。

注册会计师应当了解电子商务的开展程度如何影响被审计单位需要应对的风险的性质。

（五）被审计单位的外包安排

被审计单位可能在下列方面使用服务机构的工作：

(1) 提供电子商务运作所需的全部或部分信息技术支持；

(2) 与电子商务相关的其他工作，包括订单履行、商品交付、呼叫中心运转，以及某些会计工作等。

被审计单位使用的服务机构包括互联网服务提供商、应用服务提供商和数据服务公司等。

在被审计单位使用服务机构的情况下，服务机构采用和保持的某些政策、程序和记录可能与被审计单位财务报表审计相关，注册会计师应当按照《中国注册会计师审计准则第1241号——对被审计单位使用服务机构的考虑》的规定，考虑被审计单位的外包安排及相关风险的应对措施，以确定其对审计的影响。

三、识别风险

（一）与电子商务相关的经营风险

1. 经营风险的主要类型

(1) 无法保证交易的完备性。所谓交易的完备性，是指被审计单位记录和处理财务记录所依据的信息的完整性、准确性、及时性和是否经过授权。在电子商务环境下，由于信息技术的固有特点，一方面可以提高被审计单位处理交易的效率和效果，另一方面也会产生一些特定风险，例如：系统或程序未能正确处理数据，或处理了不正确的数据，或两种情况同时并存；未经授权改变主文档的数据；不恰当的人为干预等。

(2) 电子商务安全风险。电子商务安全风险，包括顾客、员工和其他人士通过未经授权的访问实施舞弊的可能性，以及病毒攻击等，是一类广泛存在的风险。目前用于支持互联网应用的操作系统和应用程序或多或少都存在安全漏洞，绝对安全的系统是不存在的。

(3) 运用不恰当的会计政策。电子商务的运用,可能导致运用不恰当的会计政策,包括收入确认、网站开发成本等支出的处理、与产品质量保证相关的预计负债的确认、外币折算等问题。

(4) 未能遵守税法和其他法律法规。由于电子商务交易形式的特殊性,传统商事法律在某些方面可能不适用,所以可能存在一些法律法规监管的"空白地带",相应的,交易各方之间出现纠纷的可能性也相对较大。另外,对于电子商务交易的征税问题,各国的规定也很不相同。因此,被审计单位应当注意防范与电子商务相关的税务风险,尤其是在通过互联网开展跨国或跨地区电子商务交易时更容易出现此类情况。

(5) 无法保证仅以电子形式存在的合同具有约束力。被审计单位在电子商务活动中,只有确保仅以电子形式存在的合同完全符合《中华人民共和国电子签名法》的有关规定,才能保证该合同具有约束力(如果涉及跨国、跨地区的电子商务交易,则还需要符合对方所在国家或地区的相关法律法规)。如果由于内部控制不完善、制度设计不合理等原因,导致仅以电子形式存在的合同因不符合《中华人民共和国电子签名法》的有关规定而不具有法律效力,则被审计单位可能面临较大的经营风险。

(6) 过度依赖电子商务。被审计单位过度依赖电子商务的重要表现之一是将重要的经营系统置于互联网上,或将重要的商业交易通过互联网完成。电子商务的开展固然可以提升交易的效率和效益,增强企业的获利能力。但是过度依赖电子商务(例如全部交易均通过电子商务形式实现),可能导致经营风险总体水平增大。

(7) 系统和基础架构失效或崩溃。目前,计算机信息技术已经比较成熟并获得广泛应用,但是仍然不能排除系统或者基础架构失效或崩溃的可能性。例如,网站可能由于硬件故障、瞬间的高流量等原因而在一段时间内无法访问,或者可能发生服务器操作系统的"死机"和数据丢失等软件故障。

2. 识别电子商务中可能导致经营风险的事项、交易和惯例

由于存在上述导致经营风险的事项,注册会计师应当利用对被审计单位及其环境的了解,识别电子商务中可能导致经营风险的事项、交易和惯例。

注册会计师应当考虑哪些经营风险可能导致财务报表出现重大错报,或对注册会计师应实施的审计程序或所出具的审计报告具有重大影响。

3. 考虑被审计单位的风险应对措施

注册会计师应当关注被审计单位是否运用适当的安全基础架构和相关控制,应对电子商务中出现的某些经营风险。

这些安全基础架构和相关控制一般包括旨在实现下列目的的措施:

(1) 验证顾客和供应商的身份;

(2) 确保交易的完备性;

(3) 就交易条款(包括交货、信用条款、争议解决程序等)达成一致,其中可能涉及对交易和程序的执行情况留下线索,以确保交易的一方事后不能否认曾经就特定条款达成协议;

(4) 获得顾客的付款,或确保对顾客授信的安全性;

(5) 建立信息保密机制,订立信息保护协议。

(二) 与电子商务相关的法律法规事项

1. 考虑与电子商务环境密切相关的法律法规

注册会计师应当考虑被审计单位是否已恰当处理与电子商务环境密切相关的法律法规问题,包括:隐私权保护、对特定行业的管制、合同的强制执行效力、特殊交易或事项的合法性、反洗钱、知识产权保护。

由于与电子商务相关的法律法规事项的重要性和复杂性,在某些情况下,当考虑由被审计单位的电子商务活动所产生的法律法规事项时,注册会计师可能需要征询在电子商务方面具有特殊专长的律师的意见。

2. 考虑与电子商务相关的税务事项

在跨国或跨地区的电子商务中,注册会计师应当考虑被审计单位是否对电子商务涉及的不同司法管辖区内的法律法规差异有足够的了解,并遵守所有适用的法律法规。注册会计师尤其要考虑被审计单位有无适当的程序确认其在不同司法管辖区内的纳税义务(特别是增值税等流转税)。

四、对被审计单位内部控制的考虑

(一) 总体要求

1. 考虑与电子商务相关的内部控制的设计

注册会计师应当按照《中国注册会计师审计准则第1211号——通过了解被审计单位及其环境识别和评估重大错报风险》的规定,考虑被审计单位在电子商务中运用的与审计相关的内部控制。在电子商务环境下,内部控制的一个重要特点是基于信息技术的自动化控制所占的比重较大。因此,注册会计师应当充分考虑电子商务环境下内部控制的特点,关注被审计单位内部控制的设计是否完善(尤其是其中人工成分和自动化成分的划分是否恰当),是否得到一贯执行,以及运行是否稳定、可靠。

2. 考虑实施控制测试

在某些情况下,仅依靠实施实质性程序不足以将审计风险降至可接受的低水平,注册会计师应当实施控制测试,并考虑使用计算机辅助审计技术。这些情况主要包括:电子商务系统高度自动化;交易量过大;未保留包含审计轨迹的电子证据。

3. 电子商务环境下注册会计师需重点考虑的控制

当被审计单位从事电子商务时,注册会计师应当重点考虑与电子商务相关的安全性控制、交易完备性控制和流程整合。

(二) 安全性控制

1. 考虑安全基础架构和相关控制

当外部有关方面可使用公共网络(如互联网)访问被审计单位的信息系统时,被审计单位的安全基础架构和相关控制就构成了其内部控制系统的一个极其重要的组成部分。在这种情况下,注册会计师应当考虑被审计单位的安全基础架构和相关控制是否足以应对与电子商务交易的记录和处理相关的安全性风险。

2. 考虑相关事项对财务报表认定的潜在影响

注册会计师应当考虑下列事项对财务报表认定的潜在影响：

(1) 有效使用防火墙和病毒防护软件；

(2) 有效使用加密技术；

(3) 对用于支持电子商务活动的系统的开发和运行的控制；

(4) 当出现的新技术可能危害互联网安全时，现有的安全控制是否仍然有效；

(5) 控制环境能否对所采用的控制程序提供支持。

上述事项反映了被审计单位的安全性控制在设计方面的完备性和在运行方面的有效性，对被审计单位财务报表各项目及其相关认定均有不同程度的影响。

(三) 交易完备性控制

1. 交易完备性控制包含的内容

注册会计师应当考虑交易完备性控制，包括被审计单位会计处理所依据信息的完整性、准确性、及时性以及是否经过授权。

2. 针对信息完备性所实施的审计程序

注册会计师针对会计系统中与电子商务交易相关的信息完备性所实施的审计程序，主要涉及评估用于采集和处理此类信息的系统的可靠性。

针对复杂的电子商务实施的审计程序与针对传统业务活动实施的审计程序不同，后者通常侧重于与交易信息的采集和处理有关的每一阶段的控制流程。因此，在针对复杂电子商务实施审计程序时，注册会计师应当重点考虑在交易信息的采集和即时自动化处理中与交易完备性相关的自动化控制。

3. 与交易完备性相关的控制

在电子商务环境中，与交易完备性相关的控制通常用于下列方面：

(1) 验证输入；

(2) 防止交易的重复记录或遗漏；

(3) 确保在处理订单之前，交易双方已就交货条件和信用条件等交易条款达成一致；

(4) 区分顾客的浏览和正式订单，确保交易的一方事后不能否认已达成一致的特定条款，必要时还应确保交易是与经核准的交易方进行的；

(5) 确保所有步骤均已完成并得以记录，或拒绝未完成所有步骤的订单，以防止出现处理不完整的情况；

(6) 确保交易的详细信息在同一网络内的多个系统之间适当分配；

(7) 确保记录得到适当保管、备份和保护。

(四) 流程整合

流程整合是指将多个信息技术系统集成，使之实质上如同一个系统运转的过程。

1. 关注采集和传递电子商务交易数据可能产生的影响

注册会计师应当关注被审计单位采集电子商务交易数据并将其传递至会计系统的方式可能对下列事项产生影响：

(1) 交易处理和信息存储的完整性和准确性；

(2) 销售收入、采购和其他交易的确认时点；

(3) 有争议交易的识别和记录。

2. 注册会计师应当考虑的其他事项

当下列控制与财务报表认定相关时，注册会计师应当予以考虑：

(1) 针对电子商务交易与内部系统集成实施的控制。此类控制主要是针对集成后系统的特点，为了保证数据处理的正确性和数据的安全性、完备性而设置的控制，基本上属于对常规事项的控制。例如，加强对前台系统中输入数据的合理性检查，有效使用防火墙和病毒防护软件等安全技术措施等。

(2) 针对系统改变和数据转换实施的控制。此类控制主要是针对系统的开发和实施过程设置的控制，具有非常规性的特点。例如，在升级系统或者转换到新系统时，需要注意新旧系统的衔接问题。

五、电子记录对审计证据的影响

注册会计师应当考虑被审计单位实施的信息安全政策和安全控制措施，是否足以防止未经授权修改会计系统或会计记录，或修改向会计系统提供数据的系统。

在考虑电子证据的充分性和适当性时，注册会计师可能需要测试自动化控制（如记录完备性检查、电子日戳、数字签章和版本控制），并根据对这些控制的评价结论，考虑是否需要实施追加的审计程序，比如向第三方函证交易细节或账户余额。

第四篇 终结审计和审计报告

第十六章

终 结 审 计

【学习目标】

1. 了解注册会计师在终结审计阶段需要完成的两方面工作。

2. 掌握在完成外勤工作时,注册会计师与期后事项、持续经营能力相关的责任以及获取书面声明的要求。

3. 掌握在评价审计结果时,注册会计师应当如何评价审计过程中识别出的错报、形成的审计意见,以及对工作底稿进行最终复核。

第一节 终结审计概述

终结审计是财务报表审计的最后阶段,对此应予以高度重视。因为注册会计师在这个阶段所作出的决策对审计的最终结果通常有直接和重要的影响。比如,在终结审计工作时,注册会计师所形成的结论通常直接影响对被审计单位财务报表发表意见的类型。

终结审计通常是在时间很紧张的情况下进行的,特别是在客户想要尽早发布审计报告时,注册会计师面临的"时间压力"就更大了。注册会计师不应屈从于"时间压力",而应花费必要的时间,全面运用专业判断,以发表适当的审计意见。为了讨论的方便,本书将注册会计师在终结审计阶段的任务分为以下两个方面:一是完成外勤工作;二是评价审计结果。图16-1汇总列示了注册会计师在终结审计阶段的主要工作。

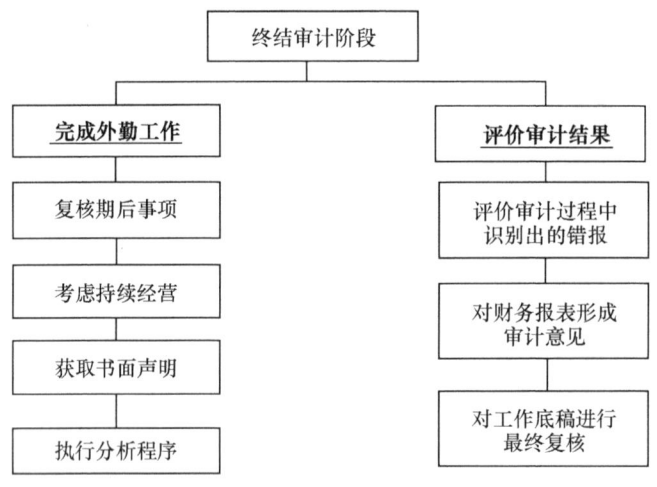

图 16-1 终结审计阶段的工作汇总表

第二节 完成外勤工作

一、复核期后事项

注册会计师对财务报表承担的审计责任,并非仅限于审计资产负债表日前发生的事项和交易,还应包括对期后事项的复核。为了规范注册会计师在财务报表审计中对期后事项的责任,财政部发布了《中国注册会计师审计准则第1332号——期后事项》。

(一)期后事项的基本概念

1. 期后事项的定义

所谓期后事项,是指财务报表日至审计报告日之间发生的事项,以及注册会计师在审计报告日后知悉的事实。

财务报表日是指财务报表涵盖的最近期间的截止日期。审计报告日是指注册会计师按照《中国注册会计师审计准则第 1501 号——对财务报表形成审计意见和出具审计报告》的规定在对财务报表出具的审计报告上签署的日期。审计报告的日期向财务报表使用者表明,注册会计师已考虑其知悉的、截至审计报告日发生的事项和交易的影响。财务报表报出日是指审计报告和已审计财务报表提供给第三方的日期。财务报表批准日是指构成整套财务报表的所有报表(包括相关附注)已编制完成,并且被审计单位的董事会、管理层或类似机构已经认可其对财务报表负责的日期。财务报表批准日不得晚于审计报告日,在实务中通常与审计报告日为同一天。图 16-2 反映了期后事项与这几个日期之间的关系。

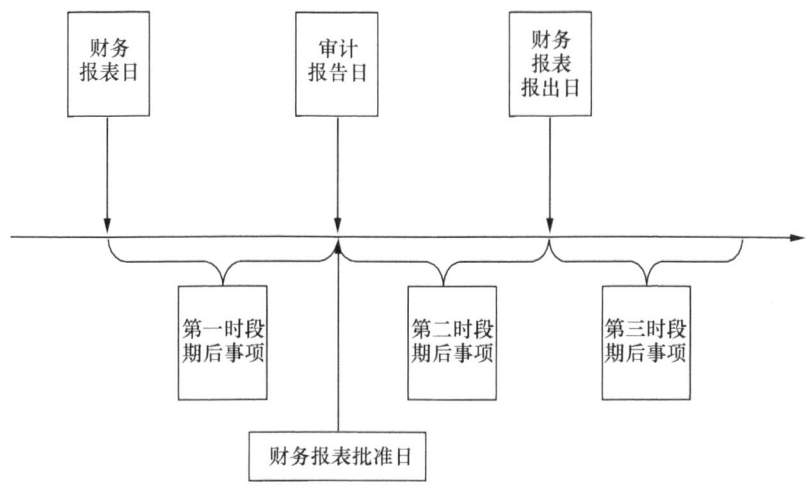

图 16-2　期后事项分段示意图

财务报表可能受到财务报表日后发生的事项的影响,进而影响注册会计师发表的审计意见,所以注册会计师必须对期后事项予以充分关注。

2. 期后事项的分类

适用的财务报告编制基础通常专门提及期后事项,并将其区分为两类:第一类是对财务报表日已经存在的情况提供证据的事项;第二类是对财务报表日后发生的情况提供证据的事项。

(1) 对财务报表日已经存在的情况提供证据的事项

这类事项既为被审计单位管理层确定财务报表日账户余额提供信息,也为注册会计师核实这些余额提供补充证据。如果这类期后事项的金额重大,应提请被审计单位对年度财务报表及相关的账户余额进行调整。以下是一些举例:① 财务报表日被审计单位认为可以收回的大额应收款项,因财务报表日后债务人突然破产而无法收回。在这种情况下,债务人财务状况显然早已恶化,所以注册会计师应考虑提请被审计单位增加备抵坏账数额,调整财务报表有关项目的数额。② 被审计单位由于某种原因被起诉,法院于财务报表日后判决被审计单位应赔偿对方损失。因这一负债实际上在财务报表日之前就已存在,所以,如果赔偿数额很大,注册会计师应考虑提请被审计单位增加有关负债项目的数额,并加以说明。③ 被审计单位财务报表日后不久有大批产成品经验收不合格。这种情况表示被审计单位财务报表日在产品存货中有相当数量的不合格品,故应予以扣除。

(2) 对财务报表日后发生的情况提供证据的事项

这类事项因不影响财务报表日财务状况,所以不需要调整被审计单位的本期财务报表。但如果被审计单位的财务报表因此而受到误解,就应在财务报表中以附注的形式予以披露。

被审计单位在财务报表日后发生的,需要在财务报表上披露而非调整的事项主要有:被审计单位合并;应付债券的提前兑付;所持用于短期投资和转卖的证券市价严重下跌;发行债券或权益性证券;由于政府禁止继续销售某种产品所造成的存货市价下跌;需要为新的养老保险金计划在近期支付大笔现金;偶然性的大额损失等。这些事项如不加以反映,往往会导致对被审计单位财务报表的误解,所以应在财务报表的附注中加以披露。

注册会计师对待期后事项,应注意区分两类不同的期后事项,以保证对被审计单位财务报表是否在所有重大方面符合适用的财务报告编制基础且公允反映表示适当的意见。正确区分两类不同的期后事项,关键在于正确确定期后事项主要情况出现的时间,这就需要注册会计师进行细致深入的调查和分析研究。凡主要情况出现在被审计单位财务报表日之前的重要事项,应当提请被审计单位调整财务报表;凡主要情况出现在被审计单位财务报表日之后的重要事项,只需建议被审计单位在本期财务报表的附注中加以披露即可。

3. 期后事项的审计目标

《中国注册会计师审计准则第1332号——期后事项》指出,注册会计师的目标是:

(1) 获取充分、适当的审计证据,以确定财务报表日至审计报告日之间发生的、需要在财务报表中调整或披露的事项已经按照适用的财务报告编制基础在财务报表中得到恰当反映;

(2) 恰当应对在审计报告日后注册会计师知悉的、且如果在审计报告日知悉可能导致注册会计师修改审计报告的事实。

(二) 有关财务报表日至审计报告日之间发生的事项的要求

1. 主动识别责任

在财务报表日至审计报告日之间发生的事项,属于第一时段期后事项。审计准则规定,注册会计师应当设计和实施审计程序,获取充分、适当的审计证据,以确定所有在财务报表日至审计报告日之间发生的、需要在财务报表中调整或披露的事项均已得到识别。但是,注册会计师并不需要对之前已实施审计程序并已得出满意结论的事项执行追加的审计程序。

2. 识别期后事项的审计程序

审计期后事项不同于审计一般的财务报表项目,注册会计师对期后事项的审计程序,可以归结为两类。

第一类,结合财务报表项目审计实施的审计程序。这类审计程序是财务报表项目审计的一部分。例如,审计期后的销售和采购业务,以确定本期主营业务收入发生额及期末存货等账户的余额是否正确。又如,通过对期后货币资金收入的审计,以确定应收账款的可收回性等。

第二类,专为识别期后事项而另行实施的审计程序。具体包括:

(1) 了解管理层为确保识别期后事项而建立的程序;

(2) 询问管理层和治理层(如适用),确定是否已发生可能影响财务报表的期后事项;

(3) 查阅被审计单位的所有者、管理层和治理层在财务报表日后举行会议的纪要,在不能获取会议纪要的情况下,询问此类会议讨论的事项;

(4) 查阅被审计单位最近的中期财务报表(如有)。

除上述四项必需的审计程序外,注册会计师可能认为实施下列一项或多项审计程序是必要和适当的:

(1) 查阅被审计单位在财务报表日后最近期间内的预算、现金流量预测和其他相关的管理报告;

(2) 就诉讼和索赔事项询问被审计单位的法律顾问,或扩大之前口头或书面查询的范围;

(3) 考虑是否有必要获取涵盖特定期后事项的书面声明以支持其他审计证据,从而获取充分、适当的审计证据。

需要说明的是,注册会计师就期后事项实施的审计程序可能取决于可获得的信息,特别是自财务报表日以来会计记录的编制程度。如果会计记录未能反映最新信息,被审计单位也没有编制中期财务报表(无论是基于内部还是外部目的),或者没有编制管理层或治理层会议的纪要,则相关审计程序可以采用检查可获得的账簿和记录(包括银行对账单)。

另外,注册会计师应当恰当设计审计程序的时间安排,以使审计程序能够涵盖财务报表日至审计报告日(或尽可能接近审计报告日)之间的期间。而且,需要根据所考虑的风险评估结果,恰当设计审计程序的性质和范围。

3. 识别出需要调整或披露事项时的处理

在实施前述审计程序后,如果识别出需要在财务报表中调整或披露的事项,注册会计师应当确定每一事项是否按照适用的财务报告编制基础的规定在财务报表中得到恰当反映。

(三) 有关注册会计师在审计报告日后知悉的事实的要求

1. 在审计报告日后至财务报表报出日前知悉事实的情形

注册会计师在审计报告日后至财务报表报出日前知悉的事实,属于第二时段期后事项。在审计报告日后,注册会计师没有义务针对财务报表实施任何审计程序。

在审计报告日后至财务报表报出日前,如果知悉了某事实,且若在审计报告日知悉该事实可能导致修改审计报告,注册会计师应当与管理层和治理层(如适用)讨论该事项,并确定财务报表是否需要修改。如果需要修改,注册会计师应当询问管理层将如何在财务报表中处理该事项。

(1) 管理层修改财务报表。

如果管理层修改财务报表,注册会计师需要区分两种情况进行处理。

第一种情况是管理层修改了财务报表,且该修改并不仅限于反映导致修改的期后事项的影响。这时,注册会计师应当:① 根据具体情况对有关修改实施必要的审计程序;② 将前述旨在识别期后事项的审计程序延伸至新的审计报告日,并针对修改后的财务报表出具新的审计报告。新的审计报告日不应早于修改后的财务报表被批准的日期。

第二种情况是管理层修改了财务报表,但该修改仅限于反映导致修改的期后事项的影响,被审计单位的董事会、管理层或类似机构也仅对有关修改进行批准。这时,注册会计师应当根据具体情况对有关修改实施必要的审计程序。同时,可以仅针对有关修改将旨在识别期后事项的审计程序延伸至新的审计报告日。在这种情况下,注册会计师应当选用下列报告处理方式之一:① 签署双重审计报告日期。修改审计报告,针对财务报表修改部分增加补充报告日期,从而表明注册会计师对期后事项实施的审计程序仅限于财务报表相关附注所述的修改。② 出具新的或经修改的审计报告。在强调事项段或其他事项段中说明注册会计师对期后事项实施的审计程序仅限于财务报表相关附注所述的修改。

(2) 管理层应修改而未修改财务报表。

在某些国家或地区,法律法规或财务报告编制基础可能不要求管理层报出经修改的财务报表,相应的,注册会计师也无须出具经修改的或新的审计报告。然而,如果认为管理层应当修改财务报表而没有修改,注册会计师应当分别按以下两种情况予以处理:① 如果审计报告尚未提交给被审计单位,注册会计师应当按照《中国注册会计师审计准则第1502号——在审计报告中发表非无保留意见》的规定,发表非无保留意见,然后再提交审计报告;② 如果审计报告已经提交给被审计单位,注册会计师应当通知管理层和治理层(除非治理层全部成员参与管理被审计单位)在财务报表作出必要修改前不要向第三方报出。如果财务报表在未经必要修改的情况下仍被报出,注册会计师应当采取适当措施,以设法防止财务报表使用者信赖该审计报告。

2. 在财务报表报出后知悉事实的情形

注册会计师在财务报表报出后知悉的事实,属于第三时段期后事项。同样,在财务报表报出后,注册会计师没有义务针对财务报表实施任何审计程序。

在财务报表报出后,如果知悉了某事实,且若在审计报告日知悉该事实可能导致修改审计报告,注册会计师应当与管理层和治理层(如适用)讨论该事项,并且确定财务报表是否需要修改。如果需要修改,注册会计师应当询问管理层将如何在财务报表中处理该事项。

(1) 管理层修改财务报表。如果管理层修改了财务报表,注册会计师应当:① 根据具体情况对有关修改实施必要的审计程序;② 复核管理层采取的措施能否确保所有收到原财务报表和审计报告的人士了解这一情况;③ 如果管理层对财务报表的修改并不仅限于反映导致修改的期后事项的影响,将旨在识别期后事项的审计程序延伸至新的审计报告日,并针对修改后的财务报表出具新的审计报告,则新的审计报告日不应早于修改后的财务报表被批准的日期;④ 如果管理层对财务报表的修改仅限于反映导致修改的期后事项的影响,被审计单位的董事会、管理层或类似机构也仅对有关修改进行批准,则应当修改审计报告或提供新的审计报告。可以选用的报告处理方式包括:签署双重审计报告日期,或者出具新的或经修改的审计报告。

无论管理层的修改是否限于反映导致修改的期后事项的影响,注册会计师都应当在新的或经修改的审计报告中增加强调事项段或其他事项段,提醒财务报表使用者关注财务报表附注中有关修改原财务报表的详细原因和注册会计师提供的原审计报告。

(2) 管理层应修改而未修改财务报表。

如果管理层没有采取必要措施确保所有收到原财务报表的人士了解这一情况,也没有在注册会计师认为需要修改的情况下修改财务报表,注册会计师应当通知管理层和治理层(除非治理层全部成员参与管理被审计单位),以设法防止财务报表使用者信赖该审计报告。

如果注册会计师已经通知管理层或治理层,而管理层或治理层没有采取必要措施,注册会计师应当采取适当措施,以设法防止财务报表使用者信赖该审计报告。

二、考虑持续经营

持续经营假设是指被审计单位在编制财务报表时,假设其经营活动在可预见的将来会继续下去,不拟也不必终止经营或破产清算,可以在正常的经营过程中变现资产、清偿债务。这里的可预见的将来,通常是指资产负债表日后 12 个月。企业正常的会计核算都是在持续经营假设下进行的。

从当前的市场经济环境来看,企业竞争十分激烈。财务危机一旦爆发,就会使这些企业面临持续经营问题,并可能使得为这些企业提供审计服务的注册会计师遭到诉讼而陷入困境甚至被取消资格。因此,在目前的审计环境下,注册会计师在审计过程中考虑被审计单位的持续经营问题,提高自身的风险意识,增加风险防范能力,就显得十分重要。

为了规范注册会计师在财务报表审计中与管理层编制财务报表时运用持续经营假设相关的责任,财政部发布了《中国注册会计师审计准则第 1324 号——持续经营》。

(一) 管理层和注册会计师的责任划分

1. 管理层的责任

某些适用的财务报告编制基础明确要求管理层对持续经营能力作出评估,并规定了与此相关的需要考虑的事项和作出的披露。相关法律法规还可能对管理层评估持续经营能力的责任和相关财务报表披露作出具体规定。其他财务报告编制基础可能没有明确要求管理层对持续经营能力作出评估。然而,由于持续经营假设是编制财务报表的基本原则,即使其他财务报告编制基础没有对此作出明确规定,管理层也需要在编制财务报表时评估持续经营能力。

管理层对持续经营能力的评估涉及在特定时点对事项或情况的未来结果作出判断,这些事项或情况的未来结果具有固有的不确定性。下列因素与管理层的判断相关:

(1) 某一事项、情况或其结果出现的时点距离管理层作出评估的时点越远,与事项或情况的结果相关的不确定性程度将显著增加。因此,明确要求管理层对持续经营能力作出评估的大多数财务报告编制基础,可能规定了管理层应当考虑的所有可获得信息的期间。

(2) 被审计单位的规模和复杂程度、经营活动的性质和状况,以及被审计单位受外部因素影响的程度,将影响对事项或情况的结果作出的判断。

(3) 对未来的所有判断都以作出判断时可获得的信息为基础。管理层作出的判断在当时情况下可能是合理的,但之后发生的事项可能导致事项或情况的结果与作出的判断不一致。

2. 注册会计师的责任

注册会计师的责任,是就管理层在编制和列报财务报表时运用持续经营假设的适当性获取充分、适当的审计证据,并就持续经营能力是否存在重大不确定性得出结论。

即使编制财务报表时运用的财务报告编制基础没有明确要求管理层对持续经营能力作出专门评估,注册会计师的这种责任仍然存在。

(二)风险评估阶段的相关要求

在实施风险评估程序时,注册会计师应当考虑是否存在可能导致对被审计单位持续经营能力产生重大疑虑的事项或情况。在进行考虑时,注册会计师应当确定管理层是否已对被审计单位持续经营能力作出初步评估。

1. 考虑是否存在可能导致对持续经营能力产生疑虑的事项或情况

以下是单独或汇总起来的可能导致对被审计单位持续经营假设产生重大疑虑的事项或情况的示例:

(1) 财务方面:① 净资产为负或营运资金出现负数;② 定期借款即将到期,但预期不能展期或偿还,或过度依赖短期借款为长期资产筹资;③ 存在债权人撤销财务支持的迹象;④ 历史财务报表或预测性财务报表表明经营活动产生的现金流量净额为负数;⑤ 关键财务比率不佳;⑥ 发生重大经营亏损或用以产生现金流量的资产的价值出现大幅下跌;⑦ 拖欠或停止发放股利;⑧ 在到期日无法偿还债务;⑨ 无法履行借款合同的条款;⑩ 与供应商由赊购变为货到付款;⑪ 无法获得开发必要的新产品或进行其他必要的投资所需的资金。

(2) 经营方面:① 管理层计划清算被审计单位或终止经营;② 关键管理人员离职且无人代替;③ 失去主要市场、关键客户、特许权、执照或主要供应商;④ 出现用工困难问题;⑤ 重要供应短缺;⑥ 出现非常成功的竞争者。

(3) 其他方面:① 违反有关资本或其他法定要求;② 未决诉讼或监管程序,可能导致其无法支付索赔金额;③ 法律法规或政府政策的变化预期会产生不利影响;④ 对发生的灾害未购买保险或保额不足。

某些措施通常可以减轻上述事项或情况的严重性。例如,被审计单位无法正常偿还债务的影响,可能被管理层通过替代方法(如处置资产、重新安排贷款偿还或获得额外资本金)计划保持足够的现金流量所抵消。类似的,主要供应商的流失也可以通过寻找适当的替代供应来源以降低损失。因此,如果发现上述可能导致对持续经营假设产生重大疑虑的事项或情况,注册会计师还需要连同相关的减轻措施一并考虑。

最后需要说明的是,针对有关可能导致对被审计单位持续经营能力产生重大疑虑的事项或情况的审计证据,注册会计师应当在整个审计过程中保持警觉。

2. 确定管理层是否已对持续经营能力作出初步评估

如果管理层已对持续经营能力作出初步评估,注册会计师应当与管理层进行讨论,并确定管理层是否已识别出单独或汇总起来可能导致对被审计单位持续经营能力产生重大疑虑的事项或情况。如果管理层已识别出这些事项或情况,注册会计师应当与其讨论应对计划。

如果管理层未对持续经营能力作出初步评估,注册会计师应当与管理层讨论其拟运用持续经营假设的基础,询问管理层是否存在单独或汇总起来的可能导致对被审计单位持续经营能力产生重大疑虑的事项或情况。

(三)风险应对阶段的相关要求

在实施风险评估程序和相关活动以后,注册会计师应当评价管理层对被审计单位持续经营能力作出的评估,并且询问管理层是否知悉超出评估期间的、可能导致对持续经营能力产生重大疑虑的事项或情况。必要时,注册会计师应当实施追加审计程序。

1. 评价管理层的评估

(1)管理层的评估、支持性分析和注册会计师的评价。

注册会计师应当评价管理层对被审计单位持续经营能力作出的评估。因为,管理层对被审计单位持续经营能力作出的评估,是注册会计师考虑管理层运用持续经营假设的一个关键部分。

在评价管理层作出的评估时,注册会计师应当考虑该评估是否已包括注册会计师在审计过程中注意到的所有相关信息。此外,注册会计师还可能需要评价管理层作出评估时遵循的程序、评估依据的假设、管理层未来应对计划以及管理层的计划在当前情况下是否可行。

在某些情况下,管理层可能缺乏详细分析以支持其评估,而这并不一定妨碍注册会计师判断管理层运用持续经营假设是否适合具体情况。例如,如果被审计单位具有盈利经营的记录并很容易获得财务支持,管理层可能不需要进行详细分析就能作出评估。在这种情况下,如果其他审计程序足以使注册会计师认为管理层在编制财务报表时运用的持续经营假设适合具体情况,注册会计师可能无须实施详细的评价程序,就可以对管理层评估的适当性得出结论。

(2)管理层评估的期间。

在评价管理层对被审计单位持续经营能力作出的评估时,注册会计师的评价期间应当与管理层按照适用的财务报告编制基础或法律法规(如果法律法规要求的期间更长)的规定作出评估的涵盖期间相同。大多数明确要求管理层作出评估的财务报告编制基础都详细规定了管理层需要在多长期间内考虑所有可获得的信息。

如果管理层评估持续经营能力涵盖的期间短于自财务报表日起的12个月,注册会计师应当提请管理层将其至少延长至自财务报表日起的12个月。

2. 询问超出管理层评估期间的事项或情况

注册会计师应当询问管理层是否知悉超出管理层评估期间的、可能导致对持续经营能力产生重大疑虑的事项或情况。除询问管理层外,注册会计师没有责任实施其他任何审计程序,以识别超出管理层评估期间并可能导致对被审计单位持续经营能力产生重大疑虑的事项或情况。

如果通过询问识别出超出管理层评估期间的、可能导致对持续经营能力产生重大疑虑的事项或情况,注册会计师可能需要提请管理层评价这些事项或情况对于其评估被审计单位持续经营能力的潜在重要性,并且实施必要的追加审计程序。

3. 识别出事项或情况时实施的追加审计程序

如果识别出可能导致对持续经营能力产生重大疑虑的事项或情况,注册会计师应当通过实施追加的审计程序(包括考虑缓解因素),获取充分、适当的审计证据,以确定是否存在重大不确定性。

这些程序应当包括:

(1) 如果管理层尚未对被审计单位持续经营能力作出评估,提请其进行评估;

(2) 评价管理层与持续经营评估相关的未来应对计划,这些计划的结果是否可能改善目前的状况,以及管理层的计划对具体情况是否可行;

(3) 如果被审计单位已编制现金流量预测,且对预测的分析是评价管理层未来应对计划时所考虑的事项或情况的未来结果的重要因素,评价用于编制预测的基础数据的可靠性,并确定预测所基于的假设是否具有充分的支持;

(4) 考虑自管理层作出评估后是否存在其他可获得的事实或信息;

(5) 要求管理层和治理层(如适用)提供有关未来应对计划及其可行性的书面声明。

管理层的应对计划可能包括变卖资产、对外借款、重组债务、削减或延缓开支或者获得新的资本等。

(四) 审计结论与报告

注册会计师应当根据获取的审计证据,运用职业判断,确定是否存在与事项或情况相关的重大不确定性(且这些事项或情况单独或汇总起来可能导致对被审计单位持续经营能力产生重大疑虑),并考虑其对审计意见的影响。

如果注册会计师根据职业判断认为,鉴于不确定性潜在影响的重要程度和发生的可能性,为了使财务报表实现公允反映,有必要适当披露该不确定性的性质和影响,则表明存在重大不确定性。

1. 运用持续经营假设适当但存在重大不确定性

如果认为运用持续经营假设适合具体情况,但存在重大不确定性,注册会计师应当确定:第一,财务报表是否已充分描述可能导致对持续经营能力产生重大疑虑的主要事项或情况,以及管理层针对这些事项或情况的应对计划;第二,财务报表是否已清楚地披露可能导致对持续经营能力产生重大疑虑的事项或情况存在重大不确定性,并由此导致被审计单位可能无法在正常的经营过程中变现资产、清偿债务。确定财务报表披露的充分性,可能需要确定信息是否明确地提请财务报表使用者关注被审计单位可能无法在正常的经营过程中变现资产、清偿债务。

(1) 重大不确定性披露充分时的审计报告。

如果财务报表已作出充分披露,注册会计师应当发表无保留意见,并在审计报告中增加强调事项段,强调可能导致对持续经营能力产生重大疑虑的事项或情况存在重大不确定性的事实,并提醒财务报表使用者关注财务报表附注中对有关事项的披露。

以下是当注册会计师确信财务报表附注披露充分时强调事项段的举例:

强调事项

我们提醒财务报表使用者关注,如财务报表附注×所述,截至20×1年12月31日,该公司发生净亏损×元,在20×1年12月31日,该公司流动负债高于资产总额×元。这些情况连同附注×所示的其他事项,表明存在可能导致对该公司持续经营能力产生重大疑虑的重大不确定性。本段内容不影响已发表的审计意见。

(2) 重大不确定性披露不充分时的审计报告。

如果财务报表未作出充分披露,注册会计师应当按照《中国注册会计师审计准则第1502号——在审计报告中发表非无保留意见》的规定,恰当地发表保留意见或否定意见。

注册会计师应当在审计报告中说明,存在可能导致对被审计单位持续经营能力产生重大疑虑的重大不确定性。

以下是对注册会计师发表保留意见时相关段落的举例:

> 导致保留意见的事项
> 该公司融资协议期满,且未偿付余额将于20×2年3月19日到期。该公司未能重新商定协议或获取替代性融资。这种情况表明存在可能导致对该公司持续经营能力产生重大疑虑的重大不确定性。因此,该公司可能无法在正常经营过程中变现资产、清偿债务。财务报表(及其附注)并未对这一事实作出全面披露。
>
> 保留意见
> 我们认为,除"导致保留意见的事项"段所述事项产生的影响外,财务报表在所有重大方面按照企业会计准则的规定编制,公允反映了该公司20×1年12月31日的财务状况以及20×1年度的经营成果和现金流量。

2. 运用持续经营假设不适当

如果财务报表按照持续经营基础编制,而注册会计师运用职业判断认为管理层在编制财务报表时运用持续经营假设是不适当的,则无论财务报表对管理层运用持续经营假设的不适当性是否作出披露,注册会计师均应发表否定意见。

以下是对注册会计师发表否定意见时相关段落的举例:

> 导致否定意见的事项
> 该公司已连续三个会计年度发生巨额亏损,主要财务指标显示其财务状况严重恶化,巨额逾期债务无法偿还,且存在巨额对外担保。截至审计报告日无任何证据表明该公司采取的各项措施能够有效改善公司的财务和经营状况。根据我们的判断该公司不具有持续经营能力。因此,该公司继续按照持续经营假设编制20×1年度财务报表是不适当的。
>
> 否定意见
> 我们认为,由于受到前段所述事项的重大影响,该公司财务报表没有在所有重大方面按照企业会计准则的规定编制,未能公允反映该公司20×1年12月31日的财务状况以及20×1年度的经营成果和现金流量。

3. 管理层不愿作出评估或延长评估期间

在某些情况下,注册会计师可能认为有必要提请管理层作出评估或延长评估期间。如果管理层不愿按照注册会计师的要求作出评估或延长评估期间,注册会计师应当考虑这一情况对审计报告的影响。

如果管理层予以拒绝,由于注册会计师可能无法获取有关运用持续经营假设编制财务报表的充分、适当的审计证据，注册会计师发表保留意见或无法表示意见可能是适当的。

（五）与治理层沟通

注册会计师应当与治理层就识别出的可能导致对被审计单位持续经营能力产生重大疑虑的事项或情况进行沟通，除非治理层全部成员参与管理被审计单位。

与治理层的沟通应当包括下列方面：① 这些事项或情况是否构成重大不确定性；② 在财务报表编制和列报中运用持续经营假设是否适当；③ 财务报表中的相关披露是否充分。

（六）应对财务报表批准的严重拖延

如果管理层或治理层在财务报表日后严重拖延对财务报表的批准，注册会计师应当询问拖延的原因。如果认为拖延可能涉及与持续经营评估相关的事项或情况，注册会计师应当实施必要的追加审计程序，并考虑被审计单位持续经营能力存在的重大不确定性对审计结论的影响。

三、获取书面声明

书面声明是指管理层向注册会计师提供的书面陈述，用以确认某些事项或支持其他审计证据。书面声明不包括财务报表及其认定，以及支持性账簿和相关记录。为了规范注册会计师在财务报表审计中向管理层获取书面声明，财政部发布了《中国注册会计师审计准则第1341号——书面声明》。

（一）将书面声明作为审计证据的考虑

审计证据是注册会计师为了得出审计结论和形成审计意见而使用的信息。书面声明是注册会计师在财务报表审计中需要获取的必要信息，也属于审计证据。

书面声明是审计证据的一个重要来源。如果管理层修改书面声明的内容或不提供注册会计师要求的书面声明，可能使注册会计师警觉存在重大问题的可能性。而且，在很多情况下，要求管理层提供书面声明而非口头声明，可以促使管理层更加认真地考虑声明所涉及的事项，从而提高声明的质量。

然而，尽管书面声明可以提供必要的审计证据，但其本身并不足以为所涉及的任何事项提供充分、适当的审计证据。而且，管理层已提供可靠书面声明的事实，也并不影响注册会计师就管理层责任履行情况或具体认定获取的其他审计证据的性质和范围。

（二）提供书面声明的管理层

审计准则规定，注册会计师应当要求对财务报表承担相应责任并了解相关事项的管理层提供书面声明。

这里的管理层是一个宽泛的概念，可能包括被审计单位的首席执行官、首席财务官或不适用此类头衔但处于类似职位的其他人员。在某些情况下，其他人员（如治理层）也对财务报表的编制承担责任。因此，书面声明准则中未单独提及管理层时，应当理解为管理层和治理层（如适用）。

(三) 书面声明的内容

1. 针对管理层责任的书面声明

针对财务报表的编制,注册会计师应当要求管理层提供书面声明,确认其根据审计业务约定条款,履行了按照适用的财务报告编制基础编制财务报表并使其公允反映(如适用)的责任。

针对提供的信息和交易的完整性,注册会计师应当要求管理层就下列事项提供书面声明:① 按照审计业务约定条款,已向注册会计师提供所有相关信息,并允许注册会计师不受限制地接触所有相关信息以及被审计单位内部人员和其他相关人员;② 所有交易均已记录并反映在财务报表中。

注册会计师应当要求管理层按照审计业务约定条款中对管理层责任的描述方式,在书面声明中对管理层责任进行描述。

2. 其他书面声明

除《中国注册会计师审计准则第1341号——书面声明》和其他审计准则规定的书面声明外,如果注册会计师认为有必要获取一项或多项其他书面声明,以支持与财务报表或者一项或多项具体认定相关的其他审计证据,注册会计师应当要求管理层提供这些书面声明。

(1) 有关财务报表的额外书面声明。

针对财务报表的编制,除要求管理层提供基本书面声明以确认其履行了责任外,注册会计师可能认为有必要获取有关财务报表的其他书面声明。这些书面声明可能是对基本书面声明的补充,不构成其组成部分。有关财务报表的额外书面声明可能包括针对下列事项作出的声明:① 会计政策的选择和运用是否恰当;② 是否按照适用的财务报告编制基础对某些事项进行了确认、计量、列报或披露。这些事项包括:可能影响资产和负债账面价值或分类的计划或意图;负债(包括实际负债和或有负债);资产的所有权或控制权,资产的留置权或其他物权,用于担保的抵押资产;可能影响财务报表的法律法规及合同(包括违反法律法规及合同的行为)等。

(2) 有关向注册会计师提供信息的额外书面声明。

针对提供的信息和交易的完整性,除要求管理层提供基本书面声明以确认其履行了责任外,注册会计师可能认为有必要要求管理层提供书面声明,以确认其已将注意到的所有内部控制缺陷向注册会计师通报。

(3) 有关特定认定的书面声明。

注册会计师可能认为有必要要求管理层提供有关财务报表特定认定的书面声明,尤其是支持注册会计师就管理层的判断、意图或者完整性认定从其他审计证据中获取的了解。例如,如果管理层的意图对投资的计价基础非常重要,但若不能从管理层获取有关该项投资意图的书面声明,注册会计师就无法获取充分、适当的审计证据。仍需强调的是,尽管这些书面声明能够提供必要的审计证据,但其本身并不能为财务报表特定认定提供充分、适当的审计证据。

(四) 书面声明的日期和涵盖的期间

书面声明的日期应当尽量接近对财务报表出具审计报告的日期,但不得在审计报告

日后。书面声明应当涵盖审计报告针对的所有财务报表和期间。

在实务中可能出现这样的情况,即在审计报告中提及的所有期间内,现任管理层均尚未就任。他们可能由此声称无法就上述期间提供部分或全部书面声明。然而,这一事实并不能减轻现任管理层对财务报表整体的责任。相应的,注册会计师仍然需要向现任管理层获取涵盖整个相关期间的书面声明。

(五)书面声明的形式

书面声明应当以声明书的形式致送注册会计师。

如果法律法规要求管理层就其责任作出书面公开陈述,并且注册会计师认为这些陈述提供了针对财务报表编制以及信息和交易完整性责任的部分或全部声明,则这些陈述所涵盖的相关事项不必包括在声明书中。

(六)特殊情形的处理

1. 书面声明可靠性存在疑虑

如果对管理层的胜任能力、诚信、道德价值观或勤勉尽责存在疑虑,或者对管理层在这些方面的承诺或贯彻执行存在疑虑,注册会计师应当确定这些疑虑对书面或口头声明和审计证据总体的可靠性可能产生的影响。

如果书面声明与其他审计证据不一致,注册会计师应当实施审计程序以设法解决这些问题。如果问题仍未解决,注册会计师应当重新考虑对管理层的胜任能力、诚信、道德价值观或勤勉尽责的评估,或者重新考虑对管理层在这些方面的承诺或贯彻执行的评估,并确定书面声明与其他审计证据的不一致对书面或口头声明和审计证据总体的可靠性可能产生的影响。

如果认为书面声明不可靠,注册会计师应当采取适当措施,包括按照《中国注册会计师审计准则第1502号——在审计报告中发表非无保留意见》的规定,确定其对审计意见可能产生的影响。

2. 管理层不提供要求的书面声明

如果管理层不提供要求的一项或多项书面声明,注册会计师应当:

(1)与管理层讨论该事项;

(2)重新评价管理层的诚信,并评价该事项对书面或口头声明和审计证据总体的可靠性可能产生的影响;

(3)采取适当措施,包括按照《中国注册会计师审计准则第1502号——在审计报告中发表非无保留意见》的规定,确定该事项对审计意见可能产生的影响。

在下列两种情况下,注册会计师应当对财务报表发表无法表示意见。第一种情形是,注册会计师对管理层的诚信产生重大疑虑,以至于认为其针对自身责任作出的书面声明不可靠。第二种情形是,管理层不提供有关其自身责任的书面声明。这是因为,仅凭其他审计证据,注册会计师不能判断管理层是否履行了有关财务报表编制以及信息和交易完整性的责任。如果注册会计师认为这些声明不可靠,或者管理层不提供有关这些事项的书面声明,则注册会计师无法获取充分、适当的审计证据,这对财务报表的影响可能是广泛的,并不局限于财务报表的特定要素、账户或项目。因此,在这两种情况下,注册会计师需要对财务报表发表无法表示意见。

四、执行分析程序

本书第六章介绍过，除风险评估阶段外，分析程序还必须运用于终结审计阶段。在此阶段，设计和实施分析程序是为了佐证在审计财务报表各个组成部分或各个要素过程中形成的结论，为注册会计师发表恰当的审计意见提供基础。

因此，《中国注册会计师审计准则第1313号——分析程序》规定，在临近审计结束时，注册会计师应当设计和实施分析程序，帮助其对财务报表形成总体结论，以确定财务报表是否与其对被审计单位的了解一致。

第三节 评价审计结果

一、评价审计过程中识别出的错报

错报是指某一财务报表项目的金额、分类、列报或披露，与按照适用的财务报告编制基础应当列示的金额、分类、列报或披露之间存在的差异；或根据注册会计师的判断，为使财务报表在所有重大方面实现公允反映，需要对金额、分类、列报或披露作出的必要调整。

错报可能是错误或舞弊导致的。

（一）累积识别出的错报

审计准则规定，注册会计师应当累积审计过程中识别出的错报，除非错报明显微小。

1. 明显微小的理解

明显微小的错报不需要累积，因为注册会计师认为这些错报的汇总数明显不会对财务报表产生重大影响。

"明显微小"不等同于"不重大"。明显微小错报的金额的数量级，与按照《中国注册会计师审计准则第1221号——计划和执行审计工作时的重要性》确定的重要性的数量级相比，是完全不同的（明显微小错报的数量级更小）。这些明显微小的错报，单独或者汇总起来，无论是从规模、性质还是其发生的环境来看都是明显微不足道的。如果不确定一个或多个错报是否明显微小，就不能认为这些错报是明显微小的。

2. 错报的分类

为了便于评价审计过程中累积的错报的影响以及与管理层和治理层沟通错报事项，注册会计师可以在累积识别出的错报过程中，将错报区分为事实错报、判断错报和推断错报。

事实错报是毋庸置疑的错报。判断错报是注册会计师认为管理层对会计估计作出了不合理的判断或者不恰当地选择和运用了会计政策而导致的差异。推断错报是注册会计师对总体存在的错报作出的最佳估计数，涉及根据在审计样本中识别出的错报来推断总体的错报。

（二）考虑审计过程中识别出的错报

在审计推进过程中考虑识别出的错报时，如果出现下列两种情形，注册会计师应当确定是否需要修改总体审计策略和具体审计计划。

第一种情形是，识别出的错报的性质以及错报发生的环境表明可能存在其他错报，并且可能存在的其他错报与审计过程中累积的错报合计起来可能是重大的。例如，注册会计师识别出的内部控制失效而导致的错报，或者被审计单位广泛运用不恰当的假设或评估方法而导致的错报，均可能表明还存在其他重大错报。

第二种情形是，审计过程中累积的错报合计数接近按照《中国注册会计师审计准则第1221号——计划和执行审计工作时的重要性》的规定确定的重要性。这是因为，鉴于抽样风险和非抽样风险的存在，虽然审计过程中累积错报的汇总数接近重要性水平，但实际未被发现的错报连同审计过程中累积错报的汇总数，可能超过重要性水平。

（三）沟通和更正错报

除非法律法规禁止，注册会计师应当及时将审计过程中累积的所有错报与适当层级的管理层进行沟通，并且要求管理层更正这些错报。

如果管理层拒绝沟通、更正部分或全部的错报，注册会计师应当了解管理层不更正错报的理由，并在评价财务报表整体是否不存在重大错报时考虑该理由。

（四）评价未更正错报的影响

未更正错报是指注册会计师在审计过程中累积的且被审计单位未予更正的错报。

1. 重新评估重要性水平

在评价未更正错报的影响之前，注册会计师应当重新评估按照《中国注册会计师审计准则第1221号——计划和执行审计工作时的重要性》的规定确定的重要性，以根据被审计单位的实际财务结果确认其是否仍然适当。如果计划重要性水平在审计过程中已作过调整，就应当将未更正错报同调整后的重要性水平进行比较。

2. 评价对财务报表的影响

注册会计师应当确定未更正错报单独或汇总起来是否重大。在确定时，注册会计师应当考虑：

（1）相对特定类别的交易、账户余额或披露以及财务报表整体而言，错报的金额和性质以及错报发生的特定环境；

（2）与以前期间相关的未更正错报对相关类别的交易、账户余额或披露以及财务报表整体的影响。

如果存在未更正错报，除非法律法规禁止，注册会计师应当与治理层进行沟通，并且说明这些错报单独或汇总起来可能对审计意见产生的影响。注册会计师在沟通时应当逐项指明重大的未更正错报，并且要求被审计单位予以更正。此外，注册会计师还应当与治理层沟通与以前期间相关的未更正错报对相关类别的交易、账户余额或披露以及财务报表整体的影响。

二、对财务报表形成审计意见

（一）总体要求

注册会计师应当就财务报表是否在所有重大方面按照适用的财务报告编制基础编制

并实现公允反映形成审计意见。

为了形成审计意见,针对财务报表整体是否不存在由于舞弊或错误导致的重大错报,注册会计师应当得出结论,确定是否已就此获取合理保证。在得出结论时,注册会计师应当考虑下列方面:

(1) 按照《中国注册会计师审计准则第 1231 号——针对评估的重大错报风险采取的应对措施》的规定,是否已获取充分、适当的审计证据;

(2) 按照《中国注册会计师审计准则第 1251 号——评价审计过程中识别出的错报》的规定,未更正错报单独或汇总起来是否构成重大错报;

(3) 审计准则要求作出的其他方面的评价。具体来说,包括评价财务报表是否在所有重大方面按照适用的财务报告编制基础编制,评价财务报表是否实现公允反映,以及评价财务报表是否恰当提及或说明适用的财务报告编制基础。

(二) 评价财务报表是否在所有重大方面按照适用的财务报告编制基础编制

为了确定财务报表是否在所有重大方面按照适用的财务报告编制基础编制,注册会计师应当依据适用的财务报告编制基础特别评价下列内容:

(1) 财务报表是否充分披露了选择和运用的重要会计政策;

(2) 选择和运用的会计政策是否符合适用的财务报告编制基础,并适合被审计单位的具体情况;

(3) 管理层作出的会计估计是否合理;

(4) 财务报表列报的信息是否具有相关性、可靠性、可比性和可理解性;

(5) 财务报表是否作出充分披露,使财务报表预期使用者能够理解重大交易和事项对财务报表所传递的信息的影响;

(6) 财务报表使用的术语(包括每一财务报表的标题)是否适当。

在评价时,注册会计师应当考虑被审计单位会计实务的质量,包括表明管理层的判断可能出现偏向的迹象。

(三) 评价财务报表是否实现公允反映

对财务报表是否在所有重大方面按照适用的财务报告编制基础编制作出的评价,还应当包括财务报表是否实现公允反映。

在评价财务报表是否实现公允反映时,注册会计师应当考虑下列内容:

(1) 财务报表的整体列报、结构和内容是否合理;

(2) 财务报表(包括相关附注)是否公允地反映了相关交易和事项。

(四) 评价财务报表是否恰当提及或说明适用的财务报告编制基础

在对财务报表形成审计意见时,注册会计师还应当评价财务报表是否恰当提及或说明了适用的财务报告编制基础。

如《〈中国注册会计师审计准则第 1101 号——注册会计师的总体目标和审计工作的基本要求〉应用指南》所述,管理层和治理层(如适用)编制的财务报表需要恰当说明适用的财务报告编制基础。由于这种说明可向财务报表使用者告知编制财务报表所依据的编制基础,因此是非常重要的。

只有财务报表符合适用的财务报告编制基础(在财务报表所涵盖的期间内有效)的所有要求,声明财务报表按照该编制基础编制才是恰当的。

在对适用的财务报告编制基础的说明中使用不严密的修饰语或限定性的语言(如"财务报表实质上符合国际财务报告准则的要求")是不恰当的,因为这可能误导财务报表使用者。

三、对工作底稿进行最终复核

实务中对工作底稿的复核可分为三个层次。第一层复核是在审计过程进行当中,由审计项目经理对助理人员工作底稿进行的详细复核,这层复核主要是评价已完成的审计工作、所获取的证据和工作底稿编制人员所形成的结论。第二层复核是在外勤工作结束时,由部门经理或签字注册会计师对工作底稿进行的重点复核。第三层复核是在终结审计阶段进行的复核,通常是由项目合伙人复核高级审计人员或审计经理编制的工作底稿、高级审计人员复核过的部分或全部工作底稿等。

《质量控制准则第 5101 号——会计师事务所对执行财务报表审计和审阅、其他鉴证和相关服务业务实施的质量控制》规定,针对上市实体财务报表审计以及会计师事务所确定需要实施项目质量控制复核的其他业务,还应当由项目组以外的项目质量控制复核人员进行项目质量控制复核。有关项目质量控制复核的具体要求,请详见本书第三章的第三节。

第十七章

审计报告

【学习目标】

1. 了解审计报告的定义、分类和审计意见的类型。
2. 了解审计报告的基本要素。
3. 掌握关键审计事项的含义、识别方法,以及相关审计报告的格式内容。
4. 掌握各种非无保留意见的含义、条件,以及相关审计报告的格式内容。
5. 掌握强调事项段和其他事项段的含义、条件,以及相关审计报告的格式内容。

第一节　审计报告概述

审计报告是注册会计师根据审计准则的要求,在实施审计程序的基础上对被审计单位财务报表发表意见或声明无法表示意见的书面文件。审计报告是审计工作的最终成果,具有法定证明效力。目前与财务报表审计报告直接相关的审计准则共有四个,分别是《中国注册会计师审计准则第 1501 号——对财务报表形成审计意见和出具审计报告》《中国注册会计师审计准则第 1502 号——在审计报告中发表非无保留意见》《中国注册会计师审计准则第 1503 号——在审计报告中增加强调事项段和其他事项段》,以及《中国注册会计师审计准则第 1504 号——在审计报告中沟通关键审计事项》。第 1501 号准则旨在规范注册会计师对财务报表形成审计意见,以及作为财务报表审计结果所出具的审计报告的格式和内容;第 1502 号准则旨在规范注册会计师在财务报表审计中出具非无保留意见的审计报告;第 1503 号准则旨在规范注册会计师在审计报告中增加强调事项段和其他事项段,以提供必要的补充信息;第 1504 号准则旨在规范注册会计师如何确定关键审计事项,以及如何在审计报告中沟通关键审计事项,包括沟通的形式和内容。

一、审计报告的定义

审计报告是指注册会计师根据审计准则的规定,在执行审计工作的基础上,对财务报表发表审计意见的书面文件。审计报告是审计工作的最终成果,具有法定证明效力。

二、审计报告的分类

（一）按照报告性质分类

按照报告性质进行分类,审计报告包括标准审计报告和非标准审计报告。

标准审计报告是指不含有说明段、强调事项段、其他事项段或其他任何修饰性用语的无保留意见的审计报告。包含其他报告责任段,但不含有强调事项段、其他事项段或其他任何修饰性用语的无保留意见的审计报告,也被视为标准审计报告。

非标准审计报告是指包含强调事项段或其他事项段的无保留意见的审计报告和非无保留意见的审计报告。

（二）按照使用目的分类

按照报告目的进行分类,审计报告包括公布目的审计报告和非公布目的审计报告。

公布目的审计报告,一般是用于对企业股东、投资者、债权人等非特定利益关系者公布的附送已审计财务报表的审计报告。注册会计师的审计报告一般属于这类报告。

非公布目的审计报告,一般是用于经营管理、合并或业务转让、融通资金等特定目的而实施审计的审计报告。这类审计报告是分发给特定使用者的,如经营者、合并或业务转让的关系人、提供信用的金融机构等。

（三）按照详细程度分类

按照详细程度进行分类,审计报告包括简式审计报告和详式审计报告。

简式审计报告,又称短式审计报告。它是指审计人员对应公布的财务报表进行审计后所编制的简明扼要的审计报告。简式审计报告反映的内容是非特定多数的利害关系人共同认为的必要审计事项,它具有记载事项为法令或审计准则所规定的特征,具有标准格式。因而,简式审计报告一般适用于公布目的。注册会计师出具的审计报告一般为简式审计报告。

详式审计报告,又称长式审计报告。它是指对审计对象所有重要的经济业务和情况都要作详细说明和分析的审计报告。详式审计报告主要用于指出企业经营管理中存在的问题并帮助企业改善经营管理,故其内容较简式审计报告丰富得多、详细得多。详式审计报告一般适用于非公布目的。政府审计报告和内部审计报告一般为详式审计报告。

三、审计意见的类型

如果认为财务报表在所有重大方面按照适用的财务报告编制基础编制并实现公允反映,注册会计师应当在审计报告中发表无保留意见。

当存在下列情形之一时,注册会计师应当按照《中国注册会计师审计准则第1502号——在审计报告中发表非无保留意见》的规定,在审计报告中发表非无保留意见:

(1) 根据获取的审计证据,得出财务报表整体存在重大错报的结论;

(2) 无法获取充分、适当的审计证据,不能得出财务报表整体不存在重大错报的结论。

非无保留意见包括三种类型,分别是保留意见、否定意见和无法表示意见。

第二节 审计报告要素

审计报告应当采用书面形式,具体可以纸质或电子方式存在。审计报告的基本要素包括:标题,收件人,审计意见,形成审计意见的基础,管理层对财务报表的责任,注册会计师对财务报表审计的责任,按照相关法律法规的要求报告的事项(如适用),注册会计师的签名和盖章,会计师事务所的名称、地址和盖章,以及报告日期。

一、标题

审计报告的标题应当统一规范为"审计报告"。

二、收件人

审计报告应当按照审计业务约定的要求载明收件人。

注册会计师通常将审计报告致送给财务报表使用者,一般是被审计单位的股东或治理层。

三、审计意见

审计意见部分由两部分组成:第一部分指出已审计财务报表,第二部分说明注册会计师发表的审计意见。

在第一部分中,应当包括下列方面:

(1) 指出被审计单位的名称;
(2) 说明财务报表已经审计;
(3) 指出构成整套财务报表的每一财务报表的名称;
(4) 提及财务报表附注(包括重要会计政策概要和其他解释性信息);
(5) 指明构成整套财务报表的每一财务报表的日期或涵盖的期间。

具体而言,审计报告可说明,"我们审计了被审计单位的财务报表,包括[指明适用的财务报告编制基础规定的构成整套财务报表的每一财务报表的名称、日期或涵盖的期间],以及相关财务报表附注。"

审计意见涵盖由适用的财务报告编制基础所确定的整套财务报表。例如,在许多通用目的编制基础中,财务报表包括资产负债表、利润表、现金流量表、所有者权益变动表和相关附注(通常包括重要会计政策和会计估计,以及其他解释性信息)。

在第二部分中,应当说明注册会计师发表的审计意见。如果对财务报表发表无保留意见,除非法律法规另有规定,审计意见应当使用"财务报表在所有重大方面按照[适用的财务报告编制基础(如企业会计准则等)]编制,公允反映了……"的措辞。

四、形成审计意见的基础

审计报告应当包含标题为"形成审计意见的基础"的部分。该部分提供了关于审计意见的重要背景,应当紧接在审计意见部分之后,并包括下列内容:

(1) 说明注册会计师按照审计准则的规定执行了审计工作。
(2) 提及审计报告中用于描述审计准则规定的注册会计师责任的部分。
(3) 声明注册会计师按照与审计相关的职业道德要求独立于被审计单位,并履行了职业道德方面的其他责任。声明中应当指明适用的职业道德要求,如中国注册会计师职业道德守则。
(4) 说明注册会计师是否相信获取的审计证据是充分、适当的,为发表审计意见提供基础。

五、管理层对财务报表的责任

审计报告应当包含标题为"管理层对财务报表的责任"的部分,用以描述被审计单位中负责编制财务报表的人员的责任。在审计报告中指明管理层的责任,有利于区分管理层和注册会计师的责任,降低财务报表使用者误解注册会计师责任的可能性。

管理层对财务报表的责任部分应当说明管理层负责下列方面:

(1) 按照适用的财务报告编制基础的规定编制财务报表,使其实现公允反映,并设计、执行和维护必要的内部控制,以使财务报表不存在由于舞弊或错误导致的重大错报。
(2) 评估被审计单位的持续经营能力和使用持续经营假设是否适当,并披露与持续经营相关的事项(如适用)。对管理层评估责任的说明应当包括描述在何种情况下使用持续经营假设是适当的。

六、注册会计师对财务报表审计的责任

审计报告应当包含标题为"注册会计师对财务报表审计的责任"的部分。

注册会计师对财务报表审计的责任部分应当包括下列内容：

(1) 说明注册会计师的目标是对财务报表整体是否不存在由于舞弊或错误导致的重大错报获取合理保证，并出具包含审计意见的审计报告。

(2) 说明合理保证是高水平的保证，但并不能保证按照审计准则执行的审计在某一重大错报存在时总能发现。

(3) 说明错报可能由于舞弊或错误导致。

在说明错报可能由于舞弊或错误导致时，注册会计师应当从下列两种做法中选取一种：描述如果合理预期错报单独或汇总起来可能影响财务报表使用者依据财务报表作出的经济决策，则通常认为错报是重大的；根据适用的财务报告编制基础，提供关于重要性的定义或描述。

注册会计师对财务报表审计的责任部分还应当包括下列内容：

(1) 说明在按照审计准则执行审计工作的过程中，注册会计师运用职业判断，并保持职业怀疑。

(2) 通过说明注册会计师的责任，对审计工作进行描述。这些责任包括：

第一，识别和评估由于舞弊或错误导致的财务报表重大错报风险，设计和实施审计程序以应对这些风险，并获取充分、适当的审计证据，作为发表审计意见的基础。由于舞弊可能涉及串通、伪造、故意遗漏、虚假陈述或凌驾于内部控制之上，未能发现由于舞弊导致的重大错报的风险高于未能发现由于错误导致的重大错报的风险。

第二，了解与审计相关的内部控制，以设计恰当的审计程序，但目的并非对内部控制的有效性发表意见。当注册会计师有责任在财务报表审计的同时对内部控制的有效性发表意见时，应当略去上述"目的并非对内部控制的有效性发表意见。"的表述。

第三，评价管理层选用会计政策的恰当性和作出会计估计及相关披露的合理性。

第四，对管理层使用持续经营假设的恰当性得出结论。同时，根据获取的审计证据，就可能导致对被审计单位持续经营能力产生重大疑虑的事项或情况是否存在重大不确定性得出结论。如果注册会计师得出结论认为存在重大不确定性，审计准则要求注册会计师在审计报告中提请报表使用者关注财务报表中的相关披露；如果披露不充分，注册会计师应当发表非无保留意见。注册会计师的结论基于截至审计报告日可获得的信息。然而，未来的事项或情况可能导致被审计单位不能持续经营。

第五，评价财务报表的总体列报、结构和内容（包括披露），并评价财务报表是否公允反映相关交易和事项。

注册会计师对财务报表审计的责任部分还应当包括下列内容：

(1) 说明注册会计师与治理层就计划的审计范围、时间安排和重大审计发现等事项进行沟通，包括沟通注册会计师在审计中识别的值得关注的内部控制缺陷。

(2) 对于上市实体财务报表审计，指出注册会计师就已遵守与独立性相关的职业道德要求向治理层提供声明，并与治理层沟通可能被合理认为影响注册会计师独立性的所

有关系和其他事项,以及相关的防范措施(如适用)。

(3) 对于上市实体财务报表审计,以及决定按照《中国注册会计师审计准则第1504号——在审计报告中沟通关键审计事项》的规定沟通关键审计事项的其他情况,说明注册会计师从与治理层沟通过的事项中确定哪些事项对本期财务报表审计最为重要,因而构成关键审计事项。注册会计师应当在审计报告中描述这些事项,除非法律法规禁止公开披露这些事项,或在极少数情形下,注册会计师合理预期在审计报告中沟通某事项造成的负面后果超过在公众利益方面产生的益处,因而确定不应在审计报告中沟通该事项。

七、按照相关法律法规的要求报告的事项(如适用)

除审计准则规定的注册会计师责任外,如果注册会计师在对财务报表出具的审计报告中履行其他报告责任,例如被要求实施额外规定的程序并予以报告,或者对特定事项(如会计账簿和记录的适当性)发表意见,应当在审计报告中将其单独作为一部分,并以"按照相关法律法规的要求报告的事项"为标题。此时,审计报告应当区分为"对财务报表出具的审计报告"和"按照相关法律法规的要求报告的事项"两部分,以便将其同注册会计师的财务报表报告责任明确区分。

在某些情况下,相关法律法规也可能要求或允许注册会计师在单独出具的报告中进行报告。

八、注册会计师的签名和盖章

审计报告应当由项目合伙人和另一名负责该项目的注册会计师签名和盖章。

针对上市实体整套通用目的财务报表审计业务,注册会计师还应当在出具的审计报告中注明项目合伙人。

九、会计师事务所的名称、地址和盖章

审计报告应当载明会计师事务所的名称和地址,并加盖会计师事务所公章。

十、报告日期

审计报告日非常重要,审计报告应当注明报告日期。因为它向审计报告使用者表明,注册会计师已考虑其知悉的、截至审计报告日发生的事项和交易的影响。注册会计师对审计报告日后发生的事项和交易的责任,在《中国注册会计师审计准则第1332号——期后事项》中作出了规定。

在确定审计报告日时,注册会计师应当确信已获取下列两方面的审计证据:① 构成整套财务报表的所有报表(包括相关附注)已编制完成;② 被审计单位的董事会、管理层或类似机构已经认可其对财务报表负责。

审计报告日不应早于注册会计师获取充分、适当的审计证据,并在此基础上对财务报表形成审计意见的日期。由于审计意见是针对财务报表发表的,并且编制财务报表是管理层的责任,所以只有在注册会计师获取证据证明构成整套财务报表的所有报表(包括相关附注)已经编制完成,并且管理层已认可其对财务报表的责任的情况下,注册会计师才

能够得出已经获取充分、适当审计证据的结论。此外,公司财务报表需经董事会或类似机构批准后方可对外报出。法律法规可能明确了负责确定构成整套财务报表的所有报表(包括相关附注)已经编制完成的个人或机构,并规定了必要的批准程序。在这种情况下,注册会计师需要在签署审计报告前获取财务报表已得到批准的证据。审计报告日不得早于财务报表的批准日期。

参考格式17-1列示了对上市实体财务报表发表的无保留意见的审计报告。

参考格式17-1 审计报告

ABC股份有限公司全体股东：

一、对财务报表出具的审计报告

（一）审计意见

我们审计了ABC股份有限公司（以下简称"ABC公司"）财务报表,包括20×1年12月31日的资产负债表,20×1年度的利润表、现金流量表、股东权益变动表以及相关财务报表附注。

我们认为,后附的财务报表在所有重大方面按照企业会计准则的规定编制,公允反映了ABC公司20×1年12月31日的财务状况以及20×1年度的经营成果和现金流量。

（二）形成审计意见的基础

我们按照中国注册会计师审计准则的规定执行了审计工作。审计报告的"注册会计师对财务报表审计的责任"部分进一步阐述了我们在这些准则下的责任。按照中国注册会计师职业道德守则,我们独立于ABC公司,并履行了职业道德方面的其他责任。我们相信,我们获取的审计证据是充分、适当的,为发表审计意见提供了基础。

（三）关键审计事项

关键审计事项是我们根据职业判断,认为对本期财务报表审计最为重要的事项。这些事项的应对以对财务报表整体进行审计并形成审计意见为背景,我们不对这些事项单独发表意见。

［按照《中国注册会计师审计准则第1504号——在审计报告中沟通关键审计事项》的规定描述每一关键审计事项。］

（四）其他信息

［按照《中国注册会计师审计准则第1521号——注册会计师对其他信息的责任》的规定报告,见《〈中国注册会计师审计准则第1521号——注册会计师对其他信息的责任〉应用指南》附录2中的参考格式1。］

（五）管理层和治理层对财务报表的责任

ABC公司管理层（以下简称"管理层"）负责按照企业会计准则的规定编制财务报表,使其实现公允反映,并设计、执行和维护必要的内部控制,以使财务报表不存在由于舞弊或错误导致的重大错报。

在编制财务报表时,管理层负责评估ABC公司的持续经营能力,披露与持续经营相关的事项（如适用）,并运用持续经营假设,除非管理层计划清算ABC公司、终止运营或别无其他现实的选择。

治理层负责监督 ABC 公司的财务报告过程。

（六）注册会计师对财务报表审计的责任

我们的目标是对财务报表整体是否不存在由于舞弊或错误导致的重大错报获取合理保证，并出具包含审计意见的审计报告。合理保证是高水平的保证，但并不能保证按照审计准则执行的审计在某一重大错报存在时总能发现。错报可能由于舞弊或错误导致，如果合理预期错报单独或汇总起来可能影响财务报表使用者依据财务报表作出的经济决策，则通常认为错报是重大的。

在按照审计准则执行审计工作的过程中，我们运用职业判断，并保持职业怀疑。同时，我们也执行以下工作：

（1）识别和评估由于舞弊或错误导致的财务报表重大错报风险，设计和实施审计程序以应对这些风险，并获取充分、适当的审计证据，作为发表审计意见的基础。由于舞弊可能涉及串通、伪造、故意遗漏、虚假陈述或凌驾于内部控制之上，未能发现由于舞弊导致的重大错报的风险高于未能发现由于错误导致的重大错报的风险。

（2）了解与审计相关的内部控制，以设计恰当的审计程序，但目的并非对内部控制的有效性发表意见。

（3）评价管理层选用会计政策的恰当性和作出会计估计及相关披露的合理性。

（4）对管理层使用持续经营假设的恰当性得出结论。同时，根据获取的审计证据，就可能导致对 ABC 公司持续经营能力产生重大疑虑的事项或情况是否存在重大不确定性得出结论。如果我们得出结论认为存在重大不确定性，审计准则要求我们在审计报告中提请报表使用者注意财务报表中的相关披露；如果披露不充分，我们应当发表非无保留意见。我们的结论基于截至审计报告日可获得的信息。然而，未来的事项或情况可能导致 ABC 公司不能持续经营。

（5）评价财务报表的总体列报、结构和内容（包括披露），并评价财务报表是否公允反映相关交易和事项。

我们与治理层就计划的审计范围、时间安排和重大审计发现等事项进行沟通，包括沟通我们在审计中识别出的值得关注的内部控制缺陷。

我们还就已遵守与独立性相关的职业道德要求向治理层提供声明，并与治理层沟通可能被合理认为影响我们独立性的所有关系和其他事项，以及相关的防范措施（如适用）。

从与治理层沟通过的事项中，我们确定哪些事项对本期财务报表审计最为重要，因而构成关键审计事项。我们在审计报告中描述这些事项，除非法律法规禁止公开披露这些事项，或在极少数情形下，如果合理预期在审计报告中沟通某事项造成的负面后果超过在公众利益方面产生的益处，我们确定不应在审计报告中沟通该事项。

二、按照相关法律法规的要求报告的事项

[本部分的格式和内容，取决于法律法规对其他报告责任性质的规定。本部分应当说明相关法律法规规定的事项（其他报告责任），除非其他报告责任涉及的事项与审计准则规定的报告责任涉及的事项相同。如果涉及相同的事项，其他报告责任可以在审计准则规定的同一报告要素部分列示。当其他报告责任和审计准则规定的报告责任涉及同一事

项,并且审计报告中的措辞能够将其他报告责任与审计准则规定的责任(如存在差异)予以清楚地区分时,可以将两者合并列示(即包含在"对财务报表出具的审计报告"部分中,并使用适当的副标题)。]

××会计师事务所　　　　　　　　　　　　中国注册会计师:×××
（盖章）　　　　　　　　　　　　　　　　　　　（签名并盖章）
　　　　　　　　　　　　　　　　　　　　　中国注册会计师:×××
　　　　　　　　　　　　　　　　　　　　　　　（签名并盖章）

中国××市　　　　　　　　　　　　　　　　二○×二年×月×日

第三节　在审计报告中沟通关键审计事项

关键审计事项是指注册会计师根据职业判断认为对当期财务报表审计最为重要的事项。《中国注册会计师审计准则第1504号——在审计报告中沟通关键审计事项》要求注册会计师在上市实体整套通用目的财务报表审计报告中增加关键审计事项部分,用于沟通关键审计事项。在审计报告中沟通关键审计事项,可以提高已执行审计工作的透明度,从而提高审计报告的决策相关性和有用性。沟通关键审计事项,还能够为财务报表使用者提供额外的信息,以帮助其了解被审计单位、已审计财务报表中涉及重大管理层判断的领域,以及注册会计师根据职业判断认为对当期财务报表审计最为重要的事项。沟通关键审计事项,还能够为财务报表预期使用者就与被审计单位、已审计财务报表或已执行审计工作相关的事项进一步与管理层和治理层沟通提供基础。

一、确定关键审计事项的决策框架

根据关键审计事项的定义,注册会计师在确定关键审计事项时,需要遵循以下决策框架(如图17-1所示):

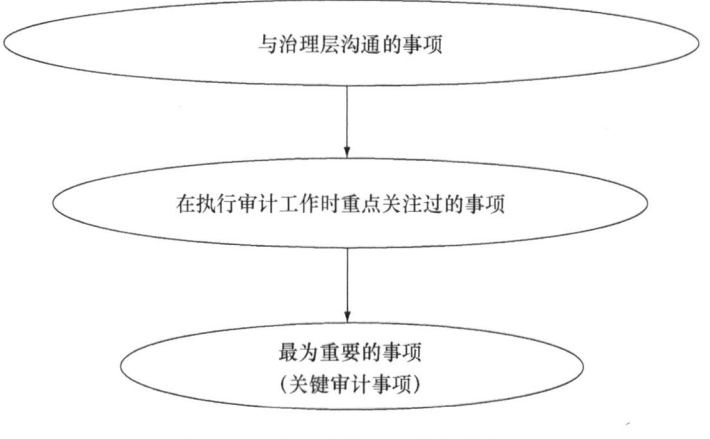

图17-1　关键审计事项的决策框架

(一) 以"与治理层沟通的事项"为起点选择关键审计事项

《中国注册会计师审计准则第 1151 号——与治理层的沟通》要求注册会计师与被审计单位治理层沟通审计过程中的重大发现，包括注册会计师对被审计单位的重要会计政策、会计估计和财务报表披露等会计实务的看法，审计过程中遇到的重大困难，已与治理层讨论或需要书面沟通的重大事项等，以便治理层履行其监督财务报告过程的职责。

对财务报表和审计报告使用者信息需求的调查结果表明，他们对这些事项感兴趣，并且呼吁增加这些沟通的透明度。因此，应从与治理层沟通事项中选取关键审计事项。

(二) 从"与治理层沟通的事项"中选出"在执行审计工作时重点关注过的事项"

重点关注的概念是基于这样的认识：审计是风险导向的，注重识别和评估财务报表重大错报风险，设计和实施应对这些风险的审计程序，获取充分、适当的审计证据，以作为形成审计意见的基础。对于特定账户余额、交易类别或披露，评估的认定层次重大错报风险越高，在计划和实施审计程序并评价审计程序的结果时通常涉及的判断就越多。在设计进一步审计程序时，注册会计师评估的风险越高，就越需要获取更具说服力的审计证据。当由于评估的风险较高而需要获取更具说服力的审计证据时，注册会计师可能需要增加所需审计证据的数量，或者获取更具相关性或可靠性的审计证据，如更注重从第三方获取审计证据或从多个独立渠道获取互相印证的审计证据。因此，对注册会计师获取充分、适当的审计证据或对财务报表形成审计意见构成挑战的事项可能与注册会计师确定关键审计事项尤其相关。

注册会计师重点关注过的领域通常与财务报表中复杂、重大的管理层判断领域相关，因而通常涉及困难或复杂的注册会计师职业判断。相应的，重点关注过的事项通常影响注册会计师的总体审计策略以及对这些事项分配的审计资源和审计工作力度。这些影响可能包括高级审计人员参与审计业务的程度，或者注册会计师的专家或在会计、审计的特殊领域具有专长的人员（包括会计师事务所聘请或雇用的人员）对这些领域的参与等。

注册会计师在确定哪些事项属于重点关注过的事项时，需要特别考虑下列方面：

(1) 评估的重大错报风险较高的领域或识别出的特别风险。《中国注册会计师审计准则第 1151 号——与治理层的沟通》要求注册会计师与治理层沟通识别出的特别风险。注册会计师还可以与治理层沟通注册会计师计划如何应对评估的重大错报风险较高的领域。特别风险，根据审计准则中的定义，是指注册会计师识别和评估的、根据判断认为需要特别考虑的重大错报风险。评估的重大错报风险较高的领域或识别出的特别风险，通常需要注册会计师在审计中投放更多的审计资源予以应对。因此，注册会计师在确定重点关注过的事项时需要特别考虑该方面。

(2) 与财务报表中涉及重大管理层判断（包括被认为具有高度估计不确定性的会计估计）的领域相关的重大审计判断。财务报表中复杂、重大的管理层判断领域，通常涉及困难、复杂的审计判断，并且可能同时需要管理层的专家和注册会计师的专家的参与。因此，注册会计师在确定重点关注过的事项时需要特别考虑该方面。

（3）当期重大交易或事项对审计的影响。对财务报表或审计工作具有重大影响的事项或交易可能属于重点关注领域，并可能被识别为特别风险。例如，在审计过程中的各个阶段，注册会计师可能已与管理层和治理层就重大关联方交易或超出被审计单位正常经营过程之外的重大交易，或在其他方面显得异常的交易对财务报表的影响进行了大量讨论。管理层可能已就这些交易的确认、计量、列报或披露作出了困难或复杂的判断，这些判断可能对注册会计师的总体审计策略产生重大影响。经济、会计、法规、行业或其他方面的重大变化既可能影响管理层的假设或判断，也可能影响注册会计师的总体审计方法，并导致某一事项需要重点关注。

（三）从"在执行审计工作时重点关注过的事项"中选出"最为重要的事项"，从而构成关键审计事项

注册会计师可能已就需要重点关注的事项与治理层进行了较多的互动。就这些事项与治理层进行沟通的性质和范围，通常能够表明哪些事项对审计而言最为重要。例如，对于较为困难和复杂的事项，注册会计师与治理层的互动可能更加深入、频繁或充分，这些事项（如重大会计政策的运用）构成了重大注册会计师或管理层判断的对象。

在确定某一与治理层沟通过的事项的相对重要程度以及该事项是否构成关键审计事项时，下列考虑也可能是相关的：

（1）该事项对预期使用者理解财务报表整体的重要程度，尤其是对财务报表的重要性。

（2）与该事项相关的会计政策的性质或者与同行业其他实体相比，管理层在选择适当的会计政策时设计的复杂程度或主观程度。

（3）从定性和定量方面考虑，与该事项相关的由于舞弊或错误导致的已更正错报和累积未更正错报（如有）的性质和重要程度。

（4）为应对该事项所需要付出的审计努力的性质和程度，包括：① 为应对该事项而实施审计程序或评价这些审计程序的结果（如有）在多大程度上需要特殊的知识或技能；② 就该事项在项目组之外进行咨询的性质。

（5）在实施审计程序、评价实施审计程序的结果、获取相关和可靠的审计证据以作为发表审计意见的基础时，注册会计师遇到的困难的性质和严重程度，尤其是当注册会计师的判断变得更加主观时。

（6）识别出的与该事项相关的控制缺陷的严重程度。

（7）该事项是否涉及数项可区分但又互相关联的审计考虑。例如，长期合同的收入确认、诉讼或其他或有事项等方面，可能需要重点关注，并且可能影响其他会计估计。

从需要重点关注的事项中，确定哪些事项以及多少事项对本期财务报表审计最为重要属于职业判断问题。"最为重要的事项"并不意味着只有一项。需要在审计报告中包含的关键审计事项的数量可能受被审计单位规模和复杂程度、业务和经营环境的性质，以及审计业务具体事实和情况的影响。总体来说，最初确定为关键审计事项的事项越多，注册会计师越需要重新考虑每一事项是否符合关键审计事项的定义。对关键审计事项作冗长的列举可能与这些事项是审计中最为重要的事项这一概念相抵触。

二、在审计报告中沟通关键审计事项

(一) 在审计报告中单设关键审计事项部分

为达到突出关键审计事项的目的,注册会计师应当在审计报告中单设一部分,以"关键审计事项"为标题,并在该部分使用恰当的子标题逐项描述关键审计事项。关键审计事项部分的引言应当同时说明下列事项:

(1) 关键审计事项是注册会计师根据职业判断,认为对本期财务报表审计最为重要的事项。

(2) 关键审计事项的应对以对财务报表整体进行审计并形成审计意见为背景,注册会计师对财务报表整体形成审计意见,而不对关键审计事项单独发表意见。

需要强调指出的是,导致非保留意见的事项、可能导致对被审计单位持续经营能力产生重大疑虑的事项或情况存在重大不确定性等,虽然符合关键审计事项的定义,但这些事项在审计报告中专门的部分披露,不在关键审计事项部分披露。进一步说,在关键审计事项部分披露的关键审计事项必须是已经得到满意解决的事项,既不存在审计范围受到限制的情况,也不存在注册会计师与被审计单位管理层意见有分歧的情况。

(二) 描述单一关键审计事项

为帮助财务报表使用者了解注册会计师确定的关键审计事项,注册会计师应当在审计报告中逐项描述每一关键审计事项,并同时说明下列方面:

(1) 该事项被认定为审计中最为重要的事项之一,因而被确定为关键审计事项的原因。

(2) 该事项在审计中是如何应对的。注册会计师可以描述下列要素:① 审计应对措施或审计方法中,与该事项最为相关或对评估的重大错报风险最有针对性的方面;② 对已实施审计程序的简要概述;③ 实施审计程序的结果;④ 对该事项作出的主要看法。

在描述时,注册会计师还应当分别索引至财务报表的相关披露(如有),以使预期使用者能够进一步了解管理层在编制财务报表时如何应对这些事项。

为使预期使用者能够理解关键审计事项在对财务报表整体进行审计的背景下的重要程度,以及关键审计事项和审计报告其他要素(包括审计意见)之间的关系,注册会计师可能需要注意用于描述关键审计事项的语言,使之:① 不暗示注册会计师在对财务报表形成审计意见时尚未恰当解决该事项;② 将该事项与被审计单位的具体情形紧密相扣,避免使用通用或标准化语言;③ 考虑该事项在相关财务报表披露(如有)中是如何处理的;④ 不包含或暗示对财务报表单一要素单独发表的意见。

需要特别强调的是,对某关键审计事项的描述是否充分属于职业判断的问题。对关键审计事项进行描述的目的在于提供一种简明、不偏颇的解释,以使预期使用者能够了解为何该事项是对审计最为重要的事项之一,以及这些事项是如何在审计中加以应对的。限制使用高度技术化的审计术语也能够帮助那些不具备适当审计知识的预期使用者了解注册会计师在审计过程中关注特定事项的原因。注册会计师提供信息的性质和范围需要在相关方各自责任的背景下作出权衡,即注册会计师以一种简明且可理解的形式提供有用的信息,而不应成为被审计单位原始信息的提供者。

原始信息是指与被审计单位相关、尚未由被审计单位公布(例如,未包含在财务报表中、未包含在审计报告日可获取的其他信息或者管理层或治理层的其他口头或书面沟通中,如财务信息的初步公告或投资者简报)的信息。这些信息是被审计单位管理层和治理层的责任。

在描述关键审计事项时,注册会计师需要避免不恰当地提供与被审计单位相关的原始信息。对关键审计事项的描述通常不构成有关被审计单位的原始信息,这是由于关键审计事项是在审计的背景下描述的。然而,注册会计师仍可能认为提供进一步信息用于解释为何该事项被认为对审计最为重要因而被确定为关键审计事项,以及这些事项如何在审计中加以应对是有必要的,除非法律法规禁止披露这些信息。如果确定这些信息是必要的,注册会计师可以鼓励管理层或治理层披露进一步信息,而不是在审计报告中提供原始信息。

三、不在审计报告中沟通关键审计事项的情形

一般而言,在审计报告中沟通关键审计事项,通常有利于提高审计的透明度,是符合公众利益的。然而,在极其罕见的情况下,关键审计事项可能涉及某些"敏感信息",沟通这些信息可能会为被审计单位带来较为严重的负面影响。在某些情况下,法律法规也可能禁止公开披露某事项。例如,公开披露某事项可能妨碍相关机构对某项违法行为或疑似违法行为的调查。

因此,除非法律法规禁止公开披露某事项,或者在极其罕见的情况下,如果合理预期在审计报告中沟通某事项造成的负面后果超过产生的公众利益方面的益处,注册会计师确定不应在审计报告中沟通该事项,则注册会计师应当在审计报告中逐项描述关键审计事项。

四、就关键审计事项与治理层沟通

治理层在监督财务报告的过程中担任着重要角色。就关键审计事项与治理层沟通,既能够使治理层了解注册会计师就关键审计事项作出审计决策的基础,以及这些事项将如何在审计报告中作出描述,也能够使治理层考虑鉴于这些事项将在审计报告中沟通,作出新的披露或提高披露质量是否有用。因此,注册会计师应在下列方面与治理层沟通:

(1)注册会计师确定的关键审计事项;

(2)根据被审计单位和审计业务的具体情况,注册会计师确定不存在需要在审计报告中沟通的关键审计事项(如适用)。

参考格式17-2列式了审计报告中关键审计事项——商誉的减值测试。

参考格式17-2　关键审计事项——商誉的减值测试

相关信息披露详见财务报表附注——××

（一）事项描述

截至201×年12月31日，集团因收购YYY公司而确认了×××万元的商誉。贵公司管理层于每年年末对商誉进行减值测试。本年度，YYY公司产生了经营损失，该商誉出现减值迹象。

报告期末，集团管理层对YYY公司的商誉进行了减值测试，以评价该商誉是否存在减值。管理层采用现金流预测模型来预测商誉的可收回金额，并将其与商誉的账面价值相比较。该模型所使用的折现率、预计现金流，特别是未来收入增长率等关键指标需要作出重大的管理层判断。通过测试，管理层得出商誉没有减值的结论。

（二）实施的审计程序

我们针对管理层减值测试所实施的审计程序包括：

1. 对管理层的估值方法予以了评估；

2. 基于我们对相关行业的了解，我们质疑了管理层假设的合理性，如收入增长率、折现率等；

3. 检查了录入数据与支持证据的一致性，例如，已批准的预算及考虑这些预算的合理性。

（三）实施审计程序的结果

我们认为，基于目前所获取的信息，管理层在对商誉减值测试所使用的假设是合理的，相关信息在财务报表附注——××中所作出的披露是适当的。

第四节　非无保留意见

非无保留意见是指保留意见、否定意见或无法表示意见。

一、发表非无保留意见的情形

当存在下列两种情形之一时，注册会计师应当在审计报告中发表非无保留意见。

1. 根据获取的审计证据，得出财务报表整体存在重大错报的结论

在得出结论时，注册会计师需要按照《中国注册会计师审计准则第1251号——评价审计过程中识别出的错报》的规定评价未更正错报对财务报表的影响。

错报的概念已在本书第十六章的第三节作出解释。财务报表的重大错报可能源于选择的会计政策的恰当性，所选择会计政策的运用合理性，以及财务报表披露的恰当性或充分性。下面逐一进行阐述。

（1）选择的会计政策的恰当性。

在选择的会计政策的恰当性方面，当出现下列情形时，财务报表可能存在重大错报：① 选择的会计政策与适用的财务报告编制基础不一致；② 财务报表（包括相关附注）没有

按照公允列报的方式反映交易和事项。财务报告编制基础通常包括对会计处理、披露和会计政策变更的要求。如果被审计单位变更了重大会计政策,且没有遵守这些要求,财务报表可能存在重大错报。

(2) 所选择会计政策的运用合理性。

在对所选择的会计政策的运用方面,当出现下列情形时,财务报表可能存在重大错报:① 管理层没有按照适用的财务报告编制基础的要求一贯运用所选择的会计政策,包括管理层未在不同会计期间或对相似的交易和事项一贯运用所选择的会计政策(运用的一致性);② 不当运用所选择的会计政策(如运用中的无意错误)。

(3) 财务报表披露的恰当性或充分性。

在财务报表披露的恰当性或充分性方面,当出现下列情形时,财务报表可能存在重大错报:① 财务报表没有包括适用的财务报告编制基础要求的所有披露;② 财务报表的披露没有按照适用的财务报告编制基础列报;③ 财务报表没有作出必要的披露以实现公允反映。

2. 无法获取充分、适当的审计证据,不能得出财务报表整体不存在重大错报的结论

如果注册会计师能够通过实施替代程序获取充分、适当的审计证据,则无法实施特定的程序并不构成对审计范围的限制。下列三种情形可能导致注册会计师无法获取充分、适当的审计证据,即审计范围受到限制。

(1) 超出被审计单位控制的情形。超出被审计单位控制的情形举例包括:① 被审计单位的会计记录已被毁坏;② 重要组成部分的会计记录已被政府有关机构无限期地查封。

(2) 与注册会计师工作的性质或时间安排相关的情形。与注册会计师工作的性质或时间安排相关的情形举例包括:① 被审计单位需要使用权益法对联营企业进行核算,注册会计师无法获取有关联营企业财务信息的充分、适当的审计证据以评价是否恰当运用了权益法;② 注册会计师接受审计委托的时间安排,使注册会计师无法实施存货监盘;③ 注册会计师确定仅实施实质性程序是不充分的,但被审计单位的控制是无效的。

(3) 管理层施加限制的情形。管理层对审计范围施加的限制致使注册会计师无法获取充分、适当的审计证据的情形举例包括:① 管理层阻止注册会计师实施存货监盘;② 管理层阻止注册会计师对特定账户余额实施函证。

二、确定非无保留意见的类型

表 17-1 列示了注册会计师对导致发生非无保留意见的事项的性质和这些事项对财务报表产生或可能产生影响的广泛性作出的判断,以及注册会计师的判断对审计意见类型的影响。

表 17-1 非无保留意见类型的决策表

导致发表非无保留意见的事项的性质	这些事项对财务报表产生或可能产生影响的广泛性	
	重大但不具有广泛性	重大且具有广泛性
财务报表存在重大错报	保留意见	否定意见
无法获取充分、适当的审计证据	保留意见	无法表示意见

在表 17-1 中,广泛性是描述错报影响的术语,用以说明错报对财务报表的影响,或者由于无法获取充分、适当的审计证据而未发现的错报(如存在)对财务报表可能产生的影响。根据注册会计师的判断,对财务报表的影响具有广泛性的情形包括:① 不限于对财务报表的特定要素、账户或项目产生影响;② 虽然仅对财务报表的特定要素、账户或项目产生影响,但这些要素、账户或项目是或可能是财务报表的主要组成部分;③ 当与披露相关时,产生的影响对财务报表使用者理解财务报表至关重要。

下面详细介绍三种非无保留意见的出具条件。

1. 保留意见

当存在下列情形之一时,注册会计师应当发表保留意见:

(1)在获取充分、适当的审计证据后,注册会计师认为错报单独或汇总起来对财务报表影响重大,但不具有广泛性。

(2)注册会计师无法获取充分、适当的审计证据以作为形成审计意见的基础,但认为未发现的错报(如存在)对财务报表可能产生的影响重大,但不具有广泛性。

2. 否定意见

在获取充分、适当的审计证据后,如果认为错报单独或汇总起来对财务报表的影响重大且具有广泛性,注册会计师应当发表否定意见。

3. 无法表示意见

(1)总体要求。

如果无法获取充分、适当的审计证据以作为形成审计意见的基础,但认为未发现的错报(如存在)对财务报表可能产生的影响重大且具有广泛性,注册会计师应当发表无法表示意见。

(2)存在多个不确定事项的特殊情形。

在极其特殊的情况下,可能存在多个不确定事项。尽管注册会计师对每个单独的不确定事项获取了充分、适当的审计证据,但由于不确定事项之间可能存在相互影响,以及可能对财务报表产生累积影响,注册会计师不可能对财务报表形成审计意见。在这种情况下,注册会计师应当发表无法表示意见。

(3)承接审计业务后,因管理层施加限制导致无法获取充分、适当的审计证据的情形。

在承接审计业务后,如果注意到管理层对审计范围施加了限制,且认为这些限制可能导致对财务报表发表保留意见或无法表示意见,注册会计师应当要求管理层消除这些限制。

如果管理层拒绝,除非治理层全部成员参与管理被审计单位,注册会计师应当就此事项与治理层沟通,并确定能否实施替代程序以获取充分、适当的审计证据。

如果无法获取充分、适当的审计证据,注册会计师应当通过下列方式确定其影响:① 如果未发现的错报(如存在)可能对财务报表产生的影响重大,但不具有广泛性,注册会计师应当发表保留意见。② 如果未发现的错报(如存在)可能对财务报表产生的影响重大且具有广泛性,以至于发表保留意见不足以反映情况的严重性,注册会计师应当在可行时解除业务约定(除非法律法规禁止);如果在出具审计报告之前解除业务约定被禁止或不可行,应当发表无法表示意见。

如果根据审计准则的规定解除业务约定,注册会计师应当在解除业务约定前,与治理层沟通在审计过程中发现的、将会导致发表非无保留意见的所有错报事项。同时,根据职业准则、法律法规或监管机构的要求,注册会计师可能需要向监管机构或被审计单位的股东报告与解除审计业务约定相关的事项。

(4) 与发表否定意见或无法表示意见相关的其他考虑。

如果认为有必要对财务报表整体发表否定意见或无法表示意见,注册会计师不应在同一审计报告中对按照相同财务报告编制基础编制的单一财务报表或者财务报表特定要素、账户或项目发表无保留意见。因为,在同一审计报告中包含无保留意见,将会与对财务报表整体发表的否定意见或无法表示意见相矛盾,容易使审计报告使用者产生误解。

三、非无保留审计意见审计报告的格式和内容

(一) 形成审计意见的基础

1. 标题

如果对财务报表发表非无保留意见,除在审计报告中包含《中国注册会计师审计准则第1501号——对财务报表形成审计意见和出具审计报告》规定的审计报告要素外,注册会计师还应当:① 将"形成审计意见的基础"这一标题修改为恰当的标题,如"形成保留意见的基础""形成否定意见的基础"或"形成无法表示意见的基础";② 在该部分对导致发表非无保留意见的事项进行描述。

2. 对与具体金额相关的重大错报的说明

如果财务报表中存在与具体金额(包括定量披露)相关的重大错报,注册会计师应当在导致非无保留意见的事项段中说明并量化该错报的财务影响。如果无法量化财务影响,注册会计师应当在导致非无保留意见的事项段中说明这一情况。

3. 对与叙述性披露相关的重大错报的说明

如果财务报表中存在与叙述性披露相关的重大错报,注册会计师应当在导致非无保留意见的事项段中解释该错报错在何处。

4. 对与应披露而未披露信息相关的重大错报的说明

如果财务报表中存在与应披露而未披露信息相关的重大错报,注册会计师应当:

(1) 与治理层讨论未披露信息的情况;

(2) 在导致非无保留意见的事项段中描述未披露信息的性质;

(3) 如果可行并且已针对未披露信息获取了充分、适当的审计证据,在导致非无保留意见的事项段中包含对未披露信息的披露,除非法律法规禁止。

5. 对无法获取充分、适当的审计证据而导致非无保留意见情形的说明

如果无法获取充分、适当的审计证据而导致发表非无保留意见,注册会计师应当在导致非无保留意见的事项段中说明无法获取审计证据的原因。

6. 发表否定意见或无法表示意见时的说明

即使发表了否定意见或无法表示意见,注册会计师也应当在导致非无保留意见的事项段中说明注意到的、将导致发表非无保留意见的所有其他事项及其影响。

(二)审计意见

1. 标题

在发表非无保留意见时,注册会计师应当对审计意见部分使用恰当的标题,如"保留意见""否定意见"或"无法表示意见"。

2. 发表保留意见

当由于财务报表存在重大错报而发表保留意见时,注册会计师应当根据适用的财务报告编制基础在审计意见部分中说明:注册会计师认为,除形成保留意见的基础部分所述事项产生的影响外,财务报表在所有重大方面按照适用的财务报告编制基础编制,并实现公允反映。

当无法获取充分、适当的审计证据而导致发表保留意见时,注册会计师应当在审计意见部分中使用"除……可能产生的影响外"等措辞。

如果发表保留意见,在审计意见部分中使用"由于上述解释"或"受……影响"等措辞是不恰当的,因为这些措辞不够清晰或没有足够的说服力。

3. 发表否定意见

当发表否定意见时,注册会计师应当根据适用的财务报告编制基础在审计意见部分中说明:注册会计师认为,由于形成否定意见的基础部分所述事项的重要性,财务报表没有在所有重大方面按照适用的财务报告编制基础编制,未能实现公允反映。

4. 发表无法表示意见

当由于无法获取充分、适当的审计证据而发表无法表示意见时,注册会计师应当:① 说明注册会计师不对后附的财务报表发表审计意见;② 说明由于形成无法表示意见的基础部分所述事项的重要性,注册会计师无法获取充分、适当的审计证据以作为对财务报表发表审计意见的基础;③ 修改财务报表已经审计的说明,改为注册会计师接受委托审计财务报表。

(三)因非无保留意见导致对审计报告其他要素的修改

当发表保留意见或否定意见时,注册会计师应当修改形成无保留意见的基础部分的表述,在对注册会计师是否获取了充分、适当的审计证据以作为形成审计意见的基础的说明中,包含恰当的措辞,如"保留"或"否定"。

当注册会计师对财务报表发表无法表示意见时,注册会计师应当修改无保留意见审计报告中形成审计意见的基础部分,不应当提及审计报告中用于描述注册会计师责任的部分,也不应当说明注册会计师是否已获取充分、适当的审计证据以作为形成审计意见的基础。

当由于无法获取充分、适当的审计证据而发表无法表示意见时,注册会计师应当修改无保留意见审计报告中对注册会计师责任作出的表述,使其仅包含下列内容:① 注册会计师的责任是按照中国注册会计师审计准则的规定,对被审计单位财务报表执行审计工作,以出具审计报告;② 但由于形成无法表示意见的基础部分所述的事项,注册会计师无法获取充分、适当的审计证据以作为发表审计意见的基础;③ 关于注册会计师在独立性和职业道德方面的其他责任的声明。

（四）非无保留意见审计报告的范例

1. 由于财务报表存在重大错报而发表保留意见的审计报告

参考格式 17-3 列示了由于上市实体财务报表存在重大错报而发表保留意见的审计报告的范例。

参考格式 17-3　审计报告

ABC 股份有限公司全体股东：

一、对财务报表出具的审计报告

（一）保留意见

我们审计了 ABC 股份有限公司（以下简称"ABC 公司"）财务报表，包括 20×1 年 12 月 31 日的资产负债表，20×1 年度的利润表、现金流量表、股东权益变动表以及相关财务报表附注。

我们认为，除"形成保留意见的基础"部分所述事项产生的影响外，后附的财务报表在所有重大方面按照企业会计准则的规定编制，公允反映了 ABC 公司 20×1 年 12 月 31 日的财务状况以及 20×1 年度的经营成果和现金流量。

（二）形成保留意见的基础

ABC 公司 20×1 年 12 月 31 日资产负债表中存货的列示金额为×元。ABC 公司管理层（以下简称"管理层"）根据成本对存货进行计量，而没有根据成本与可变现净值孰低的原则进行计量，这不符合企业会计准则的规定。ABC 公司的会计记录显示，如果管理层以成本与可变现净值孰低来计量存货，存货列示金额将减少×元。相应的，资产减值损失将增加×元，所得税、净利润和股东权益将分别减少×元、×元和×元。

我们按照中国注册会计师审计准则的规定执行了审计工作。审计报告的"注册会计师对财务报表审计的责任"部分进一步阐述了我们在这些准则下的责任。按照中国注册会计师职业道德守则，我们独立于 ABC 公司，并履行了职业道德方面的其他责任。我们相信，我们获取的审计证据是充分、适当的，为发表保留意见提供了基础。

（三）其他信息

［按照《中国注册会计师审计准则第 1521 号——注册会计师对其他信息的责任》的规定报告，参见参考格式 17-1。］

（四）关键审计事项

关键审计事项是我们根据职业判断，认为对本期财务报表审计最为重要的事项。这些事项的应对以对财务报表整体进行审计并形成审计意见为背景，我们不对这些事项单独发表意见。除"形成保留意见的基础"部分所述事项外，我们确定下列事项是需要在审计报告中沟通的关键审计事项。

［按照《中国注册会计师审计准则第 1504 号——在审计报告中沟通关键审计事项》的规定描述每一关键审计事项。］

（五）管理层和治理层对财务报表的责任

［按照《中国注册会计师审计准则第 1501 号——对财务报表形成审计意见和出具审

计报告》的规定报告,参见参考格式17-1。]

（六）注册会计师对财务报表审计的责任

[按照《中国注册会计师审计准则第1501号——对财务报表形成审计意见和出具审计报告》的规定报告,参见参考格式17-1。]

二、按照相关法律法规的要求报告的事项

[按照《中国注册会计师审计准则第1501号——对财务报表形成审计意见和出具审计报告》的规定报告,参见参考格式17-1。]

××会计师事务所　　　　　　　　　　　　　　　　中国注册会计师：×××
（盖章）　　　　　　　　　　　　　　　　　　　　　　　（签名并盖章）
　　　　　　　　　　　　　　　　　　　　　　　　中国注册会计师：×××
　　　　　　　　　　　　　　　　　　　　　　　　　　　（签名并盖章）

中国××市　　　　　　　　　　　　　　　　　　　　二〇×二年×月×日

2. 由于财务报表存在重大错报而发表否定意见的审计报告

参考格式17-4列示了由于上市实体合并财务报表存在重大错报而发表否定意见的审计报告的范例。

参考格式17-4　审计报告

ABC股份有限公司全体股东：

一、对合并财务报表出具的审计报告

（一）否定意见

我们审计了ABC股份有限公司及其子公司（以下简称"ABC集团"）的合并财务报表,包括20×1年12月31日的合并资产负债表,20×1年度的合并利润表、合并现金流量表、合并股东权益变动表以及相关合并财务报表附注。

我们认为,由于"形成否定意见的基础"部分所述事项的重要性,后附的合并财务报表没有在所有重大方面按照××财务报告编制基础的规定编制,未能公允反映ABC集团20×1年12月31日的合并财务状况以及20×1年度的合并经营成果和合并现金流量。

（二）形成否定意见的基础

如财务报表附注×所述,20×1年ABC集团通过非同一控制下的企业合并获得对XYZ公司的控制权,因未能取得购买日XYZ公司某些重要资产和负债的公允价值,故未将XYZ公司纳入合并财务报表的范围。按照××财务报告编制基础的规定,该集团应将这一子公司纳入合并范围,并以暂估金额为基础核算该项收购。如果将XYZ公司纳入合并财务报表的范围,后附的ABC集团合并财务报表的多个报表项目将受到重大影响。但我们无法确定未将XYZ公司纳入合并范围对合并财务报表产生的影响。

我们按照中国注册会计师审计准则的规定执行了审计工作。审计报告的"注册会计师对合并财务报表审计的责任"部分进一步阐述了我们在这些准则下的责任。按照中国注册会计师职业道德守则,我们独立于ABC集团,并履行了职业道德方面的其他责任。

我们相信,我们获取的审计证据是充分、适当的,为发表否定意见提供了基础。

(三)其他信息

[按照《中国注册会计师审计准则第1521号——注册会计师对其他信息的责任》的规定报告,参见参考格式17-1。]

(四)关键审计事项

除"形成否定意见的基础"部分所述事项外,我们认为,没有其他需要在我们的报告中沟通的关键审计事项。

(五)管理层和治理层对合并财务报表的责任

[按照《中国注册会计师审计准则第1501号——对财务报表形成审计意见和出具审计报告》的规定报告,参见参考格式17-1。]

(六)注册会计师对合并财务报表审计的责任

[按照《中国注册会计师审计准则第1501号——对财务报表形成审计意见和出具审计报告》的规定报告,参见参考格式17-1。]

二、按照相关法律法规的要求报告的事项

[按照《中国注册会计师审计准则第1501号——对财务报表形成审计意见和出具审计报告》的规定报告,参见参考格式17-1。]

××会计师事务所 (盖章)	中国注册会计师:××× (签名并盖章) 中国注册会计师:××× (签名并盖章)
中国××市	二〇×二年×月×日

3. 由于无法获取财务报表多个要素的充分、适当的审计证据而发表无法表示意见的审计报告

参考格式17-5列示了由于无法获取上市实体财务报表多个要素的充分、适当的审计证据而发表无法表示意见的审计报告的范例。在参考格式17-5中,无法获取充分、适当的审计证据对财务报表可能的影响重大且具有广泛性。

参考格式17-5 审计报告

ABC股份有限公司全体股东:

一、对财务报表出具的审计报告

(一)无法表示意见

我们接受委托,审计ABC股份有限公司(以下简称"ABC公司")财务报表,包括20×1年12月31日的资产负债表,20×1年度的利润表、现金流量表、股东权益变动表以及相关财务报表附注。

我们不对后附的ABC公司财务报表发表审计意见。由于"形成无法表示意见的基础"部分所述事项的重要性,我们无法获取充分、适当的审计证据以作为对财务报表发表

审计意见的基础。

(二)形成无法表示意见的基础

我们于20×2年1月接受委托审计ABC公司财务报表,因而未能对ABC公司20×1年年初金额为×元的存货和年末金额为×元的存货实施监盘程序。此外,我们也无法实施替代审计程序获取充分、适当的审计证据。并且,ABC公司于20×1年9月采用了新的应收账款电算化系统,由于存在系统缺陷导致应收账款出现大量错误。截至报告日,ABC公司管理层(以下简称"管理层")仍在纠正系统缺陷并更正错误,我们也无法实施替代审计程序,以对截至20×1年12月31日的应收账款总额×元获取充分、适当的审计证据。因此,我们无法确定是否有必要对存货、应收账款以及财务报表其他项目作出调整,也无法确定应调整的金额。

(三)管理层和治理层对财务报表的责任

[按照《中国注册会计师审计准则第1501号——对财务报表形成审计意见和出具审计报告》的规定报告,参见参考格式17-1。]

(四)注册会计师对财务报表审计的责任

我们的责任是按照中国注册会计师审计准则的规定,对ABC公司的财务报表执行审计工作,以出具审计报告。但由于"形成无法表示意见的基础"部分所述的事项,我们无法获取充分、适当的审计证据以作为发表审计意见的基础。

按照中国注册会计师职业道德守则,我们独立于ABC公司,并履行了职业道德方面的其他责任。

二、按照相关法律法规的要求报告的事项

[按照《中国注册会计师审计准则第1501号——对财务报表形成审计意见和出具审计报告》的规定报告,参见参考格式17-1。]

××会计师事务所	中国注册会计师:×××
(盖章)	(签名并盖章)
	中国注册会计师:×××
	(签名并盖章)
中国××市	二○×二年×月×日

四、与治理层的沟通

当拟在审计报告中发表非无保留意见时,注册会计师应当与治理层沟通导致拟发表非无保留意见的情况,以及拟使用的非无保留意见措辞。

因为,注册会计师与治理层沟通拟发表非无保留意见的情况和拟使用的措辞,有助于:① 提醒治理层注意拟发表的非无保留意见和拟发表非无保留意见的原因(或情形);② 就发表非无保留意见寻求治理层的同意,或证实与管理层存在分歧的事项;③ 治理层有机会向注册会计师提供与导致非无保留意见的事项相关的进一步信息和解释。

第五节 强调事项段和其他事项段

如果认为必要,注册会计师可以在审计报告中提供下列补充信息,以提醒使用者关注:① 尽管已在财务报表中列报或披露,但对使用者理解财务报表至关重要的事项;② 未在财务报表中列报或披露,但与使用者理解审计工作、注册会计师的责任或审计报告相关的事项。这些补充信息就是可能在审计报告中增加的强调事项段和其他事项段。

一、强调事项段

(一)强调事项段的定义

强调事项段是指审计报告中含有的一个段落,该段落提及已在财务报表中恰当列报或披露的事项,根据注册会计师的职业判断,该事项对财务报表使用者理解财务报表至关重要。

(二)增加强调事项段的情形

如果认为有必要提醒财务报表使用者关注已在财务报表中列报或披露,且根据职业判断认为对财务报表使用者理解财务报表至关重要的事项,在同时满足下列条件时,注册会计师应当在审计报告中增加强调事项段:

(1)按照《中国注册会计师审计准则第 1502 号——在审计报告中发表非无保留意见》的规定,该事项不会导致注册会计师发表非无保留意见。

(2)当《中国注册会计师审计准则第 1504 号——在审计报告中沟通关键审计事项》适用时,该事项未被确定为在审计报告中沟通的关键审计事项。

注册会计师可能认为需要增加强调事项段的情形举例包括:

(1)异常诉讼或监管行动的未来结果存在不确定性;

(2)提前应用(在允许的情况下)对财务报表有广泛影响的新会计准则;

(3)存在已经或持续对被审计单位财务状况产生重大影响的特大灾难。

强调事项段的过多使用会降低注册会计师沟通所强调事项的有效性。而且,与财务报表中的列报或披露相比,在强调事项段中包括过多的信息,可能隐含着这些事项未被恰当列报或披露。因此,审计准则规定,应当将强调事项段的使用局限于已在财务报表列报或披露的信息。

(三)包含强调事项段时采取的措施

如果在审计报告中包含强调事项段,注册会计师应当采取下列措施:

(1)将强调事项段作为单独的一部分置于审计报告中,并使用包含"强调事项"这一术语的适当标题。

(2)明确提及被强调事项以及相关披露的位置,以便能够在财务报表中找到对该事项的详细描述。强调事项段应当仅提及已在财务报表中列报或披露的信息。

(3)指出审计意见没有因该强调事项而改变。

二、其他事项段

（一）其他事项段的定义

其他事项段是指审计报告中含有的一个段落,该段落提及未在财务报表中列报或披露的事项,根据注册会计师的职业判断,该事项与财务报表使用者理解审计工作、注册会计师的责任或审计报告相关。

（二）增加其他事项段的情形

对于未在财务报表中列报或披露,但根据职业判断认为与财务报表使用者理解审计工作、注册会计师的责任或审计报告相关,且未被法律法规禁止、未被确认为关键审计事项的事项,如果认为有必要沟通,注册会计师应当在审计报告中增加其他事项段。

具体来说,包括以下四种情形。

1. 与使用者理解审计工作相关的情形

在极其特殊的情况下,即使由于管理层对审计范围施加限制导致无法获取充分、适当的审计证据可能产生的影响具有广泛性,注册会计师也不能解除业务约定。在这种情况下,注册会计师可能认为有必要在审计报告中增加其他事项段,解释为何不能解除业务约定。

2. 与使用者理解注册会计师的责任或审计报告相关的情形

法律法规或得到广泛认可的惯例可能要求或允许注册会计师详细说明某些事项,以进一步解释注册会计师在财务报表审计中的责任或审计报告。在这种情况下,注册会计师可以使用一个或多个子标题来描述其他事项段的内容。

但是,增加其他事项段不涉及以下两种情形:① 除根据审计准则的规定有责任对财务报表出具审计报告外,注册会计师还有其他报告责任(参见《中国注册会计师审计准则第 1501 号——对财务报表形成审计意见和出具审计报告》中"其他报告责任"部分);② 注册会计师可能被要求实施额外规定的程序并予以报告,或对特定事项发表意见。

3. 对两套以上财务报表出具审计报告的情形

被审计单位可能按照通用目的编制基础(如×国财务报告编制基础)编制一套财务报表,且按照另一个通用目的编制基础(如国际财务报告准则)编制另一套财务报表,并委托注册会计师同时对两套财务报表出具审计报告。如果注册会计师已确定两个财务报告编制基础在各自情形下是可接受的,可以在审计报告中增加其他事项段,说明该被审计单位根据另一个通用目的编制基础(如国际财务报告准则)编制了另一套财务报表以及注册会计师对这些财务报表出具了审计报告。

4. 限制审计报告分发和使用的情形

为特定目的编制的财务报表可能按照通用目的编制基础编制,因为财务报表预期使用者已确定这种通用目的的财务报表能够满足他们对财务信息的需求。由于审计报告旨在提供给特定使用者,注册会计师可能认为在这种情况下需要增加其他事项段,说明审计报告只是提供给财务报表预期使用者,不应被分发给其他机构或人员,或者被其他机构或人员使用。

(三)增加其他事项段时采取的措施

如果在审计报告中包含其他事项段,注册会计师应当将该段落作为单独的一部分,并使用"其他事项"或其他适当标题。

三、与治理层的沟通

如果拟在审计报告中增加强调事项段或其他事项段,注册会计师应当就该事项和拟使用的措辞与治理层沟通。

因为,与治理层的沟通能够使治理层了解注册会计师拟在审计报告中所强调的特定事项的性质,并在必要时为治理层提供向注册会计师作出进一步澄清的机会。但是,如果审计报告中针对某一特定事项增加的其他事项段在连续审计业务中重复出现,注册会计师可能认为没有必要在每次审计业务中都重复沟通。

第五篇 其他鉴证业务

第十八章

其他鉴证业务

【学习目标】

1. 了解验资业务的概念、步骤及要求。
2. 理解财务报表审阅业务的概念、步骤及要求。
3. 理解企业内部控制审计业务的概念、步骤及要求。

第一节 验 资

一、验资概述

验资是指注册会计师依法接受委托,对被审验单位注册资本的实收情况或注册资本及实收资本的变更情况进行审验,并出具验资报告。为了规范注册会计师执行验资业务,明确工作要求,财政部发布了《中国注册会计师审计准则第 1602 号——验资》。

企业要组织生产经营活动,前提是要有一定的"本钱"。企业申请开业,必须具备符合国家规定并与其生产经营和服务规模相适应的资金数额。企业法人在办理工商登记时所确定的这一资金数额,就是注册资本。为了保证注册资本的真实性,企业筹集的资本金,必须聘请注册会计师验证并出具验资报告,由企业发给投资人出资证明书。《中华人民共和国公司法》规定:"股东全部缴纳出资后,必须经法定的验资机构验资并出具证明。"

（一）验资的性质与作用

验资作为注册会计师鉴证的重要业务领域,其性质与作用主要可从以下两方面理解:

1. 验资关系到企业产权关系的界定

验资不仅要验证企业资本存在的真实性,而且要验证资本由谁投入,归谁所有。我国目前的投资主体包括国家、法人、个人和外商,多元化的投资主体使得企业产权关系日趋复杂,而产权关系的构成,又是企业经营决策权、收益分配权的基础。哪一位投资者在企业产权关系上取得了控制地位,也就相应地在企业经营决策权、收益分配权上将起到主导作用。从这个意义上讲,验资工作在验证企业资本数额的同时,也验证了企业的产权关系。

2. 验资关系到社会经济秩序的好坏

企业是社会经济活动的基本单位。社会经济秩序的好坏,在很大程度上取决于企业行为的良莠。企业设立的第一件事就是筹集生产经营所需的法定资本金,验资也就是对企业经营行为的首次检验。倘若第一关把不严,往往会给一些无本经营的投机公司、"皮包"公司开绿灯,使其在合法的外衣下从事非法经营,扰乱社会经济秩序,后患极大。

因此,验资是一项十分重要、严肃的工作。注册会计师执行验资业务,应当恪守独立、客观、公正的原则,严格遵循审计准则的有关要求,以高度的责任感认真、谨慎地出具验资报告。

应当指出的是,验资业务收费少,但责任大且责任追溯时间长。近年来,因验资而引发的控告会计师事务所的案件日益增多。注册会计师应谨慎决定是否接受验资业务,并严格按照有关准则要求执行验资业务,认真控制验资风险。有的控告案件是因有关方曲解验资报告的作用而引起的。为了进一步明确验资报告的用途,财政部于 1999 年 7 月 12 日发布了《财政部关于明确注册会计师验资报告作用的通知》(简称《通知》)。《通知》指出:"注册会计师执行验资业务出具的验资报告在规定用途内(如在国家工商行政管理部门办理工商登记时)具有法定证明效力,能合理地保证报告使用人确定投资者出资的到位情况。"还规定："由于验资的固有局限性及注册会计师的职权限制,若存在投资者恶意作弊或与有关机构串通作弊,提供注册会计师不能识别的虚假证明材料等情况,即使注册会计师以应有的职业谨慎态度执行验资业务,也可能得出不适当的验资结论,导致所发表的验资意见与实际情况不相符。因此,即使注册会计师按规定谨慎执业并出具《中国注册会计师审计准则》要求的验资报告,其所载明的验资意见也只能合理地保证而不能绝对地保证报告使用人确定投资者出资的到位情况。注册会计师出具的验资报告是说明截至验资报告日这一时点注册会计师验证的被审验单位实收资本(股本)及相关资产、负债的数额,具有很强的时效性。验资以后,由于被审验单位经营管理活动的持续进行以及经营者、投资者的各种经营管理行为(包括抽逃出资)都将直接或间接影响被审验单位的财务状况,从而影响其偿债能力、持续经营能力等。因此,注册会计师出具的验资报告不应被视为是对被审验单位日后偿债能力作出的保证,也不应被视为是对被审验单位持续经营能力及其经营效率、效果作出的保证。"

2006年发布的修订后的《中国注册会计师审计准则第1602号——验资》还规定,验资报告仅供被审验单位申请设立登记或变更登记及据以向投资者签发出资证明时使用。如果委托人、被审验单位以及其他第三者因使用验资报告不当而造成的后果,与注册会计师及其所在会计师事务所无关。

(二)验资的目的与范围

验资一般分为设立验资和变更验资两种类型。

1. 设立验资

设立验资是指注册会计师依法接受委托,对被审验单位申请设立登记时注册资本的实收情况进行的审验。

设立验资的主要目的是验证被审验单位的注册资本是否符合法律法规的要求,各投资者是否按照协议、章程规定的出资比例、出资方式和出资期限足额交缴资本。因此,设立验资的审验范围一般是指被审验单位注册资本的实收情况,包括出资者、出资金额、出资方式、出资比例、出资期限、出资币种等。

2. 变更验资

变更验资是指注册会计师对被审验单位申请变更登记时的注册资本及实收资本的变更情况进行的审验。

变更验资的主要目的是验证被审验单位注册资本的变更事宜是否符合法定程序,注册资本的增减是否真实,相关的会计处理是否正确。因此,变更验资的审验范围一般是指被审验单位注册资本变更时实收资本(股本)的增减变动情况。增加注册资本时,审验内容包括与增资相关的出资者、出资金额、出资方式、出资比例、出资期限、出资币种及相关会计处理等。减少注册资本时,审验内容包括与减资相关的出资者、减资金额、减资方式、减资期限、减资币种、债务清偿或担保情况、相关会计处理以及减资后的出资者、出资金额、出资比例等。

相比较而言,设立验资较变更验资简单。这是因为,设立验资时,被审验单位尚未开始或刚开始进行生产经营活动,没有或很少有负债。投资者以货币资金、实物资产或无形资产进行投资,一方面表现为被审验单位资产的增加,另一方面表现为被审验单位所有者权益的增加。只要把投入被审验单位的货币资金、实物资产和无形资产的价值查验准确，即可确认所有者权益。但进行变更验资时，被审验单位一般处于生产经营过程中，以下两个因素使得验资工作变得复杂起来：一是被审验单位可能有不同种类的负债，从资产形态上已无法区分哪些是属于所有者权益对应的资产，哪些是属于负债对应的资产；二是当被审验单位产生经营成果后，在所有者权益中增添了留存收益等积累性资本，这部分所有者权益同样无法从资产形态上区分开来。因此，对于变更验资，注册会计师应按照国家有关规定，在审计的基础上确定其价值。

下面重点阐述设立验资的基本内容，并对变更验资的一些特殊要求作适当补充说明。

二、验资过程

验资过程是指注册会计师从接受验资委托开始，到实施必要的验资程序，取得充分、适当的验资证据，分析、形成验资结论并出具验资报告为止的整个验资业务工作过程，该过程可分为验资计划阶段、验资实施阶段和验资报告阶段。

(一) 验资计划阶段

在验资计划阶段，会计师事务所应做好以下三方面工作：

1. 了解被审验单位的基本情况

在委托人委托验资事项时，会计师事务所应当首先了解被审验单位的基本情况，考虑其自身能力以及能否保持独立性，经初步评价验资风险后，确定是否接受委托。需要了解的基本情况主要包括：

(1) 被审验单位的名称、性质、所处行业、规模、组织结构和人员情况等；

(2) 验资的目的、范围、时间要求、验资报告的用途等；

(3) 是否依法建立了验资所应有的会计账目；

(4) 以前是否有委托会计师事务所承办的业务，对注册会计师的工作是否有基本的认识等。

在此基础上，判断是否属于正常委托，有无特殊要求，会计师事务所是否有能力承接此项业务。若无问题，则可确定接受委托的意向，若委托验资的目的不甚明了，或带有其他附加条件，则需谨慎从事，在作进一步的调查了解后，方可确定接受委托与否。

对于依法应当建立但尚未建立会计账簿的被审验单位，注册会计师应在实地审验以前，提请其建立必要的会计账簿。

2. 签订验资业务约定书

在会计师事务所确定接受委托的意向后，应进一步与委托人商议验资委托事项的有关具体内容，如介绍会计师事务所的验资工作程序，明确被审验单位需提供的资料，商议收费标准等。

会计师事务所与委托人签订的验资业务约定书主要应明确三个问题：一是表示确认委托、受托关系成立；二是明确验资的目的、范围；三是明确双方的责任、义务，包括被审验单位需提供哪些文件、资料和其他验资必须的条件，事务所主要的工作程序、工作时间、收费金额和付费方式等，经双方签字盖章后生效。

验资准则规定，按照国家有关法律法规的规定和协议、章程的要求出资，提供真实、合法、完整的验资资料,保护资产的安全、完整,是出资者及被审验单位的责任。按照《中国注册会计师审计准则第1602号——验资》的规定,对被审验单位注册资本的实收情况或注册资本及实收资本的变更情况进行审验,出具验资报告,是注册会计师的责任。注册会计师的责任不能减轻出资者和被审验单位的责任。

3. 编制验资计划,合理安排验资工作

约定成立后,会计师事务所应以承办注册会计师为主,组织有胜任能力的验资工作小组,及时制订验资工作计划,包括验资的目的、范围、重点、方法、程序、人员分工,聘请其他专家协助工作和验资时间安排等内容。验资计划应包括总体验资计划和具体验资计划。

(二) 验资实施阶段

验资实施阶段,是注册会计师执行整个验资业务的关键性和实质性阶段。由于验资种类、投资者出资方式和被审验单位类型等的差异,注册会计师承办每项具体验资业务时,在验资实施阶段开展的工作内容将各不相同,这将在后文叙述。取证和审验是验资实施阶段的工作重点。注册会计师应当实施必要的验资程序,取得充分、适当的验资证据,并将验资业务的执行过程形成验资工作底稿。

在实施审验程序前,注册会计师应向被审验单位获取注册资本实收情况明细表或注册资本实收资本变更情况明细表,并以此作为审验的起点。

1. 进一步了解情况,做好取证工作

注册会计师进行设立验资时,应当获取充分、适当的证据。一般而言,应当根据需要,获取下列有关资料,并对其进行适当的审验,形成验资证据:

(1) 被审验单位的设立申请报告、可行性论证报告以及审批机关的批复等;

(2) 被审验单位的协议、章程;

(3) 投资者的法人资格证明或者身份证明、营业执照及财务报表资料等;

(4) 被审验单位法定代表人的任职文件和身份证明等;

(5) 工商行政管理部门核准的"企业名称预先核准通知书";

(6) 工商行政管理部门准予开业的营业执照副本、准予组建筹委会的临时营业执照等;

(7) 证明投入货币资金的银行单证、被审验单位出具的收款收据等;

(8) 证明投入实物资产的财产清单、财产移交及验收证明、作价依据等;

(9) 证明投入无形资产的协议、专利证书、商标注册证书、土地管理部门关于划拨或出让土地的批文、土地使用权证、土地红线图、作价依据等。

对于募集设立和发起设立的股份有限公司的验资,还应收集其他必要的证据。

验资证据是注册会计师在验资过程中采用各种方法获取的验证依据,是支持注册会计师验资意见的基础,因此,务必重视取证工作。

搞好取证工作的关键问题是证据的真实性和合法性问题。证据是否真实、可靠,是注册会计师取证时首先应予考虑的因素。尤其要注意被审验单位提供的各种投资凭证的真实性,如果为复印件,则必须验证原始单证,经核实无误,在复印件上加注说明。有涂改的凭证,必然不能作为验资凭据。证据的合法性是注册会计师取证时应考虑的另一个重要因素。国家对投资者的各种出资方式作了不同的要求和规定,这些便是注册会计师衡量和判别投资者的投资是否合法、合规的标准。

2. 对与验资相关的会计账目进行必要的审计

《中华人民共和国注册会计师法》把验证企业资本、出具验资报告界定为注册会计审计业务领域中的重要内容,足以说明验资与审计的不可分性。可以想象,倘若验资时不作必要的审计,注册会计师就难以发现被审验单位提交伪造、变造的出资凭证要求验资,对投资者先出资后抽资、账挂往来款项等,也难以察觉。

坚持验资时作必要的审计,目的在于保证执业质量,减少验资风险。因此,必须坚持实事求是,对不同情况做不同处理:设立验资时,注册会计师应按照国家财务会计制度的规定,重点审计与投入资本相关的会计处理,包括实收资本、资本公积和相关货币资金、固定资产、存货、无形资产、往来款项等项目的报表数据,与有关的总账、明细账、日记账、记账凭证和原始凭证核对相符,确认其真实、准确和完整性,并检查与投资各方的往来款项是否相符,有无变相抽资;变更验资时,则应根据实际需要,在审计基础上确定其价值。审计中若发现问题,应商请被审验单位作必要的调整处理,并视情况确定验资结论。

3. 完善验资工作底稿,形成验资意见

注册会计师在验资工作中,自接受委托、了解被审验单位的基本情况开始,对各个项目的验证情况、问题、处理过程和结论,都应形成书面记录,包括有关证据及文件资料都应纳入验资工作底稿。它不仅是编制、佐证和解释验资报告的主要依据,而且在验资工作中能够起到组织协调作用,有助于会计师事务所各级负责人进行指导、监督、复核;它也是考核评定执业人员工作业绩和业务能力的重要依据。在发生纠纷时,一份完整的验资工作底稿能够帮助注册会计师分清责任、解脱麻烦、避免遭受不应有的责难。

所以,必须保证验资工作底稿依据充分、内容全面、条理分明、记录完整、数字清晰、文字简洁、逻辑严密、结论明确。要紧紧围绕验资重点,简要、依次地记录批文、章程、协议等所规定的投资者出资比例、出资方式、出资期限等内容,记录被审验单位账面和实际出资情况及注册会计师实地验证情况,记录会计账目的审计情况;要建立各工作底稿与相应的验资证据之间的勾稽关系;要注意将口头证据书面化;要使工作底稿既包括形成验资结论的所有重要事项、所需的全部证据和所用的验资方法,又能突出重点、去粗取精。

(三) 验资报告阶段

注册会计师应当在实施了必要的验资程序,取得充分、适当的验资证据,分析、评价验资结论后,形成验资意见,出具验资报告。

注册会计师遇到下列情况之一时,应拒绝出具验资报告并解除业务约定:

(1) 被审验单位或出资者不能提供真实、合法、完整的验资资料的;

(2) 被审验单位或出资者对应当进行审验的项目不予以合作,甚至阻挠审验的;

(3) 被审验单位或出资者坚持要求注册会计师作不实或不当证明的。

三、验证内容

(一) 货币资金投入的验证

1. 一般验证内容

投资者以货币资金投入的,应在被审验单位开户银行出具的收款凭证和银行对账单

及银行函证回函的基础上审验出资者的实际出资情况。主要验证：

(1) 货币资金出资清单是否与经批准的合同、章程、协议等的规定相一致。

(2) 投资者认缴的投资款是否按规定如数、如期缴入被审验单位开立的银行正式账户或临时账户。

(3) 收款单位是否为被审验单位。

(4) 缴款单位是否为被审验单位的投资者。

(5) 投入货币的币别是否符合合同、章程、协议等的规定。

(6) 缴付款项的用途是否明确为投资款。

(7) 银行回单是否加盖收讫章或转讫章，必要时可向银行函证，表 18-1 列示的是财政部、中国人民银行制定的适用于验资的银行询证函格式。

表 18-1　银行询证函格式

银行询证函　　　　　　　　　　　编号：

_____（银行）：

本公司聘请的××会计师事务所正在对本公司实收资本（股本）进行审验。按照《中国注册会计师审计准则第 1602 号——验资》的要求和国家工商行政管理总局的有关规定，应当询证本公司投资者（股东）××向贵行缴存的出资额。下列数据出自本公司账簿记录，如与贵行记录相符，请在本函下端"数据证明无误"处签章证明；如有不符，请在"数据不符"处列明不符金额。有关询证费用可直接从本公司××存款账户中收取。回函请直接寄至××会计师事务所。

通信地址：

邮编：　　　电话：　　　传真：

截至　年　月　日止，本公司投资者（股东）××缴入的出资额列示如下：

缴款人	缴入日期	银行账号	币种	金额	款项用途	备注
合计金额（大写）						

××公司（签章）（日期）

结论：1. 数据证明无误。

（银行签章）（日期）经办人：

2. 数据不符，请列明不符金额。

（银行签章）（日期）经办人：

(8) 以外币投入的，当投资的币别与被审验单位的记账本位币不一致时，还应审验其折算汇率是否符合有关财务会计制度以及合同、协议、章程的规定。

(9) 与投入货币资金有关的实收资本以及相关的资产、负债的会计处理是否正确。

2. 外商投资企业的特殊验证内容

(1) 外方投资者是否以外币资金出资并从境外汇入合法且指定的账户。

(2) 投资者用从中华人民共和国境内的其他外商投资企业分得的人民币利润直接投资时，是否获得该利润获取地外汇管理部门的批准。

(3) 当投入货币资金的币别与外商投资企业的注册资本币别、记账本位币不一致时，其折算汇率是否符合合同、协议、章程以及国家有关财务会计制度的规定。

(4) 投资款直接汇入外商投资企业在境外开设的银行账户,是否获得注册地外汇管理部门的批准。

(5) 注册资本与投资总额的比例,出资期限是否符合法定要求;注册资本中,外方投资者的投资比例是否符合要求。

3. 有限责任公司的特殊验证内容

(1) 是否具备《中华人民共和国公司法》关于设立有限责任公司的条件。

(2) 股东名册所记载的股东出资额是否与各股东实际缴存于被审验单位开设的银行正式账户或临时账户内的款额相一致。

4. 股份有限公司的特殊验证内容

(1) 是否具备《中华人民共和国公司法》关于设立股份有限公司的条件。

(2) 对发起设立的股份有限公司,应审验各股东认缴的股款是否已如数缴存于公司开立的银行正式账户或临时账户,存入数额是否与合同、发起人协议、章程的规定相一致。

(3) 对募集设立的股份有限公司,应审验向社会公众实际募集的股本是否与承销协议、募股清单和股票发行费用清单等相一致。发起人认购的股份和向社会公开发行的股份占股份总额的比例是否符合要求。

(二) 实物资产投入的验证

1. 一般验证内容

投资者以房屋、建筑物、机器设备和原材料等实物资产投入的,应当观察、监盘实物,验证其产权归属,并按国家有关规定分别在资产评估、价值鉴定或各出资者商定的基础上审验。主要验证:

(1) 实物资产出资清单填列的实物资产品名、规格、数量、质量和作价依据等内容是否齐全;与合同、协议、章程的规定是否一致;是否经被审验单位验收签章并获得各投资者的确认。

(2) 实物资产的交付方式、交付时间及交付地点是否符合合同、协议、章程的规定。

(3) 投资者以房屋建筑物出资时,注册会计师应当索取房屋、建筑物的平面图和位置图,并审验:① 房屋建筑物的名称、坐落地点、建筑结构、竣工时间、已使用年限及作价依据等是否与合同、协议、章程的规定相一致;② 房屋建筑物的产权是否归投资者所有。

(4) 以机器设备和材料等实物资产出资的,应审验是否提供制造厂家或销售商的发票、货物运输单、提货单、保险单等单证,实物资产的产权是否归投资者所有。

(5) 以房屋建筑物、机器设备和材料等实物资产出资,属于国有资产的,是否经具有资产评估资格的评估机构评估,评估结果是否获得国有资产管理部门的确认;如果不属于国有资产,是否依据国家有关规定办理非国有资产证明,其作价依据是否得到各投资者的认可。

(6) 各投资者与被审验单位之间是否在规定期间内办妥财产权转移手续。

(7) 实地观察和清点实物,审验其是否与实物资产出资清单相符。

(8) 与投入实物资产有关的实收资本及相关的资产、负债的会计处理是否正确。

2. 外商投资企业的特殊验证内容

(1) 进口的实物资产是否附有制造厂商或销售商的发票,抬头是否与投资者名称相一致。

(2) 以进口的实物资产出资的,是否经过国家商检部门或由其认定的其他鉴定机构办理价值鉴定手续并出具《财产价值鉴定书》,如果鉴定价值与合同、协议、章程等规定的价格或原始发票价格发生差异,是否以鉴定价值为准。

(3)《财产价值鉴定书》所列的实物资产项目是否与海关查验放行清单、货物运输清单、货物提单、保险单据、实物资产出资清单及验收清单相一致。

(4) 各投资者是否就投入实物资产的技术性能和作价方法达成协议。

(5) 当投入实物资产的币别与外商投资企业的注册资本币别、记账本位币不一致时,其折算汇率是否符合合同、协议、章程以及国家有关财务会计制度的规定。

(6) 外方投资者投入的机器设备和材料等实物资产,是否符合下列各项条件:① 为外商投资企业生产所必不可少;② 我国不能生产,或虽能生产,但价格过高或技术性能和供应时间不能满足需要;③ 作价不高于同类机器设备和材料等实物资产当时的国际市场价格。

3. 有限责任公司的特殊验证内容

(1) 投资实物是否办妥财产权转移手续,其作价是否得到股东的认可。

(2) 实物资产验收清单列示的实物资产项目是否与合同、协议、章程的规定相一致。

4. 股份有限公司的特殊验证内容

(1) 对于发起设立的股份有限公司,发起人投入的实物资产是否符合合同或协议的要求。

(2) 对于发起设立的股份有限公司,投资实物是否经过资产评估机构评估,评估结果是否获得国有资产管理部门的确认。

(3) 对于改组设立的股份有限公司,原改组企业投入的净资产及其相应的资产、负债是否经过有执行证券业务资格的评估机构的评估,评估结果是否获得国有资产管理部门的确认。

(4) 资产评估后的净资产折股比例是否低于65%,未折股部分如何处理。

(三) 无形资产投入的验证

1. 一般验证内容

投资者以知识产权、非专利技术和土地使用权等无形资产投入的,应验证其产权归属;对其价值,应按国家有关规定,在资产评估或各出资者商定的基础上审验。主要验证:

(1) 无形资产出资清单填列的内容是否与经批准的设立合同、协议、章程等的规定相一致。

(2) 以工业产权和非专利技术出资的,提交的相关资料,如名称、专业证书、商标注册证书、有效状况、作价依据是否齐全;是否经被审验单位和各投资者确认;是否办理了产权转移手续。

(3) 以土地使用权出资的,应取得土地使用权证明和土地平面位置图,核实其名称、地点、面积、容积率、用途、使用年限及作价依据是否正确,是否经被审验单位和各投资者确认,是否经过土地管理部门批准转让,是否办理了土地使用权证明的变更登记手续。

(4) 土地使用权、工业产权及非专利技术的有效年限是否短于被审验单位的经营年限。

(5) 以无形资产(不含土地使用权)出资的,除非国家另有规定,其投资额是否超过被审验单位注册资本的规定比例。

(6) 与投入无形资产有关的实收资本及相关的资产、负债的会计处理是否正确。

2. 外商投资企业的特殊验证内容

(1) 外方投资者以工业产权和非专利技术作为投资的,是否符合下列条件之一:① 能生产我国急需的新产品或出口适销产品;② 能显著改进现有产品的性能、质量,提高生产效率;③ 能显著节约原材料、燃料、动力。

(2) 以工业产权、非专利技术等无形资产(不含土地使用权)出资的,其所占注册资本的比例是否合规,国家另有规定者除外。

(3) 当投入的无形资产的币别与外商投资企业的注册资本币别、记账本位币不一致时,其折算汇率是否符合合同、协议、章程及国家有关财务会计制度的规定。

3. 有限责任公司的特殊验证内容

(1) 以工业产权、非专利技术等无形资产(不含土地使用权)出资的,应审验其金额是否超过被审验单位注册资本的规定比例(国家对采用高新技术成果有特别规定的除外)。

(2) 投入的无形资产是否依法办理了产权转移手续。

(3) 投入的无形资产是否经评估确认,作价是否合规、正确,是否得到股东的认可。

4. 股份有限公司的特殊验证内容

(1) 以发起方式设立的股份有限公司,发起人投入的无形资产是否符合合同或发起人协议的要求,是否经过评估并获得国有资产管理部门的确认。

(2) 发起人以工业产权、非专利技术等无形资产(不含土地使用权)出资的,应审验其评估后的作价是否超过被审验单位注册资本的规定比例。

注册会计师在验资中还应注意以下事项:

第一,被审验单位以净资产折合实收资本(股本),或以资本公积、盈余公积、未分配利润、出资者的债权等转增实收资本(股本)或因合并增加实收资本(股本)的,或因合并、分立、注销股份等减少实收资本(股本)的,注册会计师应按照国家有关规定,在审计的基础上确定其价值。

第二,对于出资者以实物、无形资产出资的,其价值应经各出资者认可,并应依法办理财产权转移手续。对于国家规定应在一定期限内办理财产权转移手续,但在验资时尚未办妥财产权转移手续的,注册会计师应获取被审验单位与其出资者签署的在规定期限内办妥财产权转移手续的承诺函,并在验资报告的说明段中予以披露。

第三,对于变更验资或分期出资的审验,注册会计师应当对被审验单位出资者以前的注册资本实收情况予以适当关注。

第四,注册会计师执行验资业务可根据需要配备相应的业务助理人员。注册会计师应对业务助理人员的工作进行指导、监督、复核,并对其工作结果负责。注册会计师在验资过程中利用专家协助工作时,应当考虑其专业胜任能力和独立性,并对利用专家工作结果所形成的审验结论负责。

四、验资报告

注册会计师应当在实施了必要的验资程序,取得充分、适当的验资证据,分析、评价验资结论后,形成验资意见,出具验资报告。验资报告是注册会计师验资工作的最终产品,是具有法律效力的证明文件。

验资报告的基本内容为:

(1) 标题。标题应统一规范为"验资报告"。

(2) 收件人。验资报告的收件人是指注册会计师按照业务约定书的要求致送验资报告的对象,一般是指验资业务的委托人。验资报告应当载明收件人的全称。对拟设立的公司,收件人通常是公司登记机关预先核准的名称并加"(筹)"。

(3) 范围段。范围段应当说明验资范围、出资者及被审验单位责任,以及注册会计师的责任、验资依据、已实施的主要验资程序等。

(4) 意见段。验资报告的意见段应当说明已审验的被审验单位注册资本的实收情况或注册资本及实收资本的变更情况。对于变更验资,注册会计师仅对本次注册资本及实收资本的变更情况发表审验意见。

(5) 说明段。应当说明验资报告的用途、使用责任以及注册会计师认为应当说明的其他重要事项。对于变更验资,注册会计师还应当在验资报告说明段中说明对以前注册资本实收情况审验的会计师事务所名称及其审验情况,并说明变更后的累计注册资本实收金额。如果在注册资本及实收资本的确认方面与被审验单位存在异议,且无法协商一致,注册会计师应当在验资报告说明段中清晰地反映有关事项及其差异和理由。

(6) 附件。应当包括已审验的注册资本实收情况明细表或注册资本、实收资本变更情况明细表和验资事项说明等。

(7) 签章和会计师事务所地址。验资报告应当由注册会计师签名并盖章。此外,应当载明会计师事务所的名称和地址,并加盖会计师事务所公章。

(8) 报告日期。验资报告日期应是注册会计师完成外勤审验工作的日期。该日期不应早于客户确认和签署注册资本实收情况明细表或注册资本及实收资本变更情况明细表的日期。

参考格式18-1列示了有限责任公司设立验资的报告范例。

参考格式 18-1 验资报告

××有限责任公司(筹):

我们接受委托,审验了贵公司(筹)截至××××年××月××日申请设立登记的注册资本实收情况。按照国家相关法律法规的规定和协议、章程的要求出资,提供真实、合法、完整的验资资料,保护资产的安全、完整,是全体股东及贵公司(筹)的责任。我们的责任是对贵公司(筹)注册资本的实收情况发表审验意见。我们的审验是依据《中国注册会计师审计准则第1602号——验资》进行的。在审验过程中,我们结合贵公司(筹)的实际情况,实施了检查等必要的审验程序。

根据有关协议、章程的规定,贵公司(筹)申请登记的注册资本为人民币××元,由××(甲方)、××(乙方)于××××年××月××日之前缴足。经我们审验,截至××××年××月××日,贵公司(筹)已收到全体股东缴纳的注册资本合计人民币××元(大写),其中以货币出资××元,实物出资××元,知识产权出资××元。知识产权出资金额占注册资本的比例为××%。

本验资报告仅供贵公司(筹)申请设立登记及据以向全体股东签发出资证明时使用,不应将其视为是对贵公司(筹)验资报告日后资本保全、偿债能力和持续经营能力等的保证。因使用不当造成的后果,与执行本验资业务的注册会计师及会计师事务所无关。

附件(一):注册资本实收情况明细表
附件(二):验资事项说明

××会计师事务所　　　　　　　　　　　　　中国注册会计师:×××
　　　　　　　　　　　　　　　　　　　　　　　（签名并盖章）

（盖章）　　　　　　　　　　　　　　　　　中国注册会计师:×××
　　　　　　　　　　　　　　　　　　　　　　　（签名并盖章）

中国××市　　　　　　　　　　　　　　　××××年××月××日

附件(一):

注册资本实收情况明细表

拟设立公司名称:　　　　截至　年　月　日　　　　货币单位:

股东名称	注册资本		实收情况				占注册资本总额的比例
	金额	出资比例	货币资金	实物资产	无形资产	合计	
合计							

附件(二):

验资事项说明

一、组建及审批情况

贵公司(筹)经××(审批部门)以××字××号文件批准,由甲方和乙方共同出资组建,于××××年××月××日取得××(企业登记机关)核发的××号《企业名称预先核准通知书》,现正在申请办理设立登记。

二、申请的注册资本及出资规定

根据经批准的协议、章程的规定,贵公司(筹)申请登记的注册资本为人民币××元,由甲乙双方于××××年××月××日前缴足。其中:甲方应出资人民币××元,占注册资本的××%,出资方式为货币资金××元,实物××元,知识产权××元;乙方应出资人民币××元,占注册资本的××%,出资方式为货币资金××元,实物××元。

三、审验结果

截至××××年××月××日,贵公司(筹)已收到全体股东缴纳的注册资本合计人民币××元。

(1)甲方合计投入××元。包括于××××年××月××日缴存××银行××(币种)账户(账号:××)××元;于××××年××月××日投入实物资产(具体名称、数量、规格等),作价××元;于××××年××月××日投入无形资产(具体名称、有效状况等),作价××元。

(2)乙方合计投入××元。包括于××××年××月××日缴存××银行××(币种)账户(账号:××)××元;于××××年××月××日投入实物资产(具体名称、数量、规格等),作价××元。

四、其他说明事项(略)

第二节 财务报表审阅

本书第三章已经介绍,财务报表审阅属于有限保证的鉴证业务,其目标是注册会计师将鉴证业务风险降至该业务环境下可接受的水平,以此作为以消极方式提出结论的基础。为了规范注册会计师执行财务报表审阅业务,明确执业责任,财政部发布了《中国注册会计师审阅准则第 2101 号——财务报表审阅》。

一、财务报表审阅概述

财务报表审阅的目标,是注册会计师在实施审阅程序的基础上,说明是否注意到某些事项,使其相信财务报表没有按照适用的会计准则和相关会计制度的规定编制,未能在所有重大方面公允反映被审阅单位的财务状况、经营成果和现金流量。

虽然财务报表审阅与财务报表审计同为鉴证业务,但两者在目标、业务性质、执业标准等方面存在较大差异,具体如表 18-2 所示。

表 18-2 财务报表审计与财务报表审阅的差异对比表

项目	财务报表审计	财务报表审阅
目标	注册会计师通过执行审计工作,对财务报表的下列方面发表审计意见:① 财务报表是否按照适用的会计准则和相关会计制度的规定编制;② 财务报表是否在所有重大方面公允反映被审计单位的财务状况、经营成果和现金流量	注册会计师在实施审阅程序的基础上,说明是否注意到某些事项,使其相信财务报表没有按照适用的会计准则和相关的会计制度的规定编制,未能在所有重大方面公允反映被审阅单位的财务状况、经营成果和现金流量

(续表)

项目	财务报表审计	财务报表审阅
业务性质	合理保证的鉴证业务	有限保证的鉴证业务
执业标准	中国注册会计师审计准则	中国注册会计师审阅准则
对注册会计师独立性的要求	作为鉴证业务,注册会计师在执行审计、审阅业务时必须具有形式上和实质上的独立性	
所使用的程序和方法	审计程序的实施范围较广,程度较深,种类较多,包括检查记录或文件、检查有形资产、观察、询问、函证、重新计算、重新执行、分析程序等	以询问和分析程序为主,只有当有理由相信所审阅的财务报表可能存在重大错报时才需要追加其他程序
注册会计师提供的保证程度	以积极方式提供合理保证	以消极方式提供有限保证
结论的类型	无保留意见、保留意见、无法表示意见、否定意见四种	类似于审计意见的类型,包括无保留结论、保留结论、否定结论、无法提供任何程度的保证四种

审阅准则要求,注册会计师应当遵守相关的职业道德规范,恪守独立、客观、公正的原则,保持专业胜任能力和应有的关注,并对执业过程中获知的信息保密。在计划和实施审阅工作时,注册会计师应当保持职业怀疑态度,充分考虑可能存在导致财务报表发生重大错报的情形。

二、审阅范围和保证程度

(一)审阅范围

审阅范围是指为实现财务报表审阅目标,注册会计师根据《中国注册会计师审阅准则第2101号——财务报表审阅》和职业判断实施的恰当的审阅程序的总和。必要时,还应当考虑业务约定条款的要求。

(二)保证程度

在审阅业务中,审阅程序以询问和分析程序为主,通常只有在有理由相信财务报表可能存在重大错报的情况下,注册会计师才会实施追加的或更为广泛的程序。由于审阅程序有限,注册会计师通过实施审阅程序,通常不能获取足以支持较高程度保证(即合理保证)的证据,而只能获取支持有限保证的证据。为了表明保证程度低于合理保证,有限保证应当以消极方式表达审阅结论。

三、业务约定书

注册会计师应当与被审阅单位就业务约定条款达成一致意见,并签订业务约定书。业务约定书应当包括下列内容。

(1)审阅业务的目标。审阅业务的目标是注册会计师在实施审阅程序的基础上,说明是否注意到某些事项,使其相信财务报表没有按照适用的会计准则和相关会计制度的规定编制,未能在所有重大方面公允反映被审阅单位的财务状况、经营成果和现金流量。

(2) 管理层对财务报表的责任。按照适用的会计准则和相关会计制度的规定编制财务报表是管理层的责任,这种责任包括:① 设计、实施和维护与财务报表相关的内部控制,以使财务报表不存在由于舞弊或错误而导致的重大错报风险;② 选择和运用恰当的会计政策;③ 作出合理的会计估计。

(3) 审阅范围。审阅范围应提及按照《中国注册会计师审阅准则第2101号——财务报表审阅》准则的规定执行审阅工作。

(4) 注册会计师不受限制地接触审阅业务所要求的记录、文件和其他信息。被审阅单位应当及时、完整地向注册会计师提供为执行审阅业务所要求的全部资料,为审阅工作提供必要的工作条件和协助。在业务约定书中明确注册会计师不受限制地接触审阅业务所要求的记录、文件和其他信息,是确保注册会计师的审阅范围不受限制的一个重要方面。

(5) 预期提交的报告样本。为了便于委托人理解审阅与审计的区别,注册会计师应当在业务约定书中加入预定的报告格式,或者将预定的报告格式作为业务约定书的附件。

(6) 说明不能依赖财务报表审阅揭示错误、舞弊和违反法规行为。注册会计师执行财务报表审阅业务,并非为了揭示错误、舞弊和违反法规行为。由于审阅业务实施的程序有限,提供的保证程度相对较低,因此,委托人不能依赖财务报表审阅揭示错误、舞弊和违反法规行为。

(7) 说明没有实施审计,因此注册会计师不发表审计意见,不能满足法律法规或第三方对审计的要求。

一份完整的业务约定书还应当包含其他内容,例如,签约双方的名称、业务收费金额及支付方式、出具报告的时间要求、报告的使用责任、业务约定书的有效期间、违约责任、签约日期、双方法定代表人(或其授权人)的签名盖章等。另外,在某些情况下,注册会计师还可以与委托人约定,审阅报告仅限于特定使用者或者特定方面使用,或者仅用于特定用途。此时,应当在业务约定书和审阅报告中对该项分发和使用限制予以明确说明。

四、审阅计划

注册会计师应当计划审阅工作,以有效执行审阅业务。

在计划审阅工作时,注册会计师应当了解被审阅单位及其环境,或更新以前了解的内容,包括考虑被审阅单位的组织结构、会计信息系统、经营管理情况以及资产、负债、收入和费用的性质等。对上述情况的了解,能够使注册会计师有针对性地进行询问和设计适当的程序,并对得到的答复与获取的其他信息作出评价。

与财务报表审计业务一样,了解被审阅单位及其环境也是一个连续和动态地收集、更新与分析信息的过程,贯穿于整个审阅过程的始终。

五、审阅程序和审阅证据

(一)确定审阅程序的性质、时间和范围时应考虑的因素

注册会计师在确定审阅程序的性质、时间和范围时,应当考虑下列因素:

(1) 以前期间执行财务报表审计或审阅所了解的情况;
(2) 对被审阅单位及其环境的了解,包括适用的会计准则和相关会计制度、行业惯例;
(3) 与财务报告相关的信息系统;
(4) 管理层的判断对特定项目的影响程度;
(5) 各类交易和账户余额的重要性。

(二) 对重要性水平的考虑

与审计业务类似,在执行审阅业务时也需要考虑重要性水平问题。尽管由于审阅程序有限,保证程度较低,未能发现重大错报的风险大于审计业务中的同类风险,但对于重要性水平,注册会计师判断的依据是错报是否影响到信息使用者根据财务报表所作出的决策,而不是所提供的保证程度。因此,在财务报表审阅中注册会计师采用的重要性水平应当与对财务报表执行审计业务时的相同。也就是说,如果注册会计师对某企业执行财务报表审计业务时可能将20万元作为重要性水平,那么注册会计师对该企业执行审阅业务时,也要采用20万元作为重要性水平。

(三) 审阅程序

财务报表审阅程序通常包括:
(1) 了解被审阅单位及其环境;
(2) 询问被审阅单位采用的会计准则和相关会计制度、行业惯例;
(3) 询问被审阅单位对交易和事项的确认、计量、记录和报告的程序;
(4) 询问财务报表中所有重要的认定;
(5) 实施分析程序,以识别异常关系和异常项目;
(6) 询问股东大会、董事会及其他类似机构决定采取的可能对财务报表产生影响的措施;
(7) 阅读财务报表,以考虑是否遵循指明的编制基础;
(8) 获取其他注册会计师对被审阅单位组成部分财务报表出具的审计报告或审阅报告。

在进行询问时,注册会计师应当向负责财务会计事项的人员询问下列事项:
(1) 所有交易是否均已记录;
(2) 财务报表是否按照指明的编制基础编制;
(3) 被审阅单位业务活动、会计政策和行业惯例的变化;
(4) 在实施前三项审阅程序时发现的问题。

注册会计师还应当询问在资产负债表日后发生的、可能需要在财务报表中调整或披露的期后事项。注册会计师没有责任实施程序以识别审阅报告日后发生的事项。

必要时,注册会计师应当获取管理层书面声明。

(四) 财务报表可能存在重大错报时的处理

如果有理由相信所审阅的财务报表可能存在重大错报,注册会计师应当实施追加的或更为广泛的程序,以便能够以消极方式提出结论或确定是否出具非无保留结论的报告。

在实施审阅程序后,如果获悉在审阅过程中所获取的信息有不正确、不完整,或者在其他方面不能令人满意的情况,注册会计师应当实施其认为必要的更为广泛的程序。

在扩大询问范围和获取额外解释之后,如果仍然存在重大疑问,且该疑问可能显示财务报表存在重大错报,注册会计师应当实施其认为必要的追加程序,以便能够以消极方式提出结论或确定是否出具非无保留结论的报告。如果利用其他注册会计师或专家的工作,注册会计师应当考虑其工作是否满足财务报表审阅的需要。

六、审阅结论和审阅报告

注册会计师应当复核和评价根据审阅证据得出的结论,以此作为表达有限保证的基础,并在审阅报告中清楚地表达有限保证的结论。

(一)审阅报告的要素

(1)标题。审阅报告的标题应当统一规范为"审阅报告"。

(2)收件人。收件人是审阅报告的致送对象。审阅报告的收件人应当为审阅业务的委托人。审阅报告应当载明收件人的全称。

(3)引言段。审阅报告的引言段应当说明下列内容:① 所审阅财务报表的名称。审阅报告的引言段应当指明所审阅财务报表的名称。例如,某一时点的资产负债表、某一期间的利润表和现金流量表,以及相关的财务报表附注等。需要注意的是,审阅报告中提及的所审阅财务报表的名称、日期或涵盖的期间应与报告后附的经过管理层批准报出的财务报表一致。② 管理层的责任和注册会计师的责任。注册会计师应当在审阅报告引言段中说明:"这些财务报表的编制是××公司管理层的责任,我们的责任是在实施审阅工作的基础上对这些财务报表出具审阅报告。"

需要注意的是,如果无法对所审阅财务报表提供任何保证,则应当删除本段中对注册会计师责任的表述。

(4)范围段。审阅报告的范围段应当说明审阅的性质,包括下列内容:① 审阅业务所依据的准则;② 审阅主要限于询问和实施分析程序,提供的保证程度低于审计;③ 没有实施审计,因而不发表审计意见。

注册会计师应当在审阅报告中说明审阅范围,以便信息使用者能够更准确地理解所实施审阅工作的性质,并着重指明注册会计师并未实施审计,因此不发表审计意见。

范围段中应当清楚说明财务报表审阅业务与审计业务的差异。由于财务报表审阅的范围一般限于实施询问和分析程序,提供的保证程度与审计相比较低,注册会计师有必要在审阅报告中予以说明,以提示委托人和审阅报告的其他使用者,避免不恰当地使用或者依赖审阅报告。

需要注意的是,如果无法对财务报表提供任何保证,在审阅报告中应当删除本段内容。

(5)结论段。审阅报告的结论段是表述注册会计师所形成的审阅结论的段落。结论段中应当说明:根据注册会计师的审阅,是否注意到某些事项,使注册会计师相信财务报表没有按照适用的会计准则和相关会计制度的规定编制,未能在所有重大方面公允反映被审阅单位的财务状况、经营成果和现金流量。这与审阅业务的目标相对应。

(6) 注册会计师的签名和盖章。审阅报告应当由注册会计师签名并盖章。

(7) 会计师事务所的名称、地址及盖章。审阅报告应当载明会计师事务所的名称和地址,并加盖会计师事务所公章。需要注意的是,对于会计师事务所的地址,一般只需标注到其所在城市的名称,这与审计报告的要求是类似的。

(8) 报告日期。审阅报告应当注明报告日期。审阅报告的日期是指注册会计师完成审阅工作的日期,不应早于管理层批准财务报表的日期。

在某些情况下,如果注册会计师与委托人约定,审阅报告仅限于特定使用者或者特定方面使用,或者仅限于特定用途,则应当在审阅报告的结论段后增设一段,对审阅报告的分发和使用限制予以明确说明。

(二) 审阅结论的类型及其适用条件

注册会计师应当根据实施审阅程序的情况,在结论段中提出下列四种结论之一。

1. 无保留结论

注册会计师对所审阅财务报表提出无保留结论,应当同时满足以下条件:

(1) 注册会计师没有注意到任何事项使其相信财务报表没有按照适用的会计准则和相关会计制度的规定编制,未能在所有重大方面公允反映被审阅单位的财务状况、经营成果和现金流量。

(2) 注册会计师已经按照审阅准则的规定计划和实施审阅工作,在审阅过程中未受到限制。

2. 保留结论

注册会计师对所审阅财务报表提出保留结论适用于以下两种情况:

(1) 注册会计师注意到某些事项使其相信财务报表没有按照适用的会计准则和相关会计制度的规定编制,未能在所有重大方面公允反映被审阅单位的财务状况、经营成果和现金流量。这些事项虽然影响重大,但其影响尚未达到"非常重大和广泛"的程度,尚不足以导致注册会计师提出否定结论。

(2) 注册会计师的审阅存在重大的范围限制。该范围限制虽然影响重大,但其影响尚未达到"非常重大和广泛"的程度,尚不足以导致注册会计师无法提供任何保证。

在上述第(2)种情况下,注册会计师还需要在审阅报告的范围段中提及审阅范围受限制的情况,典型的措辞如:"除下段(说明段)所述事项外,我们按照《中国注册会计师审阅准则第 2101 号——财务报表审阅》的规定执行了审阅业务"。

在提出保留结论的情况下,审阅报告的结论段中需使用"除了上述……所造成的影响外"等术语。

3. 否定结论

如果注册会计师注意到某些事项使其相信财务报表没有按照适用的会计准则和相关会计制度的规定编制,未能在所有重大方面公允反映被审阅单位的财务状况、经营成果和现金流量,且这些事项对财务报表的影响非常重大和广泛,以至于注册会计师认为仅提出保留结论不足以揭示财务报表的误导性或错报的严重程度,注册会计师应当对财务报表提出否定结论,即财务报表没有按照适用的会计准则和相关会计制度的规定编制,未能在所有重大方面公允反映被审阅单位的财务状况、经营成果和现金流量。

由此可见，导致注册会计师提出否定结论的事项，就其类型而言与前述保留结论的第(1)种情况是类似的，但是根据注册会计师的职业判断，认为其影响的程度和范围较导致提出保留结论的事项更为重大和广泛，以至于所审阅财务报表整体已经不再符合适用的会计准则和相关会计制度，仅提出保留结论不足以表明所审阅财务报表的误导性和错报的严重程度。

在提出否定结论时，注册会计师应使用"由于受到前段所述事项的重大影响""财务报表未能按照企业会计准则和《××会计制度》的规定编制"等术语。

4. 无法提供任何保证

如果存在重大的范围限制，且该范围限制的影响非常重大和广泛，以至于注册会计师认为不能提供任何程度的保证时，不应提供任何保证。

由此可见，导致注册会计师无法提供任何保证的事项，就其类型而言与前述保留结论的第(2)种情况是类似的，但是根据注册会计师的职业判断，认为其影响的程度和范围较导致提出保留结论的事项更为重大和广泛，以至于注册会计师认为不能提供任何程度的保证。

在无法提供任何保证的审阅报告中，注册会计师应当删除引言段中对于注册会计师责任的表述，删除范围段，在说明段中说明审阅范围受限的情况，并在结论段中使用"由于受到前段所述事项的重大影响""我们无法对财务报表提供任何保证"等术语。

参考格式18-2列示了无保留结论的审阅报告范例。

参考格式 18-2　审阅报告

ABC 股份有限公司全体股东：

我们审阅了后附的 ABC 股份有限公司（以下简称"ABC 公司"）财务报表，包括 20×1 年 12 月 31 日的资产负债表，20×1 年度的利润表、股东权益变动表和现金流量表以及财务报表附注。这些财务报表的编制是 ABC 公司管理层的责任，我们的责任是在实施审阅工作的基础上对这些财务报表出具审阅报告。

我们按照《中国注册会计师审阅准则第2101号——财务报表审阅》的规定执行了审阅业务。该准则要求我们计划和实施审阅工作，以对财务报表是否不存在重大错报获取有限保证。审阅主要限于询问公司有关人员和对财务数据实施分析程序，提供的保证程度低于审计。我们没有实施审计，因而不发表审计意见。

根据我们的审阅，我们没有注意到任何事项使我们相信财务报表没有按照企业会计准则和《××会计制度》的规定编制，未能在所有重大方面公允反映被审阅单位的财务状况、经营成果和现金流量。

××会计师事务所	中国注册会计师：×××
	（签名并盖章）
（盖章）	中国注册会计师：×××
	（签名并盖章）
中国××市	二○×二年×月×日

参考格式18-3列示了保留结论的审阅报告范例。

参考格式18-3　审阅报告

ABC股份有限公司全体股东：

　　我们审阅了后附的ABC股份有限公司（以下简称"ABC公司"）财务报表，包括20×1年12月31日的资产负债表，20×1年度的利润表、股东权益变动表和现金流量表以及财务报表附注。这些财务报表的编制是ABC公司管理层的责任，我们的责任是在实施审阅工作的基础上对这些财务报表出具审阅报告。

　　我们按照《中国注册会计师审阅准则第2101号——财务报表审阅》的规定执行了审阅业务。该准则要求我们计划和实施审阅工作，以对财务报表是否不存在重大错报获取有限保证。审阅主要限于询问公司有关人员和对财务数据实施分析程序，提供的保证程度低于审计。我们没有实施审计，因而不发表审计意见。

　　ABC公司管理层告知我们，存货以高于可变现净值的成本计价。由ABC公司管理层编制并经过我们审阅的计算表显示，如果根据企业会计准则规定的成本与可变现净值孰低法计价，存货的账面价值将减少××元，净利润和股东权益将减少××元。

　　根据我们的审阅，除了上述存货价值高估所造成的影响外，我们没有注意到任何事项使我们相信财务报表没有按照适用的会计准则和相关会计制度的规定编制，未能在所有重大方面公允反映被审阅单位的财务状况、经营成果和现金流量。

××会计师事务所　　　　　　　　　　　　　中国注册会计师：×××

　　　　　　　　　　　　　　　　　　　　　　　　（签名并盖章）

（盖章）　　　　　　　　　　　　　　　　　中国注册会计师：×××

　　　　　　　　　　　　　　　　　　　　　　　　（签名并盖章）

中国××市　　　　　　　　　　　　　　　　二〇×二年×月×日

参考格式18-4列示了否定结论的审阅报告范例。

参考格式18-4　审阅报告

ABC股份有限公司全体股东：

　　我们审阅了后附的ABC股份有限公司（以下简称"ABC公司"）财务报表，包括20×1年12月31日的资产负债表，20×1年度的利润表、股东权益变动表和现金流量表以及财务报表附注。这些财务报表的编制是ABC公司管理层的责任，我们的责任是在实施审阅工作的基础上对这些财务报表出具审阅报告。

　　我们按照《中国注册会计师审阅准则第2101号——财务报表审阅》的规定执行了审阅业务。该准则要求我们计划和实施审阅工作，以对财务报表是否不存在重大错报获取有限保证。审阅主要限于询问公司有关人员和对财务数据实施分析程序，提供的保证程度低于审计。我们没有实施审计，因而不发表审计意见。

如财务报表附注×所述，ABC公司在编制财务报表时未将各子公司纳入合并范围。根据企业会计准则的规定，ABC公司应当将该子公司纳入合并范围。

根据我们的审阅，由于受到前段所述事项的重大影响，财务报表未能按照企业会计准则和《××会计制度》的规定编制。

××会计师事务所	中国注册会计师：×××
	（签名并盖章）
（盖章）	中国注册会计师：×××
	（签名并盖章）
中国××市	二〇×二年×月×日

参考格式18-5列示了无法提供任何保证的审阅报告范例。

参考格式18-5　审阅报告

ABC股份有限公司全体股东：

我们接受委托，对后附的ABC股份有限公司（以下简称"ABC公司"）财务报表（包括20×1年12月31日的资产负债表，20×1年度的利润表、股东权益变动表和现金流量表以及财务报表附注）进行审阅。这些财务报表的编制是ABC公司管理层的责任。

为了审阅的需要，我们向ABC公司管理层及有关人员就若干重大事项进行了询问，但ABC公司管理层及有关人员拒绝对我们的询问作出回答。我们的审阅范围受到了严重限制，我们无法确定该事项对ABC公司财务报表整体合法性的影响程度。

由于受到前段所述事项的重大影响，我们无法对财务报表提供任何保证。

××会计师事务所	中国注册会计师：×××
	（签名并盖章）
（盖章）	中国注册会计师：×××
	（签名并盖章）
中国××市	二〇×二年×月×日

第三节　内部控制审计

实施内部控制审计，促进企业尤其是上市公司扎实贯彻《企业内部控制基本规范》和《企业内部控制配套指引》的重要制度安排，是注册会计师行业开拓执业领域，进一步做大做强的新的增长点。为了规范注册会计师内部控制审计业务，明确工作要求，保证执业质量，根据《企业内部控制基本规范》《中国注册会计师鉴证业务基本准则》及相关执业准则，2010年4月财政部出台了《企业内部控制审计指引》（以下简称《审计指引》）。财政部等五部委制定的《企业内部控制基本规范》和《企业内部控制应用指引》是注册会计师衡量企

业内部控制是否有效的基础标准。注册会计师在执行内部控制审计时,除遵守《审计指引》外,还应当遵守中国注册会计师相关执业准则。

一、内部控制审计概述

（一）相关概念

内部控制审计是指会计师事务所接受委托,对特定基准日内部控制设计与运行的有效性进行审计。

1. 特定基准日

注册会计师基于基准日(如年末12月31日)内部控制的有效性发表意见,而不是对财务报表涵盖的整个期间(如1年)的内部控制的有效性发表意见。但这并不意味着注册会计师只关注企业基准日当天的内部控制,而是要考察企业一个时期内(足够长的一段时间)内部控制的设计和运行情况。例如,注册会计师可能在5月份对企业的内部控制进行测试,发现问题后提请企业进行整改,如6月份整改,企业的内部控制在整改后要运行一段时间(如至少1个月),8月份注册会计师再对整改后的内部控制进行测试。因此,虽然是对企业12月31日(基准日)内部控制的设计和运行发表意见,但这里的基准日不是一个简单的时点概念,而是体现内部控制这个过程向前的延续性。注册会计师所采用的内部控制审计的程序和方法,也体现了这种延续性。

2. 财务报告内部控制与非财务报告内部控制

注册会计师应当对财务报告内部控制的有效性发表审计意见,并对内部控制审计过程中注意到的非财务报告内部控制的重大缺陷,在内部控制审计报告中增加"非财务报告内部控制重大缺陷描述段"予以披露。

财务报告内部控制,是指企业为了合理保证财务报告及相关信息真实完整而设计和运行的内部控制,以及用于保护资产安全的内部控制中与财务报告可靠性目标相关的控制。主要包括下列方面的政策和程序：

（1）保存充分、适当的记录,准确、公允地反映企业的交易和事项；

（2）合理保证按照企业会计准则和相关会计制度的规定编制财务报表；

（3）合理保证收入和支出的发生以及资产的取得、使用或处置经过适当授权；

（4）合理保证及时防止或发现并纠正未经授权的、对财务报表有重大影响的交易和事项。

非财务报告内部控制是指除财务报告内部控制之外的其他控制,通常是指为了合理保证经营的效率效果、遵守法律法规、实现发展战略而设计和运行的控制,以及用于保护资产安全的内部控制中与财务报告可靠性目标无关的控制。

3. 企业内部控制责任与注册会计师审计责任

建立健全和有效实施内部控制,评价内部控制的有效性是企业董事会的责任。按照《审计指引》的要求,在实施审计工作的基础上对内部控制的有效性发表审计意见,是注册会计师的责任。

（二）整合审计

注册会计师既可以单独进行内部控制审计,也可以将内部控制审计与财务报表审计整合进行(简称"整合审计")。

理解这一规定,要明确两点:一是内部控制审计与财务报表审计是两种不同的审计业务,两种审计的目标不同;二是内部控制审计与财务报表审计可以整合起来进行。

1. 内部控制审计与财务报表审计的异同

内部控制审计要求对企业控制设计和运行的有效性进行测试,财务报表审计也要求了解企业的内部控制,并在需要时测试控制,这是两种审计的相同之处,也是整合审计中应整合的部分,但由于两种审计的目标不同,《审计指引》要求在整合审计中,注册会计师对内部控制设计与运行的有效性进行测试时,要同时实现两个目的:① 获取充分、适当的证据,支持在内部控制审计中对内部控制有效性发表的意见;② 获取充分、适当的证据,支持在财务报表审计中对控制风险的评估结果。

2. 内部控制审计与财务报表审计的整合

财务报告内部控制审计与财务报表审计通常使用相同的重要性(或重要性水平),在实务中两者很难分开。因为注册会计师在审计财务报表时需获得的信息在很大程度上依赖于注册会计师对内部控制有效性得出的结论。注册会计师可以利用在一种审计中获得的结果为另一种审计中的判断和拟实施的程序提供信息。

实施财务报表审计时,注册会计师可以利用内部控制审计的结果来修改实质性程序的性质、时间安排和范围,并且可以利用该结果来支持分析程序中所使用的信息的完整性和准确性。在确定实质性程序的性质、时间安排和范围时,注册会计师需要慎重考虑识别出的控制缺陷。

实施内部控制审计时,注册会计师需要评估财务报表审计时实质性程序中发现的问题的影响。最重要的是,注册会计师需要重点考虑财务报表审计中发现的财务报表错报,考虑这些错报对评价内部控制有效性的影响。

二、计划审计工作

(一)总体要求

注册会计师应当恰当地计划内部控制审计工作,配备具有专业胜任能力的项目组,并对助理人员进行适当的督导。

在计划审计工作时,注册会计师需要评价下列事项对财务报表和内部控制是否有重要影响,以及有重要影响的事项将如何影响审计工作:

(1)与企业相关的风险;
(2)相关法律法规和行业概况;
(3)企业组织结构、经营特点和资本结构等相关重要事项;
(4)企业内部控制最近发生变化的程度;
(5)与企业沟通过的内部控制缺陷;
(6)重要性、风险等与确定内部控制重大缺陷相关的因素;
(7)对内部控制有效性的初步判断;
(8)可获取的、与内部控制有效性相关的证据的类型和范围。

(二)重视风险评估的作用

在内部控制审计中,注册会计师应当以风险评估为基础,确定重要账户、列报及其相关认定,选择拟测试的控制,以及确定针对所选定控制所需收集的证据。

内部控制的特定领域存在重大缺陷的风险越高,给予该领域的审计关注就越多。内部控制不能防止或发现并纠正的由于舞弊导致的错报风险,通常高于其不能防止或发现并纠正的由于错误导致的错报风险。注册会计师应当更多地关注高风险领域,而没有必要测试那些即使有缺陷也不可能导致财务报表重大错报的控制。

(三)利用其他相关人员的工作

注册会计师应当对企业内部控制的自我评价工作进行评估,判断是否利用企业内部审计人员、内部控制评价人员和其他相关人员的工作以及可利用的程度,相应地减少可能本应由注册会计师执行的工作。

注册会计师利用企业内部审计人员、内部控制评价人员和其他相关人员的工作,应当对其专业胜任能力和客观性进行充分评价。

与某项控制相关的风险越高,可利用程度就越低,注册会计师应当更多地对该项控制亲自进行测试。

注册会计师应当对发表的审计意见独立承担责任,其责任不因利用企业内部审计人员、内部控制评价人员和其他相关人员的工作而减轻。

三、实施审计工作

(一)自上而下的方法

注册会计师应当按照自上而下的方法实施审计工作。自上而下的方法是注册会计师识别风险、选择拟测试控制的基本思路。

在财务报告内部控制审计中,自上而下的方法始于财务报表层次,以注册会计师对财务报告内部控制整体风险的了解开始,然后,注册会计师将关注重点放在企业层面的控制上,并将工作逐渐下移至重大账户、列报及相关的认定。这种方法可引导注册会计师将注意力放在显示有可能导致财务报表及相关列报发生重大错报的账户、列报及认定上。之后,注册会计师验证其了解到的业务流程中存在的风险,并就已评估的每个相关认定的错报风险,选择足以应对这些风险的业务层面控制进行测试。在非财务报告内部控制审计中,自上而下的方法始于企业层面控制,并将审计测试工作逐步下移到业务层面控制。

自上而下的方法描述了注册会计师在识别风险以及拟测试的控制时的连续思维过程,但并不一定是注册会计师执行审计程序的顺序。

(二)识别企业层面控制和业务层面控制

企业层面控制,至少包括下列五个方面:

(1)与内部环境相关的控制。内部环境,即控制环境,包括治理职能和管理职能,以及治理层和管理层对内部控制及其重要性的态度、认识和措施。良好的控制环境是实施有效内部控制的基础。

(2)针对董事会、经理层凌驾于控制之上的风险而设计的控制。该控制对所有企业保持有效的内部控制都有重要影响。注册会计师可以根据对企业舞弊风险的评估作出判断,选择相关的企业层面控制进行测试,并评价这些控制能否有效应对董事会、经理层凌驾于控制之上的风险。

(3)企业的风险评估过程。风险评估过程包括识别与财务报告相关的经营风险和其他经营管理风险,以及针对这些风险采取的措施。首先,企业的内部控制能够充分识别企业外部环境(如在经济、政治、法律法规、竞争者行为、债权人需求、技术变革等方面)存在的风险;其次,充分且适当的风险评估过程需要包括对重大风险的估计、对风险发生可能性的评估及确定应对风险的方法。注册会计师可以首先了解企业及其内部环境的其他方面信息,以初步了解企业的风险评估过程。

(4)对内部信息传递和财务报告流程的控制。财务报告流程的控制可以确保管理层按照适当的会计准则编制合理、可靠的财务报告并对外报告。

(5)对控制有效性的内部监督和自我评价。企业对控制有效性的内部监督和自我评价既可以在企业层面上实施,也可以在业务流程层面上实施,包括对运行报告的复核和核对,与外部人士的沟通,对其他未参与控制执行人员的监控活动,以及将信息系统记录数据与实物资产进行核对等。

注册会计师测试业务层面控制时,应当把握重要性原则,结合企业实际、企业内部控制各项应用指引的要求和企业层面控制的测试情况,重点对企业生产经营活动中的重要业务与事项的控制进行测试。注册会计师应当关注信息系统对内部控制及风险评估的影响。

(三)测试控制设计和运行的有效性

注册会计师应当测试控制设计与运行的有效性。

1. 控制设计和运行的有效性

如果某项控制由拥有必要授权和专业胜任能力的人员按照规定的程序与要求执行,能够实现控制目标,表明该项控制的设计是有效的。

如果某项控制正在按照设计运行,执行人员拥有必要授权和专业胜任能力,能够实现控制目标,表明该项控制的运行是有效的。

2. 测试程序的性质、时间安排和范围

注册会计师应当根据与内部控制相关的风险,确定拟实施审计程序的性质、时间安排和范围,获取充分、适当的证据。与内部控制相关的风险越高,注册会计师需要获取的证据应越多。

注册会计师在测试控制设计与运行的有效性时,应当综合运用询问适当人员、观察经营活动、检查相关文件、穿行测试和重新执行等方法。注册会计师测试控制有效性实施的程序,按提供证据的效力,由弱到强排序为:询问、观察、检查和重新执行。其中,询问本身并不能为得出控制是否有效的结论提供充分、适当的证据。执行穿行测试通常足以评价控制设计的有效性。

注册会计师在确定测试的时间安排时,应当在下列两个因素之间作出平衡,以获取充分、适当的证据:① 尽量在接近企业内部控制自我评价基准日实施测试;② 实施的测试需要涵盖足够长的期间。

注册会计师对于内部控制运行偏离设计的情况（控制偏差），应当确定该偏差对相关风险评估、需要获取的证据及控制运行有效性结论的影响。在连续审计中，注册会计师在确定测试程序的性质、时间安排和范围时，应当考虑以前年度执行内部控制审计时了解的情况。

四、评价控制缺陷

（一）控制缺陷的分类

内部控制缺陷按其成因分为设计缺陷和运行缺陷。设计缺陷是指缺少为实现控制目标所必需的控制，或者现有控制设计不适当，即使正常运行也难以实现控制目标。运行缺陷是指没有按照设计意图设计适当的控制，或者执行人员缺乏必要授权或专业胜任能力，无法有效实施控制。

内部控制缺陷按其严重程度分为重大缺陷、重要缺陷和一般缺陷。重大缺陷是指一个或多个控制缺陷的组合，可能导致企业严重偏离控制目标。具体到财务报告内部控制上，就是内部控制中存在的、可能导致不能及时防止或发现并纠正财务报表重大错报的一个或多个控制缺陷的组合。重要缺陷是指一个或多个控制缺陷的组合，其严重程度和经济后果低于重大缺陷，但仍有可能导致企业偏离控制目标。具体就是内部控制中存在的，其严重程度不如重大缺陷，但足以引起企业财务报告监督人员关注的一个或多个控制缺陷的组合。一般缺陷是指除重大缺陷、重要缺陷之外的其他缺陷。

（二）控制缺陷的评价

注册会计师需要评价其注意到的各项控制缺陷的严重程度，以确定这些缺陷单独或组合起来，是否构成重大缺陷。在确定一项内部控制缺陷或多项内部控制缺陷的组合是否构成重大缺陷时，注册会计师应当评价补偿性控制（替代性控制）的影响。企业执行的补偿性控制应当具有同样的效果。

财务报告内部控制缺陷的严重程度取决于：

（1）控制缺陷导致账户余额或列报错报的可能性；

（2）因一个或多个控制缺陷的组合导致潜在错报的金额大小。

下列迹象可能表明企业的内部控制存在重大缺陷：

（1）注册会计师发现董事、监事和高级管理人员舞弊；

（2）企业更正已经公布的财务报表；

（3）注册会计师发现当期财务报表存在重大错报，而内部控制在运行过程中未能发现该错报；

（4）企业审计委员会和内部审计机构对内部控制的监督无效。

五、完成审计工作

（一）获取书面声明

完成审计工作后，注册会计师应当取得经企业认可的书面声明。书面声明应当包括下列内容：

(1) 企业董事会认可其对建立健全和有效实施内部控制负责；

(2) 企业已对内部控制的有效性作出自我评价，并说明评价时采用的标准以及得出的结论；

(3) 企业没有利用注册会计师执行的审计程序及其结果作为自我评价的基础；

(4) 企业已向注册会计师披露识别出的内部控制所有缺陷，并已单独披露其中的重大缺陷和重要缺陷；

(5) 企业对于注册会计师在以前年度审计中识别出的重大缺陷和重要缺陷，是否已经采取措施予以解决；

(6) 在企业内部控制自我评价基准日后，内部控制是否发生重大变化，或者存在对内部控制具有重要影响的其他因素。

如果企业拒绝提供或以其他不当理由回避书面声明，注册会计师需要将其视为审计范围受到限制，解除业务约定或出具无法表示意见的内部控制审计报告。

(二) 沟通相关事项

注册会计师应当与企业沟通审计过程中识别出的所有控制缺陷。对于其中的重大缺陷和重要缺陷，应当以书面形式与董事会和经理层沟通。

如果认为审计委员会和内部审计机构对内部控制的监督无效，注册会计师应当就此以书面形式直接与董事会和管理层沟通。

书面沟通应当在注册会计师出具内部控制审计报告之前进行。

最后，注册会计师应当对获取的证据进行评价，形成对内部控制有效性的意见。

六、出具审计报告

(一) 标准内部控制审计报告

当注册会计师出具的无保留意见的内部控制审计报告不附加说明段、强调事项段或任何修饰性用语时，该报告称为标准内部控制审计报告。标准内部控制审计报告应当包括下列要素：

(1) 标题。内部控制审计报告的标题统一规范为"内部控制审计报告"。

(2) 收件人。内部控制审计报告的收件人是指注册会计师按照业务约定书的要求致送内部控制审计报告的对象，一般是指审计业务的委托人。

(3) 引言段。内部控制审计报告的引言段说明企业的名称和内部控制已经过审计。

(4) 企业对内部控制的责任段。企业对内部控制的责任段说明：按照《企业内部控制基本规范》《企业内部控制应用指引》《企业内部控制评价指引》的规定，建立健全和有效实施内部控制，并评价其有效性是企业董事会的责任。

(5) 注册会计师的责任段。注册会计师的责任段说明：在实施审计工作的基础上，对财务报告内部控制的有效性发表审计意见，并对注意到的非财务报告内部控制的重大缺陷进行披露是注册会计师的责任。

(6) 内部控制固有局限性的说明段。内部控制无论如何有效，都只能为企业实现控制目标提供合理保证。内部控制实现目标的可能性受其固有限制的影响，注册会计师需要在内部控制固有局限性的说明段中说明:内部控制具有固有局限性,存在不能防止和发现错报的可能性。此外,由于情况的变化可能导致内部控制变得不恰当,或对控制政策和程序遵循的程度降低,根据内部控制审计结果推测未来内部控制的有效性具有一定风险。

(7) 财务报告内部控制审计意见段。如果符合下列所有条件,注册会计师应当对财务报告内部控制出具无保留意见的内部控制审计报告:① 企业按照《企业内部控制基本规范》《企业内部控制应用指引》《企业内部控制评价指引》以及企业自身内部控制制度的要求,在所有重大方面保持了有效的内部控制;② 注册会计师已经按照《企业内部控制审计指引》的要求计划和实施审计工作,在审计过程中未受到限制。

(8) 非财务报告内部控制重大缺陷描述段。对于审计过程中注意到的非财务报告内部控制缺陷,如果发现某项或某些控制对企业发展战略、法规遵循、经营的效率效果等控制目标的实现有重大不利影响,确定该项非财务报告内部控制缺陷为重大缺陷的,应当以书面形式与企业董事会和经理层进行沟通,提醒企业加以改进;同时在内部控制审计报告中增加非财务报告内部控制重大缺陷描述段,对重大缺陷的性质及其对实现相关控制目标的影响程度进行披露,提示内部控制审计报告使用者注意相关风险,但无须对其发表审计意见。

(9) 注册会计师的签名和盖章。内部控制审计报告应当由注册会计师签名并盖章。

(10) 会计师事务所的名称、地址及盖章。内部控制审计报告应当载明会计师事务所的名称和地址,并加盖会计师事务所公章。

(11) 报告日期。如果内部控制审计和财务报表审计整合进行,注册会计师对内部控制审计报告和财务报表审计报告需要签署相同的日期。

参考格式 18-6 列示了标准内部控制审计报告。

参考格式 18-6　内部控制审计报告

××股份有限公司全体股东:

按照《企业内部控制审计指引》及中国注册会计师执业准则的相关要求,我们审计了××股份有限公司(以下简称"××公司")××××年×月×日的财务报告内部控制的有效性。

一、企业对内部控制的责任

按照《企业内部控制基本规范》《企业内部控制应用指引》《企业内部控制评价指引》的规定,建立健全和有效实施内部控制,并评价其有效性是企业董事会的责任。

二、注册会计师的责任

我们的责任是在实施审计工作的基础上,对财务报告内部控制的有效性发表审计意见,并对注意到的非财务报告内部控制的重大缺陷进行披露。

三、内部控制的固有局限性

内部控制具有固有局限性,存在不能防止和发现错报的可能性。此外,由于情况的变化可能导致内部控制变得不恰当,或对控制政策和程序遵循的程度降低,根据内部控制审计结果推测未来内部控制的有效性具有一定风险。

四、财务报告内部控制审计意见

我们认为,××公司按照《企业内部控制基本规范》和相关规定在所有重大方面保持了有效的财务报告内部控制。

五、非财务报告内部控制的重大缺陷

在内部控制审计过程中,我们注意到××公司的非财务报告内部控制存在重大缺陷[描述该缺陷的性质及其对实现相关控制目标的影响程度]。由于存在上述重大缺陷,我们提醒本报告使用者注意相关风险。需要指出的是,我们并不对××公司的非财务报告内部控制发表意见或提供保证。本段内容不影响对财务报告内部控制有效性发表的审计意见。

××会计师事务所　　　　　　　　　　　　中国注册会计师:×××(签名并盖章)
(盖章)　　　　　　　　　　　　　　　　　中国注册会计师:×××(签名并盖章)
中国××市　　　　　　　　　　　　　　　　　　　　　　××××年×月×日

(二)非标准内部控制审计报告

1. 带强调事项段的无保留意见内部控制审计报告

注册会计师认为财务报告内部控制虽不存在重大缺陷,但仍有一项或者多项重大事项需要提请内部控制审计报告的使用者注意的,应当在内部控制审计报告中增加强调事项段予以说明。

注册会计师应当在强调事项段中指明,该段内容仅用于提醒内部控制审计报告使用者关注,并不影响对财务报告内部控制发表的审计意见。

参考格式18-7列示了带强调事项段的无保留意见内部控制审计报告。

参考格式18-7　内部控制审计报告

××股份有限公司全体股东:

按照《企业内部控制审计指引》及中国注册会计师执业准则的相关要求,我们审计了××股份有限公司(以下简称"××公司")××××年×月×日的财务报告内部控制的有效性。

["一、企业对内部控制的责任"至"五、非财务报告内部控制的重大缺陷"参见标准内部控制审计报告相关段落表述。]

六、强调事项

我们提醒内部控制审计报告使用者关注,[描述强调事项的性质及其对内部控制的重大影响]。本段内容不影响已对财务报告内部控制发表的审计意见。

××会计师事务所　　　　　　　　　　　　中国注册会计师:×××(签名并盖章)
(盖章)　　　　　　　　　　　　　　　　　中国注册会计师:×××(签名并盖章)
中国××市　　　　　　　　　　　　　　　　　　　　　　××××年×月×日

2. 否定意见的内部控制审计报告

注册会计师认为财务报告内部控制存在一项或多项重大缺陷的,除非审计范围受到限制,应当对财务报告内部控制发表否定意见。

注册会计师出具否定意见的内部控制审计报告,还应当包括重大缺陷的定义、重大缺陷的性质及其对财务报告内部控制的影响程度。

参考格式18-8列示了否定意见的内部控制审计报告。

参考格式18-8 内部控制审计报告

××股份有限公司全体股东:

按照《企业内部控制审计指引》及中国注册会计师执业准则的相关要求,我们审计了××股份有限公司(以下简称"××公司")××××年×月×日的财务报告内部控制的有效性。

["一、企业对内部控制的责任"至"三、内部控制的固有局限性"参见标准内部控制审计报告相关段落表述。]

四、导致否定意见的事项

重大缺陷,是指一个或多个控制缺陷的组合,可能导致企业严重偏离控制目标。

[指出注册会计师已识别出的重大缺陷,并说明重大缺陷的性质及其对财务报告内部控制的影响程度。]

有效的内部控制能够为财务报告及相关信息的真实完整提供合理保证,而上述重大缺陷使××公司内部控制失去这一功能。

五、财务报告内部控制审计意见

我们认为,由于存在上述重大缺陷及其对实现控制目标的影响,××公司未能按照《企业内部控制基本规范》和相关规定在所有重大方面保持有效的财务报告内部控制。

六、非财务报告内部控制的重大缺陷

[参见标准内部控制审计报告相关段落表述。]

××会计师事务所　　　　　　　　　　中国注册会计师:×××(签名并盖章)
(盖章)　　　　　　　　　　　　　　中国注册会计师:×××(签名并盖章)
中国××市　　　　　　　　　　　　　　　　　　　　××××年×月×日

3. 无法表示意见的内部控制审计报告

注册会计师审计范围受到限制的,应当解除业务约定或出具无法表示意见的内部控制审计报告,并就审计范围受到限制的情况,以书面形式与董事会进行沟通。

注册会计师在出具无法表示意见的内部控制审计报告时,应当在内部控制审计报告中指明审计范围受到限制,无法对内部控制的有效性发表意见,并单设段落说明无法表示意见的实质性理由。注册会计师不应在内部控制审计报告中指明所执行的程序,也不应描述内部控制审计的特征,以避免对无法表示意见的误解。

注册会计师在已执行的有限程序中发现财务报告内部控制存在重大缺陷的,应当在内部控制审计报告中对重大缺陷作出详细说明。

参考格式18-9列示了无法表示意见的内部控制审计报告。

参考格式18-9　内部控制审计报告

××股份有限公司全体股东：

我们接受委托,对××股份有限公司(以下简称"××公司")××××年×月×日的财务报告内部控制进行审计。

[删除注册会计师的责任段。"一、企业对内部控制的责任"和"二、内部控制的固有局限性"参见标准内部控制审计报告相关段落表述。]

三、导致无法表示意见的事项

[描述审计范围受到限制的具体情况。]

四、财务报告内部控制审计意见

由于审计范围受到上述限制,我们未能实施必要的审计程序以获取发表意见所需的充分、适当证据,因此,我们无法对××公司财务报告内部控制的有效性发表意见。

五、识别的财务报告内部控制重大缺陷(如果在审计范围受到限制前,执行有限程序未能识别出重大缺陷,则应删除本段)

重大缺陷,是指一个或多个控制缺陷的组合,可能导致企业严重偏离控制目标。

尽管我们无法对××公司财务报告内部控制的有效性发表意见,但在我们实施有限程序的过程中,发现了以下重大缺陷：

[指出注册会计师已识别出的重大缺陷,并说明重大缺陷的性质及其对财务报告内部控制的影响程度。]

有效的内部控制能够为财务报告及相关信息的真实完整提供合理保证,而上述重大缺陷使××公司内部控制失去这一功能。

六、非财务报告内部控制的重大缺陷

[参见标准内部控制审计报告相关段落表述。]

××会计师事务所	中国注册会计师：×××（签名并盖章）
（盖章）	中国注册会计师：×××（签名并盖章）
中国××市	××××年×月×日

4. 对注意到的非财务报告内部控制缺陷的处理

注册会计师对在审计过程中注意到的非财务报告内部控制缺陷,应当区别具体情况予以处理：

(1)注册会计师认为非财务报告内部控制缺陷为一般缺陷的,应当与企业进行沟通,提醒企业加以改进,但无须在内部控制审计报告中说明。

(2)注册会计师认为非财务报告内部控制缺陷为重要缺陷的,应当以书面形式与企业董事会和经理层进行沟通,提醒企业加以改进,但无须在内部控制审计报告中说明。

（3）注册会计师认为非财务报告内部控制缺陷为重大缺陷的，应当以书面形式与企业董事会和经理层进行沟通，提醒企业加以改进；同时应当在内部控制审计报告中增加非财务报告内部控制重大缺陷描述段，对重大缺陷的性质及其对实现相关控制目标的影响程度进行披露，提示内部控制审计报告使用者注意相关风险。

5. 期后事项与非标准内部控制审计报告

期后事项是指在企业内部控制自我评价基准日并不存在，但在该基准日之后至审计报告日之前内部控制可能发生变化，或出现其他可能对内部控制产生重要影响的因素。注册会计师应当询问是否存在这类变化或影响因素，并获取企业关于这些情况的书面声明。

注册会计师知悉对企业内部控制自我评价基准日内部控制有效性有重大负面影响的期后事项的，应当对财务报告内部控制发表否定意见。

注册会计师不能确定期后事项对内部控制有效性的影响程度的，应当出具无法表示意见的内部控制审计报告。

参考文献

1. Alvin A. Arens 等:《审计学:一种整合方法》(第10版),清华大学出版社2006年版。
2. 蔡春:《审计理论结构研究》,东北财经大学出版社2001年版。
3. 陈汉文:《审计学》,辽宁人民出版社2006年版。
4. 丁瑞玲,吴溪:《审计学》,经济科学出版社2010年版。
5. 冯均科,陈淑芳:《审计学》,西安交通大学出版社2007年版。
6. 耿建新,宋常:《审计学》,中国人民大学出版社2007年版。
7. 李若山,刘大贤:《审计学:案例与教学》,经济科学出版社2003年版。
8. 李晓慧:《审计学:实务与案例》,中国人民大学出版社2008年版。
9. 刘明辉:《审计学:理论、实务、案例、习题》,首都经济贸易大学出版社2007年版。
10. 秦荣生,卢春泉:《审计学》,中国人民大学出版社2011年版。
11. 宋常:《审计学》,中国人民大学出版社2011年版。
12. 王淑芳:《审计学》,大连出版社2009年版。
13. 吴琼:《中国注册会计师:职业道德守则精讲与案例》,大连出版社2010年版。
14. 赵保卿:《审计学》,经济科学出版社2007年版。
15. 中国注册会计师协会:《2017年度注册会计师全国统一考试辅导教材:审计》,经济科学出版社2017年版。
16. 中国注册会计师协会拟定,中华人民共和国财政部发布:《中国注册会计师执业准则2017》,经济科学出版社2017年版。
17. 中国注册会计师协会制定:《中国注册会计师执业准则应用指南2017》,中国财政经济出版社2017年版。
18. 中华人民共和国财政部等:《企业内部控制基本规范2010》,中国财政经济出版社2010年版。
19. 朱荣恩:《审计学》,高等教育出版社2000年版。
20. 中国注册会计师协会网站。

教辅申请说明

北京大学出版社本着"教材优先、学术为本"的出版宗旨,竭诚为广大高等院校师生服务。为更有针对性地提供服务,请您按照以下步骤通过**微信**提交教辅申请,我们会在 1~2 个工作日内将配套教辅资料发送到您的邮箱。

◎扫描下方二维码,或直接微信搜索公众号"北京大学经管书苑",进行关注;

◎点击菜单栏"在线申请"—"教辅申请",出现如右下界面:

◎将表格上的信息填写准确、完整后,点击提交;

◎信息核对无误后,教辅资源会及时发送给您;如果填写有问题,工作人员会同您联系。

温馨提示:如果您不使用微信,则可以通过以下联系方式(任选其一),将您的姓名、院校、邮箱及教材使用信息反馈给我们,工作人员会同您进一步联系。

联系方式:

北京大学出版社经济与管理图书事业部
通信地址:北京市海淀区成府路 205 号,100871
电子邮箱:em@pup.cn
电　　话:010-62767312 /62757146
微　　信:北京大学经管书苑(pupembook)
网　　址:www.pup.cn